本书系厦门大学闽江学者特聘教授基金项目成果

周宁 主编

世界的中国形象丛书

非洲的中国形象

胡锦山 著

人民出版社

目录

Contents

《世界的中国形象丛书》
总序

周　宁

一

笔者曾经提出过跨文化形象学有关中国形象研究的“三组问题”：一、西方的中国形象作为一种知识与想象体系在西方文化语境中生成、传播，以一种话语力量控制相关话题并参与西方现代性实践的问题；二、世界的中国形象与全球化的中国形象网络形成，与此相关的是西方的中国形象的跨文化霸权以及不同国家地区的中国形象中流露的“自我东方化”、“自我西方化”的问题；三、域外的中国形象，主要是西方的中国形象，影响或塑造现代中国的自我形象或自我想象，中国自我形象认同的“自我东方化”与“自我西方化”如何影响中国现代性文化自觉与文化重建的问题。三组问题相互关联，在理论上指向中国现代性自我认同与文化自觉问题；在实践上关注中国的文化软实力与地缘政治战略的文化背景问题。在国内学术界，第一组课题的研究已初具规模；第二组课题的研究才刚刚开始，本丛书具有草创意义；第三组课题则有待开启，那将深入跨文化形象学的“中国问题”核心。

第一组问题在知识社会学与观念史的意义上分析西方的中国形象，研究从三个层面展开：一、西方的中国形象是如何生成的，分析西方的中国形象作为一种有关“文化他者”的话语，是如何结构、生产与分配的；二、中国形象的话语传统是如何延续的，考察西方关于中国形象叙事的思维方式、意象传统、话语体制的内在一致性与延续性，揭示西方的中国形象在历史中所表现出的某种稳定的、共同的特征，趋向于类型或原型并形成一种文化程式的过程；三、中国形象是如何在西方文化体系中运作的。它不仅在西方现代性观念体系中诠释中国形象的意义，而且分析西方的中国形象作为一种权力话语，在西方文化中规训化、体制化，构成殖民主义、帝国主义、全球主义意识形态的必要成分，参与构筑西方现代性及其文化霸权的过程与机制。

第一组问题近年来国内的研究已经比较充分，本套丛书也有所推进。笔者曾经在《天朝遥远——西方的中国形象研究》一书中对西方的中国形象进行过系统的研究。中国形象是西方现代文化的“他者”镜像。它可以是理想化的，表现欲望与向往、表现自我否定与自我超越的乌托邦；也可能是丑恶化的，表现恐惧与排斥、满足自我确认与自我巩固的需求的意识形态。在七个多世纪的历史中，西方以启蒙运动高潮为分界点，建构出此前不断乌托邦化的三种中国形象类型和此后系统意识形态化的三种中国形象类型。乌托邦化的中国形象三种类型：“大汗的大陆”、“大中华帝国”、“孔夫子的中国”，决定着1250—1450、1450—1650、1650—1750年三个时段西方不同类型的文本对中国的表述策略。启蒙运动高潮时期，西方现代性确立，中国形象也相应出现彻底的转型，从社会文化想象的乌托邦变成意识形态。中国成为停滞衰败的帝国、东方专制的帝国、野蛮或半野蛮的帝国，三种意识形态化的中国形象类型出现。西方现代性自我观念的构成与身份认同，是在跨文化交流的动力结构中通过确立他者完成的。进步大叙事、自由大叙事、文明大叙事，构筑起西方现代性的主体意义，同时设定停滞、专制、野蛮的中华帝国的"他者"形象。只有在中华帝国甚至整个东方世界的历史停滞背景上，才能确认现代西方、现代西方的进步与现代西方在世界历史中优越中心的意义；只有在中华帝国代表的整个东方专制主义黑暗大地上，才能为西方现代性奠定政治哲学基础——自由精神与民主制度；只有在整个非西方世界的"野蛮性"的映衬下，才能充分展示、全面肯定西方现代文明。西方现代意识形态化的中国形象，将有关中国的概念、思想、神话或幻象融合在一起，构成西方现代文化自身投射的"他者"的幻象空间，并从启蒙知识向帝国权力领域分配。

研究西方的中国形象，有"西方问题"也有"中国问题"。"西方问题"在于西方现代性的跨文化实践，中国形象作为他者参与构筑西方现代性经验，为西方现代性经验提供了自我确证的想象资源。西方现代性形成于跨文化的"公共领域"或"公共空间"中。不仅西方塑造了中国的现代性自我，中国形象也作为文化"他者"参与构建西方现代性。"中国问题"是西方现代性想象构筑的中国形象，直接或间接地，通过中国本土的知识精英的传释与自我东方化想象，[①]塑造中国的现代性自我，进而影响现代中国文化反思与文化自觉的方向与方式。西方的中国形象研究在跨文化形象学领域提出的主要问题是：西方的中国形象如何生成演化？如何参与构建西方现代性自我？如何在意识形态或社会无意识意义上形成"互为主观性"与"互相他者化"的关系？如何影响中西关系与现代世界文化格局？如何塑造中国的现代性自我想象？如何控制着世界不同国家地区的中国形象的生产与传播，形成后殖民时代的泛东方主义化倾向？这里，最后一个

① 西方的中国形象在跨文化传播过程中，应存在一个翻译、中介的过程，比如作为所谓"意见领袖"的中国本土知识精英，在"翻译"西方的中国形象时，一定程度上发挥了主动的选择和意义创制的作用。周云龙同学阅读本文后提出此见解，对笔者颇有启发。

问题已经延伸到我们的三组课题的第二组与第三组。

第二组课题更进一步，研究世界不同国家、不同文化区域的中国形象，它涉及三方面的问题：一、世界不同国家、不同文化区域的中国形象自身的特色与传统；二、不同国家、不同文化区的中国形象的跨文化流动的关系网络；三、中国形象的跨文化实践中的权力结构。就第一方面的问题即特定国家地区中国形象的特色与传统本身而言，只是跨文化形象学研究的基本单位，不是核心问题，关键问题在于跨文化的中国形象流动的结构性联系，某种中国形象的"世界体系"。第二方面的问题在于中国形象跨文化流动的关系网络中的多向性关系，不同国家地区的中国形象，有其自身的视野、关怀与传统，同时又由于特定历史文化环境，受其他相关国家、地区的中国形象的影响，"复述"或"反述"其他国家或地区的中国形象，如日本的"东洋的理想"观念下的中国形象，在上世纪前半叶对亚洲某些国家的中国形象有支配性影响。当然，不同国家的中国形象掌握着不同程度的话语权，其影响的范围与程度，决定于该国的文化国力。地区性大国可能影响该地区的中国形象，全球性大国则可能影响全球的中国形象。第三方面的问题则要深入探讨中国形象的跨文化叙事中的主宰力量，不同国家、不同文化区域的中国形象不仅可能彼此影响，而且，可能受到某种跨文化霸权力量的宰制，当今世界所有国家的中国形象，都或多或少地受着西方的中国形象的支配，反思"世界的中国形象"与全球化的中国形象网络形成的过程与方式，其中西方的中国形象的跨文化霸权以及"自我东方化"与"自我西方化"的问题，值得深入探讨。

本套丛书关注的正是这第二组课题。近年来，学界在后殖民主义文化批判视野内越来越多地关注西方的中国形象，但是，跨文化的中国形象研究，不仅应该研究西方的中国形象，也应该重视其他地区国家的中国形象。否则，批判西方中心主义的研究本身，就是在西方中心主义的前提下进行的，为什么只研究西方的中国形象？在现代性观念体系中，西方/非西方的二元对立的世界观念结构似乎左右着现代不同国家民族自我认同的想象秩序。我们讨论"中国与世界"的关系时，经常不自觉地意指"中国与西方”，西方的文化霸权不仅意味着外在的西方的压制性力量，更值得警惕的是它已经成为“非西方”的某种文化无意识。因此，我们有必要开展世界不同国家不同文化区域的中国形象研究，发掘中国形象在全球化时代的多元意义维面与多元意义语境，解构西方的中国形象的文化霸权。布莱·S.特纳在《东方主义、后现代主义和全球化》一书中指出，超越东方主义的问题关键在于，超越西方视野与东西方二元对立的思维模式，从东方主义到全球主义，或用多元化的全球主义取代东方主义/西方主义，这样不仅要破除东西方地缘政治与文化的偏见束缚，也要破除狭隘的民族主义、国家主义偏见。[①]

带着这种全球主义视野与期望进入世界的中国形象研究，思考中国形象的跨文化表征与流动，首先出现的问题就是世界不同国家、地区、文化圈的中国形象的特征与表现方式。他们如何、在什么知识领域或世界观念秩序中构筑中国形象？他们与中国构成一种什么样的想象的文化关系？如何在中国形象中确认自身的文化身份？世界不同国家、地区、文化圈的中国形象彼此之间是否具有某种共同性或导向性？这种共同性或导向性是否潜藏着现代性赋予西方的中国形象的文化霸权？现代世界不仅有西方文化，还有伊斯兰文化圈、东亚儒家文化圈、南亚、东南亚、非洲与拉美不同地区文化，这些地区/文化圈中不同国家的中国形象，多有自身的视野与传统、表现出不同的话语特征。不仅大的文化区域内的中国形象彼此不同，比如说东南亚的中国形象与阿拉伯的中国形象不同，其关注点、基本特征、评价尺度都不同；而且，即使是同一文化传统内不同国家的中国形象，也由于不同的国家意识形态与地缘政治战略而不同甚至相反，比如说，印度尼西亚与马来西亚，同处东南亚地区，同为回教国家，同样有大批的中国移民，同样处在建国时代，上世纪50—60年代的中国形象就完全不同。不同民族、国家、地区、文化圈的中国形象彼此不同，但在现代

① 参见*Orientalism, Postmodernism and Globalism*, by Bryan S. Turner, London and New York, Routledge, 1994.

世界观念体系中又相互关联，甚至隐含着某种跨文化的话语霸权。比如说，发起于西方的"中国威胁论"，正在世界不同文化区或国家传播，它一方面表现西方的中国形象的某种同一化的文化霸权，另一方面也表现出不同文化区或国家不同的文化语境及其特有的现代性焦虑与期望。

开展世界不同文化区或民族国家的中国形象研究，跨文化形象学的中国问题才具有了真正的全球化意识。而真正的全球化意识不是一种理想，是一种批判精神或问题意识。我们一方面注意世界不同民族、国家、地区、文化圈的中国形象之间的差异结构，另一方面也关注它们在现代性世界观念体系中表现出的越来越强烈的同一化倾向。这种同一化的内在结构究竟是什么？值得注意的是，非西方世界的中国形象，其知识框架与价值立场，都有西方的中国形象的规训的痕迹。世界现代化进程中所有非西方国家在确认自我、想象他者的时候，都不自觉并自愿地将自身置于现代西方的他者地位上，接受西方现代的世界观念秩序。在逐渐全球化的西方现代性话语霸权中，不论日本或印度、阿拉伯或东南亚、拉美或非洲，都难以在西方的东方主义或东方的西方主义话语外表述中国，中国形象都成为这些国家地区在现代性自我认同结构中"自我东方化"与"自我西方化"叙事的一部分。这样，研究世界的中国形象的实质性的问题，就难以回避世界的中国形象如何成为西方的中国形象话语的再生产形式问题。表面上全球化的中国形象网络，正被西方的中国形象程序所操纵，这才是隐藏在全球主义中转移病变的最危险的东方主义因素。

第二组课题的意义在于，跨文化的中国形象研究必然面对所谓的"世界的中国形象"，世界的中国形象不仅是西方的，也是世界不同国家、地区建构的跨文化流动的形象网络。从这一研究假设出发，前景似乎是开阔的，但研究深入的境地，却越来越窘迫。因为现代世界不同国家地区的中国形象，经常表现出一种同一性文化霸权趋势，这种文化霸权便是西方的中国形象。尽管我们在研究中不断发现不同国家、地区中国形象自身的传统或一致性，但当这些国家或地区进入现代历史后，它们的中国形象或多或少地都受到西方的中国形象的浸染或"形塑"。现代性精神结构赋予西方一种知识与价值制高点的优势，非西方国家的现代性自我想象与中国形象中，自觉或不自觉地都渗透着“自我东方化”与“自我西方化”的因素。于是，世界的中国形象研究，将逐步聚焦到现代性世界观念体系中西方的中国形象的文化霸权问题。而表现这种西方的中国形象霸权的文化方式，便是非西方的中国形象的“自我东方化”与“自我西方化”问题。

所谓“自我东方化”，是后殖民主义文化批判理论中的一个重要概念。① 西方人规划的世界秩序在政治经济文化上同时向非西方世界推进，加入现代化进程的亚洲国家，在被迫接受西方殖民主义帝国主义政治经济秩序后，也在文化上相继主动接受了西方现代的世界观念秩序，这就是所谓的“自我东方化”过程。当然，本人认为，这个“自我东方化”的过程，还包括三方面的问题需要仔细分析：一、非西方国家或地区认同东西方二元对立与西方中心主义的世界观念秩序，认同为此世界观念秩序奠基的进步/停滞、自由/专制、文明/野蛮的二元对立的价值体系与西方现代进步、自由、文明的优越性，认同现代西方文化霸权下自身低劣的他者地位；二、非西方国家或地区在西方中心主义世界观念秩序中开始自我批判与文化改造的历程，努力地“去东方化”，出现两种极端倾向：彻底否定自身传统彻底西方化，在西方的世界观念秩序中发挥所谓“东方传统”。值得注意的是，这两种倾向中都同时包含着认同因素与反抗因素；三、非西方国家或地区的“去东方化”，不仅构筑了一种“东方”国家与西方的关系，还同时构成“东方”国家之间的关系，其过程中还包含着“东方”内部的“彼

① 德里克在批判赛义德的《东方学》时指出，赛义德只注意到东方主义是西方人的创造，忽略了东方主义也是东方人自我构建的产物，“需要亚洲人的合作才有实行的可能”，德里克提出“东方人的自我东方化”概念。“……这一概念的用法应被推及亚洲人对亚洲社会的看法，用以解释自我东方化这个可望成为东方学史一个固有内容的倾向。我们常将欧美对亚洲社会的影响看作是‘西方’观点及制度对亚洲的影响。就东方主义在19世纪早期就已是‘西方’观点的一部分这一点来说，‘西方’的影响亦包括了欧洲对东方的态度对亚洲社会的影响。欧美眼中的亚洲形象是如何逐渐成为亚洲人自己眼中的亚洲形象的一部分的，这个问题与‘西方’观点的影响是不可分而论之的。认识到这一可能性之后的一个重要结果便是对所谓亚洲‘传统’提出质疑，因为如果我们细察之，这些亚洲‘传统’也许不过是些‘臆造的传统’，是欧亚人接触时的产物而非前提，并且它们也许更多是生自东方学学者对亚洲的看法而非亚洲人自己对自己的审视。”参见《后革命氛围》，[美] 阿里夫·德里克著，王宁等译，中国社会科学出版社1999年版，第281—282页。

此东方化”的问题，“东方”国家中究竟谁更“东方”，谁比较“西方”，也是“东方”国家现代性自我认同的根据。①

所谓“自我西方化”，是“西方主义”概念的延伸。伊恩·伯鲁马和阿维赛·玛格里特在《西方主义：敌人眼中的西方》一书中，将东方的自我东方化以及对西方的回击或报复性想象称为“西方主义”。②西方主义是非西方国家或地区的一套虚构与言说“西方”的话语，具有强烈的意识形态性的敌我意识，其否定性的西方形象往往表现出四种典型的象征意义：一、现代腐败贪婪漂泊不定的城市生活；二、败坏传统世界纯正道德的惟利是图的资本主义商人；三、只强调科学理性、否定人类美好的信仰；四、狂妄的不信神的人终将毁灭世界与善良的人。西方主义论者强调西方主义的“怨恨情绪”与宗教和民族主义狂热。但笔者认为，西方主义有多种表现形式，其中也包括积极进取与温和理性的内容。非西方国家或民族对西方的美化与西方化的自我想象，也属于西方主义的一部分。正如有两种东方主义③一样，也有两种西方主义。而且东方主义与西方主义是相互关联相互交换的，存在着所谓的是东方主义与西方主义的“关联区域”。西方主义不仅从东方主义中浪漫的东方情调中汲取自我肯定的资源，也从东方主义中西方自我肯定的思想资源中确立自己的现代化方向。它涉及现代世界最有建设性的跨文化实践，最完整地表达这种跨文化实践境界的术语应该是“东方—西方主义”。

① 参见本人的论文《亚洲或东方的中国形象：新的论域与问题》，载《人文杂志》，2006年第6期。

② 参见 *Occidentalism: the West in the Eyes of Its Enemies*, by Ian Buruma & Avishai Margalit, Penguin Press HC, 2004.

③ 笔者认为，西方文化传统中有两种“东方主义”，一种是否定的、意识形态性的东方主义，另一种是肯定的、乌托邦式的东方主义。前者构筑低劣、被动、堕落、邪恶的东方形象，成为西方帝国主义意识形态的一种“精心谋划”；后者却将东方理想化为幸福与智慧的乐园，成为超越与批判不同时代西方社会意识形态的乌托邦。后殖民主义文化批判只关注否定的、意识形态性的东方主义，遮蔽了另一种东方主义。肯定的、乌托邦式的东方主义，在西方文化中历史更悠久、影响更深远，涉及的地域也更为广泛。它所表现的西方世界观念中特有的开放与包容性、正义与超越、自我怀疑与自我批判的精神，是西方文化创造性的生机所在，也是我们在现代化语境中真正值得反思借鉴的内容。参见本人的论文《另一种东方主义：超越后殖民主义文化批判》，载《厦门大学学报》（哲学社会科学版）2004年第6期。

第二组课题的意义来自超越后殖民主义文化批判，在解构中西二元对立的立场上，对跨文化的中国形象研究进行深入的反思。域外的中国形象是一面多棱镜，但遗憾的是，这个多棱镜总是折射着“西方之光”。带着第二组问题进入第三组问题，则会触及中国现代性自我认同与文化自觉的核心问题。

第三组问题与前两组问题密切相关，但更有意义也更有研究潜力。它直接关注当下中国文化自觉的重大问题：现代中国思想是否可能超越西方现代性观念而思想自身？西方的中国形象支配现代中国的自我形象或自我想象，塑造中国的现代性自我。西方现代性想象正是通过中国现代思想转换成现代中国反思历史、改造现实、憧憬未来的思想视域与问题框架。繁荣与进步、自由与民主、启蒙与文明等等，现代中国文化的问题与方法，都变成西方的，这是后殖民主义文化批判关注的自我东方化问题。解构西方的中国形象，必然延伸到解构西方的中国形象对中国自我形象的回馈性影响问题上，揭示西方现代性话语中所隐藏的文化霸权所具有的“令人生畏的结构”，以及这种结构在世界现代化化过程中所展示的危险与诱惑。[①]从停滞衰退、东方专制、野蛮半野蛮的中华帝国形象到剧烈变革、动荡危险的现代中国形象，西方现代性语境中的中国形象，在话语生成的历史过程中呈现出多义性。但是，变化的是中国形象的特征，不变的是构筑中国形象的、存在于西方现代性内在逻辑中的、具有历史连续性活力的话语构成原则。在这种文化霸权中，现代中国看得到中国现代化的历史道路，却看不到现代化的中国的文化身份。背弃中国历史主体的反思，即使可以看到中国过往的陷阱，也看不到中国未来的前景。不论“五四”时代的经典自由主义传统还是后五四时代反现代西方的革命传统，实际上都难以摆脱

① 周云龙同学阅读本文后提出进一步的思考，西方的中国形象对中国自我形象的回馈性影响，也可能是一种主动的挪用。运用话语理论思考该问题，必将忽略非话语层面的可能性，比如邪恶的与浪漫的中国形象，是否完全来自西方的中国形象建构？本土的主体经验是否已被完全掏空？或许不尽然。如何从学理上回答这一问题，“西方主义”作为一种主动挪用西方的话语来完成自身的转换，可能已经凸显出某种不彻底的主体意识。

西方现代性观念霸权。而这种霸权真正令人生畏的是，你无法不在西方现代性框架内思想中国，除非你放弃思想。用西方的“中国思想”思想中国，中国是否可能在思想上被他者化？如何从思想中拯救中国的历史主体？这个问题还不仅是柯文先生所说的“从中国发现历史”的观念的选择，更直接地是对西方的中国思想的解构，分析西方现代性观念体系中的中国话语的生产分配并发挥文化霸权作用的方式与意义。

世界的中国形象课题假设现代中国自我认同的多重维面与多重意义。我们在与“西方”构成的强暴性的、自恋式的想象的认同关系中，才能找到现代中国的自我。不幸的是，我们面对“西方”在强暴性的、自恋式的想象的认同关系中建构现代中国自我的困境，同样出现在我们面对全球化世界其他镜像他者的处境中。表面上看，全球化时代现代中国的自我认同，是在与多向他者的意象性关联中完成的，从中中国可能获得不同的身份。如果说西方的中国形象是一面镜子，那么，世界不同地区/国家文化圈的中国形象，则是个多棱镜。在多棱镜中认同现代中国的自我身份，既是一种建构过程，也是一种解构过程。建构是发现现代中国自我的意义的丰富性，解构的功能则从意义的差异矛盾与比较批判中认识到镜像认同的虚幻性与异化。但实质上的问题在于，世界现代化进程中所有非西方国家在确认自我、想象他者的时候，都不自觉并自愿地将自身置于现代西方的他者地位上，接受西方现代的世界观念秩序。表面上全球化的中国形象网络，已被西方的中国形象程序所操纵，多元化的世界的中国形象，往往最初来源于西方并最终归结为西方。

二

本丛书关注跨文化形象学的中国问题的第二组课题——世界的中国形象。研究世界不同国家不同文化区的中国形象以及彼此之间的关系，中国形象的跨文化流动、全球化中国形象网络形成的过程与方式。

研究世界不同国家文化区的中国形象，首先应该明确的是文化区。国家是一个既定的概念，但人们对文化区的理解则有所不同。现代世界的文化地图可以划分出八大文化区，这八大文化区相互关联、相互之间又有中介过渡带，同时又各自具有共享的观念、生活方式，以及历史悠久的文化纽带。八大文化区分别是：一、具有所谓资本主义经济、代议制民主政治、基督教信仰加启蒙哲学三大文化特征的西方，包括西欧、北美和澳大利亚、新西兰；二、地跨欧亚大陆、具有欧亚主义传统与东正教文化以及社会主义历史的俄罗斯；三、历史上属于东亚汉字—儒家文化圈、现代成功"西方现代化"的日本与韩国；四、印度文化影响的、信仰多元、政治民主、经济发展的南亚地区；五、伊斯兰教信仰的、阿拉伯—波斯文化传统的、地处西亚北非的伊斯兰教核心地区；六、叠加着华夏文化、印度文化、伊斯兰文化与西方现代文化、地理整一性多于文化整一性的东南亚；七、格兰德河以南、讲西班牙语与葡萄牙语、信奉天主教的拉丁美洲；八、撒哈拉沙漠以南的非洲。文化区未必是地理上连接体，移民或殖民造成的人口流散也可能构成跨地域的文化区，如澳大利亚与新西兰在语言与信仰、观念与习俗、制度与传统上属于西方，而东南亚的马来西亚与印度尼西亚都属于伊斯兰教文化的边缘区。当然，任何文化地图都存在着模糊性，同时，在该项研究的起始阶段，我们也不可能对每一个文化区的国家民族的中国形象做更细部的研究，只能选出不同文化区代表性的国家做典型，兼顾评述该文化区中国形象的一般特征。

世界八大文化区在历史上不同时期，与中国有着不同的文化交流的方式与历史。我们以九个专题分别讨论"世界的中国形象"。这九个专题是：西欧的中国形象、美国的中国形象、俄罗斯的中国形象、印度的中国形象、日本的中国形象、东南亚的中国形象、阿拉伯的中国形象、非洲的中国形象和拉丁美洲的中国形象。设立这九个专题的考虑在于，或者是某一大文化区的中国形象传统具有丰富的差异性，有必要区分出具有代表性的不同地区或国家，如同属于西方的中国形象，我们划分出西欧的中国形象、美国的中国形象与俄罗斯的中国形象；或者某一个文化区中某一个国家的中国想象具有典型意义，意义丰富而传统深厚，可以代表该地区文化中的中国形象，如日本的中国形象之于东亚、印度的中国形象之于南亚；或者某一个文化区的中国形象具有整体性特征，又难以找到一个具有想象内容的丰富与深刻性的代表性的国家，如东南亚的中国形象、阿拉伯的中国形象、非洲的中国形象、拉丁美洲的中国形象。

研究世界的中国形象还是首先面对西方。西方的中国形象是“世界的中国形象研究”这一时代命题的起点。西方是一个文化概念，指经济上的资本主义、政治上的民主制度、文化上的启蒙主义—基督教地区。西方并没有明确的地理界域，广义的西方可能包括整个欧美，狭义的西方则仅限于西欧与北美。我们在西方的概念下分别讨论西欧、美国与俄罗斯的中国形象。主要考虑有三个方面：一、西欧是整个西方的原发地，代表着西方文化的传统，其中国形象已形成自身的意义系统，拥有丰富的认知与想象资源；二、美国尽管只有一个多世纪的中国形象的历史，但20世纪以来却影响逐渐加大，甚至在一定程度上控制着世界的中国形象的话语权；三、俄罗斯独特的历史与文化决定俄罗斯的中国形象在意义、问题与方法上都不同于西欧和北美。

西欧的中国形象可以追溯到古典时代。从虚无缥缈的“丝人国”传说开始，一直到文艺复兴时代的“大中华帝国”，中国形象从神话进入历史。以启蒙运动为界，西欧的中国形象分为两个阶段；此前西欧的中国形象出现了三种话语类型，“契丹传奇”式的中国、“大中华帝国”式的中国、“孔教乌托邦”式的中国，有不同的意义，也表现出共同的特征与发展趋势，那就是在不同层面上，从物质到制度到观念，不断美化中国，使中国成为西方现代性社会期望中的理想楷模。此后出现的三种话语类型带有明显的否定意义，中华帝国是自由秩序的“他者”——专制的帝国；中华帝国是进步秩序的“他者”——停滞的帝国；中华帝国是文明秩序的“他者”——野蛮或半野蛮的帝国。否定的中国形象出现在西方现代的启蒙“宏大叙事”中，既能为西方现代性自我认同提供想象的基础，又能为西方殖民扩张提供有效的意识形态。西欧的中国形象研究属于一种跨学科的深度观念史研究，而且是对西方现代观念史的研究。它建立在“异域形象作为文化他者”的理论假设上，在西方现代性自我确证与自我怀疑、自我合法化与自我批判的动态结构中，解析西方现代的中国形象，在跨文化公共空间中，分析中国形象参与构筑西方现代性经验的过程与方式。

不同文明区域或国家的中国形象有不同的问题，但建构中国形象的意义系统，最终来自主体文化本身。李勇教授认为，西欧的中国形象是西欧以想象为具体方式的表意实践活动，形象学研究应该关注的问题就是对不同类型的形象进行文化文本解读，揭示表意实践过程的基本状况和形成机制，探寻潜隐的原因。要完成这样的解读工作至少需要三个环节：首先是研究立场的确立，即文化研究中常用的“表征分析”的立场。那些塑造中国形象的西欧文本即在掩盖着他们的意图（可能是无意识心理）也同时昭示（揭示）着那些意图的存在，就像齐泽克（Slavoj Žižek）所说的那样，“真相就在那里”，就看我们有没有眼力，有没有看透它的视角或立场；其次，西欧的中国形象作为供解读的对象是在特定的时空语境中形成的，每一种中国形象都与其他类型的中国形象交织在一起的。因此，要解读这些中国形象就必须清理出这些中国形象类型的代表性形态。形象学研究与文化研究具有亲缘关系，它们都是把文本放在历史语境之中解读。因此，西欧的中国形象研究在建立起完整的历史叙述之后，就可以清理出在西欧的历史上曾经出现过哪些具有重大影响的中国形象类型，以及它们在历史上呈现出来的代表性形态是什么；最后，研究西欧的中国形象，确立分析的立场和清理中国形象的历史形态都要落实到对形象形成机制的解释上，说明一种中国形象是如何从一个个具体文本转换为集体想象形象的。这是一个复杂的符号运转过程，也是一个复杂的理论问题。我们首先对形象的构成要素进行分解，把一个具体的形象分解成具像、侧像、全像、类像和型像这几个层次/要素，从文本到形象的转换首先就是这些形象要素之间的从最直观的具像到隐蔽的型像之间的纵向转换。当然，这种纵向转换又是在特定的历史语境之中完成的，各种现实因素又会介入进来，构成从文本到语境的横向转换。这两个方向的转换是分析形象形成机制的基本框架。

研究西方的中国形象，有两种知识立场：一是现代的、经验的知识立场，二是后现代的、批判的知识立场。这两种立场的差别不仅表现在研究对象、方法上，还表现在理论前提上。现代的、经验的知识立场，假设西方的中国形象是中国现实的反映，有理解与曲解，有真理与错误；后现代的、批判的知识立场，假设西方的中国形象是西方文化的表述(Representation)，[①]自身构成或创造着意义，无所谓客观的知识，也无所谓真实或虚构。在后现代的、批判的理论前提下研究西方的中国形象，就不必困扰于其是否"真实"或"失实"，而是去追索其作为一种知识与想象体系，在西方文化语境中是如何生成、如何传播、如何以一种话语力量控制相关话题、又如何参与西方现代性实践的。"形象"作为一种文化隐喻或象征，是对某种缺席的或根本不存在的事物的想象性、随意性表现，其中混杂着认识的与情感的、意识的与无意识的、客观的与主观的、个人的与社会的内容。我们分析不同时代西方的中国形象的变异与极端化表现，并不是希望证明某一种中国形象错了而另一种就对了，一种比另一种更客观或更真实，而是试图揭示西方的中国形象的意义结构原则。西方的中国形象，真正的意义不是认识或再现中国的现实，而是构筑一种西方文化必要的、关于中国的形象，其中包含着对地理现实的中国的某种认识，也包含着对中西关系的焦虑与期望，当然更多的是对西方文化自我认同的隐喻性表达，它将概念、思想、神话或幻象融合在一起，构成西方文化自身投射的"他者"空间。

西方的中国形象研究，不同于西方汉学研究，也不同于比较文学，在研究对象、前提、观念与方法上，均有所不同。值得注意的是，最近学界研究西方汉学者，也频繁使用"中国形象"。实际上这种有意无意地混淆概念，在研究中是有危险的。西方汉学的意义在于假设它是一门学科或知

① 阿尔杜塞研究意识形态的意义时使用"想象"(Imaginary)以避免传统的认识论的真假之分，他说意识形态是"表现系统，包括概念、思想、神话或形象，人们在其中感受他们与现实存在的想象关系"。霍尔(S. Hall)研究文化的意义时使用"表现"，他认为"表现"是同一文化内部成员生产与交换意义的基本方式，它将观念与语言联系起来，既可以指向现实世界，也可以指向想象世界。参见 *Presentation: Cultural Representations and Signifying Practices*, edited by Stuart Hall, London: The Open University, 1997, Chapter 1,"The Works of Representation"。

识体系。如果使用中国形象研究取代汉学，那就假设汉学的意识形态化，其知识包含着虚构与想象，协调着权力，因此也无法假设其真理性。笔者曾写过《汉学或“汉学主义”》[①]一文，从后殖民主义文化批判角度质疑汉学学科的合法性并尝试进行解构性批判，希望学界警惕学科无意识中的“汉学主义”与“学术殖民”的危险，基本用意也正在于此。西方汉学研究关注的是知识问题，而西方的中国形象研究，关注的是知识与想象的关系以及渗透知识与想象的权力运作方式。西方的中国形象研究在一般社会观念意义上研究中国形象问题，涉及不同类型的文本，从一般社会科学著作中有关中国的论述、专业的汉学研究、诸如新闻报道、游记、传教报告、日志等关于中国的纪实作品、有关中国的外交等官方文件，一直到虚构的文学艺术作品，诸如小说、诗歌、戏剧、电影，在研究对象上已经超出汉学或比较文学形象学的范围。比较文学形象学只关注文学作品中的异国想象。而跨文化形象学研究，关注不同类型的文本如何相互参照、相互渗透、共同编织成一般社会观念或一般社会想象与无意识中的中国形象。比较文学形象学大多只满足于描述某部作品或某一时期某些作品中的中国形象特征，只意识到研究什么，没有反思为什么研究，缺乏真正的问题意识。西方的中国形象研究，从来就不是汉学、也不仅是比较文学的问题，而更多与跨文化研究相关，揭示形象隐含的文化政治意义。比较文学形象学是没有问题的学科，而跨文化研究形象学，是没有学科的问题。比较文学形象学仍然是文学研究，而跨文化研究形象学则首先是文化研究。文化研究的思想性挑战及其开放性活力，也正体现在这种跨学科性与非学科性上。

西方历史上不同地区不同国家在不同历史阶段，主导着中国形象的话语权，14—15世纪是意大利，16—17世纪是西班牙与葡萄牙，18世纪是法国，19世纪是英国与德国，20世纪则是美国。20世纪美国的中国形象不仅影响西方，甚至也影响整个世界。这也是美国文化霸权或软实力的表现。美国不同于西欧，有自身精神的期望与焦虑。美国是20世纪的“中

① 参见本人的论文《汉学或“汉学主义”》，载《厦门大学学报》（哲学社会科学版），2004年第1期。

央帝国”，对中国这个衰落的“前中央帝国”情有独钟。英国在19世纪自觉到“拯救”印度，美国在20世纪自觉到“拯救”中国。他们起初坚信中国将被改造成一个顺从并感激美国的经济上开放、文化上基督教化、政治上民主的美国式的“藩属国”。20世纪前半叶的“恩抚”，后半叶的“遏制”，表现出美国特有的“中国情结”的两个极端。美国的中国形象是耐人捉摸的，经常是爱恨交加：一方面是“恩抚主义”(Paternalism)，他们关心、爱护、援助中国，把中国看成一个不成熟、多少有些弱智低能，也多少有些善良人性的半文明或半野蛮国家。在中国身上，美国感到自己的责任，也从这种自以为是的责任中，感觉到自己的重要与尊严。另一方面是“遏制主义”，把中国当作一个背叛的、邪恶的、危险的、不可思议的国家，内心充满不确实的恐惧与仇视，从“黄祸论”开始，一直到“中国威胁论”。20世纪美国的中国形象反复无常，具有某种精神分裂的特征。

异国形象的塑造虽然包含着塑造者的想象和欲望投射，但又非不顾社会现实基础的纯粹想象之物，而且社会基础还影响着形象塑造者的视角，影响着对待他者的态度和评价。当被塑造者比塑造者强大时，塑造者往往将其纳入视野的中心，多采用仰视视角，以仰慕的态度把对方放在重要位置，用理想化的形式来描述对方，同时赋予其强大、先进、发达、进步、文明等特征。相反，当被塑造者比塑造者贫弱时，塑造者倾向于将其放在次要位置，采取俯视视角，以轻视甚至傲慢的态度来对待对方，趋向于用低劣、愚昧、落后、贫穷等词汇来描述其特征。美国曾和欧洲一样，有过乌托邦化中国形象的历史，但20世纪大多数时间里，美国将自己作为中心，以强烈的种族优越感和自我中心意识，丑化中国，使中国形象带上明显的漫画特征。姜智芹教授探讨美国的中国形象的著作分两大部分。第一大部分梳理、分析从18世纪开始，一直到21世纪初期美国之中国形象的流变，阐释美国是如何对历史中国与现实中国进行想象和认识的，以及在这种想象和认识过程中所表现出来的文化冲突与文化认同，探讨中国在美国现代性自我构建中的意义。第二大部分分为三个专题，以个案的方式，分别论述“美国文学”、“好莱坞电影”、“传教士儿女们”对中国形象的描绘和塑造。第一部分是面上的讨论，第二部分是点上的分析。研究美国有关中国形象，不仅可以促进我们对美国价值观的认知，也促进了我们对自身的反思，特别是在国民性批判和现代性文化自觉方面。

俄罗斯是另一个西方，如果说美国是西方中的西方，俄罗斯则是西方中的东方。俄罗斯的中国形象传说可以上溯到12世纪的史诗《伊格尔远征记》中提到的国家“希诺瓦”(Хинова)和“契丹”(Китай)，但清晰的中国形象要到17世纪俄罗斯的使节出使清朝和18世纪西欧的“中国风”东渐俄罗斯。此后俄罗斯的中国形象出现了三种套话：“哲人之邦”、“衰朽之邦”、“兄弟之邦”。“哲人之邦”的形象类型出现于欧洲启蒙运动时期，西欧启蒙思想中美化、乌托邦化的中国形象进入俄罗斯。现代俄罗斯的中国形象多受西方的影响。19世纪西方殖民主义帝国主义文化中的中国形象，同样在俄罗斯思想界获得反响。俄罗斯文化界，不管是西欧派还是斯拉夫派，对中国的“傲慢与偏见”是一致的：中国形象从道德高尚、制度开明的“哲人之邦”转向停滞腐败、专制无能、野蛮堕落的东方帝国。但同时，我们应该注意的是，俄罗斯的中国形象素来与俄罗斯帝国特有的文化政治传统相关，是俄罗斯文化身份确认与地缘政治想象的产物。研究俄罗斯的中国形象，无论如何不能忽略贯穿俄罗斯历史的扩张主义思想与激情。“衰朽之邦”是现代俄罗斯扩张主义思潮的产物，分享着西方现代殖民主义帝国主义的东方主义想象；而苏联时期的“兄弟之邦”形象，则是“红色帝国”苏联的全球战略格局的想象性实现，甚至继承了“第三罗马”与“斯拉夫帝国”的文化传统。在从十月革命到中苏交恶的近半个世纪里，中俄之间的政治友谊代替了文化敌意，新中国建立后中国一度成为“兄弟之邦”。但在这种不能轻易否定其真诚的“兄弟”想象中，我们明显可以感到那种“我是兄，你是弟”的文化政治霸权的无意识。

俄罗斯的中国形象有自身的历史与问题。首先，俄罗斯思想是在面对强大的西方他者进行自我确证时想象并引述中国形象的，于是，中国形象出现在俄罗斯思想中，任何时候都是与俄罗斯的西方形象相对立的他者形象，没有独立的他者意义。一个特殊的文本现象就是俄罗斯思想总是在与西方形象对比时讨论中国形象，在俄罗斯思想家的言论中，中国形象不断出现在“俄罗斯与欧洲”的论题下。中国形象的表现并不取决于俄罗斯对中国的态度，而取决于俄罗斯对西方的态度；其次，俄罗斯的中国形象不仅是俄罗斯的西方形象的派生物，也是西方的中国形象的派生物。俄罗斯的中国形象的思想资源完全来自西方。另一个值得注意的文本现象是俄罗斯思想总在复述西方的中国形象，反而忽略俄罗斯本土的中国信息。俄罗斯的中国形象是西方的中国形象的折射，是中国映现在西方现代性精神结构中的他者形象。中国形象与西方形象构成俄罗斯文化自我确认的东西方两极，但这两极远不平衡。再次，俄罗斯思想中的中国形象并不丰满深厚，俄罗斯思想通过中国形象构建俄罗斯自我的想法也不认真。中国形象包容在西方形象之中，不论是意义还是价值，也都无法与西方形象抗争。中国形象在俄罗斯思想中，实际上不可能构成与西方相抗衡的对等的两极；俄罗斯思想试图在中国形象与西方形象之间谋取自我确认的平衡，实际上也不可能，俄罗斯身份依旧会划入巨大的西方。此外，俄罗斯思想试图利用中国形象超越西方的东方主义，但又陷入俄罗斯式的东方主义。西方式的东方主义是排斥性东方主义，东方是一个不断蔓延令人无法捉摸也无法控制的他者；俄罗斯式的东方主义是包容性的东方主义，东方是一个不断被收复被涵化的他者，因为俄罗斯本身深广的东方性使东方可能被包容到自身。俄罗斯式东方主义包含着更危险的文化霸权，它从根本上趋向于取消中国形象的意义。最后，俄罗斯思想中的中国形象总体上看浅显暧昧，这是由俄罗斯文化自我本身的暧昧性决定的。从西方看俄罗斯，俄罗斯是东方；从东方看俄罗斯，俄罗斯又是西方，这种分裂的二元性使俄罗斯文化的自我想象左右为难，既沮丧又傲慢。没有明确的自我，便没有明确的他者。

三

西方的中国形象是“世界的中国形象研究”中的首要问题，其意义主要表现在两个方面：一是西方的中国形象以某种文化霸权的方式影响着中国现代性身份的自我认同。现代中国首先在西方的镜像面前确认自我，西方既表现为一种强大的现实压力与欲望，又表现为一种超现实的幻象。现代中国不断从这个虚幻的他者镜像中完成自我的身份认同，自我构建的过程同时成为自我异化的过程，认同与其说是确认，不如说是误认；二是西方的中国形象成为一种主宰叙事，影响着非西方国家地区的中国形象。世界现代化进程中所有非西方国家在确认自我想象他者的时候，都不自觉并自愿地将自身置于现代西方的他者地位上，接受西方现代的世界观念秩序。

印度与中国领土相邻，文明相关，历史上已有两千多年的商贸与文化往来，但直到现代之前，印度一直没有清晰的中国形象。19世纪末20世纪初印度现代民族意识觉醒，中国成为与印度分享所谓“亚洲共同性”、“东方精神”的“东方兄弟”，美好的中国形象在印度持续了半个多世纪，然后是边境冲突，印度的中国形象急剧转化。其后三十年间印度的中国形象的总体特征是政治敌意与社会冷漠，且全面复制了西方冷战思维下的中国形象，这种充满敌意的中国形象多少显得轻率武断，它在政治上表现强烈，但社会影响微弱。印度一般社会想象中的中国形象，依旧模糊不确定。这个时代印度的中国形象有三大特点：一是充分政治化，中国形象是印度国家政治战略刻画的，充满敌意，但又缺乏现实性；二是充分西方化，印度的中国形象基本上是复制西方冷战时代的中国形象，其中缺乏印度的主见与立场；三是意识形态化的中国形象仅流行于政治领域中，在民主制度下对整个印度社会的影响既不广泛也不深入，印度社会或一般民众的中国形象仍是模糊而冷漠的。“中印崛起”的大时代里，人们很难找到确定明晰的中国形象。印度媒体塑造的“中国”让人将信将疑、喜忧参半，“中国崛起”可能是事实也可能是虚构；可能是令人羡慕的成就，它为东方现代化提供了一种另类现代性的证明；也可能是令人恐惧的威胁，打破了既定的世界现代政治秩序与知识秩序。中国形象如何，直接关系到印度现代性自我认同。

研究印度的中国形象，有四个明显的问题值得反思：第一个问题是，印度与中国有两千多年交往的历史，丝绸西去，佛陀东来，但印度的中国形象，除了一些虚无缥缈的传说之外，基本上是个空白。印度对它这个庞大的邻国的冷漠是令人吃惊的。如何理解这种冷漠，跨文化形象生产的关键因素是什么？什么是那个时代印度的中国形象的想象关联？第二个问题是，现代印度突然对中国产生了非同寻常的热情，而且情不知所起，一往而深，诗人如此，政治家更甚。究竟是一种什么样的文化或政治冲动，使中国在印度想象中突然变得重要而美好起来？长久的冷漠与一度的热情究竟缘何而生？中国形象在印度现代文化自觉中的意义是什么？第三个问题是，在过去的一百年左右的时间里，印度的中国形象先是逐渐被美化，充满政治浪漫热情，后是突然转化，丑化的中国形象表现着新生的仇恨与久远的冷漠。值得注意的不是印度的中国形象中的敌意，而是它的"随意"。意识形态的中国形象与一般社会想象的中国形象断裂。1962年的中印边境冲突是一个转折点，但是否还有比此更深远更内在的文化原因？第四个问题是，冷战结束，中印崛起，在敌意即去未去、善意将来不来的时候，冷漠依旧。印度的中国形象没有充分理性化的认知基础，没有是非坚定的意识形态立场，也没有独特有效的话语体系。一切都为什么？在西方现代性世界观念体系中，非西方国家之间是否已经失去了思考对方的意愿与能力？难道只有西方在思考世界，而我们只思考西方并模仿西方思考？

研究的自觉，不仅要描述是什么，还要分析与解释为什么。这是理论的"理论性"所在。跨文化形象学假设在三层意义上研究不同国家地区的中国形象：一是该国或该地区历史上不同时代关于中国的认知与想象，它关注的是知识与想象的关系、真实与虚构、知识的局限与积累问题；二是该国或该地区关于中国的知识或想象与现实的政治外交关系的关系，它关注的是该国或该地区与中国的政治经济军事关系如何塑造中国形象、中国形象又如何影响其现实关系方面的问题；三是该国或该地区文化自我确证中的中国形象的意义，它关注该国或该地区文化如何使用中国形象作为他者完成自我认同或自我确证，中国形象与其自我想象的关系以及这种关系对中国形象的建构。第一层意义是知识论的，关注认知与想象、真实与虚构的问题；第二层意义是意识形态的，关注国家政治与文化领导权的问题；第三层意义是话语理论的，关注文化身份确证中自我与他者的知识与权力关系问题。

学术思考回应时代重大问题，不论就历史、未来还是现实而言，研究俄罗斯、印度、日本的中国形象都是必要的。中国与这三个国家的关系，多少决定未来半个世纪中国发展的命运。现代日本的中国形象，是日本现代性自我认同中“自我东方化”与“自我西方化”双重叙事的一部分。日本曾有“唐风一边倒”的时代，现代中国形象的转变是极具戏剧性的。首先是所谓“脱亚入欧”论。福泽谕吉发表《脱亚论》，提出“国内无论朝野，一切都采用西洋近代文明，不仅要脱去日本的陈规旧习，而且还要在整个亚细亚洲中开创出一个新的格局”。东亚古国支那、朝鲜与日本，前二者“不思改进之道”，守旧堕落、愚昧野蛮，日本“与其坐等邻国的开明，共同振兴亚洲，不如脱离其行列，而与西洋文明国共进退。对待支那、朝鲜的方法，也不必因其为邻国而特别予以同情，只要模仿西洋人对他们的态度方式对付即可。与坏朋友亲近的人也难免近墨者黑，我们要从内心谢绝亚细亚东方的坏朋友”。[①]日本的现代化就意味着摆脱中国与朝鲜之类“亚细亚东方的坏朋友”，与西方现代国家共进退。在“脱亚入欧”论背景下，日本构筑的中国形象显示出种种半开化文明的停滞衰败、专制残酷、愚昧野蛮的特征。福泽谕吉彻底批判中国传统的儒学与仁政，在他看来，儒学守旧迷信，是造成社会停滞不前的罪魁祸首；仁政与暴政都是东方专制政治形式，建立在奴役与愚昧基础上，区别只在于前者是“野蛮的暴政”，后者是“野蛮的太平”。[②]中日甲午海战爆发，福泽谕吉欢呼这是一场文明征服野蛮、光明战胜黑

① 《脱亚论》引文根据林思云先生据日本明治十八年(1885)三月十六日《时事新报》刊原文翻译出的中文译本，网上亦有“流水成溪”先生所译的文言版。

② 参见［日］福泽谕吉：《文明论概略》，北京编译社译，商务印书馆1997年版。

暗的战争，所谓“文野明暗之战”。福泽谕吉在一般意义上否定中国文明，到津田左右吉那一代冷酷轻蔑的文化批判主义，则进一步从历史与思想根源上否定中国，认为道家不过是逻辑混乱、思想浅薄且不负责任的利己主义，儒家以忠、孝、节、义为核心的道德政治思想幼稚而虚伪，为中国社会积时历久的身心奴役提供了信念基础。“脱亚入欧”论直接导致“大东亚共荣”的战争意识形态。战后竹内好先生在检讨日本太平洋战争时期的所谓“近代的超克”观念时，详细分析了现代日本表述这场战争的宏大叙事来自于西方现代性观念的核心，是所谓“世界史的必然”。①

现代世界观念体系中西方的文化霸权不可否认也难以摆脱。现代化时代任何一个民族有关中国的严肃认真的思考，都与这个民族面对西方文化进行自我想象与自我塑造的“文化自觉”相关。日本现代的中国形象以第二次世界大战为界，战前基本上是否定的、批判的、蔑视的，在低劣的中国形象中，日本现代文化获得自我确认与自我满足，当然，这种文明优越感或自信心并不来自日本本身，而是来自于现代西方。二战结局是日本战败，中国革命成功，日本从中反省到日本现代文化脱亚入欧的困境与中国革命开创的亚洲式现代化道路的光辉前景。战后日本的中国形象一度发生转变，日本知识界开始反思日本的中国形象，典型的代表是竹内好，开始将革命后的中国当作东方“超克”西方现代文明的可选择的模式。②值得注意的是，沟口雄三在批判性著作《作为方法的中国》③中反思竹内好代表战后日本的中国观，竹内好等人依旧在东洋与西洋二元对立的结构上讨论问题，那个东方的东方主义问题，依旧没有解决。亚洲国家是否可能以自身为尺度想象他者确认自我？是否还真正存

① [日] 竹内好：《近代的超克》，孙歌编，李冬木等译，三联书店2005年版，第324页。

② 参见 [日] 竹内好：《近代的超克》，孙歌编，李冬木等译，三联书店2005年版，尤其是收入该文集的《何谓近代——以日本和中国为例》。汉语文本的相关研究著作见孙歌著《竹内好的悖论》，北京大学出版社2005年版。

③ 沟口雄三的著作《作为方法的中国》，汉译本名为《日本人视野中的中国学》。译名通俗化，却扭曲了原书名的意思。

在着所谓东方价值或亚洲价值？难道世界现代化进程已经将不同国家的文化关系最终归结为“西方与非西方国家”的二元对立关系？在西方发动的世界现代化进程中，非西方国家总是一方面将西方当作现代性自我确证的强势他者，另一方面在非西方国家中建构所谓弱势他者。战后日本的文化反思与批判很快就过去了，中国革命成功后的国家建设历程却充满动荡与混乱，相反，失败的日本却迅速复兴，经济的飞速发展恢复了国家自信，也恢复了日本近代以来被轻蔑否定的中国形象，传统的“脱亚入欧”论也复活了。福泽谕吉发表《脱亚论》一个多世纪以后，长谷川庆太郎出版了他的《别了!亚洲》。在该书“前言”中他明确表示“日本已经不再是亚洲的一部分了。日本已经成为‘高耸在梦之岛之中的霞关大厦’。周围的亚洲各国是‘梦之岛’(东京的垃圾场)，而日本则是耸立于中央的超现代化大厦。”①

我们提出“世界的中国形象研究”的论题，其意义在于探讨中国文化软实力的多元国际文化环境以及现代中国自我认同的多重维面与多重意义。“世界的中国形象研究”拥有整体性思考视野，关注三个方面的问题：一、世界不同文化区不同国家中国形象的特征与意义；二、它们彼此之间跨文化传播的知识与权力方式；三、世界的中国形象网络与现代中国自我认同之间的关系。其中中国形象的跨文化流动与形象网络已经形成，具有快速生产与分配中国形象机制。在这一跨文化流动与分配的中国形象网络中，西方的中国形象经常构成生产之源，决定或影响着世界其他地区或国家的中国形象。这些国家或地区首先在确认他们自身与西方的关系，然后再从东方主义或西方主义立场选择中国形象。西方现代的中国形象拥有的话语霸权值得关注，这不仅是一个后殖民主义的文化问题，也是后冷战时代的地缘政治问题。现代俄罗斯、印度、日本想象中国的知识框架与价值立场都是西方现代性的，中国形象总是出现在其“自我东方化”或“自我西方化”的文化想象中。中国形象的意义往往并不取决于中国，而决定于

① [日] 长谷川庆太郎：《别了!亚洲》，鲍刚等译，国际文化出版公司1989年版，第3—4页。

西方，决定于这些国家面对西方进行现代性自我认同的方式。中国与西方往往成为他们现代性自我确证的双重他者，出现在他们的世界知识与价值的两极。

西方的中国形象具有某种“凌驾”意义，它不仅塑造现代中国的自我意识，也多少决定着世界其他地区国家的中国形象。世界的中国形象的跨文化流动，最明显地表现在现代西方的中国形象的全球话语权上。值得注意的是，印度、日本乃至东南亚、阿拉伯的中国形象，其知识框架与价值立场都是西方的，是这些国家地区在现代性自我认同结构中“自我东方化”与“自我西方化”叙事的一部分。世界现代化进程中所有非西方国家在确认自我想象他者的时候，都不自觉并自愿地将自身置于现代西方的他者地位上，接受西方现代的世界观念秩序。在逐渐全球化的西方现代性话语霸权中，不论俄罗斯、日本或印度，都不可能在西方中心主义话语外表述中国，也不可能在西方中心主义话语之外认同自身，更不必说那些思想文化传统不够丰厚坚实的小国。东南亚是个复杂的文化区域，10个国家分布在中南半岛与马来群岛，地处东亚文化与南亚文化的交汇处，近代以来又受西方文化冲击。现代东南亚的中国形象，表现出特有的多样性，不同国家不同文化与政治背景，中国形象的表现也各不相同，几乎难以在一个论题下讨论。而且，宋、明以来大量中国移民移居东南亚，东南亚的中国形象，不仅是庞大的大陆国家中国的形象，也是身边邻里华人的形象，国家、种族、阶级、信仰等的问题交织在一起，使任何整体性研究都难以进行。

前现代的东南亚的中国形象零乱而模糊。不是因为东南亚国家地区没有清晰的中国印象，而是这些印象缺乏史料证明。东南亚国家与中国的历史因缘深厚，中国形象甚至可以追溯到这些国家先民的神话传说中，缅甸《琉璃宫史》、马来亚的《马来纪年》都有关于中国的传说，泰国、菲律宾等国也可以发现类似记载。越南历史上与中国交往多，属于汉字文化圈，中国形象也更丰富更现实化、历史化。但就整个东南亚地区而言，进入现代以后，中国作为一个国家的形象才具体明晰起来。现代东南亚的中国形象首先出现在20世纪前叶的民族主义思潮中，中国是亚洲觉醒、民族革命、国家解放的象征。这种形象的塑造最初得力于当地华人，他们对现代化、民族解放和泛亚细亚主义的介绍，影响了东南亚的民族主义事业。最典型的是印尼，苏加诺曾经坦言印尼民族主义运动的灵感来自亚洲其他国家，主要是中国，孙中山是"最伟大的民族主义领导人"，"自1918年，通过孙中山的三民主义（民主、民权、民生），民族主义已深入我心。"苏加诺在泛亚洲主义基础上想象中国，其思想背景与倾向令人想起当时印度泰戈尔、尼赫鲁那代人。中国与印尼是分享着"亚洲共同性"的"东方兄弟"。正如苏加诺在1928年《印度尼西亚青年之声》中表述的："人们开始意识到印中两国人民都是东亚人，都是受苦受难的人，都是为自由生活斗争、挣扎的人……因为亚洲人民共同的遭遇必然会产生共同的行动；共同的命运必定产生共同的情感；在抵抗大英帝国主义和其他帝国主义的斗争中，埃及、印度、中国、印尼人民面对同样的敌人……因此，我们应一起建立一个亚洲社会，抵抗外国帝国主义壁垒，这是我们为什么要坚持泛亚洲主义原则的原因。"①

现代东南亚的中国形象在20世纪50年代发生转变，曾经作为亚洲民族主义革命兄弟的中国成为冷战中共产主义威胁的代表。东南亚国家一度在民族主义想象的"亚洲共同性"中认同中国美化中国，印尼独立后曾经将中国当作国家建设的典范，苏加诺1956年的中国之行在中国发现了"一个真正公正、繁荣的新世界"。民族主义想象的"亚洲共同性"，被冷战意识形态拆解，20世纪50年代后期开始，东南亚国家的中国形象纷纷"恶化"，中国成为共产主义恶魔。印尼在苏哈托时代甚至与中国断交，冷战几乎促成整个东南亚与中国的反目，马来亚独立后继承了英国殖民地政治传统，选择冷战的反共阵营，东姑政府主导的中国形象，是贫困、独裁、缺乏宗教自由、以共产主义强权方式威胁其他国家安全的邪恶可怕的形

① 参见刘宏：《建构中国隐喻：苏加诺的中国观及其对印尼社会与政治变革的影响》，《世界之中国：域外中国形象研究》，周宁编，南京大学出版社2007年版，第325—346页。

象。这种形象有马来西亚本身的背景。马来西亚是新加坡以外华人占总人口比例最高的东南亚国家，而且还有马共在丛林长期坚持反政府的游击战争，选择与中国敌对是马来西亚的政治需要。东南亚的中国形象是个复杂的问题。中国可能既是一个遥远的国家，又是身边的华人的故乡。如何才能将中国与当地华人区分开来，这是个微妙而危险的话题。民族主义思潮从思想本质上认可作为亚洲兄弟的中国，但不能认可华人移民居留在东南亚国家；新国家政治从国家安全与权利竞争上可能排斥中国，但却在国家认同上接受当地华人。

对东南亚国家而言，中国形象直接关系到其国族认同与建国理想，其中国想象一直处在某种紧张与焦虑状态。中国形象在世界不同国家地区，有不同的意义。东南亚地区在历史上是个充分“中国化”的地区，现实中也是中国文化软实力增长最快的地区。约舒亚·库兰奇克的《魅力攻势：中国软实力改变世界》[①]强调中国在东南亚的软实力大有取代美国之势。虽然不无危言耸听的嫌疑，但也确实注意到某种倾向。东南亚是中国发展的战略支撑点，中国是否能够重建西太平洋核心国家地位，决定于中国在东南亚地区的影响。而真正的问题还不在中国与东南亚，而在中国与美国，中国在东南亚的影响有可能挑战美国在这一地区的权威，目前东南亚出现的隐约的“中国威胁论”，真正的源头是来自美国的警惕或忧虑。跨文化的中国形象研究，不可回避地缘政治战略背景，跨文化的中国形象问题在后殖民与后冷战时代提出，对“中国崛起”有着严峻的“大国战略”意义。

四

“世界的中国形象”研究作为一个研究领域，关注的主要问题是世界

---

① 参见 *Charm Offensive: How China's Soft Power Is Transforming the World,* by Joshua Kurlantzick,Yale University Press,2008. 库兰奇克强调中国在东南亚的软实力发展大有取代美国之势。

不同国家不同文化区域之间中国形象的跨文化流动及其知识与权力网络。从某种意义上说，西方的中国形象恰恰是“世界的中国形象研究”的问题起点。因为几乎所有的国家在进入现代世界观念秩序的起点上，其中国想象都经过西方的中国形象的塑造或重塑。即使该国家地区具有自身的中国形象传统，也难以拒绝西方的中国形象的“规训”，而且，在绝大多数情况下，这些国家地区的中国形象，不过是掺杂着本土想象的西方的中国形象的再生产形式。当今世界不同国家地区的中国形象，不是以西方的中国形象为模式，就是以西方的中国形象为前提。为模式者简单复述西方的中国形象，为前提者可能“反述”西方的中国形象，但期望与焦虑都针对西方的中国形象而起，中国形象成为该国家地区“自我东方化”或“自我西方化”想象的参照。

今天，西方媒体是世界的中国形象的信息源；而一千年前，阿拉伯商人与旅行家的讲述，是世界的中国形象的信息源。中国形象的跨文化流动的支配权，来自代表强势文明的地域与国家。中世纪是阿拉伯，现代是西方。中世纪阿拉伯流传着一个关于中国人自大的笑话：据说中国人认为世界上只有中国人长着两只眼睛，其他民族不是独眼龙，就是瞎子。这个笑话在布哈拉商人赛义德·阿里—阿克伯·契达伊写的《中国志》中出现过，马可·波罗时代就传到欧洲，至少西班牙使节克拉维约1404年在撒玛尔罕帖木耳的王宫里、意大利使节巴巴罗1436年在波斯，都听到过这个传说，并先后带回欧洲复述。[①]这是中国形象跨文化传播的一个典型案例。

① 《克拉维约东使记》写道：“契丹人都是技艺精巧的工匠。但自以为是，他们自夸世界上只有他们才长两只眼睛，法兰克人只有一只眼，摩尔人都是些无目瞎子，因此他们是世界上最优秀的种族。”见Narrative of the Embassy of Ruy Gonzalez de Clavijo to the Court of Timour at Samarcand, A.D. 1403—1406, Trans. By C.R. Makham, London, p.133。由杨兆钧译，商务印书馆1957年版的《克拉维约东使记》省略了这段文字。又见Cathay and the Way Thither, by Sir Henry Yule, London, p.178：巴巴罗赞赏波斯国王送给他的中国丝绸精美，波斯国王哈桑对巴巴罗说：“先生，当然如此，您知道波斯有一句谚语：中国人有两只眼睛，法兰克人只有一只。”伊斯兰世界通称欧洲人为法兰克人。1500年前后出使中国的布哈拉商人赛义德·阿里—阿克伯·契达伊写的《中国志》也说：“……在中国人和可汗的心目中，他们天下第一，中国就是全世界。他们认为除了自己的帝国之外，世界上不再存在任何文明国度了。”《丝绸之路：中国—波斯文化交流史》，［法］阿里·玛扎海里著，耿升译，中华书局1993年版，第159页。

贸易、迁徙、传教，通过中亚的“丝绸之路”与南中国海走廊的“香料之路”或“瓷器之路”，建立起伊斯兰文化核心区与古代中国的文化关联。中世纪阿拉伯文化经典《道里邦国志》、《黄金草原》、《全史》、《云游者的娱乐》，包括《一千零一夜》，都曾记述过中国，而最有代表性的文本还是公元9世纪阿拉伯商人口述的《中国印度见闻录》和14世纪阿拉伯大旅行家伊本·白图泰的《伊本·白图泰游记》。《中国印度见闻录》赞美中国的物产丰富、政治清明，比较印度与中国，认为还是“中国更美丽，更令人神往”。[①]伊本·白图泰讲述了他的中国见闻，赞叹：“中国地域辽阔，物产丰富，各种水果、五谷、黄金、白银，皆是世界各地无法与之比拟的。”[②]古代阿拉伯世界的中国形象总体上是美好的，他们不仅赞美中国的财富，还仰慕中国的制度，其中或许有夸大之辞，但不无诚意。而真正有意义的是，古代阿拉伯世界在中国不是发现关于另一个国家的真实，而是寄寓关于自身现世生活的理想。

阿拉伯的中国形象在漫长的中世纪曾经是世界的中国形象的传播源，而进入现代以来，阿拉伯的中国形象反倒是复述西方的中国形象，而且具有明显的“东方主义”或“西方主义”特征。在阿拉伯国家的东方主义自我想象中，中国是一个比阿拉伯更东方的东方，这让后殖民时代的阿拉伯国家多少感到某种优越感。西方的“东方主义”话语中规划了三个“东方”：第一个“东方”是伊斯兰东方，从奥斯曼的欧洲土地开始，包括埃及直到中亚，中心在波斯与阿拉伯，那是“典型的东方”；第二个东方主要是印度与中国，可能还包括整个东亚、南亚地区。第三个东方在地理与文化上都具有模糊性。从东南亚到南太平洋岛屿到撒哈拉沙漠以南的非洲，似乎都属于第三个东方。第三个东方可能在地理上不属于东方，但文化上却分享着“东方性”。在西方想象中的文化地图上，东方的界域在于特定的文

①[古代阿拉伯] 苏莱曼：《中国印度见闻录》，穆根来，汶江，黄倬文译，中华书局1983年版，第24—25页。
②[摩洛哥] 伊本·白图泰：《伊本·白图泰游记》，马金鹏译，宁夏人民出版社2000年版，第539—540页。

化同质性，那就是所谓的“野蛮的东方性”，如神秘、放荡、残暴、堕落、专制、腐败、古旧、停滞、混乱、邪恶等特征。在西方规划的世界观念秩序中，阿拉伯地区可能是跟西方最近的东方，他们都是地中海文明的孩子；也可能是跟西方最远的东方，阿拉伯的中国形象在受东方主义影响的同时，也受“西方主义”的影响。[①]在他们的“西方主义”想象中，崛起的中国可能沾染了西方化的堕落特征：浅薄傲慢、道德败坏、只图物质享乐，缺乏精神信仰……但整体上阿拉伯地区关于当代中国的印象仍是美好的，这方面李荣建教授的著作提供了丰富的资料。阿拉伯的中国形象研究是个复杂而广阔的领域，不同国家、不同教派的信众，因政治权益或信仰取向不同，他们的中国形象可能也完全不同，甚至在文化同一性基础上使用“阿拉伯的中国形象”划定研究领域与对象，都是轻率而危险的。

① 与西方的东方主义相对，东方也有“西方主义”。西方主义是一套虚构与言说“西方”的话语，具有强烈的意识形态性的敌我意识。西方主义虚构了各种所谓“西方”的形象特征，诸如贪婪无度、纵欲堕落、拜金主义、冒险流浪、背信弃义、冷漠强权……西方主义分享着一种反西方的意识形态，在其历史构成的诸种思想中，从宗教信仰到社会政治观念，有马克思主义、浪漫主义、法西斯主义、斯拉夫主义、泛亚细亚主义、伊斯兰激进主义与当下普遍流行的反美主义。西方主义将各种扭曲的、失败的文化怨恨发泄到一个虚构的西方上，丑化、“胡化”、“兽化”或妖魔化西方。“西方主义”不仅是一个现代性概念，还是历史中久已出现的文化地理的他者化产物。西方主义思想可以追溯到古代波斯与希腊罗马的战争时代、中世纪伊斯兰国家与基督教国家的冲突时代、甚至中国汉朝的汉匈冲突时代。在这种思想或想象传统中，西方始终是被排斥被丑化的。西方扩张时代开始，印度、中国、日本先后都出现了有关西方的他者化套话。随着西方冲击与压力的加强，东方国家的民族主义与本土主义抵抗的情绪也越发激烈，这种抵制情绪经常发泄到现代化器物与制度和文化上。西方主义的立场是所谓东方的，但方法与武器却经常是西方的。在西方主义的思想资源中，有东方传统社会的，也有西方现代性内部包含的否定性因素。今日伊斯兰世界对西方的负面印象就继承了各种反西方现代性的思想资源，而且具有西方思想渊源。首先是19世纪德国以赫尔德为首的浪漫主义文化思潮，浪漫主义反对西方启蒙理性主义、世界主义与现代资本主义与物质主义，以浪漫的美学的东方想象否定西方社会现代性。与西方负面形象的前两种象征意义相关；其次是俄国19世纪以斯拉夫主义为首的民族主义与民粹主义思潮，与俄国斯拉夫主义相关，而且，值得注意的是俄国斯拉夫主义的思想根源也可以追溯到德国浪漫主义；再次是20世纪纳粹德国与日本军国主义意识形态，认为现代化的道路是战胜西方而不是依附西方；又次是中国的无产阶级文化大革命意识形态，最后是今日伊斯兰激进组织。有关“西方主义”的论述，可参见 Occidentalism: the West in the Eyes of Its Enemies, by Ian Buruma & Avishai Margalit, Penguin Press HC, 2004。但是，值得注意的是，“西方主义”尽管以一种“反西方”的方式“表态”，但其思维模式或内在思想框架依旧是西方现代性的。即使搁置美化西方的“西方主义”不论，表现为“民族主义”的“西方主义”在反西方的外表下，可能是更深刻地表现为与西方现代性思想的一致。因此，单纯强调“西方主义”的“反西方”性，往往遮蔽了“西方主义”内在的西方性。

阿拉伯的中国形象是个重要的个案，而目前的研究只是开始，因为理论不是描述现象，而是分析问题。在这方面，拉丁美洲、非洲的中国形象研究，也只在起步阶段。19世纪的华工、20世纪的革命曾使拉丁美洲与中国命运相关，但目前最重要的问题是中国的发展模式昭示了另类现代性的可能，对拉美世界的发展具有一定的启示意义。新世纪以来，中国与拉美的经济交往进一步扩大，中国成为拉美的第三大贸易伙伴，但同时，"中国威胁论"与"中国恐怖论"也开始在拉美流传。中国在拉美的影响或许触及美国在该地区的霸权，但远未动摇美国的权威。而在此值得我们反思的问题是，当今世界真正的"威胁"是美国，美国在全世界130个国家驻军或建有军事基地，但为什么没有"美国威胁论"？中国的全球发展谨小慎微，却惹起美国制造的"中国威胁论"在全球范围内甚嚣尘上？如何自身强大又不表现成对他人的威胁呢？关键还在国家力量强大的合法性，这是文化软实力的核心意义所在。西方扩张500年，从基督教到启蒙哲学，不断为其扩张提供"正义"的理由。直到今天，西方的"普世价值"依旧是其力量的合法性依据。现代性世界秩序语境中，国家力量必须获得"正义"支持，那是"启蒙合法性"所在；而缺乏普世价值的"正义"支持，国家力量的生长势必在人们的想象中成为国家秩序的"威胁"。世界是有"道理"的，给人以产品的国家，如果不能给人以正义，将成为威胁。不管面对世界范围内的敌意还是友谊，我们都应该清楚这一切的由来，问题出在哪里。

从郑和到毛泽东时代，中国与非洲的交往历史近千年。人们可以想象当年郑和船队停靠在东非海岸时的场景，遗憾的是没有历史记载。中国史籍中描述的感恩戴德的场景固然是难免的，或许对这些强大的外来者也有猜忌、恐惧与不安？一位日本学者曾在巴黎国立图书馆发现过一部拉士鲁朝时代的阿拉伯语手稿，其中记载着郑和船队访问阿丹港的情况，有趣的是，在当地人眼里，郑和船队的中国人似乎有些自大无知，"在人们的言传当中，有一条是确实可信的，那支那王认为'所有的人都是(支那)王的仆人'。的确，在他们（支那人）中间大概也有对诸国的情况和王侯们的事情愚昧无知的人……"①东非海岸当年目睹大明使团到来是否可能有同样的感想？早年的记忆虚无缥缈，19世纪80年代后中国劳工到非洲修铁路、开矿山，非洲的中国形象开始具体化，其中有对中国人的勤劳与苦难的赞许和同情，也有沾染了西方殖民者的文化偏见的鄙视与轻贱。但中国形象的意义并不明确，因为一个国家或民族的自我意识未觉醒，他者形象也不可能明确。意义明确的中国形象出现在20世纪后半叶非洲的反殖与民族解放运动中，新中国成为患难与共的朋友。革命时代中国对非洲的无私援助在非洲留下良好的印象，建设时代中国与非洲的关系从以战争与革命为主题走向以和平与发展为主题，中非政治、经济、文化交往增多，非洲的中国形象在更具体化的同时也更为复杂，中国作为一个友好的发展中的大国，形象可能是正面的，中国人在非洲从事经济活动，如果有骄横欺诈的行为出现甚至流露出的种族主义偏见，中国人的形象则可能是负面的。另外，非洲大部分国家曾经是西方殖民地，西方的中国形象也同样影响着非洲，西方有关"中国威胁论"、"新殖民主义"等论调正污染着非洲的中国形象，中国形象在非洲的前景或许不容乐观。

如何面对一个恶意生长的世界？问题在哪里？跨文化的中国形象研究基本上属于观念史范畴，如果进入实践领域，它则关系到中国国家文化软实力的资源与战略问题。中国当下最大的"战略威胁"与"战略挑战"，都与其国家形象相关。学术研究难以回避现实问题。中国如何看待自己、其他国家如何看待中国，决定着中国与世界的命运。跨文化的中国形象研究，研究对象是"思想"或"想象"，研究的问题却是当下国际文化与地缘政治战略的，如何使社会科学理论研究与国家战略研究结合起来？跨文化形象学是个全新的领域，论题正待开辟，方法也在探索中，本套丛书只是一种尝试。即使有些研究难免差强人意，也是有价值的，草创之作可能成为一种激励，促使更多的人进入这一领域，从事相关问题的研究，深入思考。我们已在这里留下"领域"与"问题"，下

① 参见《中外关系史译丛》，第二辑，上海译文出版社1985年版，第44—60页，"郑和分宗访问也门"。

一步，我们将与我们的朋友一同深入第二组课题的研究，同时，更加谨慎认真地进入第三组课题。

前 言

中国与非洲有着数千年的缘分，新中国与非洲更有兄弟般的友谊，进入新世纪，中非进一步发展成为利益攸关的新型战略伙伴。非洲与中国的这种友好关系，使非洲大陆以前是，现在是，将来更是中国融入国际社会、拓展国际影响力、树立自身负责任大国形象的重要舞台。因此，分析总结中国在非洲的形象，审视中国在非洲的软实力外交和国家形象塑造，对中国在21世纪成为一个负责任大国和现代化国家，并因而在自身发展过程中对世界做出贡献具有现实意义与战略意义。

本书从纵横两条线索叙述了中国在非洲树立形象的过程和中国在非洲的形象体现。

中非交流源远流长，中非人民历史上就保持着平等友好的商贸往来，对遥远他乡盛产的物品极为欣赏赞叹，彼此留下了良好的形象。19世纪80年代后，西方殖民者强行将成千上万中国人运到非洲修铁路，开矿山，非洲的开发渗透着大批华工的血汗，相同的不幸遭遇把中非人民紧紧联系在一起。非洲人对中国人也由此有了较深的了解，从而形成了初步的中国形象。随着新中国的诞生和非洲国家的相继独立，中国和非洲人民在反帝反殖的过程中成为患难与共的朋友，中国单方面给予非洲的无私援助确立了新中国在非洲的良好国家形象。20世纪80年代以后，时代逐渐从以战争与革命为主题走向以和平与发展为主题，互利合作成为中非关系发展的主要内容。随着中非政治、经济、文化交往的增多，中国在非洲的形象进一步丰满充实，非洲对中国形象和影响力的认知从最初对中国“患难与共”形象的赞赏，过渡到对中国经济增长的认同，再到对中国经济发展模式的钦佩，又进而上升到对中国作为一个负责任大国的理解与支持。

在中国成长为世界大国的进程中，非洲一直是中国传统战略盟友和重要性日益上升的经贸伙伴。中国在非洲的政治姿态向世人展示了一个崛起的东方大国应有的政治风度和全球责任。所以，在非洲塑造更为良好的国家形象无疑将使中国进一步获得成就世界大国所必需的硬实力和软实力资源。研究探讨非洲的中国形象将会有助于确立国家形象战略，通过发展、合作、沟通在非洲塑造亲和友善健全丰满的中国形象。另一方面，全球化将中国与非洲更紧密地联系在一起，中国非洲形象日益成熟并引人注目。西方部分人士对此极为敏感，担心西方国家会丧失对非洲能源和市场的绝对控制，一些非洲人士和非政府组织也对中国在非洲的发展产生疑惑。他们把更多的目光放在政治领域、意识形态领域。这种非正常关注衍生出“中国威胁论”、“中国非人权”、“新殖民主义”等各种并不符实的批评，并对中国在非洲的形象产生一定的负面影响。对于西方的误读与批评，有必要从学术角度进行解读和批判，揭示出这些歪曲、误读背后隐藏的历史偏见、文化差异和非理性的政治攻击，向非洲和国际社会提供多种文本含义以消解中国形象中的负面因素，构筑中国在非洲的良好形象。

中国的国家形象现在受到国际国内越来越多的关注，有关中国形象的研究也在增多，但目前关于中国形象研究的重点多是放在西方大国对中国形象的认识和中国对国家形象的传播上，对非洲的中国形象研究尚未形成专著，但可喜的是已有一些学者开始对非洲的中国形象进行深入探讨，并形成了论文，如李安山的《为中国正名：中国的非洲战略与国家形象》（载《世界经济与政治》2008年第4期，第6—15页）、罗建波的《中国对非洲外界视野中的国家形象塑造》（载《现代国际关系》2007年第7期，第48—54页）、姜恒昆、罗建波的《达尔富尔危机与中国中非洲的国家形象塑造》（载《新远见》2008年第3期，第28—42页）、倪建平的《中国在非洲的文化传播和国家形象塑造》（载《对外传播》2008年第1期，第42—45页）等，本书借鉴了这些论文中的观点，在此致谢。

第一章
丝绸与瓷器的国家

第一节
丝绸之国——秦汉时期中非间接交流

一

丝绸是早期中国形象的象征。

中国是世界上最早植桑、养蚕、缫丝、织绢的国家。秦始皇时，商人乌氏倮就有收购国内精美的纺织品私自运销于境外，获得十倍之利的举动。到西汉，中国的丝绸已成为国际间贸易的基本商品。正是西方世界对丝绸的渴望促使中西方人民共同努力，开凿出陆海两种丝绸之路，在这一过程中，非洲文明古国埃及和中国有了间接交往的贸易，并通过复杂的外交和商业网络处理彼此之间的事务。而中非历史上的频繁交往又在不知不觉中使相距遥遥、差异巨大的双方人民有了相互认知。

以丝绸为媒介，中国与非洲大陆在远古就已开始了联系。非洲同中国的交往，以北非和东非为最早。公元前6—4世纪，在中国与埃及两大中心之间的中东地区兴起了波斯帝国。公元前529年，它占领了大夏（阿富汗北部），并于公元前525年一度征服埃及。它修“御道”和“驿站”，为东西两大文明中心交往塔起桥梁。《史记》说大夏“颇与中国同业，贵汉财物”。这时中国丝绸等物通过大夏就可转运至埃及。[①]公元281年（西晋太康二年），有人盗掘了魏襄王墓，盗得13篇以编年体形式写在竹简上的古书，史称《竹书纪年》。这本存在着争议的古书中有一个故事，讲述周穆王登基十七年后（约公元前10世纪），远征昆仑山，拜会了“西王母”。这个“西王母”是何许人，中外史学家一直有不同的见解。20世纪初，西方学者福克提出，这个“西王母”有可能是非洲历史上的示巴女王。当然这只是一种猜测而已。[②]

从现今可以看到的史料中分析，中非间最早的交往似乎产生于对彼此特产珍品的需求。这也进一步证实了商品作为媒介促成了中非之间的间接文化交往。而其中中国的丝绸更可能是埃及同中国建立通商关系的最早媒介。

公元前2世纪，汉代的张骞受汉武帝（公元前140—前87年在位）之命，两次出使西域，历尽千辛万苦，克服了难以想象的困难，凿空西域”，打通了汉朝和西域的道路。这就是中西交通大道——“丝绸之路”。实际上，这条举世闻名的“丝绸之路”是埃及人、叙利亚人、波斯人、阿富汗

① 参见张象：《古代中国与非洲交往的四次高潮》，载《南开史学》，1987年第2期，第118—121页。
② [荷] 戴闻达：《中国人对非洲的发现》，商务印书馆1983年中译本，第3页。

人和中国人从公元前2世纪开始，牵着骆驼，赶着骡马，披星戴月，历尽艰辛才开辟出来的。此后一千余年，中国的丝绸通过张骞开辟的这条道路，源源不断地运向西亚和欧洲。英国人赫德逊说："一般中国丝绸，在大宛、大夏或安息都被视为珍贵物品加以接受了，而作为回赠，中国朝廷则收到这些国家的稀奇物品。这样，交换使节就成为一种贸易形式，而且由于创造了习惯和需求，还为进一步非官方的贸易开辟了道路。"这样一来，"公元1世纪的早期，丝绸的使用已从安息传到地中海，在安息宫廷中丝绸或许从头一个中国使节到达时就已开始了。当罗马统一整个地中海世界，给予工商业以前所未有的刺激，产生了一个贪恋各种异国奢侈品的豪富的统治阶级时，这种爱好便进入了欧洲。到了奥古斯都时代，丝绸在意大利成了常见的商品。"①据说公元前1世纪时埃及女皇克里奥帕特拉（公元前51—30年）所穿的御衣是用中国的丝织成的。所以古埃及墓中常发现中国丝绸是不足为奇的。

在间接交换中双方也开始有了相互的了解。埃及是我国古籍中最早介绍的非洲国家。在司马迁撰著的《史记》中，就有多处提到埃及。不过，当时记载的名称是"黎轩"。黎轩是中国人最早听到的非洲国家的名字，是当年埃及的亚历山大里亚城。早在公元前4世纪末3世纪初，亚历山大里亚城既是托勒密王朝的首都，又是东西方之间最大的商业、手工业和文化的中心，是古代世界上最大的城市之一，此后数百年也一直是地中海同东方各国贸易和文化交流的中心。《史记·大宛列传》不仅记载了黎轩的地理位置（虽然比较模糊，将安息之"西"误为安息之 "北"），还介绍了黎轩与汉朝的交往情况："自博望侯赛死后……而汉始筑令居以西，初置酒泉郡以通西北国。因益发使抵安息、奄蔡、黎轩、条枝、身毒国。"这可以说是中国派遣使节到埃及去的最早记录。其中还说；"初，汉使至安息……汉使还，而后发使随汉使来观汉广大，以大鸟卵及黎轩善眩人献于汉。"这位"黎轩善眩人"是随着安息的使团在公元前112年来到汉朝的；

① [英] 赫德逊：《欧洲与中国》，中华书局2004年版，第38—40页。

他虽然没有留下姓名，但却是有史可考的到中国来的第一个埃及魔术杂技艺人。[1]这是中非文化交流的最早记载，方式是间接的。

二

精美的丝绸传达给西方人中华繁盛的信息，也令西方对中国丝绸的需求不断增大。然而，从张骞通西域始，直到东汉晚期，西亚北非发生了巨大变化。罗马人不断东侵。公元前30年，埃及的托勒密王朝终于被罗马人消灭，安息也屡次被罗马击败。著名的古代陆上丝绸之路，由于兵燹连年，再加上自然条件的恶劣，常遭阻断，难以畅达。

当时汉代中国和罗马（大秦）东西两个大国之间隔着安息。为了打通中国和大秦之间的交通线，公元97年（东汉和帝永元九年），西域都护班超遣甘英出使大秦。甘英出使大秦是史籍上有记载的中国派遣使节直赴北非的第二次尝试，而甘英是历史上第一个试图探险开辟欧亚非交流的开拓者。可惜甘英只到达波斯湾头（安息属国条支所在地），其此行最终目的地之一，可能是亚历山大里亚。此时，亚历山大里亚已历四百年而不衰，发展成为国际性的工商业大城市，其商业在古代世界已居首位，成为欧亚非三洲的主要商品集散地。甘英在波斯湾头被安息西界船人所阻不是偶然的事件。它说明丝绸之路作为亚非两洲的动脉并不是一条坦途。多少年来，安息商人因害怕影响其经营丝绸中介贸易的巨大利益，一直不愿汉与大秦直接交往。大秦"常欲通使于汉，而安息欲以汉缯彩与之交市"，遂横加阻挠，"遮阂不得自达"，[2]从而使汉与大秦在很长时期内未能建立直接联系。

甘英出使大秦马虽未获成功，但东汉使团的出现引起了非洲国家兜勒

---

①《史记·大宛列传》，参见《汉书·西域传》。

②《后汉书·西域传》。

（位于厄立特里亚）政府的注意。据《后汉书·和帝本纪》记载，兜勒后来主动向东汉派遣了代表团，东汉政府对代表团以礼相待，“赐其王金印紫绶”。这是有史可查的非洲国家第一次向中国派遣外交使团的记载。[①]从中可以看出，在东汉时期，非洲一些国家已经初步形成了早期的中国形象，从兜勒派遣使团来华说明这是一种正面的中国形象，他们希望与东汉的中国发生外交关系。

然而，中非联系困难重重。沟通亚非两洲的动脉——陆上丝绸之路的不畅形成了一股巨大的动力推动着人们另辟蹊径。因而，开辟一条海上丝路，自然成为一种巨大的、国际性的社会需求。古代历史资料和考古发现业已证明了当时西方地中海世界企图从海上开拓东通中国的航线。自1945年以来，在南印度东海岸的阿里卡梅杜，发现了一个古代国际贸易港。遗址发掘证明，这个拥有许多罗马帝国时代货栈以及大量希腊、罗马陶器与罗马铸币的商港，是一座有着浓厚罗马色彩的古商埠，其繁荣期恰在1、2世纪。可见当时地中海世界的商人已经以印度东海岸为中转基地，从海上向中国伸出贸易触角。

秦汉帝国时期，是以中国为核心的古代西太平洋交通网与贸易网的形成时期。国力的雄厚，经济的繁荣，使秦汉帝国的统治者极想扬威扬德于海外，同时顺应社会需求，扩大对外经济交往。

从秦汉时代起，中国人对航海事业的注意力偏重于南方。尽管朝鲜半岛和日本列岛同中国的交往十分密切，尽管秦始皇早就派出了规模可观、可能驶往日本的徐福船队，但自汉武帝以后，中国历代帝王大都志在南洋。从中国到印度的海路在汉武帝时就已畅通。据20世纪70年代对秦汉时期广州造船工场遗址发掘的情况，估计当时中国已能造宽6—8公尺，长30公尺，载重50—60吨的木船。[②]这样巨大的船舶完全能够行驶远洋。从《汉书·地理志》的记载来看，中国海船在公元前就已将其航线扩展至

①《后汉书·和帝本纪》。
②《人民日报》，1977年2月27日。

马来半岛南端，到公元后则已西出马六甲海峡进入印度洋。但在3世纪前，由于中国海船尚不谙阿拉伯海沿岸的曲折航道，尤其不熟悉印度洋上的季候风的规律，因而还不可能直达波斯湾或红海。据《汉书·地理志》记载，公元前2世纪至前1世纪的武帝时期，就开辟了西航的海上丝绸之路“徐闻、合浦道”，最远到达印度洋的“已程不国，汉之译使自此还矣”。[①]从印度到红海再至亚历山大里亚城的航程则由南阿拉伯人或埃及人去完成，即所谓“蛮夷贾船，转送致之”[②]。当时，北非的文明古国埃及正处于托勒密王朝（公元前305—前30年）时期，造船技术也是相当发达。埃及的海船出红海，远航印度洋，到达印度等地，把中国的丝绸和印度的象牙、珍珠以及阿拉伯的宝石等转运到埃及和地中海沿岸各国。显然，汉帝国和罗马帝国的商人与海员，早在公元前后已相会在印度洋。

正是在上述背景之下，166年，即东汉桓帝延熹九年，一位自称是大秦王安（应为罗马皇帝马可·奥里略·安敦尼）所派遣的使臣，在今越南中部的日南登陆，到洛阳谒见中国皇帝。这是有文字记载的西方同中国的首次直接接触。至此，古代东西方之间的海上丝绸之路，正式开通了。

三

丝绸成为世界认识中国的载体。

公元前30年，罗马帝国侵入埃及，并将埃及变为罗马帝国的一个省。罗马帝国通过埃及的亚历山大里亚（今埃及亚历山大港）和迈奥霍穆等港口，大规模同印度、斯里兰卡等东方国家开展海上贸易，并进而将这种贸易扩大到中国沿海；埃及商人把在印度和中国买到的货物，又经过亚历山大里亚（避免横越阿拉伯的商道）输入罗马。这时埃及与中国的贸易往来

①《汉书·地理志》。
②《三国志·魏书》。

不仅日益兴盛，中非之间的交往联系增多，非洲人对中国丝绸形象认识加深，而且埃及还起到了将中国形象输送到欧洲的媒介作用。据西方人亨利玉尔《古代中国见闻录》引《博物志》记："赛里斯人（Seres 中国人）其林中产丝，驰名字内……后织成锦绣文绮，贩运至罗马，富豪贵族之妇女，裁成衣服，光辉奇目。由地球东端运至地球西端，故极其辛苦。"丝绸当时就是北非和西亚一带人对中国形象的一种具体认知。他们知道在东方有一个"丝国"。在西方古文献中，Seres一词出现频繁，其所指为丝国之人，有时还指贩卖丝绸的人。

遥远东方中国的魅力吸引了富于冒险的埃及人前来探究其中奥秘。根据中国史籍记载，公元前108年，罗马帝国曾向汉武帝赠送过产自非洲索马里或埃塞俄比亚的"花蹄牛"。西汉年间，长安百姓所烧的"天下异香"，亦产自非洲。据《汉书》记载，西汉平帝元始二年（公元2年），王莽辅政，曾有"黄支国"进献犀牛。荷兰学者戴闻达在《中国人对非洲的发现》中说，西方学者断言，这个"黄支国"就是今天的东非国家埃塞俄比亚。①而《汉书》中的这条记载，是目前有史可查的中国与非洲正式交往的最早记录。这里有个有趣的现象，在信息不畅、交通不便的远古时代，非洲人前来中国之艰难可想而知，可他们竟然不畏烦劳带着非洲随处可见的"花蹄牛"和犀牛前往中国，从中可以推测当时的非洲人对遥远的东方古国已有一定的了解，知道遍布非洲的"花蹄牛"和犀牛在中国则乃稀罕之物，更知道中国人喜欢这些异兽。

在古代非洲库施帝国（Kush）时期，以其首都麦罗埃（Meroe）为中心的一些北非地区，被认为已仿效中国商品的式样设计出自己的陶器和青铜器，而中国的这些商品是由印度船或阿拉伯人的船带到红海沿岸港口的。库施的东南，在埃塞俄比亚高地上的阿克苏姆（Axum）王国通过其港口阿杜利斯（Adulis），其商船往来于地中海和印度洋之间进行着贸易，从非洲运出的货物为香料、象牙、犀牛角和龟甲。汉桓帝延熹九年（166

① [荷] 戴闻达：《中国人对非洲的发现》，商务印书馆1983年中译本，第3、10页。

年)，罗马帝国皇帝安敦（即马可·奥勒留·安东尼斯，161—180年在位）遣使经日南（越南）来中国访问，并向汉朝政府赠送象牙、犀角、玳瑁等贵重礼品。经过后人的研究和考证，当时大秦的使者是从海道来华的，使者带来的礼物则来自东非海岸一带地区。这是非洲特产传入我国的最早记载，也是我国同非洲贸易交往的历史见证。

东汉帝国瓦解后，中国进入魏晋南北朝的政治割据与纷乱时期。中国经济重心开始南移。三国时期的吴国与南北朝时代的南方诸王朝（东晋与宋、齐、梁、陈），成为西太平洋海上交通与贸易的主角。陆上的分裂与割据，反而刺激了海上活动的活跃与发展。无论是对东北亚的日本、朝鲜，还是对南方诸国的交往，都在这纷乱时期，有了提升。中国同大秦的海上贸易交往的发展，促进了中国同北非的海上交往，中国丝绸源源不断地输入埃及和罗马帝国的其他地区。中国对于非洲的了解也逐渐增多。三国时期，大秦国的商人于孙权黄武五年（226年）又一次来中国访问，受到孙权的盛情接待。孙权亲自询问有关大秦国的"方土谣俗"，他对发展中国同罗马帝国的海上贸易很感兴趣。当时康泰编撰的《吴时外国传》一书，还记载了中国通航大秦的情况。有外国学者就认为：在3世纪，中国船舶就访问过波斯湾头。[①]三国吴人万震在《南州异物志》中也描述当时海舶"大者长二十余丈，其高去水三、二丈，望之如阁道，载六七百万，货万斛。"[②]这样巨大的远洋船舶是能够在西印度洋上战风斗浪的。鱼豢所著《魏略·西戎传》一书中提到"大秦国"的"乌迟散城"，"乌迟散"就是埃及的亚历山大港。该书还详细记载了从波斯湾和美索不达米亚通往埃及亚历山大港的水路和陆道。

在4—5世纪，中国北魏王朝通过波斯和印度洋地区的古国与非洲的埃及和埃塞俄比亚地区建立了商贸联系。罗马帝国的商人也从埃及出红海，越过印度洋，不断来到我国经商。"舟舶继路，商使交属"，海上交通

① Charles R. Beazley, *The Dawn of Modern Geography*, vol. 1, New York: P. Smith, 1949, p. 490.

② 万震：《南州异物志》，载《太平御览》卷七六九。

盛极一时。中国丝绸输入埃及显著增多。考古发现4世纪在埃及的卡乌有用中国丝织成的织物；5世纪，埃及更多使用中国丝在当地织成丝织品。输入埃及和罗马的中国丝绸的数量大概是相当可观的。希腊史学家马塞林勒斯说，4世纪“罗马人不分贵贱都穿戴丝绸”。据估计，罗马每年流入印度、中国和阿拉伯半岛的钱不少于一亿罗马币（约合100万英镑）。[①]罗马帝国从埃及转口输入的中国丝绸，不仅有丝绸成品，而且“又常利得中国缣素解以为胡绫绀纹”，[②]可以想见需求量是很大的，年一亿罗马币的估计不为夸大。亚历山大里亚城已成为重要的丝织业中心。它用中国生丝为原料进行加工织造成品，或把中国缯彩拆成丝缕另行重织。大秦人赞赏中国丝织品的光泽、手感柔软及其花纹图案的繁复精致。当时埃及和罗马的简单织机虽能织出透明的轻纱（这种轻纱可能还向中国少量再出口，即《后汉书》提到的“杂色绫”），却织不出中国丝织物那样美丽繁复的花纹。编织这种花纹图案只有中国精巧的提花机才能胜任。大约在3—7世纪，中国提花机传入埃及。丝织机上的踏蹑设备是中国最先发明的，埃及和西方国家原先都使用立机，无法安装踏蹑，后来可能受了中国的影响，引进了平机，才采用了中国的这种装置。可以说，中国丝织机的引进促进了埃及丝织技术的发展。在3—5世纪，中国和埃及相互引进了琉璃制造和丝织技术，并使这些技术在本国得到了进一步的发展。从文化交流中得到裨益，丰富了本国的文化。

随着海上贸易的发展，非洲人对中国的了解也逐步加深。埃及对中国的最早了解，以《厄立特利亚海航行指南》和《地理志》这两部著作为代表。公元60年，一个长期居住在埃及的希腊商人，写了一本名叫《厄立特利亚海航行指南》（又译《红海回航记》）的书，第一次向非洲人民介绍了中国的情况。书中说：到了秦国（指中国），大洋就止于此了；秦国北方有一个很大的城市，名叫秦尼（指长安）；秦尼的绸缎由陆路经大夏而

① Geoffrey Francis Hudson, *Europe and China: a Survey of Their Relations from the Earliest Times to 1800*, London: E. Arnold & Co., 1931, pp. 77，98.

② 马端临：《文献通考》。

远销印度。“过克利斯克（今下缅甸和马来半岛），到了中国，海乃止。有大城秦尼在国内部，位于北方。从这里，生丝、丝线和丝织品由大夏经陆路运至巴里扎加（印度巴罗奇港），另由水路经恒河运往米里斯（科罗曼德沿岸）。”①清楚地记载了中国丝绸西运的路线。从中可以看出非洲人民当时对中国的城市之大和丝绸之精美有了很深的印象。

公元150年，埃及亚历山大里亚的著名地理学家托勒密在其所著《地理学》中，也介绍了中国的情况。他把中国称作“秦尼国”和“赛理斯国”，可能是根据陆路商旅和海路商旅的不同称呼；认为中国的首都处于世界东方的边沿，其经度距亚历山大里亚为一百一十九点五度，时辰相差约八小时（实际上，亚历山大里亚距中国长安约七十九度，时差约五小时左右）。大亚细亚极东的秦尼国和赛里斯国。他认为从埃及到中国有着可以航行的商道。但书中其他有关中国的记载都比较模糊，反映出公元初期埃及居民心目中的中国仍是遥远的神秘之国。这种情况说明，虽然公元1—3世纪埃及亚历山大里亚城是中国丝绸的主要消费地区之一，是中国丝绸运往罗马帝国西部地区的转运站，但中国与埃及之间的大宗丝绸贸易在长时期中仍是间接贸易。这种间接贸易状况，在中国商船驶进波斯湾和红海之前，基本上没有改变。②

在这些东西往来的商使中，也有从埃及直接来华的非洲商人，通过贸易他们对中国的了解也得以增强。545年（即我国南北朝梁武帝大同十一年），埃及亚历山大里亚城的商人兼旅行家科斯马士写了一本名为《基督教诸国风土记》的书，该书对中国的描述比《厄立特利亚海航行指南》和《地理学》中的记载更为翔实。书中记载：“中国丝绸由陆地历诸国，辗转而至波斯。”还详细记载了中国丝绸沿海道经斯里兰卡转运到印度，再经印度转运到波斯湾和红海等地的情况。科斯马士特别指出斯里兰卡在当时

① 转引自Geoffrey Francis Hudson, *Europe and China: a Survey of Their Relations from the Earliest Times to 1800*, London: E. Arnold & Co., 1931, p. 87.

② 转引自郑家馨：《古代中国与北非人民的友好往来》，载北京大学历史系亚非拉史教研室，北京大学东语系亚非历史组编著：《中国与亚非国家关系史论丛》，江西人民出版社1984年版，第207页。

东西方贸易中的重要性，说斯里兰卡地位适中，中国、印度、波斯以及非洲的埃塞俄比亚等地都有许多船舶航行到该岛，进行转运贸易。书中还指出，中国位于亚洲极东部，同“巴巴利右岸”（指非洲东海岸，即今天索马里的柏培拉到摩加迪沙一带）环绕同一个大洋，这就是印度洋。可见，当时的非洲人不仅知道中国是盛产丝绸的国家，而且还知道通向中国的陆上和海上的详细路线。

客观而言，古代中非之间在交通极端困难的情况下，能跨越如此巨大的空间距离，越过茫茫大洋、浩浩大漠而抵达彼岸者，实在微乎其微，所以中非之间往来的规模与影响不可避免受到很大局限，非洲人对中国形象的认识似乎也只限于丝绸，他们仅模糊地知道在遥远的东方有个盛产丝绸的富庶大国，那里的人民喜爱他们当地的象牙、犀角和香料。

第二节
瓷器之国——唐宋时期中非交流的巨大发展

一

大唐中国，是世界的中心。阿拔斯王朝（749—1258年）哈里发曼苏尔决定在巴格达建立新都时也说：“这里有底格里斯河，可以把我们和遥远的中国联系起来。”阿拉伯航海家苏莱曼在851年（唐宣宗大中五年）所著的《中国印度见闻录》一书的记述，唐代中国海船特别巨大。其中提到，各国船只到达南印度的故临国（今魁郎）时，都须纳税，中国海船由于装载量特别大，须纳税一千迪尔汗，他国船只，按其载重量，只要缴纳一至十个第纳尔不等。当时的阿拉伯钱币，二十二个迪尔汗（银币）等于一个第纳尔（金币），那么，中国船只所缴税款即为其他国家船只的几倍甚至

只的几倍甚至几十倍。[①]波斯湾风浪险恶，只有中国海船能航行无阻，因而阿拉伯东来的货物，都用中国船只装载，许多阿拉伯商人经常乘中国海船到达印度或来中国访问。《中国印度见闻录》中还记载了当时中国商船经印度洋到达红海的吉达港，然后驶向埃及，同非洲开展海上贸易的情况。阿拉伯大旅行家马苏迪在《黄金草原》这部历史名著中，称"中国的形势由于其法制而处于一种欣欣向荣的局面"，中国船舶经常航行到"阿曼、锡拉夫、奥波拉和巴士拉"。[②]

唐代海上交通的发展，不仅表现在取道海路前往西方的人数众多，而且表现在航海路线的增多和直航能力的增强。集中外航海知识之大成，唐代的贾耽于公元800年前后记述了那条著名的南海大通道，当时被称为"广州通海夷道"。[③]从贾耽"广州通海夷道"的记述大致可以看出唐代中国与大食的海路交通线。唐代中国与大食海路交通线的起点大多为广州，从广州出发，沿越南海岸南下，经马六甲海峡、苏门答腊岛、爪哇岛、斯里兰卡、印度马拉巴海岸、印度河口，再沿波斯海岸西行，过二十多个小国，经阿曼湾至乌剌后，分为两条大的通道分别前往大食不同地区。第一条通道是经乌剌溯幼发拉底河而上，至大食重要港口巴士拉，再经陆路至大食都城巴格达。第二条通道则是经乌剌沿阿拉伯半岛的沿海地区前往大食辖下的北非等地区。这条通道不仅可以到达席赫尔、马斯喀特、苏哈尔、麦纳麦等阿拉伯港口，而且还可以经亚丁湾、红海、地中海，至北非的亚历山大等大食港口。这促使包括埃及北、北非在内的许多阿拉伯商人前来中国贸易。

阿拉伯史家也记载了唐代中国与大食间的海上贸易交通线。伊本·胡尔达兹比赫在《道里邦国志》里详细地记载了阿拉伯人自巴士拉出发，沿波斯湾海岸航行到中国通商港口的道路："从巴士拉至哈莱克岛（今哈尔克岛）为50法尔萨赫……再至伊本·卡旺为18法尔萨赫……从伊本·卡

① [古代阿拉伯] 苏莱曼：《中国印度见闻录》，中华书局1983年版，第18—19页。
② [古代阿拉伯] 马苏迪：《黄金草原》，青海人民出版社1998年中译本，第180页。
③《新唐书》卷四十三下《地理志》，中华书局1975年版。

旺岛至乌尔木兹（Urmuz，即霍尔木兹，今伊朗阿巴斯港一带）为7法尔萨赫……从代义布勒至米赫朗（信德河，贾耽称之为弥兰太河，今印度河）的入海口，须行海路2法尔萨赫。……从信丹至穆拉（Mula，贾耽称之为没来国，今印度马拉巴海岸）为5日程。……谁想往中国去，就需从布林转弯，经塞兰迪布（今斯里兰卡，贾耽称之为师子国）的左侧至艾兰凯巴鲁斯……从艾兰凯巴鲁斯岛复前行6日，即抵凯莱赫（Kalah，今马来半岛的马六甲一带，贾耽称之为个罗国）岛……再向凯莱赫的左方前行2日即达巴陆斯（Balus，今加里曼丹）岛。……从此岛至加巴岛（爪哇岛，贾耽称之为诃陵国）……均为2法尔萨赫。……从此处再行15日，即抵香料园之国（即香料群岛，今马鲁古群岛），此国将加巴和玛仪特隔开……从玛仪特出发，向左行至梯优麦赫岛。……从此岛至埪玛尔有5日程。……从埪玛尔至海岸上的栓府（Al-Sanf，即占婆，今越南中南部，贾耽称之为环王国）为3日程。……从栓府至中国的第一个港口鲁京（Luqin，龙编，今越南河内一带），陆路、海路皆为100法尔萨赫。在鲁京，有中国石头、中国丝绸、中国的优质陶瓷，那里出产稻米。从鲁京至汉府（Khanfu，广州），海路为4日程，陆路为20日程。汉府是中国最大的港口。汉府有各种水果，并有蔬菜、小麦、大麦、稻米、甘蔗。从汉府至汉久（Khanju，泉州）为8日程，汉久的物产与汉府同。从汉久至刚突（Qantu，江都郡，扬州）为20日程。刚突的物产与汉府、汉久相同。中国的这几个港口，各临一条大河，海船能在这大河中航行。这些河均有潮汐现象。”①

唐朝海上交通线不断繁荣兴盛除了阿拉伯非洲地区对中国丝织品继续保持需求外，这时中国生产的瓷器也成了他们十分喜爱的物品。唐代以后，瓷器逐渐兴起，迅速风靡于国际贸易舞台，其影响很快超过丝绸成为一种新世界性商品。因此中国又有“瓷国”的美誉。就中世纪中国与非洲的经济交流而言，丝绸虽然曾起过重要作用，但是远远比不上瓷器。唐代

① [古代阿拉伯] 伊本·胡尔达兹比赫：《道里邦国志》，中华书局2001年版，第64—72页。

以及以后中国运往非洲的瓷器，涉及地域之广、种类之繁、数量之多、影响之大，在世界上是屈指可数的。阿拉伯人高度赞赏中国瓷器，作了这样的描绘："中国有一种品质很高的陶土，把它做碗（或杯）可以做得与瓶上的玻璃一样薄，里面放了流质，外面可以看得见。这种碗就是用一种陶土做成的。"①埃及人十分喜爱中国瓷器，称之为"绥尼"（Sini，意为中国的）。从此，"绥尼"一词在埃及脍炙人口。在法提玛王朝哈里发穆斯坦绥尔的文物宝库中，几件中国瓷器被列为珍品。

唐朝达官贵人对产自非洲的香料、象牙等奢侈品的需求是通往非洲海上交通线繁荣的另一主要原因。10—11世纪时阿拉伯的记载和中国的贸易数据还说明大量非洲产品来到中国，且多为奢侈品。非洲东海岸各国盛产香料和象牙，东非的象牙因其质地较软易于雕刻而享有盛誉。唐代中国乘坐的轿子上装饰有象牙雕塑，他们还用象牙的腰带环束着他们的袍子。阿拉伯历史学家和地理学家马苏第在其著作《黄金草原》中记载说："象在桑给巴尔是极其普通的。不过，它们都是野象，没有一头是畜于家的，本地人并不用它们作战，也不用它们做其他的事。如果他们猎狩大象，那是为了把它们杀死。……杀死大象之后便取其象牙。事实上，那种每根重达150曼或更重的象牙就是来自这个地区。这些象牙中的大部分都被从阿曼运出口到印度和中国。"他分析中国对象牙需要量很大，是因为"在中国，国王及其文武官员们都用象牙作手杖。任何一名官吏，任何一位贵人都不能携带一件铁器进入王宫，而只能带这种用象牙制成的手杖。所以他们都力图得到非常直不带弯的象牙，以制作我们所讲的那种手杖。他们也在自己的崇拜偶像庙宇中焚烧象牙，以此来向其祭坛奉香，完全如基督徒们为此目的而在教堂中使用圣玛丽亚香和其他香料一样。"②马苏迪的报道虽然有趣，但作为一个外国人，他的观察毕竟是受到局限的。事实上，输入中国的象牙的用途远比制作手杖广泛得多。中国人不仅用象牙制作多种

① [古代阿拉伯] 苏莱曼：《中国印度见闻录》，中华书局1983年版，第33页。
② [古代阿拉伯] 马苏迪：《黄金草原》，青海人民出版社1998年中译本，第467—468页。

器皿，而且利用它创造出举世闻名的牙雕工艺。唐代中国输入象牙的来源地当然不止东非。但东南亚的占城、真腊等地出产的象牙质量都不及东非，东非出产的象牙大的重五十斤至百斤，其株端直，其色洁白，其纹细籀，所以东非象牙深受中国欢迎。还有些犀角也运往中国，马苏迪记载了非洲人“用锯条把这些（犀）角锯了下来，按照装饰有金或银的腰带而制成犀牛腰带。那些扎有这种腰带的中国国王和显官达贵们认为这种装饰物要超过一切，以至于使他们有时用2000个甚至是4000个第纳尔来购买它。”[①]犀角也用于雕刻，但其在中国的主要用途是被研磨成粉当作春药，其药效无疑被夸大。其他一些物品也因药用价值在中国极具市场。如玳瑁被捣碎成胶质物用于治疗肺病。从鲸鱼身上提炼出的蜡质物质乳香和龙涎香得到了中国医生的高度赞赏，成为增进循环的补养药。龙涎香还被用作香水。不知非洲人对中国富人这些需求是否会感到诧异，视中国人为奢华享乐之地，对如此富庶的国度该有什么样的认识呢？

二

随着阿拉伯商旅行人大批来到中国，非洲对中国情况的了解也逐渐增进。与托勒密时代的埃及作家主要从偶然到过中国边陲的埃及商人中了解中国的一鳞半爪情况不同，这时期阿拉伯作家一般是亲历其境才写下了对中国的观感。阿拉伯著名的历史学家和地理学家马苏迪周游列国，于915年到中国，游历了广州等沿海城市。他一生中最后十年是在叙利亚和埃及度过的。在这十年间他撰写巨著，留下的传世之作是《黄金草原》。957年，他卒于埃及的福斯塔特。他的著作和苏莱曼、伊德里西等其他阿拉伯地理学家的著作，都有关于中国的珍贵记载，在增进非洲和阿拉伯世界对中国的了解上起了很好的作用。

---

① [古代阿拉伯] 马苏迪：《黄金草原》，青海人民出版社1998年中译本，第219页。

上面所提到的珍贵阿拉伯文史料《中国印度见闻录》也记述了唐代东西海道情况。该书是根据旅居中国的阿拉伯商人（旅行家）苏莱曼等人的亲身见闻记录而成的，列举了由波斯湾海岸诸港口至中国广州的详尽的海上航路情况，是当时东西方海上繁忙交通的历史见证。《中国印度见闻录》记述道："他们提到货物从巴士拉（Bassorah）、阿曼以及其他地方运到尸罗夫（Siraf），大部分中国船在此装货……货物装运上船以后……去阿曼北部一个叫做马斯喀特（贾耽称之为萨伊瞿和竭国）的地方，尸罗夫到马斯喀特大约有二百法尔萨赫……从马斯喀特抢路往印度，先开往故临（Koulam-Malaya，即奎隆，印度西南部），从马斯喀特到故临的航程，中等风力需时一月。……然后开船驶往海尔肯德海。越过海尔肯德海，便到达名叫朗迦婆鲁斯岛（尼科巴群岛，贾耽称之为婆国伽兰洲）的地方……船只抢路往箇罗国。……这是爪哇王国……然后商船向潮满岛前进……这段路程需要十天。接着，我们起航去奔陀浪山，又是十天的时间。……随后，船只航行了十天，到达一个叫占婆的地方……得到淡水以后，我们便向一个叫占不牢山（占婆岛）的地方前进……然后，穿过'中国之门'，向着涨海（即南中国海）前进……便进入一个江口，在中国地方登岸取水，并在该地抛锚，此处即中国城市（广州）。" 此外，《中国印度见闻录》还记载了到达大食辖下埃及地区的部分航路，"尸罗夫人的船到达印度海右侧的海面时，就要驶向吉达，在那里泊岸，把船上装运去埃及的货物，转由库勒祖姆的船运去。"①

《中国印度见闻录》是先于《马可·波罗游记》约4个半世纪问世的关于远东的一部最重要的著作，其中不仅叙述了中国商船的壮观景象及中非海上交通线的盛况，阿拉伯商人从波斯湾经印度洋和马六甲海峡到中国沿途航线上所见的港湾、岛屿、居民、风物、货币、交易方式等自然和社会情况，而且还广泛叙述印度诸邦、中国皇帝以及两国的城市、官制、司法、税收、物产、交易、交通、军队、婚姻、宗教信仰等社会和自然概况，

① [古代阿拉伯] 苏莱曼:《中国印度见闻录》，中华书局1983年版，第7—9、131页。

故取名为“关于印度、中国及其国王的情况”。其中还记述了中国唐代黄巢举兵反叛朝廷，攻陷、洗劫广州城，杀害当地居民与外籍穆斯林客商，以及中国皇帝求救回纥王派兵平乱等有关情况；记述了巴士拉城一个名叫伊本·瓦哈卜的穆斯林晋见中国皇帝时的情景：一同观看皇帝收藏的一些先知画像，谈论有关伊斯兰教规的信条等；分别讲述了关于爪哇城故事、中国见闻续记，印度见闻数则、印度诸王的传说等专题。全书内容丰富，资料翔实，反映了以下一些基本历史事实：(1) 唐代东西海上交通日益发达，中国和阿拉伯之间的商业往来已经开始。(2) 阿拉伯穆斯林来华人数日趋增多，他们与华人和睦相处，对中阿之间的经济文化交流起到了促进作用。(3) 中国官方对伊斯兰教持宽容态度，不仅不干涉外籍穆斯林的宗教信仰和生活习惯，而且在他们比较集中的地区如广州，还授予了他们自行管理自己内部事务的权力，从而使伊斯兰教在广州及其他地区得以广泛传播。上述记载有的与中国史书互相印证，有的补充了中国历史记载中的某些不足，为研究中国伊斯兰教史、中西交通史提供了极有价值的珍贵资料，为中外学者所注目。这本书自18世纪以来，曾有多种语言的译本问世，为东西方学者广泛引用。

关于唐代以前及唐代中国人前往非洲、客居异国的情况，史书上无甚记载。只有一次非常情况被记录了下来。这就是发生在唐玄宗天宝十年(751年)的大食和中国之间的战争。唐军与阿拉伯帝国大军激战于中亚重镇怛逻斯（今吉尔吉斯的塔拉斯），大批唐军战败被俘，被俘的唐朝士兵被送往阿拉伯，其中有织匠、金银匠、画匠、造纸匠和一批有文化的人，如尽庇京北人樊淑、刘毗，织匠河东人乐隅、吕袜，等等。这些人客居阿拉伯，甚至娶妻生子，成为特殊形式的强迫移民。中国独有的几种工艺，特别是造纸技术，从此传到阿拉伯和西方，它们对中外文化交流均发生了极其深远的影响。794年巴格达首次采用中国造纸法造纸，大约9世纪末造纸法传入埃及，10世纪末纸张已成功地取代了埃及自古以来出产的纸草纸。1100年造纸法又从埃及传入摩洛哥，1150年又从摩洛哥传入西班牙；12世纪或13世纪，造纸法由穆斯林的西班牙传入基督教的欧洲。同样，中国传到埃及的丝织技术也在欧洲开花结果。埃及把丝织技术传授给穆斯林的西西里岛，意大利的第一批丝织工人则从西西里岛学到了丝织技术，到13世纪初，丝织业已成为意大利几座城市的主要工业。

战俘中有一位名叫杜环的青年，因机缘凑巧，游历了西亚、北非地区，最后来到当时新取得政权的阿拔斯王朝的首都库法城，在阿拉伯居留了十一年，宝应初年（762年）才最后从波斯湾搭商船沿印度洋海路辗转回到广州。回国之后，杜环把他在西亚、北非一带的经历撰写成《经行记》，此乃第一部由中国人写的西亚非洲游记。可惜岁月流逝，《经行记》原书已经失传，后人只能从其叔父、唐代著名史学家杜佑的《通典》中见到1500余字的内容，这些文字成为我国古代人亲历西亚、北非的宝贵资料，也使杜环成为有史可考的第一个到达非洲的中国人。杜环《经行记》中有关大秦的记载，其中“摩邻”的内容受到学界高度重视。据记载，摩邻国：“在秋萨罗国西南，渡太［大］碛，行二千里至其国。其人黑，其俗犷。少米麦，无草木，马食干鱼，人餐鹘莽。鹘莽即波斯枣也。瘴疠特甚诸国。”① “鹘莽”是中古波斯语gurman的译音，指枣椰树。今天通称伊拉克蜜枣。由于北非一带自然条件与西亚差不多，因此粮食作物较少。人们以干鱼饲养牲口，以椰枣作为主要食品。这些都是符合古代马格里布一带的情况的。摩邻具体指哪个国家，分歧尚多。但是综合杜环记载的方位、肤色、风俗、物产等各方面的情况来看，摩邻是当时非洲大陆的某个古代国家则是没有疑问的。《经行记》关于“摩邻国”的记载，对了解古代北非的历史、地理、物产、宗教、习俗等，具有重要的史料价值。杜环给我们留下了第一个中国人对非洲的印象。

当时，杜环所到的被称为斯瓦希里人的沿海东非人处于阿克苏姆王国统治之下，阿克苏姆国正面对两个不同的敌人，逐渐丧失对厄立特里亚海岸地带的控制。穆斯林入侵者正从阿拉伯越过红海而来，其时，这些斯瓦希里人早已与古代阿拉伯居民融合，通过通婚吸收了他们并接受了他们的

① 杜佑：《通典》卷一九三，第1041页。

宗教。而异教的贝沙族部落正吞食着其北部。波斯商人在该地区已有了一些影响，甚至已在向沿岸的一些居民传授他们的拜火教（祆教）教义。《经行记》说“摩邻国”和“陆行之所经”的其他国家，有三种宗教信仰，即“大食法”（伊斯兰教）、“大秦法”（基督教）和“寻寻法”（祆教）。“诸国陆行之所经也，胡则一种，法有数般。有大食法、有大秦法、有寻寻法。其寻寻蒸报，于诸夷狄中最甚，当食不语。”所谓“大食法”，即伊斯兰教的律法，在阿拉伯帝国普遍实行，在不属于阿拉伯帝国，但以伊斯兰教立国的国家也实行。所谓大秦法，即罗马法。大秦法不能等同于基督教。在中国史书中，大秦是对罗马帝国及其统治的区域（如埃及）的称呼，大秦法就是对罗马法的称呼。罗马法效力的地区，也应限于罗马统治过的地区，即埃及、北非。所谓寻寻法是指起源于伊朗的祆教，该教曾被波斯帝国奉为国教，对波斯帝国的立法产生过影响。关于基督教和祆教的介绍十分简略，而对伊斯兰教则介绍得非常详细、准确，因为伊斯兰教正是当时在西亚北非地区占统治地位的宗教。书中关于伊斯兰教教义和法规的描述，是研究伊斯兰教史的珍贵史料。杜环留下的千余字里没有记载他足迹所到之处做了些什么，当地人的观感，我们也无从猜测。遗憾的是，对于8世纪中叶中国人的到来，非洲人并没有留下任何记载，对中国形象的影响当然无从可考。虽没有文字记录，但从800年到1400年，中国无疑对非洲产生了深刻的影响，留存在非洲的中国商品折射出非洲人对中国形象的认识，也印证了中国与非洲的友好关系。这就是非洲考古出土的文物。

三

大唐开创的海上丝瓷之路，到宋代进一步成熟与繁荣。

960年，宋朝定都开封，开始了中国历史上经济最繁荣、科技最发达、文化最昌盛、艺术最高深、人民生活水平最富裕的的朝代，宋朝中国也是当时世界上发明创造最多的国家。宋朝还是中国为世界贡献最大的时期，中国历史上的重要发明一半以上都出现在宋朝，中国四大发明的三项发明——火药、指南针、印刷术——在宋代得到大规模实际的运用，纸币、垂线纺织、瓷器工艺等都有重大改进。宋朝航海、造船、医药、工艺、农技等技术都达到了古代前所未有的高度。宋代的生产总值占当时全球的50%。国家的综合实力无论是质量还是数量宋朝都是当时世界上的第一大国。宋朝十万户以上的城市由唐代的十余个增加到四十个，汴京和临安是继长安、洛阳和南京之后成为世界上第四、第五个超过百万人口的城市。宋代的物质文明和精神文明所达到的高度，在中国整个封建社会历史时期之内，可以说是空前绝后的。

然而，宋朝也是中国历史上最为弱势的一个统一中原的王朝。从一开始，在宋帝国的北方和西方，就分别屹立着两个强大的游牧民族契丹和党项所建立的政权：辽和西夏。可以说，从一开始，宋王朝就失去了由陆路通往西方的主动权。因此，伴随着城市工商业的发展与繁荣，北宋王朝政府比较重视海上交通与商贸活动。南渡以后宋朝偏安东南，疆土日蹙，更以海上贸易为主，市舶收入成为国家财政的重要收入。为了招徕海外商人，宋政府对外商采取赐官、赐宴、给予宗教和定居方面的优待等措施。据《岭外代答》、《诸蕃志》等书记载，与宋通商的国家有五十多个，南宋商人也泛海到二十多个国家经商。

两宋的对外贸易达到了空前的繁荣。据西方史学家的研究，两宋的对外年贸易量超过世界上其他国家同年的总和，中国商人几乎控制着从中国沿海到非洲东海岸、红海沿岸的主要港口。当时，我国同非洲国家的香料和象牙贸易继唐代后继续发展，日益繁荣。索马里、桑给巴尔等地的香料和象牙，通过苏哈尔、魁郎和苏门答腊等转运站，不断地运往我国的广州和泉州等地。“香料之道”上风帆往来，沿海港口商贾云集，货物山积，一片繁荣景象。不仅官方贸易发展很快，在政府的大力鼓励下，民间贸易也有了很大的发展。我国商船日益频繁地来往于波斯湾、亚丁湾及东非海岸一带。

宋时，中国的造船业与航海业又有了长足的进步。宋代的海船，“上平如衡，下侧如刃”，结构坚固，稳定性好。中国造船技术在世界上首先采用了水密舱的装置，并运用披水板和完善的压载技术。宋代还特别重视制造利于破浪、善走南洋深海的海船。11世纪，宋代海船又在全世界率先使用指南针导航，“舟师识地理，夜观星，昼则观日，阴晦观指南针。”[①]指南针，装置先进的舵，改善风帆，更加完备了安全进行远洋航行的三大条件。当时中国制造的大海船，有的高达五层以上，可载一千人，船上磁性罗盘（指南针）、抛泊、驾驶、起碇、转帆和测深防水舱壁、轴向船舵、浮锚和探测索的各种设备齐全，1987年在广东阳江海域发现，2007年打捞出的“南海一号”就是一个印证。“南海一号”是一艘南宋时期的木质尖头船，长度为26米以上，宽度10余米，船身（不算桅杆）高8米，排水量估计可达600吨，载重可能近800吨。该船是目前发现的最大的宋代船只。

“南海一号”古船令人惊奇的是，这艘沉没海底近千年的古船船体保存相当完好，船体的木质仍坚硬如新，敲起来铛铛作响。足以证明南宋时我国造船工艺和航海技术已达到当时世界最先进的顶级水平。这在中国和世界航海史上开创了一个新纪元。由于生产力的提高和航海事业的发展，中外海上交通盛极一时。中国商人乘坐“像楼房一样”有五六层的商船远行，这样的船一般都配备了远洋一年的谷物，载有成群的猪和发酵的酒。到12世纪晚期在西印度洋上中国商船寻常可见。中国商船扬帆远渡，已广泛游弋于红海、波斯湾与东非海岸之间。因此，此时的中外海上交通、贸易，不但完全摆脱了“蛮夷贾船，转送致远”的局面，乃至阿拉伯地理学家伊德里西于1154年写成的《地志》中指出华船已常抵幼发拉底河口及亚丁一带，而且由于华船比阿拉伯等地的船只更加坚固可靠，外商来华贸易，也颇多愿乘中国船舶。变成“蛮夷”贾人，由华船“转送致之”了。

宋代与北非交往的主要目标是埃及，当时宋与埃及已有航线相通。

---

① 朱彧:《萍洲可谈》，卷二。

11—14世纪中叶是苏丹埃得哈布港的繁荣期。该港是时为埃及和北非地区与印度和经由印度而来的中国船只进行贸易的主要港口,进口货物以中国瓷器占第一位。12世纪后半叶著名旅行家伊本·朱巴伊尔曾说,埃得哈布港"因为从印度和也门来的船出入频繁,所以这里成为世界上最热门的城市之一"[①]。当时宋船经由印度、也门(亚丁)进入红海,航至埃得哈布港,并进一步通过陆路将货物运到北非埃及的。从宋代文献如《诸蕃志》《宋史》所记东非海岸情况来看,宋船远航至东非海岸。国外文献和研究也有较清楚的反映。如艾德里西说:"中国人每遇到国内骚乱,或者由于印度局势动荡,战乱不止,影响商业往来,便转到桑奈建(桑给巴尔)及其所属岛屿进行贸易。由于他们买卖公平,举止温和,态度适中,很快和当地居民发生了密切关系。该岛(翁古贾)人丁兴旺,外来者也多能安居乐业。"[②]近现代以来,我国学者以及一些外国学者也认为宋船已远航至东非海岸。如罗威《东非史》一书说,在宋代王安石时期,中国同东非贸易的兴隆就已达到前所未有的地步。皮尔斯《桑给巴尔》一书说,约在1270年,的确有证据证明一个中国船队访问过阿察尼亚(东非)海岸。此外,考古资料也可作为佐证。在桑给巴尔岛南部卡真格瓦发现一个窖藏,里面有二百余宋钱,窖藏外面散布有青瓷和青花瓷片,附近不见当地所产任何遗物,也无较大的古代遗址,看样子不像是当地土著居民所藏。由于在卡真格瓦附近的贝群岛上,至今仍有生活许多代、被土著同化的中国血统居民,说明这一带很可能是历史上中国船员和商人的重要落脚点之一。

此时非洲东海岸一些沿海城邦不断繁荣,非洲商人开始寻求越过大洋与东方进行商业往来。1071年(熙宁四年)和1083(元丰六年)年曾有来自层檀国(即桑给巴尔)的两队非洲人来到中国,并受到了中国的礼遇。这些层檀使节成为"华夷"秩序大潮澎湃中得自印度洋绝远西岸的回声。随后,原产自非洲的象牙、犀角、明矾等物资大批涌入中国,非洲的原产

① 马文宽、孟凡人:《中国古瓷在非洲的发现》,紫禁城出版社1987年版,第106页。
② 马文宽、孟凡人:《中国古瓷在非洲的发现》,紫禁城出版社1987年版,第108页。

作物高粱、芝麻、西瓜等也成了普通中国百姓餐桌上的美食。

然而，尽管我国同东非海岸国家海上贸易的日益发展，但毕竟唐宋时期仅有很少量的中国人可能来过非洲。唐宋时期的中国人对外面的世界好奇心很强，求知欲高，他们不仅想得到更多更好的香料和象牙，还更想知道出产这些东西的奇异之乡。许多作家著书以满足这种需要。如唐段成式的《酉阳杂俎》、唐末宋初人李石的《续博物志》、宋周去非的《岭外代答》、南宋赵汝适的《诸蕃志》等。这些人中大多数根本从未离开过中国：他们的作品都是道听途说。其中一些描述是基于远洋的中国商人、水手或非洲来华人士经历的第一手资料。这些著述显示了开明的唐宋时期中国对非洲国家的了解也逐步加深，知道不少有关非洲大陆特产及其人民的大量知识。

四

唐宋时代一些作家写下的关于非洲的形象，足以证明唐宋时中国人对非洲已有了一定的了解，初步形成了非洲认识。而非洲人对这段交往史的记述则是一片空白，没有对中国形象的任何文字记载，着实令人遗憾。虽然缺少文字记载，值得庆幸的是随着近现代考古事业的发展，在非洲和中非海路沿途发现了大量的中国古瓷和一些钱币。这些古瓷和钱币静静地述说着如烟往事，告诉世人中世纪时非洲人是如何喜爱中国的瓷器，中国的制品对非洲产生了极大影响，它们折射出非洲人对中国形象的认识，也印证了中国与非洲的友好关系。

中国瓷器在非洲的大量出现似乎与伊斯兰教的传播有关。7世纪以后伊斯兰教和阿拉伯帝国崛起，东非的阿拉伯移民不断增加，伊斯兰教也迅速传播开来。久而久之，这些阿拉伯移民（以及波斯移民）带来的伊斯兰世界的各种物质文明与当地正处于向上发展的东非海岸斯瓦希里文明相结合，遂造成了历史上著名的东非海岸城邦的产生、发展和繁荣。如摩加迪沙、基尔瓦、蒙巴萨、布拉瓦、马林迪等都是中世纪久负盛名的城邦。这些城邦大致产生于10世纪前后，12世纪左右开始相继进入繁荣期，15世纪以后由于受到葡萄牙人的洗劫而逐渐衰落。

这一连串的城市沿着索马里、肯尼亚、坦桑尼亚和莫桑比克的离岛向南延伸。在这些城市的地下遍布着中国瓷器的碎片和钱币等文物，其量之多达到了惊人的程度。例如，在摩加迪沙、桑给巴尔和肯尼亚等地都发现过中国钱币。其中绝大部分是宋朝钱币，如1944年在桑给巴尔岛的卡真瓜发现窖藏的250枚中国钱币，其中经过鉴定的180枚（另外70枚散落到村民手中），除4枚属唐币外，全部都是宋币。弗里曼—格伦维尔根据1944年从埋藏在桑给巴尔岛卡真瓜一个深珊瑚阱中发掘出大批宋钱的现场情况做出推断，认为这些钱币可能是迷途的中国人埋藏的。摩加迪沙发现的22枚中国钱币中，有15枚是宋代的。到1959年为止，东非所发现的、能鉴定出年代的中国钱币共233枚，其中212枚是宋代的，占总数的91%；而东非沿岸所发现的各国钱币包括希腊、罗马、埃及、印度、波斯、锡兰、中国等国钱币总数共405枚中，中国即占57%。上述两个比例可以说明中国（尤其是宋代）在东非古代贸易中所占的重要地位。宋代钱币大量出现在东非，一方面印证了我国史籍所载宋代钱币严重外流，另一方面也说明，宋代与东非的贸易是频繁的，具有较大的规模。公元1219年，南宋政府为了杜绝钱币外流，下令以丝绸、瓷器交换外国货物，此后宋瓷遂大量出口。宋瓷输往东非，主要运抵红海沿岸泽拉港外的萨阿德丁岛、摩加迪沙和桑给巴尔岛。至于宋瓷在东非的分布，则范围颇广。考古发掘在基尔瓦岛、松加姆拉纳岛、桑给巴尔岛、摩加迪沙等地均有发现。宋代钱币和瓷器大量输往东非，不仅进一步促进了东非对外贸易的繁荣，而且对于东非沿岸地区的社会经济和文化，都起了有益的影响。《宋史》和《宋会要辑稿》详细记载了东非层檀国货币铸造与流通的情况，说层檀国“交易用钱，官自铸，三分其齐，金铜相半而银居一分。禁民私铸。”①出土的东非钱币证实，东非沿岸城邦国家的历代素丹大多设场自铸钱币。当然，

①《宋史》卷四九十。

东非沿岸地区货币经济的产生和发展，首先受到包括阿拉伯、印度等当时处于社会发展先进地位的国家的影响和促进。但值得注意的是，《宋史》所记载的东非沿岸国家铸造钱币的年代（11世纪）和迄今被学者们认为是东非铸币开端的基尔瓦素丹阿里·本·哈桑（约1150—1225年）的年代，恰同宋钱大量流入东非的时间相吻合。这种情况正是透过近千年的历史云烟，在向我们说明宋代中国同东非之间的贸易对东非货币经济发展起了重要的刺激和影响。

但在非洲所发现的钱币与瓷器相比实属个别的稀有之物了。东非、北非各地，都发现了中国古代历代的陶瓷制品，这些陶瓷制品琳琅满目，美不胜收，它们的发现表明了古代海上贸易活动的繁荣状况。同时也更说明了非洲人对中国陶瓷制品的喜爱与欢迎程度，显现出中世纪非洲人对中国的认知，瓷器成为中非人民友好的信物和见证。非洲人民非常喜爱中国瓷器，不但在日常生活中大量使用中国瓷器，而且在宗教建筑、规格较高的世俗建筑，乃至墓葬上也大量用中国瓷器进行装饰。因此，中国瓷器自然融进了非洲人民的生活传统之中，并成为伊斯兰物质文明重要组成部分之一。

埃及的福斯塔特城（即开罗古城）遗址中发掘出的大量中国瓷器对于了解中世纪埃及与中国之间的贸易往来是独一无二的重要资料。福斯塔特位于埃及首都开罗以南不远的地方，始建于7世纪中叶阿拉伯军队征服北非时期，随着伊斯兰势力的扩张和壮大，后来这里逐渐成了南地中海和北非的政治、经济中心。在埃及土伦王朝时期（868—890年），福斯塔特是尼罗河流域的中心城市，也是非洲巨大的制陶业中心。不幸的是，1168年该城遭到第二次十字军的围攻，毁于兵燹。福斯塔特城的调查和发掘工作开始于1912年，这一发掘调查一直延续到1920年。考古工作者在城中共发掘出了约六七万片古代陶瓷碎片，中国陶瓷约有12000片，从八九世纪到十六七世纪，包括了从唐代至明代前期的各个朝代生产的各种陶瓷器皿残片。福斯塔特最初兴起的时间，正与唐代相当。福斯塔特发现的唐代陶瓷残片中有唐三彩、邢州白瓷、越窑瓷、黄褐釉瓷、长沙窑瓷等，尤以越窑瓷数量最多，如素面越窑瓷制作的器皿就有玉壁底碗、撇圈足碗、撇圈足折腹碗、圈足碗、葵口棱壁碗、唾盂、壶、罐、平底小盏和盒等多种器形，足见唐朝的陶瓷器当时已经深入到了埃及人日常生活的各个方面。福斯塔特所出唐代陶瓷具有品种齐全、质量高超、数量巨大的特点。福斯塔特的唐瓷包括了唐代外销瓷的全部品种，甚至包括了外销瓷中非常罕见的唐三彩。发现的陶瓷器虽然多为残片，但都属于质量上乘的精品。福斯塔特陶瓷品的数量，也引起了研究者的高度重视，据统计，仅见诸零星报道的就有500片以上，其总数之多，可以想见。

除此之外，中国陶瓷的足迹，溯尼罗河而上，逐渐深入到内地，最后到达了埃塞俄比亚。整个东非都可以发现中国瓷器进口的印记。而且在非洲发现的瓷器并非仅限于北非东非。在非洲发现唐代陶瓷的地点至少还有苏丹的艾札布、肯尼亚的曼达岛、距离马达加斯加北方不远的科谟罗斯岛、坦桑尼亚的基尔瓦等地。甚至远至南部和内陆地区从大津巴布韦石头遗迹中复原了半打宋朝的青瓷盘子。中世纪的北非和东非，绝大部分地区都信仰伊斯兰教，并喜爱制陶艺术。因此，中国瓷器一进入非洲，其炼制技术、装饰艺术等方面，迅速地被伊斯兰文明所吸引，两者结下了不解之缘。这些瓷器和铜币大都是从索马里红海岸的泽拉港附近的沙埃丁岛启岸运入的。这些瓷器和铜币的发现，证明唐、宋时代我国同东非海岸一带的贸易往来是比较频繁的。

就陶瓷数量而言，以福斯塔特为代表的东、北非洲地区与唐朝的贸易应该是非常发达的。大批陶瓷的存在表明唐朝陶瓷当时深受非洲本地人民的普遍欢迎。唐朝外销陶瓷不仅丰富和便利了非洲人民的日常生活，而且还对输入地的手工业生产和审美情趣产生了很大的影响。除了输入品外，福斯塔特陶瓷残片大部分是本地产品，这些产品的突出特点是，它们有百分之七八十都是中国陶瓷器的仿制品。如多彩纹陶器和多彩划刻陶器仿唐三彩，白釉陶瓷仿唐代白瓷，而黄褐釉线刻陶器则是越窑瓷的仿制品。同样的情形还出现于波斯，8、9世纪时，当唐三彩和白瓷输入波斯之后，在本地很快就出现了多彩彩纹陶器和多彩线刻花纹陶器，人们将这种华贵的陶器形象地称作“波斯三彩”。这时在邢州白瓷的影响下，在波斯还出现了白釉蓝彩陶器。大量当地仿唐陶瓷器的发现，从一个侧面表明了唐朝文化对世界各地文化产生的强烈的吸引力。通过考古调查和发掘证明，中国与埃及的技术和发展是互相输出和摄入的。埃及人从法提玛朝开始仿造中国瓷器，有一位名叫赛义德的工匠，仿宋瓷成功，传授了许多徒弟。他们初仿青瓷，后仿青花瓷器，在形状花纹上都模仿中国瓷器，只是瓷胎是用埃及陶土。从1046年至1049年，据伊朗传道师纳绥尔·胡斯罗说，埃及工匠仿制的中国瓷器的工艺已达到很高水平，埃及瓷器“十分美妙和透明，以致一个人能透过瓷器看见自己的手。”①这里的陶工从器形、釉色、贴花工艺以及器内外的刻画纹饰等方面都加以忠实地模仿。如模仿北宋龙泉青瓷制成的刻花篦点纹陶碗，模仿元代龙泉青瓷制成的双鱼小陶盘、菊纹贴花碗等。福斯塔特模仿中国瓷器烧造伊斯兰陶器的数量是十分惊人的。当时埃及模仿中国瓷器设有专门的作坊，15世纪，有个叫格埃比的专门经营模仿中国瓷器的制陶作坊。②埃及模仿青花瓷制成的陶器，陶胎浅灰白色、夹有细沙，器底中心常绘鱼、束莲、凤鸟或团花图案。埃及的小陶碗常在白泥釉上用蓝色画中国花纹图案，然后上一层透明釉。当时的仿制品多落有工匠的款识，因此使我们知道了许多与格埃比同时代的仿制中国瓷器的制陶工匠。其中有一部分是世代相传的工匠，如格埃比的儿子就继承了父业。这种情况形成了模仿技术的持续性，使积累的经验越来越丰富，技艺也愈益提高，仿制品往往非常成功，甚至可“以假乱真”。虽然如此，两者还是有一个根本的质的区别，那就是中国产的是瓷器，而埃及仿制品是陶器。从而形成了独具特色的伊斯兰陶器。由此可见，进口中国瓷器乃是促使埃及伊斯兰陶器迅速发展的重要因素之一。

在非洲海滩上和城镇里所发现的中国陶瓷碎片充分说明了唐代以来非洲盛行的中国陶瓷热。中国瓷器有高度的艺术性和广泛的实用性。因此输入到埃及等非洲各地以后，几乎受到社会各个阶层的青睐。

---

① [美] 希提：《阿拉伯通史》，商务印书馆1979年中译本，第756页。

② 孟凡人、马文宽：《中国古瓷在非洲的发现》，紫禁城出版社1987年版，第57页。

中世纪时，北非和东非的上层社会，不但在日常生活中大量使用中国瓷器，而且无不以藏有中国瓷器精品为荣，中国瓷器特别是精品瓷器成为财富和高雅的象征。如在大约与北宋同时的埃及法蒂玛王朝（969—1171年）时，宫廷里都收藏有大量的中国瓷器。埃及15世纪著名历史学家马克里兹曾引用11世纪的资料说，“在开罗宫殿中有几篮子小蛋形瓷器，而在宫殿的储藏室里则放满了各种中国瓷器。”①埃及阿尤布王朝的创建者萨拉丁（1138—1193年），将龙泉青瓷作为高级礼品，一次就送给大马士革苏丹诺尔丁四十件。据说欧洲人将中国青瓷称为“萨拉东”（celadon），即因富有青瓷的萨拉丁而得名。埃及贵族们也大量收藏中国瓷器。

在东非，中国瓷器的影响同样遍及整个穆斯林社会。考古发现的中国古瓷主要是碗、盘、瓶、罐之类，其中尤以碗盘数量最多，表明了瓷器除作装饰和陈设之外，其作为食具的主要用途倒也未被非洲人民忽略。由于瓷器具有耐酸、碱、无渗透性、易于洗涤等特性，所以它远比东非传统的陶质、木质或金属食具优越，实乃理想的食具。主持基尔瓦发掘的奇蒂克认为：“至少在15世纪，富有的人们已不用进口的伊斯兰釉陶，而主要是用进口的中国瓷器。”②

在北非的埃及，除宫廷和贵族之外，中上层社会也广泛地使用中国瓷器。如在开罗巴卜·达尔卜·马赫尔克丘陵，这里豪华的住宅遗址及其附近地区，散布着大量的南宋至明、清时期的瓷片。曾在福斯塔特做过考古发掘的美国学者斯坎伦说，这里大部分房屋都出土中国瓷片。显然中国瓷器在福斯塔特已普及到大多数家庭。当然，一般中下层的普通非洲人是无力购买中国进口瓷器的，他们使用当地陶器或进口的伊斯兰釉陶作为主要食具。但出于对中国瓷器的喜爱，他们寄希望于伊斯兰釉陶模仿中国陶器。故模仿中国瓷器的制陶业应运而生，并逐渐成为埃及制陶业的主流。柯克曼根据在给地的发掘，认为当地的陶器有一部分是中国瓷器的仿制

① 孟凡人、马文宽：《中国古瓷在非洲的发现》，紫禁城出版社1987年版，第39页。
② 孟凡人、马文宽：《中国古瓷在非洲的发现》，紫禁城出版社1987年版，第59页。

品。有外国学者指出："对于穷人来说，地方陶器的生产已经能够满足要求。在15世纪时，大量的地方小陶碗的增加，表明人们已用自己的饭碗来吃饭，不像以前（指中国瓷器大量进口以前）用公用的陶盆一起吃饭了。"[①]中世纪非洲伊斯兰陶器在器形、釉色、图案、风格上全面模仿中国瓷器，两者除质地之别外，有些在外形上毫无二致，从而中国的制瓷艺术又成为埃及伊斯兰物质文明的组成部分之一。中国瓷器正是通过这些伊斯兰釉陶，将其影响渗透到当时埃及和非洲其他各地的社会底层。不但导致上层社会以使用中国瓷器为主，而且还影响到当地制陶业的发展，并间接地引起当地人民饮食方式的变革，从而使中国瓷器的影响深入到东非的社会底层。

第三节 伊本·白图泰游历的中国

一

随着阿拉伯帝国的兴起与在10—15世纪达到极盛的"阿拉伯—伊斯兰世界体系"的出现，中国与遥远非洲大陆开始有了真正的连接。[②]在印度洋周边世界，即中国人所说的"西洋"，出现了一个伊斯兰世界体系主导下的"环西北印度洋商贸文化圈"。它以印度洋为中心，其周边范围自西而东，包括程度不等伊斯兰化了的东非印度洋沿岸、阿拉伯半岛及红海两岸、西亚海湾沿岸、地中海北非，以及南亚印度沿海的古代国家与

① 孟凡人、马文宽：《中国古瓷在非洲的发现》，紫禁城出版社1987年版，第60页。
② 参见刘鸿武：《中非交往：文明史之意义》，载《西亚非洲》2007年第1期，第11—14页。

民族。在这个体系的东西两边，分别是中华文明与非洲文明。那时，东西拓展的伊斯兰文明在向更遥远世界渗出的过程中，也逐渐向东传入了中国内地，向西则进入非洲内陆，从而最终使中国和非洲大陆也程度不等地进入这一“环西北印度洋商贸文化圈”的交往范围中。尽管当时的中国，实际上是一个自成一体的东亚文明体系的核心，但是在这样一个大的世界史背景下，古代中国与非洲的交往关系得以在一个十分短暂的时期内推至了巅峰。

其时的中国处于元朝统治之下。元朝的大统一结束了自唐末以来四百年的国内分裂和几个政权并立的政治局面，一扫北宋以来中国积弱的形象而呈现出新的朝气，成吉思汗的军事征服带给了中国强悍孔武的形象内涵。

蒙古西征，势力地跨欧亚广大地区，在印度洋的范围内其势力已达波斯和两河流域，其时我国领土面积之大，是任何一个朝代不可比拟的。成吉思汗把东起太平洋西至里海之间的疆界扫除净尽，中亚、波斯和阿拉伯诸国都在伊儿汗国的统辖下。辽阔的疆域和令周边闻风丧胆的霸主气势使陆上丝绸古道，一时畅达无阻。蒙古民族尽管是一个崛起于马背上的内陆民族，但由于东征西略过程中与外界众多文明广为接触，胸襟和视野大为开阔，因而能对各种事物采取一种包容的开明态度。

元朝在通往西方的大道上，开辟“驿路”，设置“驿骑”、“邮人”，让汉族技术人员沿途开山辟路，修建桥梁，并派驻护路卫士，颁令保护商旅行人。东西方的旅程距离大大缩短，交往日益频繁。在海路方面，元朝先后在泉州、庆元、上海、澉浦、温州、广州、杭州等地设市舶司，专门管理对外贸易。忽必烈重视海外贸易，鼓励各国商人来华经商，允许他们“往来互市，各从所欲”[①]。因而，元朝成为中国历史上向世界、向海洋开放的黄金时期。在这一时期，中国对世界与世界对中国的影响都是空前的。元朝在对外的世界贸易政策上实行的是完全的自由贸易，真正实现了贸易自由化。这些无疑极大地有利于元代在印度洋的交通和贸易，从而使中外

①《元史》卷十二《世祖本纪》。

文化交流和中西交通获得了极大的发展。

由于元朝在经济上奉行开放的政策，积极鼓励并参与同世界各国的贸易往来，最直接地刺激了元朝经济高速发展，使得中国成为世界上首屈一指的经济强国。这样空前活跃的贸易活动加深了中国同世界各国的了解，更主要的是让世界看到了一个空前强大的东方帝国。交通条件的方便和中国开放使更多的阿拉伯旅行家和学者得以实践穆罕默德的“学问虽远在中国，亦当求之”的“圣训”，纷纷前来中国，络绎于道。

14世纪，非洲有一位对世界全面认识中国形象作出重要贡献的友好使者来到中国，他就是摩洛哥旅行家伊本·白图泰。他在访问中国时写下的游记，留下了非洲人对中国印象的珍贵记录。

伊本·白图泰是中世纪著名的四大旅行家之一。他于伊斯兰教历704年（1304年）生于北非摩洛哥丹吉尔城一个穆斯林家庭，伊斯兰教历779年（1377年）死于摩洛哥的马拉喀什。他从小就有远大志向，对中国、印度和东方的灿烂文明十分向往。诚如《古兰经》所言：“学问虽远在中国，亦当求之。”青少年时期白图泰学习非常刻苦，对宗教、法律、文学和艺术等都进行过认真的研究，还曾当过一个时期的法官。伊斯兰教历726年（1326年），22岁的伊本·白图泰告别家乡，立志远游。他从丹吉尔东行，横越非洲北部和东海岸，周游埃及、叙利亚、阿拉伯半岛及东非，先后四次前往伊斯兰教圣地麦加朝觐，并漫游了伊朗、土耳其和中亚等地，在印度定居了八年，当了两年法官，后又循印度洋东行，经马尔代夫、斯里兰卡、苏门答腊、印度支那等地，历尽艰难险阻，终于在伊斯兰教历748年（1347年，我国元至正七年）到达我国泉州。伊本·白图泰访问了我国泉州、广州和杭州等南方诸城，历时一年多，最后经印度、西亚、埃及等地，于伊斯兰教历750年（1349年）回到故乡摩洛哥。不久，他又北渡直布罗陀海峡，往安达卢西亚（今西班牙南部）等地游历，并远游西非的马里、尼日尔等国，于伊斯兰教历755年（1354年）重返摩洛哥首都，从此结束了他游程。

伊本·白图泰三次远游，历时二十九载，行程十二万公里，访问过四十多个国家和地区，游历过五百多个城镇，会见过一百四十多个君主、官吏和酋长，饱览了亚非各国的山川名胜和奇异景物，考察了许多国家和地区的政治、经济、文化、宗教及风土人情，为发展非洲和中国、非洲和亚洲人民之间的友谊，作出了重要贡献。

伊本·白图泰回国后，定居于非斯城，并在摩洛哥苏丹手下当侍从。闲来无事，他常把旅行中的见闻讲给周围的同僚和亲友听。苏丹得知后，命他把旅途见闻整理成文。但是，伊本·白图泰的旅行日记在印度游历期间遭土人抢劫，他只得根据记忆，向苏丹的秘书伊本·诸赞口述了他在我国及其他国家旅游访问的见闻，由伊本·诸赞编纂成《环游胜览》一书，也称《旅途到国奇观录》，俗称《伊本·白图泰游记》，时间当在伊斯兰教历756年（1355年）左右。

二

伊本·白图泰访问我国的时候，正是宋馨花香四溢的大好季节（宋馨花是宋、元时期由阿拉伯国家移植我国泉州一带的一种美丽花卉）。当时的泉州港，是我国对外贸易的最大港口，有“蕃帕之饶，杂货山积”之称。伊本·白图泰在泉州登陆后，受到了当地人民和元朝地方官吏的热情接待。他在泉州进行参观访问，这个城市给他留下了深刻的印象。他在《游记》中赞誉泉州是世界上最大的港口之一。他写道：“我们漂海到达中国的第一座城市，就是刺桐城。”（当时泉州城周围遍植刺桐树，故名。）《游记》说当时的泉州港很大，“港内停有大船百余艘，小船无数。这个港口是一个伸入大陆的巨大港湾，与大江会合。”

伊本·白图泰访问泉州后，又来到广州参观访问。《游记》赞美“秦克兰（当时阿拉伯人称我国广州城为秦克兰或兴阿兴城。）城区宽大，街市优美。最大的街市要算瓷器街了。由此地把瓷器运往中国各地，以及印度、也门等国。”他在《游记》中还详细记载了当时广州的风土人情、庙宇及清真寺的情况。

后来，伊本·白图泰又从泉州出发，经江西建阳（当时他称为“康阳”），来到“汉沙”（即杭州）访问。《游记》记载了建阳和杭州等地的情况。伊本·白图泰在《游记》中还记载了他游历元朝都城大都（即今北京，伊本·白图泰称为“汗八里”）的一些情况，但其记载多与史实不符。①

元朝统治者历来重视商业活动，并多直接参与各种贸易活动。早在灭南宋过程中，就曾多方设法维系海外贸易关系不致中断。统一中国后，元朝继承与发扬了两宋开放沿海与沿江的政策，并且较之有大幅度的提升，元世祖时宣布“其往来互市，各从所欲”，至元十四年（1277年）以后相继设立了泉州、温州、杭州、广州等市舶司，提出了“罢和买、禁重税”，容许外商越诉，保护外商利益。公布“市舶则法”，奖励优待海商，除免杂役，准许官僚僧侣交纳税款，从事海外贸易。并设置巡防弓手和海站，保护舶商安全。以官本商办形式设“官本船”，扩大海外交通和贸易，增加运输能力。至元二十一年（1284年），政府颁布了《官船官本商贩之法》，实行“官自具船给本，选人入番，贸易诸货。其所获之息，以十分为率，官得其七，所易人得其三”的政策。这对于民间商人经营海外贸易是一个鼓励。元代统治者这些重视海外贸易和海外交通的政策和措施，为元代海外交通和海外贸易的发展，创造了极为有利的条件。

在频繁的贸易往来中，海上丝瓷之路的空前繁荣，特别是在元代中期以后，蒙古诸汗国之间矛盾加深，时战时和，中国与西方的陆路交通阻塞。使元朝更加依赖海运，促使元朝的海上交通愈加发展。《元史》记载，由海道同元朝建立各种关系的国家约有20余国。汪大渊《岛夷志略》中列举东南亚及西亚、东非等处的地名100处。仅瓷器的行销范围就进一步扩大，汪大渊《岛夷志略》一书列举瓷器行销的范围有50多个国家和地区，其中包括北非和东非部分地区。伊本·白图泰明确指出，元代瓷器已经运

① 有的学者认为，当时元王朝已濒临崩溃，我国北方局势不稳，因此，伊本·白图泰实际上未曾到达北京，他所记载的有关北京的情况，主要是根据传闻。

销到西北非的摩洛哥。

从伊本·白图泰的叙述中，可以看到元代中非贸易十分发达，非洲商人旅居中国相当普遍。伊本·白图泰在中国内地城市（可能是南昌）邂逅其同乡、从摩洛哥休达城来华经商的布什里。白图泰说布什里是一位有名的大商人，“善理财，资产巨万”，“在中国颇有声名”。后来他到杭州又被盛情邀请住在埃及大商人欧思曼的后裔的家中。这个在宋末就来到中国的埃及欧思曼家族因喜爱景色秀丽的杭州城，流连忘返，于是选定了西子湖畔为永居之地。非洲侨民因此把杭州称为“欧思曼城”。欧思曼在元代延祐年间（1314—1320年）捐资修建华丽的清真寺。他的子孙继承先人遗愿，乐善好施，颇得当地居民的称道。这是中埃两国人民之间有着深厚情谊的一个事例。

元代造船业更见发达。大船“宛如山岳、飞临海上”，气势十分壮观。非洲旅行家伊本·白图泰描述元舶的情况说，“中国船只共分为三类：大的称做艟克，复数是朱努克；中者为艚；小者为舸舸姆。大船有十帆至少是三帆，帆系藤篾编织，其状如席，常挂不落，顺风调帆，下锚时亦不落帆。每一大船役使千人：其中海员六百，战士四百，包括弓箭手和持盾战士以及发射石油弹的战士，随从每一大船有小船三艘，半大者，三分之一大者，四分之一大者，此种巨船只在中国刺桐城建造，或在隋尼凯兰即随尼（广州——译者）建造。建造的方式是：先建造两堵木墙，两墙之间用极大木料衔接。木料用巨钉钉牢，钉长为三腕尺。木墙建造完毕，于墙上制造船的底部，再将两墙推入海内，继续施工。这种船的船桨大如桅杆，一桨旁聚集十至十五人，站着划船。船上造有甲板四层，内有房舱、官舱和商人舱。官舱内有住室附有厕所，并有门锁，旅客可携带妇女、女婢，闭门居住。有时旅客在官舱内，不知同舟者为何许人，直至抵达某地相见为止。水手们则携带眷属子女，并在木槽内种植蔬菜鲜姜。船总管活像一大长官，登岸时射手黑奴手执刀枪前导，并有鼓号演奏。”[①]是时“华船之

①［摩洛哥］伊本·白图泰：《伊本·白图泰游记》，宁夏人民出版社1985年中译本，第486—487页。

构造、设备、载量皆冠绝千古。”艳羡之情跃然纸上。他还写道，中国船“由于橹极粗大，需用绳系于末端，两行人相对牵绳摇橹。每用力牵摇时，则齐声高喊：‘唉啦，唉啦，唉啦，啦！’”这一段生动的描述，是研究我国中世纪商船情况的重要史料。

中国造船技术高超，所造船只坚固耐用，蕃商非常喜欢租用或购买中国海舶。《游记》记载说：“当时所有印度、中国之间的交通，皆操之于中国人之手。”中国商船经常到达印度马拉巴尔海岸。伊本·白图泰在印度时，经常在马拉巴尔海岸的俱蓝（魁郎）、古里（卡利卡特）等港口看到中国商船。有一次，他在古里港就看到“中国大小船舶十三艘停泊在港口”。由于造船业发达，元朝船舶数量也非常多，如泉州富商佛莲拥有海舶八十艘，元世祖后期仅行泉司即有和管制着一万五千余艘海舶。在航海技术方面，观察海洋气象更加熟练精确，进一步掌握了“牵星术”，广泛使用罗盘导航。海上航行“惟凭针路定向行船，仰观天象以卜明晦”，自宋以来出现的海道图更向前发展一步。可以说元代的造船和航海技术，在当时世界上处于领先地位。这样高度发展的造船业，为元代规模宏大的海上贸易提供了雄厚的物质基础，也使中国在西太平洋乃至印度洋的海上事业有了突飞猛进的发展。

三

《伊本·白图泰游记》描绘了元代中西交通的频繁，完善方便的驿道交通，雄伟壮观的都城，繁华热闹的市集，中国发达的工商业，华美廉价的丝绸锦缎，普遍流通的纸币，对中国经济、政治、社会、文化做了全面的介绍。

在游历期间，伊本·白图泰对中国陶瓷制造、商业活动、货币使用、艺术乃至养老制度都做了仔细的考察。

关于中国瓷器，《游记》详细记载了我国烧制瓷器的工艺过程，并说刺桐（泉州）和秦克兰（广州）等地都出产瓷器。中国瓷器不仅远销印度等国，还出口到伊本·白图泰的家乡摩洛哥，“是世界上最好的瓷器”。他在《游记》中还提到：“中国丝绸极多，因为蚕附于树果上，以果为食，不需许多供养，因此产丝甚多。”中国生产的蔗糖比埃及的质量要好，当时中国已用石炭（即煤）做燃料，他见后很觉稀奇。可见，当时中国手工业发展已达到相当高度，技术水平远高于伊本·白图泰所生活的阿拉伯和非洲地区，工业生产兴旺发达。

中国自9世纪中叶起，就开始发行并通用纸币，至元代已有几个世纪。公元1338年逝世于开罗的阿拉伯地理学家阿合马·昔拔不丁是这样描述中国纸币的：“中国人把桑树纤维所制成的长方形纸片当作钱币，上面印着皇帝的名字。使用这种纸币的时候，把它拿到官吏那里，打些折扣，取得另一票子，犹如在我们的造币厂以金块银块变换铸造的硬币。”①从伊本·白图泰的《游记》中，可以看出元代通行纸币的一些真实情况。《游记》记载说：“中国人在交易时，一律不使用金银硬币，他们把得到的金银熔铸成锭，交易时都使用钞票。每张钞票如手掌大小，上面加盖国王的印玺，每二十五张钞票叫做一巴力斯脱，意思与我国的第纳尔相同。”“如果有人携带金银到街市上买东西，必须先把金银兑换成巴力斯脱后，才能成交。”这一记载同我国《元史》关于货币的记载基本相同。纸币的流行说明元朝对商业尤为重视，也反映出当时中国南来北往繁荣昌盛的商贸形象。

《游记》还论及了当时中国的养老制度：广州城中央有一座大庙，庙内设有专供盲人等残疾人居住的房间，庙里供给他们吃穿。庙里还设有看病的医院和做饭的厨房。凡无力谋生的孤寡老人，都可向庙里申请衣食。这一记载，对了解元朝我国的社会福利情况，是很有帮助的，也使世界人民了解到中华民族尊老敬老的传统美德及对残疾人的关爱，展示给了非洲和世界极其美好健康的中国社会形象。

---

①［美］劳费尔：《中国伊朗编》，商务印书馆1964年中文本，第396页。

伊本·白图泰在他的书中称道中国人很聪明，手非常灵巧，擅长各种工艺，特别是绘画。他说：我每到一个城市，出城时就会在街市的墙上或纸上看到我和我的同伴们的画像，画得惟妙惟肖，生动逼真。此外，《游记》还叙述了他在杭州地方官吏举行的宴会上看到的魔术表演情况。有趣的是，伊本·白图泰关于这次魔术表演情况的记载，竟与三百多年后蒲松龄在《聊斋志异》第十三卷《偷桃》一文中记载的一次魔术表演，情节几乎完全一样。可见此类魔术在我国古代已很流行。不难看出当时中国人文化生活还是相当丰富多彩的，而中国人更是聪明能干多才多艺。

《游记》还介绍了当时中国政府在治安方面对来往船只及行旅所采取的一些保护措施，收到了明显的效果。他写道："就旅行者来说，中国境内是最安全舒适的。旅行者虽然孤单一人带着大量财物，就是走上几个月的旅程，也尽可以放心。"从中既可以看到元朝中央和地方政府的效率，也可以体会出中国人民淳朴的民风。

《游记》记述中国幅员辽阔，资源丰富，五谷、水果、金银矿产，都是世界各国所不能与之比拟的。中国境内有一条横贯的大河，沿岸村舍相连，阡陌园圃纵横，较埃及尼罗河沿岸的情况，人烟更加繁盛。沿岸水车林立。中国盛产甘蔗，也出产葡萄和梨。中国的小麦"是我所见过的最好的品种"。描绘了一个绚丽多彩的中国形象。

伊本·白图泰口述的游记记录了中国的法律制度、政治制度、民俗民风、建筑风格、地方物产、交通航运、经济生活、货币制度，特别对京城的城市格局和宫廷内部争斗的描述更为详细。①这部游记传达出的中国人是一个高度文明、和平和繁荣的民族，书中的内容使每一个读过的人都无限神往，极大地扩展了他们的精神视野。此书无疑为当时的阿拉伯非洲提供了关于中国的较为可靠的资料，同时对后来西方世界了解中国产生了巨大的影响。

① [摩洛哥] 伊本·白图泰：《伊本·白图泰游记》，宁夏人民出版社1985年中译本，第545—549页。

第四节 郑和船队与非洲

一

1405—1433年（明成祖永乐三年到明宣宗宣德八年），明三宝太监郑和（1371—1435年）奉诏远航西洋，七度海飘，终抵非洲一隅，为两片古老大陆的交汇掀开一页辉煌篇章。凭借着当时已经掌握的坚船、火药、指南针和积累了一千多年的航海技术，中国在印度洋占据了相当重要的地位，海上丝瓷之路也因而进入飞跃时期。郑和在航海史上的建树则为世人所公认。郑和七下西洋体现了永乐皇帝及以郑和为代表的辅臣们，毕生致力于同遥远的海外国家沟通交往，并以这种交往发展的深度和广度，作为衡量国家是否臻于极盛的重要标志，体现了一种彰显国家形象的新的时代精神。

恰如哥伦布之于西方，在中国，郑和是伟大的航海家，是海员精神的化身，被国人誉为海魂。事实上，在许多重要方面，西方的哥伦布是无法与东方的郑和相提并论的。郑和比哥伦布早了四分之三世纪横渡大西洋，这个明朝的舰队大司令所具有的可供随意支配资源的权力，足以使热那亚探险家相形见绌，与郑和拥有的资源相比，哥伦布看上去就像个业余玩家。哥伦布只有屈指可数的三只船，且每艘都是单层甲板，相加总重量不过四百一十五吨。随行水手不过一百二十人而已。郑和下西洋则是盛况空前。船队一般拥有大“宝船”五六十艘，加上中、小“宝船”，就有一百多艘，最多的一次达二百艘。最大的“宝船”张十二帆，载重量约一千吨。据《星槎胜览》记载，郑和有一次出使西洋的规模是令人吃惊的：“宝船六十三号，大者长四十四丈四尺，阔一十八丈。中者长三十七丈，阔一十五丈。”“下西洋官校、旗军、勇士、通事、民梢、买办、书手，通计二万七千六百七十名。官八百六十八员，军二万六千八百名，指挥九十三员，都指挥二员，千户一百四十员，百户四百三员，户部郎中一员，阴阳官一员，教谕一员，舍人二名，医官、医士一百八十员，余丁二名，正使太监七员，监丞五员，少监十员，内官、内使五十三员。”①船上的专业人员，还有负责罗针的“火长”和“番火长”(外国领航人员)，有司舵的“碇手”，有修理弓箭、火器的“军匠”，有制造、修理木铁工具的各种“民匠”，有办理交涉事务的“行人”，有管理“梢水”（水手）的“管带”，等等。在“宝船”上，除装载大量的礼品和商品以外，还备有充足的粮食、淡水、盐、酱、茶、酒、油、烛、柴、炭等各种生活日用品。像这样规模的出访，历史上是仅见的。它在向西洋诸国宣耀中国的富强和武威，树立“天朝大国”的王朝形象。

郑和远航不仅在规模上是哥伦布远航无法企及的，在性质上两者更是截然不同。哥伦布仅在财政上得到一个同情政府的资助，其美洲之行，实为探险之举。郑和则不然，郑和七下西洋不是郑和个人的行为，是他受命代表国家完成国家赋予使命的活动，每次航行都是一个巨大的集体运作行动，费用全部由明王朝承担。郑和每次远航，都是万人出征、百舸齐发，帆阵如云、旌旗蔽天，其规模之庞大、组织之严密、装备之精良、气势之旺盛，让亚洲任何一个国家乃至所有欧洲国家的海军联合起来都无与匹敌。而后来哥伦布、达·伽马和麦哲伦的船队只有几条船，最多不过20条船。

不过公平而言，较之哥伦布，郑和下西洋算不上探险，中国真正的探险家是早在郑和前几个世纪就悄悄驶进印度洋的那些无名中国商人。郑和船队并不像哥伦布一行茫茫然不知驶向何方，对未知的一切充满了恐惧，郑和他们知道自己前方要去的地方。因此郑和船队到非洲，并非像哥伦布无意中“发现”了新大陆那样一般“发现”了非洲，而是知道了“它就在

① 费信著，冯承钧校:《星槎胜览校注》，北京中华书局1954年版。

那儿”。他们早已有了思想准备：过了印度就是阿拉伯世界。

也正是有这种准备，才使郑和成为奉诏远航之人。郑和身兼伊斯兰教与佛教徒两种身份，[①]适合与“西洋”各国的伊斯兰教徒和佛教徒交往。自唐、宋以来，伊斯兰教势力逐渐由阿拉伯半岛发展到东北非、西南亚、印度及南洋等地，而且，这些地方的商业活动，大都为信奉伊斯兰教的阿拉伯和波斯商人所操纵。由于明朝政府发展海外贸易的对象大都是佛教和伊斯兰教国家，为了种种便利，历次出使的主要任务，便很自然地落在出身伊斯兰教家庭、后来又成了佛门弟子的郑和身上。另外郑和的祖父、父亲都曾到过天方（麦加）朝觐，被称为“哈吉”，与阿拉伯商人有过接触，熟悉那里的风土人情和商务状况，选派这样家庭出身的郑和总管下“西洋”的事务，当然是十分理想的。在郑和的随从当中，亦有不少通晓阿拉伯语的伊斯兰教徒，著有《瀛涯胜览》的马欢就是其中的一个。他随郑和出使，担任翻译工作。这也从侧面说明，下“西洋”为什么派世世代代伊斯兰教家庭出身的郑和担任主使的原因。

二

1405年7月11日（永乐三年）在高樯重桅、旌旗猎猎的隆盛威仪中，郑和开始了七下西洋史诗般的航程。从史料记载看，从1417年至1433年间，郑和在他第四、第五、第六、第七次航行中都到达了东非海岸。

1413年冬，郑和第四次出航。这次远航，主力船队，经占城、苏门答腊、古里，到达波斯湾口的著名海上交通枢纽忽鲁谟斯（今伊朗霍尔木兹）。同时，在苏门答腊，郑和派出了分遣船队。这支分遣船队向西直行，访问非洲东岸的木骨都束（今索马里摩加迪沙）、不剌哇（今索马里布拉

① 永乐初年，郑和得到明成祖朱棣的亲信、当时著名的和尚道衍的召引，接受菩萨戒，又成了佛门弟子，法名福善。因此，人们又称他为“三宝太监”。

瓦)，麻林（今肯尼亚马林迪）等城邦，又抵达阿拉伯半岛的阿丹（今南也门亚丁)、剌撒（今北也门撒那)、祖法尔（今阿曼佐法尔)，再到忽鲁谟斯返航。

第五次出航的一个重要使命，是护送各国使节回国。阿拉伯方面的历史资料里，记载了这次航行中郑和船队的分遣船队到达亚丁的消息。第六次出航期间，郑和再一次派遣分遣船队访问了东非诸城邦。

郑和第六次出航回国不久，永乐皇帝死于亲征蒙古途中。郑和的航海活动也暂停下来。直到1430年，宣德皇帝才又派郑和率众出海。这就是第七次下西洋。这次航海规模庞大，范围甚广，遍历亚洲各地。返航途中，郑和在古里病逝。

四次抵达非洲，郑和船队访问了麻林（今肯尼亚马林迪)、木骨都束（今索马里摩加迪沙)、不剌哇（今索马里布拉瓦）等地，每到一地就表示愿意通好。船队带去许多中国瓷器、漆器、绸缎、茶叶和其他工艺品，赠送给当地居民。而中国的发展成就往往可以通过这些赏赐物显示出来。这些物件足以充当中国形象的代言者。20世纪中期在摩加迪沙发现过六个永乐时期的钱币。在肯尼亚的给地和坦桑尼亚的玛菲亚岛曾发掘出两个明显是14世纪后期的中国瓷瓶。缠着铜线、绘有红色菊花和镶着蓝色的漏斗式花瓶，极其精美，它们可能是船队带给海岸城邦君主的特别纪念品。这些物品加强了中非人民的友谊，并直接把中国文化远播到非洲的土地上。以至于若干年后，当葡萄牙的达·伽马抵达莫桑比克，向当地人送上衣服和食物时，当地人表现得很不以为然，认为以前有人从东方乘船而来并同样送给他们礼物。郑和的船队也载着非洲的物产归来，同时把非洲的文化带回中华国土。随同带来的有麒麟和花福鹿，即非洲的长颈鹿和斑马，这是中国罕见的动物。

所谓的“麒麟”踏上中国的国土是由一次意外的邂逅所致。1414年郑和第四次远航驶过了印度，船队是否准备进发非洲或向海湾进发不得而知。一次意外的小插曲打断了航行的进程。就在郑和刚要驶入西印度洋前，一个下属太监带着小船队到了孟加拉。在那里，他们竟然看到了一只长颈鹿。这只长颈鹿是不久前马林迪城邦的年轻使节从东非带来的。孟加拉新王刚刚继位，这只长颈鹿极有可能是马林迪的统治者送给另一个穆斯林王权的礼物。但也有揣测马林迪人也许早就从事着出口长颈鹿的买卖。不管真实情况如何，长颈鹿极富魔力，这不就是传说中的麒麟吗？中国人极想得到这只长颈鹿。孟加拉国王最后被说服放弃了他的动物。于是第四次远航就此方向明确。到手的这只长颈鹿是要运送回敬献皇帝的——作为来自孟加拉的礼物。然而海上长途跋涉运载长颈鹿可不是件安全的事，为了万无一失，有必要再弄到一只长颈鹿，保证最终能带回一匹活着的长颈鹿。于是郑和船队说服马林迪使节回家再弄一头长颈鹿来，将其带到海湾或印度海岸的一个合适的会合地，一起回程。

这样1415年10月在马林迪使节们的配合下一只长颈鹿到达了北京。中国人向来相信世有麒麟出，是国泰民安、天下太平的吉兆，然而明朝之前的中国人未曾见过这种古籍形容为鹿身、牛尾、独角神兽的模样，而怀疑它是否真的存在。现在眼见为实了。永乐十二年（1414年），这只来自孟加拉的长颈鹿，引起明朝举国上下为之喧腾。东非所产的长颈鹿，确实引起了明朝君臣一场不小的骚动。这真是一个千载难逢的好机会，明成祖以此为祥瑞之兆来表明自己施政的伟大。麒麟不仅提高了永乐的威望，而且将其提升为完美政府的实践者，达到了过去圣主们所无与伦比的程度。圣典以后更多的长颈鹿被带到了中国。

不过，从有关史料看，郑和率领的舰队很可能在第三次（永乐七—九年，1409—1411年）即访问了非洲东海岸。世居郑和船队的集结地太仓的陆容曾根据当时掌握的资料记录了郑和第三次下西洋的航线："永乐七年，太监郑和、王景弘、侯显等，统率官兵二万七千有奇，驾宝船四十八艘……所历诸蕃地面，曰占城国……曰卜剌哇、曰竹步、曰木骨都东（此处"东"当为"束"之误）……"[①]此处的"竹步"为今索马里朱巴河口一带。据《明史·竹步传》载，"竹步，亦与木骨都束接壤。永乐中，尝

① 陆容：《菽园杂记》，卷三，中华书局1985年版，第26—27页。

人贡。其地户口不繁，风俗颇淳，郑和到此地。”在郑和此后的四次“下西洋”中，均未提及“竹步”。因此，郑和船队很有可能在第三次远洋时已达索马里。

在郑和的第四次远航时，很可能遇到来自摩加迪沙的一队商人，于是邀请他们组建一个使团前往北京。商人们兴致勃勃地照做了。1416年在郑和回到中国后的那年，一队来自不剌哇、马林迪和摩加迪沙的使节们不远千里来到中国朝廷。礼遇使者，这是明朝的惯例。大明王明一直刻意营造泱泱大国的风范和博爱仁慈的胸怀，以和为贵，广施博予，但永乐做得更进一步。郑和再次出发时，要护送这些人回国并向他们的统治者赠予礼品。借以炫耀中华帝国地大物博、物产丰富，于无形中扩大中华帝国在海外的影响。

郑和之行使中国对非洲的认识有了一个质的飞跃。在各种论及郑和船队航线的文献中，提及的非洲国家和地名有16个之多。费信等人的游记中不仅提到各地的地理、物产、人文，还论及当地的风俗、制度和文化。由于这些记录都是作者的亲身经历所了解的，所以对当时中国人了解非洲具有重要的参考价值。

费信曾随郑和四次下西洋。费信并不是一个自愿的水手。因父获罪，按照明朝的规例，费信充军随船队向西航行。不期然，不情愿的远征者却在航行结束时写了一本热情洋溢的回忆录——《星槎胜览》。标题点明船队如同星槎。星槎远航是前往异乡的远征，帝国的使者像星星一样闪耀，航行的目标是赢得遥远的人民对皇帝的忠心。在中国人眼中商品交换被赋予了远远超出商品本身价值的象征性含义。通过船队的贸易非洲海岸城邦向明皇帝表示敬意，他们将他拥戴为世界的最高统治者。回忆录在最后一次远航结束的三年后出版，描述了他们所看到的索马里海岸。在传统的海岸城镇生活变化相当缓慢，今天来访摩加迪沙或不剌哇的人仍能看到如同费信的同船水手所看到的石头堆成的房屋“其国濒海，堆石为城，叠石为屋四、五层”，而厨房、卫生间和会客室全在上层，“厨而待客，俱在其上”。摩加迪沙周围的土地仍然荒芜，仍几乎没有庄稼，“山连旷地，黄赤土石，田瘠少收”。而且因少雨缺水井仍然很深，“数年无雨，穿井甚深，绞车以羊皮袋水”。不剌哇的男人仍穿着短外套腰上挂着布，“男女拳发，短袍围梢布”，他们的女人仍然夸耀地戴着金耳环，“妇女两耳带金钿，项上挂缨络”，当地村落仍以抓鱼为生，“无田耕地，捕鱼为业”。①以竹步国为例，费信完全以采风撷俗的笔触，写出了一个对当时中国人而言十分陌生的国度。他形容竹步是个村落稀疏的地方，并以“地僻西方”（在中国的西边）指出它的地理位置，接着他以“拳头”来形容当地男女卷曲的头发，也提到了竹步妇女出门时，必须全身包紧、不得露出头脸的风俗，最后，费信还不厌其烦地列出一堆中国少见的狮子、豹、驼鸟、龙涎香、乳香（燃烧后会产生香味的一种树脂）与琥珀等竹步的特产。费信对其他东非国家的描述也差不多如此。由此看来，明朝时中国人对东非的认识实在谈不上深度，好似欠缺探索的热情。有种说法认为，当时中国太强大、太富庶了，就算跟其他的国家断绝所有的往来，依旧可以自给自足不虞匮乏。

非洲的落后大大刺激了中国人的“自我中心观”。在他们看来，世界就是如此而已，任何地方也比不上中国的富庶与强大，这种“我族中心论”使他们将非洲人的好客还礼也理解为“其酋长效礼，进贡方物”、“其酋长感慕恩赐，进贡方物”、“酋长受赐感化，奉贡方物。”②为明朝使者所传播的浩荡皇恩所感动，并献上他们的贡品。

三

非洲人又是如何看待郑和到来的呢？

郑和宝船上满载的是精美的金银、丝绸、瓷器、漆器、铁器、金幡、

---

① 费信著，冯承钧：《星槎胜览校注》，北京中华书局1954年版，第20页。
② 费信著，冯承钧：《星槎胜览校注》，北京中华书局1954年版，第20页。

香炉、香油、中药、茶叶、食物、家畜、植物等礼物，以及操有各种手艺的能工巧匠、精通各种语言的翻译和佛教、伊斯兰教人士，沿途非洲人民惊奇地迎接着这些来自昌明隆盛之邦、诗礼簪缨之族、穿着长袍彬彬有礼的使臣。而郑和带着强烈的和平使命，代表明政府与沿途所经国家通好，相互承认，相互尊重，发展经贸关系，使双方受益，以种种实际的行动来重树国家一度受损的国际威望，塑造国家和皇帝的良好形象，保持地区的稳定和繁荣。在整个下西洋过程中，郑和忠实地执行了明成祖的以争取和平为主旨的战略决策，发挥了传播礼仪、传播技术的作用。

这些年间东非海岸人民一再与中国船队“近距离相遇”。中国遣使对非洲各国的访问使非洲人对远在亚洲的中国有了感性的了解。有感于中国的慷慨大方，这些国家或派遣使节随船回访以表感谢，或送上特产贡物以表尊敬。现有史实多记载他们在海岸的北端今天的索马里的情况。当时郑和船队所到东非地点较多，在《郑和航海图》东非部分中标有十四个地点。从北往南是木儿必儿、哈甫尼、黑儿、剌斯那呵、者郎剌哈则剌、抹儿干别、起答儿、木骨都束、木鲁旺、不剌哇、慢狼撒、门肥赤、葛答干、麻林地。其中一些地点，郑和曾亲自进行过访问。据史籍记载，郑和三次访问木骨都束。《明史》说：“木骨都束，自小葛兰舟行二十昼夜可至。永乐十四年（1416年），遣使与不剌哇、麻林诸国奉朝贡。命郑和赍敕及币，偕其使者往报之。”木骨都束“后再入贡，复命和偕行，赐王及妃彩币”；“宣德五年（1430年），和复颁诏其国。”上述事件分别在郑和第五、六、七次下西洋时期。郑和三次访问不剌哇，据《明史》记载：“不剌哇与木骨都束接壤。自锡兰山别罗里南行，二十一昼夜可至。永乐十四年至二十一年……郑和亦两使其国。”“宣德五年，和复往使。”不剌哇大致在今索马里布拉瓦一带，事情亦发生在郑和第五、六、七次下西洋时期。郑和两次访问麻林，《皇明大政记》等史籍记载，永乐十三年，麻林国使者随郑和第四次下西洋的宝船来中国献麒麟（长颈鹿），后又随郑和第五次下西洋宝船在永乐十五年回国。麻林大致在今肯尼亚的马林迪，或坦桑尼亚的林迪地区。此外，《明史》还记载：“竹步亦与木骨都束接壤。永乐中，尝入贡。其地户口不繁，风俗颇淳。郑和至其地。”[1]竹布国约在今索马里的朱巴河口一带。上述诸点表明，郑和船队在东非海岸主要是活动在索马里、肯尼亚，向南或涉及到坦桑尼亚沿岸，而这一带则正是发现明瓷最多的地区。因此，东非大量输入明瓷，显然是与郑和船队访问东非，以及东非一些国家来华朝贡事件有密切关系。

明末（1597年）一本关于郑和下西洋的书籍记载了郑和到达东非海岸后的经历。郑和一行在海岸安营扎寨后，开始寻找非洲城邦臣服的文字和迹象。不剌哇和竹步人口较为稀少，居民也心地宽厚单纯，准备向明使节表示友善。然而更为繁华和多元化的摩加迪沙则不然，这里的人骁勇好斗。摩加迪沙的统治者以身体欠佳为借口拖延接见明使节。郑和舰队的官员打算以临时性矮护墙、弩炮和4万名男子包围摩加迪沙，但郑和制止了这一计划，选择耐心等待。摩加迪沙派出一个弓箭手秘密监视中国人的营寨。郑和对此极为清楚，认为最好的办法是让他看到更多的中国的优质武器装备和军事技术。对郑和的武力炫耀，摩加迪沙弓箭手简直目瞪口呆，他回去后劝说国王正式归顺“将不会浪费他的什么，并且将避免可能会出现将其带入困境的麻烦，到时后悔可来不及了”。摩加迪沙仍然准备抵抗，但中国人的足智多谋最终胜利，这一插曲以三个非洲城邦归顺并纳贡结束，郑和施予友善再次保证了东非国家对明王朝磕头称臣。

尽管郑和船队拥有27000多名官兵和近百艘大船，堪称当时世界上规模最大的一支船队。但是，他们没有因此而凌辱小国，也没有因此而霸占过别国的一寸土地，甚至没有对他们到达的任何地方声称拥有主权以夸耀自己的“发现”。就此而言，郑和船队完全是典型的和平之师、友好使者。郑和奉行的睦邻友好政策与迟之将近一个世纪的西方远航者大相径庭，有人把当时中西几次远航探险的性质进行比较，认为郑和船队带去的是“丝和瓷”，是和平友好的交往，而西方远航者带去的是“剑与火”。

①《明史·外国传（七）》。

第五节 青花碎瓷：留在非洲的记忆

一

郑和七下西洋，历时近三十年（1405—1433年），耗费物力财力无数，卷入人数达数万之多，“每次都带回关于地理和海路的丰富信息以及来自各岛和印度的各种产品”经过先后七次远航，郑和等人最远抵达非洲东岸。这些“特使”不仅带回了珍禽异兽，贵器珠宝，也将大量中国货币和精美器皿留在非洲。

经济和文化上的需求是一股强韧的联系纽带，它穿越辽阔的印度洋，维系着中国和东非沿岸诸国，也增强了彼此的认知。虽然从公元1433年以后，东非海岸没有出现过大规模的中国船队，但中国同东非之间的贸易联系仍然维系不断。随着郑和船队的后面，还有民间商人的来往。明政府束令中经常提到民间“私造海舟，擅自下番”。这些私造的海舟是否到过东非，没有史料证实，不能肯定。但愈来愈多的中国货输入非洲却是确凿的事实。

郑和船队创造了一个中国商品的市场。东非海岸的名门望族自郑和船队抵达后就一直需求昂贵的中国丝绸，甚至到18、19世纪，兴起于东非海岸的阿曼－桑给帝国，那些权势显赫的阿曼苏丹、阿拉伯王公贵族，依然将收藏精美的中国丝绸、瓷器、绘画作品作为象征他们显赫地位的基本方式。富有阶层习惯了这种价格不菲的奢侈品。而且他们只买认为出自中国之手的丝绸和瓷器。当葡萄牙人到达东非时他们发现当地人用丝绸缠身。从马林迪和蒙巴萨南到莫桑比克的城镇朝臣们戴着缎子头巾腰部下面围着丝绸。帝王出行时罩着丝制的伞篷，他们宫殿的房间和卧榻都用丝织的布料装饰。其中一些丝可能是当地生产的，另一些一定购于印度城市：但那些城市是用从马六甲进口的中国丝加工自己产品的，同时中国可能仍保留着基本的供应来源。进入17世纪后，将中国丝绸作为礼物赠送是深得东非酋长欢心的。

郑和船队远航以后，中国瓷器出现在东非不仅数量愈来愈多，而且愈来愈向南方发展。在津巴布韦著名的废墟上发现了中国明代的青瓷，有些瓷碟在花卉图案上涂有一层海青色的细纹釉。在今南非境内的林波波河南岸的马蓬古普韦废墟中也发现了明代的青瓷。东非人民喜爱中国瓷器，尤其是青花瓷器，不仅用作茶具、食具，也用来镶嵌室内墙壁和装饰墓室。这数百年间，明代青瓷大量输入东非。东非海岸分布着众多僧祇国家的斯瓦希里海岸，因输入中国瓷器之多，以致被西方旅行家称做“瓷器海岸”。按考古学家的说法，在坦桑尼亚的基尔瓦，这个当年东非僧祇帝国都城的四周，“中国瓷器的碎片可以整铲整铲地铲起来”。马林迪附近给地文化遗址的发掘也表明，15世纪时（明永乐至成化年间）明代青花瓷器逐渐增多；[1]从公元1475年以后，青花瓷、白瓷和粗瓷占了输出品中的主要地位。青花瓷器是比较大众化的用品。这类瓷器的增加，说明中国和东非之间民间贸易的蓬勃发展。在索马里古代城镇的每一个遗址中，也都发现有属于12至15世纪的青瓷碎片和属于16、17世纪的青瓷和白瓷碎片。[2]坦桑尼亚国土上除发现宋瓷外，还分布着从明代直到清初的中国瓷器。46个遗址中都发现中国瓷器，其中有宣德窑的青花瓷，也有晚明和清初的瓷器。这些遗址中各文化层的绝对年代需要依据中国瓷器来断定。英国考古学家惠勒在《东非考古》一文中说：“我认为可以合理地说，就中世纪而论，10世纪以后的坦噶尼喀地下埋藏的历史是用中国瓷器写成的。”[3]现在坦桑尼亚首都达累斯萨拉姆馆藏的中国瓷器既有元朝花瓶，年代为1300至1320年，也有明朝豆绿色的青花瓷盘子和底部写有“天下太平”

① Kenneth Ingham, *A History* of East Africa, New York: Praeger, 1965, p. 5.

② 张铁生：《中非交通史初探》，北京三联书店1953年版，第51页，注12。

③ Basil Davidson, *The African Past*, Boston: Little, Brown, 1964, p.132.

四个汉字的瓷碗。除完整的瓷器外，还有一些瓷片，其中14世纪印有“龙”图案的大缸的碎片、16世纪印有“人”头像的碗底和18世纪写有“寿”字的盘子残片等，因其带有鲜明的中国特色，使许多参观者流连忘返。

二

非洲对瓷器的需求一直存在。在郑和船队到来以前瓷器就被大量进口，在它们离去后继续被进口，19世纪中叶以后才有所减少但从未中断过。一千多年来这些瓷器究竟有什么魅力能够一直吸引着东非海岸的民族呢？

瓷器在非洲发挥着最大的实用性。中国的碗碟是富裕人家食用小米、大米和鱼类的日常餐具。一首斯瓦希里诗描述了帕塔的上层社会生活：“宴会上流行用中国瓷器，每个酒杯上都有精细的雕刻”。[①]中国的用具器皿分门别类，适用于每一种物品，每一种专门用途。肯尼亚海边的斯瓦希里城镇人用中国的鼻烟盒和墨水池保存妇女用的眼圈墨，姜黄色的坛子装笔和小饰品，大坛子用以保存香水或油。一些碗还被粘在了蓄水池里，这是因为东非蚊子较多，一般多在池中养鱼以消灭蚊子的幼虫，而池底的瓷碗可在池水很少时使小鱼亦能生活下去。这种做法显然具有实用和装饰双重目的。在肯尼亚海岸商店中来自现代中国的杯子和茶托以其实用价值今天仍然畅销。其中一些印着商标“昆仑”，不知是否属于奇怪的巧合。

有趣的是，中国瓷器在非洲还被赋予了某种超自然的神奇形象。东非人有着和中东人类似的想法：如果被放入毒药青瓷器会出水珠或破裂，他们还认为敲击瓷器发出的带有韵律的节奏会使灵魂安息。蓝白瓷器深受欢迎是由于埃塞俄比亚以南缺少蓝颜料：当地语言里根本没有蓝色这个词，除了天空通常看不到蓝色，也许他们将蓝色的瓷器视为天堂的一部分，视为一种魔法。一个葡萄牙编年史家记述了16世纪祖鲁王国一个部落用瓷

① 孟凡人、马文宽：《中国古瓷在非洲的发现》，紫禁城出版社1987年版，第59页。

瓶子滚擦他们的身体希望能够治疗小恙。

用中国瓷器作建筑装饰或室内陈设是东非上层社会流行的风尚，对此种用途，中国人肯定会感到匪夷所思，难以认同，真乃“橘生淮南则为橘，生于淮北则为枳”。如坦桑尼亚的松哥穆纳拉岛宫殿遗址的墙壁和天花板上，镶嵌中国瓷器组成图案，总数达一百余件，多数为青花瓷。埃塞俄比亚贡德尔古都城的一座17世纪末修建的宫殿墙壁上也以镶嵌中国瓷器作为装饰。在基尔瓦的大房子遗址中，发现的青瓷碗、盘和青花瓷瓶残片等都粘有灰泥，说明这些瓷器原是镶嵌墙壁上作装饰用的。至于用作室内陈设，也不乏其例，如马菲亚群岛中朱安尼岛上的库阿遗址，在宫殿和贵族邸宅的墙壁上，砌有几排壁龛用来陈设中国瓷器。类似的例子在西尤、杰·马古马等遗址中亦有发现。此外，18世纪晚期或19世纪早期，上面那首斯瓦希里诗中还写道：“从前陈设瓷器的壁龛，如今已成为野鸟眷恋幼雏之所。”

东非的这种时髦建筑装饰风格与伊斯兰教有关。清真寺一般都很注意装饰，但由于伊斯兰教不崇拜偶像，《古兰经》条律中明确规定不准用人像来装饰建筑物。所以中东地区的清真寺多用各种颜色的花砖组成艳丽的图案将墙面装饰得琳琅满目，这种装饰墙面的做法也传到了东非的伊斯兰地区。在东非海岸地区由于窑业落后，烧制不了供装饰用的精美花砖。再加上东非地区土著居民注重实物的审美观的影响，于是转而采用中国瓷器装饰墙面。通过采用中国瓷器装饰，墙面形成奇妙的凹凸，古时非洲人通过这种自然的不平衡突出了每一个来自中国瓷器艺术品的存在，表现出非洲民族固有的艺术感和奇妙的审美观。20世纪60年代日本考古专家在从索马里经肯尼亚到坦桑尼亚的海岸地带看到大量带有这种装饰风格的遗址，对古时非洲人这种独特的装饰方式心生感慨：“本属于沉静淡雅的中国陶瓷，被直接摆出来装饰墙面，恐怕陶瓷也在苦笑吧！”①但被摆设装饰的中国瓷器也是极为荣耀的，它们代表了一种非洲人认知的中国形象：明净素雅的色泽美，凝重蕴蓄的质感美。端庄典雅，别具风格。

① [日] 三上次男：《陶瓷之路》，文物出版社1984年版，第35页。

今天漫步于北非和东非的这些海岸城镇，还随时会看到地上散落着来自中国的碎瓷片，这些灰绿色的青瓷器或蓝白色陶瓷的碗及碗片很可能曾用于装饰房屋的墙和屋顶，如今却散落在各个角落。步入某个清真寺没准会与一只镶嵌在门口壁龛上的中国瓷碗邂逅。不过，看到最多的该是镶嵌在斯瓦希里人的坟墓上的中国瓷器了。

东非中世纪穆斯林的墓葬，有很多在墓前用石头砌成巨大的石柱作为墓标，这就是所谓的柱墓。柱墓一般由墓外的围墙和墓前（东面）的石柱两部分构成。墓柱高三至九米左右，形制有方形、六角形、八角形和圆锥形（有的带沟槽）等数种，分布地域大致从索马里到坦桑尼亚沿海地区。柱墓的时代，约从14世纪至19世纪。这些柱墓多用中国瓷器装饰。装饰部位分四种情况：第一，在墓柱顶端安放一件中国瓷罐，如索马里的库拉、肯尼亚的乌丸尼、安哥瓦纳、曼布鲁伊等地的柱墓。第二在墓柱柱身上嵌中国瓷器，如坦桑尼亚考尔柱墓的柱身上镶嵌五件14世纪的龙泉青瓷。类似的例子还有通贡尼、姆布丸尼、奔巴岛上的姆库姆布以及基尔瓦岛上的苏丹墓地。第三，在墓柱近顶部的眉腰处装饰中国瓷器，如肯尼亚的曼布鲁伊柱墓即在柱的眉腰处交错镶嵌着五个青花瓷盘和五个青花瓷碗。第四，在柱墓的围墙上装饰中国瓷器，如肯尼亚马林迪柱墓、坦桑尼亚的乌通德韦柱墓等。另外，如索马里的布尔考、肯尼亚的基尔朴瓦、给地、瓦塔姆；坦桑尼亚的坦噶托伦岛、乌尚果马保尼、姆科瓦加、基西基姆托、姆萨珊尼、奔巴岛上的姆库姆布角等地的墓葬，也都用中国瓷器进行装饰。

东非用中国瓷器装饰柱墓可能始于14世纪，这种葬俗大概延续了五百年之久。到19世纪时，中国瓷器输入东非已近尾声，欧洲瓷器则取而代之。在这种情况下，坦桑尼亚的马隆古、乌尚果姆托尼、昆杜奇等19世纪的墓葬，出现了用中国瓷器，同时也用英国瓷器进行装饰的现象。

东非用中国瓷器装饰柱墓的葬俗，带有普遍性。这是因为伊斯兰教义规定穆斯林的埋葬要从速、从俭、不殉葬器物。19世纪中期时在索马里南部一个地方仍流传着死者的灵魂会出来喝碗中雨水的迷信说法。因此，富有的穆斯林们，便极力用瓷器来装饰墓葬，所用瓷器均较精致。如马林迪柱墓上用的明初青花瓷，质量很高，给地柱墓旁出土的元代釉里红瓷瓶，质量之高使人怀疑它不是一般的外贸商品，基尔瓦柱墓旁出土的青花龙纹瓶，具有14世纪早期青花瓷特点。但是，该墓与给地柱墓都是16世纪的墓葬。它表明墓主人的家属，不惜把珍藏近二百年的瓷器精品用作墓葬装饰，借以寄托哀思。由此可见，在中世纪东非人的心目中，把用中国瓷器装饰墓葬看得非常重要。

在20世纪，这些镶嵌在坟墓上的装饰物遭到了洗劫，它们被挖了下来，一些被移到了博物馆里，但更多的是被卖给了外地游客。即便如此，非洲海岸地区中国瓷器之多仍是令人吃惊。在马林迪，在夕阳西下时走在寂静的树丛中冷不丁就会瞥见一个黯淡石柱，顶上有一个绿色的花瓶，而绘有花鸟鱼虫的蓝白相间的盘子几乎能将整个柱子都包了起来；在达累斯萨拉姆附近的昆杜奇，有个高耸的尖形柱碑，上面装饰着一个挺大的碗，碗上很不协调地写着中文“长寿”。

总之，自公元9、10世纪到19世纪中叶，中国古瓷在北非和东非逐渐地与当地穆斯林们的日常社会生活和意识形态紧密地交融，从而形成这个地区伊斯兰文明的传统和重要特征之一。长期在东非从事考古工作的柯克曼和马休曾指出，东非海岸文化是“以碎石建筑的房屋，清真寺和墓葬为标志，也以应用进口瓷器和釉陶为标志”，“非常大量地镶嵌陶瓷作为建筑装饰是海岸文化所特有的。”[①]中国古瓷在北非和东非的特定条件下，实际上已融进当地文化之中，从而成为这个地区伊斯兰物质文明的组成部分之一。1979年马林迪一个官方建筑物竣工时在墙上安置了八个蓝白瓷盘，算是一种“古代的习惯”。

---

① 孟凡人、马文宽：《中国古瓷在非洲的发现》，紫禁城出版社1987年版，第62页。

三

郑和船队第七次远航是最后一次。来来往往十八年后，当时中非间的接触已达到顶点，中国人却不再来非洲，从印度洋急骤地全面地撤离了。1433 年，郑和在第七次下西洋归途中病死，赐葬南京城南牛首山下。郑和去世后不久，宣德皇帝便“驾崩”。宪宗时，于成化九年（1473年），意欲重下西洋，向兵部调阅郑和下西洋的档案资料，“三日不得”，兵部尚书项忠慌忙追问，库吏回答“丢失了”。兵部侍郎刘大夏在旁插言道：“丢了便是丢了，下西洋耗资巨大，对国家有何益处？”项忠无言，只好以散失奏复皇帝。其实这件事正是刘大夏偷着干的，听说宪宗调阅下西洋案卷，刘大夏便抢先将有关郑和出使西洋的所有资料由库房提出，一把火烧个精光！其后，明朝多年征战导致国库亏空，以及倭寇的侵扰，下西洋活动遭到保守势力强烈反对，明朝统治者被迫放弃了远洋航海，后来甚至“寸板不得入海”。至清朝，更是完全闭关锁国，中国从此退出了“大航海时代”。中国的大门关闭了四百年，直到 19 世纪被欧洲人强迫打开。

随着阿拉伯伊斯兰世界的衰落与印度洋贸易体系让位于新崛起的大西洋贸易体系，中国与非洲的关系在近代以后也就进入了冷寂期。然而，中国人的庞大船队让非洲人难以忘却，他们一直期待着中国宝船的再度抵达。一代一代的非洲人在海岸上等待着，同时并告诉后代他们的祖先曾在这里看到的一切。当达·迦马和他的葡萄牙人 1498 年绕过好望角在莫桑比克抛下锚链时他们有一段惊惶失措的经历。两个非洲权贵泰然自若地登上了他们的旗舰。虽然葡萄牙人给了他们一些食物和衣物，但他们“似乎对任何东西都不赞赏”；最大限度用手势语和糟糕的阿拉伯语，他们向葡萄牙人表达了“来自太阳升起的东方白人驾驶着像你们一样的船已经来过海岸并离去了”。[①]东方人曾送给他们同样礼物。更早时到此的中国人给他

① Philip Snow, *The Star Raft: China's Encounter with Africa*, New York: Weidenfeld & Nicolson, 1988, p.35.

们留下了富有强大平和友善的深刻印象。

葡萄牙史料中有关于中国式帆船在非洲行踪的记载。意大利佛罗伦萨图书馆利卡迪诺第1910号钞件中有一封题为《一封新近来自葡萄牙的信》的注释。该信于1506年1月10日①写自莫桑比克岛的信件，其作者生平不详，但从内容来看，是一个随葡萄牙人船队活动的意大利人。他所搭乘的船队由阿尔梅达（Almeida）指挥，于1505年3月离开里斯本。抵达莫桑比克岛后，因错过了前往印度的季风，滞留当地等待。在此之前，船队中由佩雷拉（Rui Dias Pereira）指挥的圣若尔热（Sao Jorge）号大船曾于1505年7月在马达加斯加岛西岸停靠，遇到了一条当地称为阿尔马蒂亚（Almadia）的桨船，将其中两个船员带到了莫桑比克岛。白人向那里的黑人询问马达加斯加岛的情况，得到的答复是，曾有像他们这样的大船航行至此。这些大船有桂桨，船上的人像他们一样白。每隔两年，就有二三艘这样的大船航行到马达加斯加。然而不知道它们是什么人的船。

马达加斯加岛一带的船只种类主要是阿尔马蒂亚船（小船），从这封信描述的来看，有像葡萄牙人的船那样的大船曾航行至马达加斯加岛。此处所言大船，应指中国式帆船。船员的肤色同葡萄牙人一样白。马来人、印支人及印度人肤色褐黑，只有后来被欧洲人称为黄种人的华人皮肤颜色与欧洲人最近，因而可以判断是华人。从航行的时间间隔来分析，“每隔两年”大致是郑和舰队往返西洋的频率。可以判断郑和船队派到非洲的船队仅有二三艘，其主要经济活动是丁香贸易，而且垄断了当地市场。因而可以推断，郑和船队除了携带中国货物到达东非贸易当地土产外，也将从南洋获得的商品运销印度洋，遍及印度沿海及西印度洋的东非。这也为研究下西洋的普通贸易性质提供了依据。

此时自郑和最后探险离开东非已过去六十多年了。前文化民族的集体记忆中没有时间，非洲人迎接达·伽马说明这使他们想起了浅肤色的中国人，这些非洲人想起了他们父辈时巡游在莫桑比克沿岸的中国船队。

① 当时的意大利日历以3月25日作为年终，因此1506年1月10日相当于公历1507年1月10日。

记忆持续了下来，但未来已不是中国人与非洲人的接触，从此海上交往转到了乘着小船和随船携带着不怎么样商品的欧洲人手上。以后非洲人所喜用的中国瓷器要由葡萄牙、荷兰和英国的船只运到非洲。历史发生了转折。

四

2005年是郑和下西洋600周年，为纪念航海史上的这一伟大壮举，新华社记者专门访问了对东非“郑和遗迹”有着多年研究的肯尼亚国家博物馆滨海考古部主任赫尔曼·齐里亚马。齐里亚马和肯尼亚考古专家对肯沿海地区发现的大量中国古迹与文物一直进行分析研究，多次考察了有中国人后裔生活的偏远村庄，并推测这些极有可能与郑和当年率船队抵达东非海岸有关。他们考证，在《郑和航海图》中，蒙巴萨被标作“慢八撒”，近年来在蒙巴萨出土的大量中国瓷器和古钱币等文物也是这一历史事实的有力证据。蒙巴萨最为著名的耶稣堡博物馆展示着关于东非贸易与航海历史的大量图片与文物，其中最多的文物就是来自中国的瓷器，早到沿海出土的有上千年历史的瓷盘瓷碗等，近到海运贸易而来的中国明、清年代的瓷盘、花瓶等，可谓琳琅满目，诉说着这里和中国的不解之缘。

齐里亚马指出，郑和船队曾三次抵达现在的肯尼亚沿海一带，在肯尼亚沿海地区发现如此之多的中国瓷器，表明了当年此地与中国有着非常密切的贸易往来。正是在“郑和时代”，中国和肯尼亚保持了一段时间的贸易与外交上的直接接触。齐里亚马说，郑和船队当年对东非沿海的访问是和平之旅，是平等贸易之旅，是友谊之旅，在肯尼亚沿海地区留下了丰富的、有着深远影响的历史文化遗产。郑和船队当年对东非沿海的访问不仅缩短了中国与肯尼亚之间的感情距离，还极大地促进了双方之间的友谊与贸易关系，促进了当时东非沿海地区的经济与社会文化发展。因此，肯尼亚和非洲期待第二个“郑和时代”的来临，期待日益强大的中国进一步加强与肯尼亚和非洲大陆的传统友谊与贸易关系，帮助非洲走上更快的发展道路。

他还强调，当年的郑和船队非常庞大，显示了当时的中国国力极其强盛。但郑和船队并未以强凌弱，更未对非洲进行殖民征服，这与后来到非洲进行掠夺的西方国家形成了鲜明的对比。如今，中国经济快速发展，肯尼亚和非洲人民希望热爱和平的中国人更多地到非洲来旅游、投资。对此，齐里亚马不仅充满希望，也充满信心。"随着肯中之间的这些历史渊源日益清晰并得到媒体的广泛报道，肯定会有更多的中国人会因为这里的'郑和遗迹'而来肯尼亚旅游，或者来投资。"①

据史料载，船队没有将任何中国人留在非洲。船上的人似乎没有给当地妇女留下后代。但现在非洲却有"郑和村"。当时船队的船员果真全部随船返航了吗？是否有些人留在了当地？据说，在肯尼亚拉穆群岛有一个帕泰岛，600多年前，郑和船队的一艘船迷失方向，驶近帕泰岛后不幸触礁下沉。船上数百人分乘小船划向岸边，用携带的瓷器和丝绸与当地人交换食物。由于后来朝廷实施海禁，船上的数百名船员只好在当地定居下来。至今该地的几个村仍有人称自己是中国人的后代。帕泰岛上帕泰村的中国人现在只有3户，其房屋样式与中国相仿，都使用双扇木门。当时另有260人北上去了岛上西游村，村名意思是先辈下西洋遇难，成为游子。日复一日、年复一年，他们眼巴巴地眺望东方，等候祖国的宝船来接他们回家。然而，1430年后宝船再未出现在海平面上。有人怀着回国的渴望沿东非海岸一路漂泊，当一切希望泡汤之后，他们逐渐与当地女子结婚成家。在马林迪和蒙巴托，至今有他们的后裔。现存的几户中国后裔，一户有着当地独一无二的中式围墙，一户人家懂得一点中医，居室有土炕，用扁担挑水，用擀面杖擀椰子面饼，这在当地绝无仅有。另一个桑加村，中国人已纷纷移居他处，现在不再有中国人后裔，但村里有名的中医，仍采用中医按摩、拔罐疗法，还有治拉肚子的姜片泡茶，这些都是他们的祖先

---

① 蔺智深：《专访：非洲期待第二个"郑和时代"的到来》，2005年7月11日。http://www.fmprc.gov.cn/ce/ceke/chn/sbgx/t204432.htm。

从早年居住该村的中国人那里学来的。这说明非洲华人先辈的足迹，可上溯到郑和下西洋。根据肯尼亚帕泰岛上的桑加人的口头传说，他们的祖先来自上海，这也是桑加人（Shanga）名称的来历。[①]

当地传说是否属实尚待进一步考证，但可以肯定的是当年中国人留给了非洲东海岸人织布机、瓷器和中医，有趣的是还有麻将这种中国民间的娱乐方式。2007年中国记者曾在索马里首都摩加迪沙踏寻郑和足迹，不经意间竟与麻将邂逅。看到一棵大树下，4个当地人围坐四方，正在打牌。记者凑到跟前发现，远离中国的非洲，居然也有人打麻将。他们手中的“牌”竟与中国麻将相似：牌是骨头做成的，白色，长方体，因较薄而不能立放。牌面上仅有“桶”而无“条”，还有“万”和“风”之类。牌虽简易，但在玩法上，却与中国麻将大同小异。其中年长者说他们玩的这种牌最早是从中国人那里学来的。麻将起源众说纷纭，但“郑和说”为其中的重要版本之一。据传，中国明初就有麻将牌。到郑和下西洋时，由于航海时间长，水手们感到生活枯燥，渐生思乡之愁。为方便水手排遣愁闷，打发时光，郑和不仅准许水手们打麻将，而且还对麻将做了改进。例如，以船上的绳索做“条”，以水桶做“桶”，以万余名水手航行万里做“万”，以船队航行借用的“东南西北风”做“风”，将其充实为麻将的牌面图案和内容，并在玩法上做相应规定。从非洲人也会玩麻将的事实推断，极有可能是当年郑和船队的水手们将其传给了异域之民。[②]

郑和远航无疑促进了中国人对东南亚、南亚、东非及印度洋地区地理气候的了解，对当地风土人情的进一步熟悉，这为后来的华人移民提供了更为便捷的条件。郑和船队所昭示的中国国力及与他国结下的友好关系，也使已在中国周边各国安居的华人的生活更加安全。东非沿岸的帕泰岛至今仍保留着一些具有中国传统色彩的物质文化因素，这很可能与郑和非洲之行有直接的关系。

---

① Philip Snow, *The Star Raft: China's Encounter with Africa*, New York: Weidenfeld & Nicolson, 1988, p. 33.

②《踏寻郑和的非洲足迹（9）：偶闻路边搓麻声》，载《人民日报》2005年7月4日 第7版。

第二章
劳工与商贩的国度

中国人真正大批在非洲出现并定居下来是18世纪以后的事了。这之后非洲人才开始对中国人有所了解和认识，但此时的非洲人已不再是此前的单纯的非洲土著了，随着欧洲殖民者的到来和定居，非洲人中也包括了殖民的西方白人。此时非洲的中国形象中，也掺杂了西方的中国形象的因素。

将非洲人和中国人带到一起的是公元15、16世纪以后兴起的近代西方扩张势力及它所建立的世界殖民体系。中非关系因其外部的支配性和主导性而具有殖民地国家间接交往的性质，双方虽互相同情，相互关注，但因皆已沦落为任由他人宰割的对象，双方已无太多的实质性交往与联系。近代数百年，中非之间的往来，多为服务于西方殖民宗主国利益的劳工输送、奴仆与苦力转运，如葡萄牙和荷兰殖民者在殖民早期都曾将非洲黑人运到中国充当他们的奴隶和士兵，同时，他们也将大量华人运到非洲，强迫华人在非洲种植园中做苦工。这些华人如柳絮飘零于南部非洲及附近岛屿，成为最早移居流落非洲的中国人。

中国人进入非洲是和欧洲殖民者掳掠华工、贩卖华工的罪恶活动连在一起的。从19世纪初到20世纪30年代，殖民主义者先后到中国掳掠华工、贩卖华工10万多人，运到非洲去从事开矿、筑路、种植三大行业。这些失去了人身自由的华工，在海上运输途中死亡了一部分，在劳动中又因恶劣待遇、热带疾病死亡了一部分，幸存者不到一半。华人在这个大陆谋生极其艰辛不易。数百年来，虽陆陆续续有一批批华人到达非洲，但定居者始终不多。强迫移民和契约移民中，除无可奈何者外，其他全部归国。即使是那些自由移民，大多也是挣一笔钱后就荣归故里，或是移居非洲之外。因此，非洲一直是海外华人人口最少的一个洲。据莫次南1929年统计，全非华侨人数为15692人，其中男子10194人，妇女1480人，儿童4018人。主要分布在毛里求斯（6747人）、马达加斯加（2403人）、留尼汪（1988人）、南非（2907人）。①方积根、胡文英于1985年综合中外资料认为，非洲华侨华人总数约为7.6万人。其中毛里求斯约3万人，马达加斯加约1万人，留尼汪约为二万人，南非约一万人。②而李原、陈大璋于1991年出版的《海外华人及其居住地概况》一书则认为，非洲全部华人为9万人，其中毛里求斯约3.3万人，马达加斯加约1.2万人，留尼汪2.5万人，南非约1万余人。全部华人人口占非洲人口的0.016%。③从地理上看，移居非洲的华人大多数分布在非洲东岸和南岸，以及西印度洋上的岛屿上，西非、北非较少，非洲内陆则

①《亚非利加洲华侨概况——上海侨务协进会非洲特派员莫次南调查》，载方积根编：《非洲华侨史资料选辑》，新华出版社1986年版，第3—21页。

② 方积根、胡文英：《非洲华侨历史与现状概述》，载方积根编：《非洲华侨史资料选辑》，第24—25页。

③ 李原、陈大璋：《海外华人及其居住地概况》，中国华侨出版社1991年版。

几乎是空白区。非洲52个国家和地区中，有40个左右的国家有华人居住。多者数万人，一般在几百人左右，有些国家则仅有华人几十人甚至三四户。

华人移居非洲虽然人数不多，历史不长，但对非洲的垦拓、开发和发展所起的作用却是不容忽视的。华人在非洲的活动使非洲人对中国人的形象有了具体的认识。1874年4月，塞舌尔群岛的英籍总督戈登曾指出："中国人将完成一场真正的革命，并造福于后人。"刚果布拉柴维尔至黑角港铁路关键工程的繁重劳动是由华工担负的，坦桑尼亚中央铁路的主要劳动者全是中国筑路工。以稻米为主要农作物的比绍几内亚，其种稻先驱是中国澳门的移民。马达加斯加的华人为该国的香料种植和加工作出了很大贡献。毛里求斯和留尼汪华人的建树是在商业和小工业上。在南非、津巴布韦，华人为矿藏的开发付出了巨大的劳动。在尼日利亚、加纳、坦桑尼亚、科特迪瓦、塞内加尔等国家，都有华人开办工厂。不少华人进入当地中上层社会，在科教、工程技术和政府机关任职，有的人被拥戴为国会议员、市长、中央政府部长，非洲华人依靠自己的辛勤努力，逐渐处于举足轻重的地位，给非洲人留下了吃苦耐劳、勤俭节约、精明能干、奋发向上的印象。

第一节
华人移民与契约华工

一

早期前来非洲的华人可分为两种：华人移民和契约华工。无论哪种都与欧洲殖民主义者有关。

自1658年开始，荷兰东印度公司将数千名囚犯作为奴隶从印尼的巴达维亚送往南非，这些囚犯包括印尼人、爪哇人、新加坡人、华人、印度人等。因此，具有戏剧色彩的是，第一批踏上南非土地的华人竟是一些因欠款未还等原因被判处流放的所谓“罪犯”。当时在巴达维亚的华人大都来自福建，因而第一批来到南非的华人很可能是福建人。据荷兰东印度公司在好望角的档案记载，1660年，有一个名叫万寿（Whacho）的华人被荷属东印度公司从巴达维亚驱逐到荷属开普殖民地。此后不断有中国人被作为罪犯从巴达维亚送到开普。此人虽不见得就是中国移居非洲的第一人，但是却是目前有证可考的第一个移居非洲的中国人，4年后这位华人被指控用刀攻击一名女性奴隶，他在被判鞭挞后被关进了罗本岛监狱，也就是300年后南非著名黑人运动领袖曼德拉曾被囚18年多的地方。当时，荷兰殖民者在印度尼西亚推行排华政策，勒令将印尼华侨中所谓“无业者”“一部分送还中国，一部分流放锡兰岛及好望角”。[①]同时，一些无力偿还荷兰东印度公司债务的华人和一些因政治原因不受荷兰当局欢迎的华人，也被当作囚犯流放到非洲。于是，成批的中国人在不自愿的情况下开始被运往南非充作奴隶。所以早期流放和被驱逐，是非洲华侨形成的主要原因之一。犯人死亡率很高，死后葬于华人墓地。华人犯人是无偿的高效率劳动力，常被当做泥瓦工、渔工、竹篾工使用。开普当局玩忽职守，经常故意制造“档案遗失”，让犯人“超期服刑”。如华人高克天1756年被流放南非，刑期10年，迟至1778年即22年以后仍在好望角流放 。在一个半世纪的时间里，流放到南非的犯人约有数千人。这是强迫移民的开始。

据史料记载，早在17世纪初期，荷兰殖民者就曾将反抗其殖民统治的印尼居民流放到包括毛里求斯在内的一些荷兰殖民地，这些人中就有中国人。相传，最早在毛里求斯传授榨蔗制糖技术的，就是这些从印尼来的祖籍闽南的中国人。法国殖民者占领期间，毛里求斯岛上的甘蔗种植园和制糖工业有所发展。华人的作用功不可没。

1756年，英法在印度洋爆发战争。1759年毛里求斯的法国殖民者为了补充岛上的劳动力，派法国将军德斯坦伯爵率领舰队进行远征，次年到

---

① 李长傅著：《中国殖民史》，商务印书馆1937年版（1998年重印），第162页。

达英国人占据的印尼苏门答腊岛本科埃仑（Bencoul，也译为班固尔），德斯坦在那里掳掠拐骗了约300名中国人。德斯坦在给法兰西岛（即毛里求斯岛）行政长官的信中写道："我将返回法兰西岛，并尽量带走定居本科埃仑的华人及其家眷。但能否说服他们，我们尚无把握。把他们带去对贵岛十分有用，因为他们聪明灵巧，生活俭朴。"这是殖民者从东南亚地区掠夺的第一批华人。1762年，法国人又直接从中国掠夺一批劳工，送到毛里求斯岛种植园劳动。后来，又在1845—1846年、1848年、1881年、1883年、1889年、1896年和1910年先后七次从我国捕掠大批华工，运到马达加斯加岛，留尼汪岛和法属西非洲等地，从事苦重劳役。19世纪80年代在广州代为毛里求斯招工的法商夏尔·德斯坦曾提到："1783年开往法兰西岛（毛里求斯）的英国、丹麦和法国的船上，有三千多名中国人。我本人从广州乘路易斯港商人达里法爵士的船往法兰西岛运送过132人，其中有19个技工：鞋匠、铁匠、裁缝和木匠。第二年，我又说服了12名糖业农民和工人，带着工具，前往法兰西岛，这些人是总督和总务官向我要的。"①

位于大西洋南部的圣赫勒拿岛的情况类似。1657年，圣赫勒拿岛落到英国人手里，成为英国东印度公司的领地，专为航行于欧亚之间的船舶担任补给任务。1810年，圣赫勒拿岛的总督委托英国东印度公司驻广州商馆大班，设法代招一批中国工匠和农夫。由于当时清朝政府禁止臣民出洋，这种招募只能背着政府暗地进行。1810年5月，英国东印度公司将50名华工从广东运至圣赫勒拿岛。他们的表现使公司十分满意，于是公司又运来150名华工。这些华人大部分受雇于农业，如将土地用栅围起来、平整土地、烧荒、赶车、种植和收获马铃薯，以及其他工作，"有些人已成为十分在行的庄稼汉。"英国东印度公司付给这些华工每人一天1先令的工钱，定量供给他们食物。除从事通常的手工和农活外，他们还参与了一

① 李卓凡：《西印度洋华侨史》，载方积根编：《非洲华侨史资料选辑》，新华出版社1986年版，第121页。

些准军事活动。[①]1815年6月，叱咤风云的法国皇帝拿破仑一世因滑铁卢战役的惨败而被迫退位，获胜的反法联盟各国为防止其东山再起，把他流放到遥远而荒凉的圣赫勒拿岛上。当时岛上华工的高超技艺，给被囚在圣赫勒拿岛上的拿破仑留下了深刻印象。拿破仑曾宴请路过那里的英国海军军官巴塞尔·贺尔舰长。当时拿破仑指着窗外花园中的中国花匠对贺尔说："你看，这些人很善良。他们有才能、智慧和自尊心，决不会长期像这样受英国人或其他任何西方人奴役。"

由于该岛从中途补给站变为囚禁重犯的地方，英国不得不派重兵把守。一方面，岛上必须建造营房堡垒和其他设施；另一方面，担任守卫的士兵也需要各种给养。这样，该岛总督哈德逊·罗伊爵士不断向东印度公司驻广州的商馆大班请求帮助。1820年，广州英国商馆代招准备赴圣赫勒拿岛的华工20名在上船时被清朝官吏发现，全部被扣。最后，英商馆代办只好交付一千两银子才算了事。[②]1821年在一批前往圣赫勒拿的华工动身之前，为了避免中国当局的注意，公司对偷偷招来的华工每人付三个月的生活费，企图以此封住华工的嘴巴。这些华人有350人之多，其中木工、泥水工、石工、铁工等技术工人占246名，其余为农业工人。

二

华人移民有强迫移民与自由移民之别。18世纪初在非洲已经出现了华人自由移民。所谓自由移民是为了逃避国内连年战祸、灾荒、饥馑而被迫飘洋过海来到非洲的普通中国人。这些自由移民是构成非洲华侨社区的真正主体。华人到达非洲之后，大多数从事小商小贩，也有在白人开办的商

---

① Melanie Yap and Dianne Leong Man, *Colour, Confusion and Concessions*: *The History of the Chinese in South Africa*, p. 13.

② Hosea Ballou Morse, *The Chronicles of the East India Company Trading to China*, 1635—1834, Vol. III, Oxford: Claredon Press, 1926, pp. 254 — 255.

行和当地居民之间从事零售商业贸易，收购土特产，也有的从事手工业或经营餐馆等。

毛里求斯是华人自由移民较早前往的地区之一。荷兰占领毛里求斯后，为了从爪哇引进甘蔗良种和制糖技术，于1654年从巴达维亚招聘了3名来自闽南的华侨技工。1715年，法国占领该岛，输入大量华工。输入华工的主要原因，是为了发展岛上的甘蔗种植园业和制糖工业。最早到毛里求斯的华人在该岛留下了痕迹。根据《留尼汪华侨史》，在1750年，曾有人在毛里求斯的一块岩石上发现了一些中国人的名字。早在1761年4月20日，毛里求斯的户口登记簿上已有2名澳门籍华人的名字。[①]

由于当时毛里求斯经济发展很快，18世纪末已成为欧洲和东方之间主要粮食供应站，此时，中国和毛里求斯岛之间的贸易非常频繁，毛里求斯向中国出口乌木木材，而从中国输入食具、瓷器、丝织品和竹制家具，常有远洋帆船往来于亚非大陆从事货物运输，帆船每到一地就要换一批海员，在中国南方沿海停泊时，一批中国船员就上船。那时的船员也没有工资，有口饭吃就行。当船在毛里求斯停泊时，有的中国船员就下来定居在那里。当地急需熟练工匠，皮匠、铁匠、裁缝和木匠收入颇丰。到18世纪80年代中期，上百名中国工匠和商贩自愿来到毛里求斯。在毛里求斯路易港（Port Louis）附近，已形成了一个华侨聚居的“中国村”（Camp des Chinois）。[②]

从19世纪30年代起，移居毛里求斯的华人开始增加。1840年10月29日至1843年7月5日，毛里求斯种植园主在新加坡和槟榔屿共招募了约3000名华工，他们大多是来自马来半岛的闽、粤籍契约华工，到达路易港后，大都分配在造船厂和码头当工人。1843年，毛里求斯甘蔗园主英国巴克莱兄弟公司和法国吉魁特公司，又通过槟榔屿的勃朗公司和新加

① [法] 多米尼克·迪朗、让·亨顿：《留尼汪华侨史》，转引自方积根编：《非洲华侨史资料选辑》，第480—481页。

② 《毛里求斯华人简史》，见1981年4月16日毛里求斯《周末报》，转引自方积根编：《非洲华侨史资料选辑》，第41页。

坡的英国斯皮蒂伍德·康诺利商行从厦门召来了838名农业劳工，到1854年路易港已有1800名华工。1860年，又有379名中国移民来到毛里求斯，他们大多是客家人，其中有一位化名为查可的侨商，是一位年仅22岁原籍厦门的妇女白文（Bway）。她就是第一个移居毛里求斯的中国女性。①在1857年以前的几年里，有202名在留尼汪的契约已满的华工移民到了毛岛。②

这段时期内也有些福建华侨移居到毛里求斯附近小岛寻求发展。1850年，有位名叫林伟的福建侨商，带领3名同乡从毛里求斯本岛移居罗蒂利岛。当时，该岛只有3000居民，他到岛上开了一家出售自制面包、糕饼及食杂用品的小商店，其余3人则以农耕、畜牧为生。他们在岛上成家立业后，又吸引了一些侨商去那里谋生。现今罗蒂利岛有200多名华人，福建华侨的后裔多数仍是子承父业继续经商。③

19世纪60年代以后华人移民毛里求斯出现了高潮。这主要有两个推力造成的。首先，太平天国运动的兴起和随后被镇压，中国南部出现了大混乱，民不聊生。大批难民涌向海外。其次，1859年，广州地方官员就发布公告，允许外国人招募契约华工。从而标志着移民海外已经合法。实际上，仅1860年一年，抵达毛里求斯的华人即达到379人。④清末是华人流向海外的高潮期，到非洲的华人也呈上升趋势。他们往往首先在毛里求斯上岸，再从这里移向其他地区。

位于西南印度洋上的法属殖民地留尼汪也有不少华人移民。首批54名华人是作为苦力于1844年4月13日来到此岛的，当时留尼汪由于废除了奴隶制，以蔗糖生产为主要经济活动的当地经济缺少劳动力，殖民当局

---

① 雨盖特·李卓凡·皮耐欧：《西印度华侨史》，第3部分，第3章“在自由移民过程中的妇女作用”，转引自方积根编：《非洲华侨史资料选辑》，第288页。

② 李卓凡：《西印度华侨史》，第3部分，第3章“在自由移民过程中的妇女作用”，转引自方积根编：《非洲华侨史资料选辑》，第173页。

③ 何梓楠：《毛里求斯的华人统计表》，载方积根编：《非洲华侨史资料选辑》，第153页。

④ 李卓凡：《西印度华侨史》，第3部分，第3章“在自由移民过程中的妇女作用”，转引自方积根编：《非洲华侨史资料选辑》，第104页。

一直想办法引进亚洲移民，从广东、福建等地招了不少华工，他们抵达留尼汪后不久，便被人贩子梅洛和夏布里埃按每人450法郎的价格卖掉了。到1846年7月，留尼汪岛有中国华人458名，他们从事着最艰苦、最繁重的种甘蔗工作，而生活条件却极为恶劣，社会地位低下。到1848年，岛上已有华人728名，不过时至1862年却仅剩下415名华人，据同时代人说，留下的这些人几乎全是商人。1857年一位名叫陈璋满的福建人在留尼汪开设了一家商店。一个名叫李天伯的商人于1885年抵达留尼汪，他是第一位抵达留尼汪的客家人。在后来的日子里，有的华人移居到了马达加斯加或南非，而留尼汪又迎来了一些新移民。①1892年时，412名华人抵达留尼汪。

最早出现在马达加斯加的华人应该都是从毛里求斯和留尼汪迁居过去的。据说，18世纪早期，来自毛里求斯的中国人陈敖、陈汝璇、陈过等到马岛做生意，成为马达加斯加华人早期的拓荒者。现在马达加斯加的华人仍将陈敖视为开山祖。陈敖是广东顺德人，他原来定居在毛里求斯，以捕鱼和打捞海货为生。后来在打捞海参时发现马达加斯加地广人稀，便与乡人一起迁人。②但马达加斯加直到1862年才有关于华人的记载。英国传教士埃利斯在这一年的5月访问塔马塔夫时，发现了一家华人经营的杂货铺。可以证明，华人最迟于19世纪50年代已在马达加斯加出现；而且华人在此已有自己的产业。

大批华人抵达马达加斯加是在19世纪末期。当时，法国在马达加斯加废除了奴隶制，需要大批廉价劳动力修筑铁路。1896年法国殖民者从闽粤等沿海地区招募契约劳工至马岛，修筑公路和铁路。19世纪末，邻近的毛里求斯和留尼汪往返马达加斯加做生意的华人仍不少，留在马达加斯加的两岛华人也有一定数量。另外还有远涉重洋到马达加斯加谋生的中国人，他们多是从福建、香港、新加坡到马岛做工，从事种植园业。此后，

① [法] 多米尼克·迪朗、让·亨顿：《留尼汪华侨史》，转引自方积根编：《非洲华侨史料选辑》，第473、484页。

② 萧次尹：《非洲华侨经济》，台北海外出版社1956年版，第125—127页。

通过多种途径来到马岛的中国人越来越多，中国人一般先抵达塔马塔夫港，然后再从那里奔赴全国各地。据不完全统计，至1960年马达加斯加独立前，仅从塔马塔夫抵马岛的广东人就好几万人之多。当地人习惯将1960年独立以前来到马岛的华人称为老侨，以区别于后来的新华侨。

葡属东非（即莫桑比克）也有华人移民。据海外的一些资料记载，郑和下西洋时，曾到达东非莫桑比克的海岸索法拉地区，这有可能是历史上最早的华人涉足于此。另据生活在莫桑比克的老侨民口述，莫桑比克的华侨历史已有220余年，有人说：在葡萄牙发现了莫桑比克之后，接踵而来的中国华侨变成了开垦建设莫桑比克的主力军。这些早期华人绝大多数来自澳门。华工在此做工期间，披荆斩棘，挖河筑路，条件十分恶劣。后来一些华人在远离故土的洛伦索－马贵斯市就地生根。当时的洛伦索－马贵斯荒无人烟，全凭坚忍不拔的华侨将这块不毛之地开辟并使之繁荣。

至19世纪末，葡属东非殖民政府在洛伦索－马贵斯大兴土木、扩建街道，以前简陋的矮房悉数拆除，开始兴建高层的水泥洋楼，于是需要大量的技工，特别是木工。中国人的建筑技术在当时已是有口皆碑，在工钱与吃苦方面也非他人能及，葡萄牙人便于澳门大量招雇华工，然后运抵洛伦索－马贵斯进行屋宇建设。所以，在后来洛伦索－马贵斯市华侨当中，来自广东省四邑县的木匠者居多，正是这个原因。另外，还有一些中国人在葡人“马尼卡—索法拉”公司的糖厂和矿井做工，华人华侨的数量因之而日渐增多。有的华人为曼尼卡—艾—索法拉的蔗糖公司和采矿公司干活。1893年，在洛伦索－马贵斯有52名华人，而到1903年已增至287人。[①]

此外，在非洲的其他地区也有少数华人。如塞舌尔的华人，有的来自香港，有的来自广州，而更多的则来自西印度洋群岛，特别是毛里求斯。1898年，一个叫罗山（Low Shang）的华人是这样填写他的入籍申请表的：“商人，买主，在安斯·博楼地区加工和种植华尼拉。33岁，中国人，

① Melanie Yap and Dianne Leong Man, *Colour, Confusion and Concessions*, Hong Kong University Press, 1996, p. 39.

出生广州。配偶雅如佳，中国人，家住香港。罗山原系广州缫丝工人，1893年12月25日抱着经商目的来到塞舌尔。来塞后一直经商，并加工和种植华尼拉。在塞无任何财产，意欲在塞居住若干年。希望加入塞国国籍，打算在塞购置地产。”①在罗帝利岛也有一些华人。最早到此定居的是以林伟为首的4名福建人，他们于1850年左右从毛里求斯迁到此岛。林伟尝试着开设店铺，其余几位则与当地人为伍，从事务农畜牧。1910年前后，又有一批侨胞来到此地，他们艰苦创业，自建店铺，在此经营小商业。②

相对而言，华人在上述非洲一些地方的经历尚属顺利，他们也较为当地人所接受，然而，华人向非洲其他地方的移民活动更为经常的遭遇是苛刻的。在像南非和罗德西亚这样的殖民地，中国人被视为令人不快的闯入者。

三

19世纪初期，由于南非建筑行业技术工人缺乏，尤其是1806年英国夺占了开普殖民地后，急需大量劳动力进行开发，当时，开普华人数量不足百名。英国殖民者便以各种手段欺骗东南亚、印度或毛里求斯等地的华人前往南非。史料记载，1815年，共有26名华人应聘到南非开普敦来，这些华人来自广东一带，是一个名叫哈里顿的英国人在驻广州的英国代表协助下组织偷渡过来的，其中泥瓦匠13人、木工10人和油漆工3人，均系三年合同工。他们帮助修建了位于西蒙斯敦造船厂附近的基督教堂。这些华人工匠的到来解决了当地建房急需的工匠。受此启发，该年开普总督查尔斯决定再引进数量大体相同的华工。大概是尝到华人廉价、勤劳、能干、听话的甜头，自1849年至1882年，英国当局从中国南方又招收了250

① 李卓凡：《西印度洋华侨史》，文件十，转引自方积根编：《非洲华侨史料选辑》，第328—329页。
② 何梓楠：《毛里求斯罗帝利岛华侨史略》，原载于《镜报》（毛里求斯），1981年3—4月刊。转引自方积根编：《非洲华侨史料选辑》，第64—68页。

名华工，分配到开普和纳塔尔两个殖民地。这些人属于契约工，到期后大多返回祖国。1891年以后，还有不少来自广东的华人前往南非，他们绝大部分都是殖民政府雇用的工匠和劳工，在南非定居后逐渐在商业方面站稳了脚跟。①

19世纪60年代，英国殖民者在南非占有开普和纳塔尔两省，荷兰人的后裔布尔人在奥兰治自由邦和德瓦士兰成立了两个共和国。19世纪60年代末金伯利金刚石矿被发现，随后又在南非奥兰治河流域发现丰富金刚石矿，80年代初发现德兰士瓦大金矿，大批欧洲人，特别是英国人为了钻石和黄金蜂拥而至。南非经济飞速发展，短期内使南非从贫穷荒凉地区骤然变成世界最富庶的殖民地之一。开矿、修路、建厂和生产经济作物的农场都需要大批廉价劳动力。1870年开普殖民地立法议会首先批准农场使用华工。金矿开发吸引了印度洋毛里求斯岛上的华人。许多华人由该岛渡海进入南非。1880—1903年华人仅从毛里求斯岛的圣路易港进入南非开普港、伊丽莎白港、阿尔戈阿湾、东伦敦和德班等5个港口共计有454人。华人把1886年发现兰德大金矿的约翰内斯堡称作“新金山”，以别于美国的“旧金山”。新到南非的华人大都将目的地指向约翰内斯堡。以前华人多居住在开普省和纳塔尔省。1897年，德兰士瓦与葡属东非的铁路接轨，一些邻近地区的华人从德拉果阿湾进入德兰士瓦。李卓凡认为，在1888—1898年间，约有1800人移入德兰士瓦。其中有相当一部分是从毛里求斯、留尼汪和葡属东非等地移民而来的，1896—1898年两年间，即有1200多华人从毛里求斯乘船抵达南非的伊丽莎白港。当然，这些人并非全部作为自由移民；有些人可能作为契约劳工迁入。这些人有的是自己作为苦力到南非寻找工作的，有的则是一些当地的欧洲移民非法走私进来的，还有些则是由开普殖民地政府和纳塔尔殖民地政府专门引进的。根据当时的记载，一些移入的华人工匠参加了南非港口的建设。与此同时，一些新移民

① 《欣闻南非“郑和村”——非洲寻访郑和遗迹》，2005年7月27日，http://www.china.com.cn/chinese/zhuanti/zhxxy/926195.htm。

参与了当地的工程建设。如有些华人移民即参加了在1875年开始的德班港的修建。

时值清朝末年，政治腐败，经济凋敝，天灾人祸，民不聊生。中国沿海各地贫苦人民为了摆脱困境，只得另谋生路。南非先后发现的钻石矿和金矿对处境艰难的中国人当然极具吸引力。许多在满清统治下已无路可走的沿海一带特别是广东南海、顺德和梅县一带的农民对“黄金梦”充满希望，不畏艰辛，颠沛来此。到1904年，南非的华人已有2457多人。①

在1910年前的近两个世纪里，约有14.2万契约华工来到非洲大陆。②20世纪上半期，非洲又经历了两次华人移民潮。第一次移民潮发生在20世纪第二个十年，其时满清覆亡，民国初建，军阀混战，致使一些人为避战祸远走非洲。第二次移民潮起于日本侵华，战乱又一次引起难民外流。

第二节
适应能力极强的商人

华侨华人在非洲的早期生活是一部忍辱负重的历史。为了求生，他们来到非洲大陆，以中国人坚忍不拔的勇气，开拓了新的生路。在安身立命、建立社区的过程中，非洲早期华侨华人充分表现了他们那种勤劳俭朴的天性、吃苦耐劳的本性和团结互助的精神。他们的到来，使当地的非洲居民对中国和中国人有了初步了解，华人在非洲早期的经历，也使当地人对他们有了大概的形象认识。

---

① Melanie Yap and Dianne Leong Man, *Colour, Confusion and Concessions*, pp. 33—35，177.

② 李安山：《非洲华侨华人史》，第123页。

一

华人的商业天赋是受到海内外称道的。在非洲，华人的生存条件恶劣，他们的经商能力更是发挥得淋漓尽致。

早期自由华人移民大都是被迫出洋，往往身无分文，到了非洲以后，无论是自愿移民、强迫移民，还是契约期满的劳工，大都是在种植园中从事农业劳作。但从事农业非常辛苦，所得甚少，而身在异乡的华人多希望能有所赚以赡养国内的家人。所以，在种植园的聘期结束后，华人多将自己辛苦积蓄下来的钱在亲友同乡的支持下开始经营起自己的小商店或零售业。华人开的小商店在非洲十分普遍，成为华人谋生的一种普遍模式。而华人的商业发展可谓水银泄地，无孔不入。华人移民在商业中所展示出的适应性和经营能力令非洲的白人殖民者极是惊叹，但也很快引起了白人商人的嫉恨，他们经常催促当地政府采取严厉措施来限制亚洲移民的商业活动。即使在如此之多的困难环境之中，华人仍是取得了不凡的业绩。

毛里求斯、留尼汪、马达加斯加等地的华人经商情况类似，他们一般都经历了从苦力到商人的过程。在早期，他们或是在甘蔗种植园干活，或是在同乡亲友的店铺做伙计。这些华人往往先在雇主的分店干一段时间，一边学着做买卖，一边学点简单的当地语言，然后开始自己的生意。大部分华人先是采取流动贩卖的形式。他们将生活必需品送到偏僻的乡下，用以货易货的办法从农民手上换回各种手工制品或蔬菜。这些流动商贩将换回的蔬菜和手工制品再拿到城区的一个中心点摆摊出卖。经过一段时间的流动商贩以后，他们将积蓄的一点钱开一家小商店，选择的地点往往在靠近甘蔗种植园或糖厂附近，这样能使自己的顾客比较稳定，同时也为当地的农业工人解决的实际问题。结果是这些地方到处都有华人开办的商店。

早期华人经商成功的事迹激起越来越多的华人前来毛里求斯寻求生意发达。一批又一批华人到来的结果是，1840 年时华人商人已经控制了毛里求斯的路易港，以至于华人在路易港都不太好做生意，利润下降。于是在19世纪中期一些华人率先进入农村和山区，进一步扩大了商业活动范围。在1850年，毛里求斯的首府路易港有586名华人，有38人率先进入农村地区。19世纪60年代一个英国来访者曾这样记载道：“每一个偏远的隐蔽处和岛屿的角落”你都能发现“一个中国人开的商店”。[①]有一位作者是这样描述当时的情况：

“过去，或至少在那里的几年前，为数不多的中国人，是流动商贩或者是在最偏僻的地方开铺子的商人，零售些来自中国的商品。如今，他们无论在实力上，还是在数量上，都可以同整个商界较量，既经营零售，也经营小量批发，他们逐步占据了最好的地段，商店里的商品琳琅满目。这时，他们已经操纵了英国、克里奥和法国商人的命运。”

到19世纪末，“700名中国零售商控制了食品商业，为当时的三十七万一千居民服务。”到1901年，华人有3515人，其中2858人是商人，占81.3%。华人商店较早的有南兴号，开办于1836年，最大的一家是源隆号，创办于1880年。1901年毛里求斯的85家大商号中，有5家是华人商号。[②]为了维护华人在商界的利益，毛里求斯华人于1908年成立了华商公所，后改名为毛里求斯华商总会。

然而，到了19世纪晚期，毛里求斯市场饱和了，中国人太多了，1871年毛里求斯的华人为2284人，1881年达3549人。而且这时毛里求斯的华人社区也出现了内争。早期前来毛里求斯的广东人都是单身汉，他们大都娶了当地女人为妻。1880年，客家人开始大批涌入毛里求斯，而客家人通常是把全家老小都接去住。这些后来的客家人与早先到那里的广东人发生冲突。很显然人口压力和族群竞争使得一些商人将不得不离开毛里求斯，继续向非洲其他地方前进。大部分广东人被迫转往马达加斯加、南非和留尼汪。同时有关非洲大陆正在开放的消息到处流传。欧洲殖民者正在

① Philip Snow, *Star Raft: China's Encounter with Africa*，New York: Weidenfeld & Nicolson，1988，p. 55.

② 转引自方积根编：《非洲华侨史料选辑》，第128、132—133页。

中国装载劳动力让这些人帮助开发非洲新的殖民地，这些非洲新殖民地的开拓给中国商人提供了一个在工地转悠向自己同胞兜售商品的机会。

一小步一小步地，勇敢、坚强、吃苦耐劳的中国商人向非洲东南角挺进。中国商人经常紧随着欧洲人来到刚被殖民者征服的非洲领地。英国殖地者在罗得西亚（津巴布韦的旧称）安置不到十年，第一批17名中国开拓者就徒步六周赶着牛车从莫桑比克海岸艰苦跋涉过边疆来到这里。随后更多的中国人群在南非和马达加斯加扎根，在那里他们的后代今天生活在社区中的大约为1万多人。

二

在留尼汪，第一批华人商店于1860年开业，第二年即有了11家华人商店。到1900年已达70家商店。留尼汪华人的商业活动在初期是密切合作的，基本上是在同村乡友的基础上自行组织起来的。这样在资金上可以互相接济，同时也可以省去一些不必要的开支。为了以货易货的方便，他们还建立了商品和产品交换中心点。这种互助合作的关系正是留尼汪华商们在早期商业上取得成功的秘诀。1876年12月，留尼汪4名华商向政府提出申请，要求成立“互救社团”。第二年，留尼汪的第一个华人社团正式成立。

留尼汪的华侨在第一次世界大战期间获得了极好的发展机会。这一方面是因为糖价上涨，同时也因为岛上的物质生产因战时困难而得到促进。这对以经商为主要职业的华侨来说，当然是求之不得的。到战争结束时，他们中的一些人大大加强了自己的经济地位，“在岛上博得令人羡慕的地位”，华侨在岛上已拥有大约250家店铺。[①]然而，十年后，即莫次南到非洲进行视察时，华人的店铺达到近498家，已经翻了一番。

---

① 李卓凡：《西印度洋华侨史》，转引自方积根编：《非洲华侨史料选辑》，第185页。

中国人来马达加斯加后，基本以经商为主。在早期如此，到后来仍然是这样。富裕一点的留在了塔马塔夫开店求生存，大多数人则进山收购土货，包括丁香、咖啡、香草等，先用这些土货换取法国人的洋货，如盐、油、糖、蜡烛、火柴、肥皂等，再将这些进口日用品送到山村销售，从中赢利谋生。积累一定的成本后，开始在城市或山村经营商店。这时马岛的华人一方面购进廉价的亚洲商品，将它们抛向市场同法国人竞争。由于他们的服务对象是普通的工人或农民，提供的货物是盐、糖、肥皂、石油、布匹等，这样销量比较稳定。另一方面，他们又积极收购当地产品，如拉非亚草、咖啡、胡椒、丁香、华尼拉和海龟，专门销往亚洲。住在城市里的华人多是杂货零售商。在他们的商店里，各种商品应有尽有，从贵重物品到一根香烟，什么都可以买到。华人开设的饭馆也是一样，既有高档的、专供名流贵宾享受的高级餐馆，也有专门为社会下层和苦力服务的小饭馆。①

到19世纪末，马达加斯加华人的商业有了一定的发展，当时塔马塔夫的华商陈松（Chan-Soon）获准占有16家商店，成为该市事实上最大的商人。这引起了法国殖民总督的警惕。他在1899年12月28日写给法国殖民部部长的信函中认为，马岛中国商人和印度商人的势力日益扩展，“确实存在着亚洲人和非洲人以某种方式囤积和垄断这个殖民地几个主要中心区的零售业这样一种趋势，从而对那些现行立法并未给予充分保护的我国同胞十分不利。”他当时刚刚接任马达加斯加殖民地总督，认为“我们必须刻不容缓地保护我们自己”②。

20世纪初，非洲华人的商业活动取得极大成功。1924年一个罗得西亚的白人定居者感叹道：“一个中国人几天时间就会来到并生活在一个土著部落并与土著一起喝啤酒，完成一笔生意。我们不能做这个。”在马达加斯加东部的一个偏远小村，欧洲人从未到过那里，赤脚的中国人在他们

① 李卓凡：《西印度洋华侨史》，转引自方积根编：《非洲华侨史料选辑》，第211—213页。

② Leon M. S. Slawecki, *French Policy towards the Chinese in Madagascar*, Hamden, Conn.: Shoe String Press, 1971. pp. 113—114.

的主顾那里巡游，露宿在星空下或马达加斯加人的窝棚里。法国人写道："他们的商业意识和对土著心理的适应力是无与伦比的。他们的耐心是无穷无尽的……"中国商人向马达加斯加农民介绍钱和信用的概念。在缺乏社会保障的情况下中国放债人向农民提供紧急基金和收获前漫长几个月的基金。当香草和咖啡收获了时中国人作为中间人插手帮助，收购作物再在镇上转售。[①]中国杂货商在非洲各地普遍受到欢迎。

南非的早期华人经历了比其他地区华人更为艰难的历程。一些流放的囚犯刑满后留下来了。早在1726年，开普敦的一名华人开了一家面包作坊，他有几名奴隶帮忙，并派伙计上街叫卖。这种方法引起了其他面包商的不满和抱怨，结果政府发布了一道命令，禁止在街头出售面包。18世纪40年代，约有10名左右的华人在开普敦开餐馆和当小商贩。一位1772年随船到过开普的海员说起过他们的船还未靠岸，一些黑人和中国人就划着小船向他们叫卖衣服、鲜肉、蔬菜和水果，"所有这些都是我们海员渴望得到的。"[②]可见，开普华人有非常成功的商业营销策略，服务细致入微，这可是白人所无法企及的，华人的成功引起了开普殖民地白人的关注，他们派了4名代表到阿姆斯特丹递交请愿书。要求对华人的活动予以限制。到19世纪，华人自由移民经商的越来越多，有的开店铺，有的开餐馆，有的是流动商贩，有的当伙计。由于华人在生活上省吃俭用，在经营上薄利多销，为人处世又以谦卑著称，生意有蒸蒸日上的趋势。

由于华侨从事经商的人数比较突出，引起了一些地区白人商人的反感。在白人移民商人的压力之下，开普敦殖民政府于1904年9月22日颁布了37号法令，其中的第17节是专门关于向侨居当地的华人颁发各种营业执照的规定，对日益增多的华人移民特别是华商实行各种限制。[③]为了维护华人的利益，南非的广府华人于1898年成立了维益社。1904年，开

---

① Philip Snow, *Star Raft: China's Encounter with Africa*, New York: Weidenfeld & Nicolson, 1988, p. 59.

② Yap and Man, *Colour, Confusion and Concessions*, pp.7—8.

③ Melanie Yap and Dianne Leong Man, *Colour, Confusion and Concessions*, p. 66.

普殖民地的华人成立了中华总公会。

1909年，伊丽莎白港的华人杂货店已有94家，占压倒优势。当时英国人有52家，印度人有16家。华人在商界的优势还体现在饮食行业和洗衣行业。[①]难怪欧洲商人提出要对亚洲人加强立法，以“消灭这些恶魔”。

1913年9月，比勒陀利亚的市民协会反对将营业执照发给27名商人，他们的理由是已经将657个营业执照发经给了亚洲商人，这一数目过大。他们以健康等为理由反对将执照发给中国人。1919年，约翰内斯堡发给华人的饮食店执照只有19个。然而，很多华人开的店或是以白人的执照营业，或是无执照营业。他们的主要服务对象是黑人工人，因此他们的店铺也称为“卡菲尔人饮食店”。这些店铺供应的各种饮料尤其受人欢迎。到1924年，约翰内斯堡只有8家饮食店发了营业执照。[②]

从1913年起，在约翰内斯堡出现反对将营业执照发给华人的意见。1930年，一个由约翰内斯堡市府执照部递交的报告表明，在1929年，已发给华人262个营业执照，续延57个。[③]这一年莫次南的调查报告中称，约翰内斯堡的华商有500人，华人商店有418家。从事商业的华人占整个华侨人数的71.2%。在1929年，伊丽莎白港有男华侨318人，其中商人为180人，商店达200间，商店店员为82人。换言之，此地的男华侨半数以上有自己的店铺；在德班和东伦敦，所有的男华侨均从事商业。[④]

三

华人将自己的顾客群定位于当地非洲人和贫穷白人，采取灵活多样的销售策略，全力为他们服务。

---

① Yap and Man, *Colour*, *Confusion and Concessions*, p. 194.
② Yap and Man, *Colour*, *Confusion and Concessions*, pp. 197—198.
③ Yap and Man, *Colour*, *Confusion and Concessions*, pp. 197—199.
④ 转引自方积根编：《非洲华侨史料选辑》，第3—17页。

由于起点低，开始经商后，华人立即意识到他们不得不与非洲被征服的人民结合在一起，充当他们的中间商。当地的土著居民不喜经商，而欧洲人对当地风俗和语言既不了解，也不愿为一点微薄的利润而长途跋涉，实际上，欧洲商人对非洲本土赤贫顾客根本不屑一顾。“在这种情况下，中国的小商人发挥了重要作用：充当欧洲的外来人和土著人的中间商。”①华人生性勤奋，吃得了苦，欧洲商人不愿去的地方他们愿意去；其他人不愿涉足的行业（如长途买卖或流动商贩），他们愿意干。在毛里求斯和留尼汪的甘蔗种植园地区、马达加斯加的山区、南非的边远地区以及所有的农村地区和称为马拉巴尔的移民聚居区，都可以看到华商的足迹，他们在黑人聚居的地方开办了茶叶店和食品店，华人店铺的各种货物几乎能满足当地顾客的所有日常需要，从针线到面包等生活必需品样样都有，而且价格低廉。

除此之外，华人还十分关注于掌握自己的顾客群。在修筑公路或铁路时，华人的杂货店总是随着工程的进展而移动。流动商贩以菲亚纳南楚阿的麦金最为典型。他以一肩行李，走遍马岛南部，自制腊味运销毛里求斯和留尼汪等地。后来，他又随筑路劳工在工区贩卖各种物品，并在其他地区开设麦金公司分店。在马岛南部，麦金“一肩行李挑出天下来”的事迹在华人中间一直传为美谈。

非洲华人的经营手段十分灵活。初到当地时，华人都不懂当地语言，他们就在柜台上放上一根手杖，以供顾客用来指点所需货物；或用硬币来讨价还价。为了吸引顾客，华人用免费糖果鼓励小孩光临。在非洲各地区经商的华人的一个最突出的特点是以货易货。各种农副产品（如蔬菜、水果、肉类、华尼拉、丁香等）、手工制品（如竹制品、篮子、扫帚等）和海产品（如海龟和海鱼），均可和华人流动商贩换取各种生活必需品。以鱼易米，或以糖（在早期的毛里求斯和留尼汪，蔗糖是农业工人唯一拿得出手的东西）换布匹和火柴是十分普遍的。

---

① SLawecki, *French Policy towards the Chinese in Madagascar*, p. 63.

华人店铺主要服务对象为黑人和穷白人，店铺多实行赊账制度，给予穷顾客诸多方便。如南非华人对穷白人家庭，毛里求斯和留尼汪华人对糖厂工人以及马达加斯加和塞舌尔的华商无一不是通过这种赊账的方式，一方面方便了他人特别是穷人，另一方面也使自己的顾客群相对稳定。这种制度在毛里求斯也称为“周转”制。顾客每天到同一个商店买东西，到周末或月末付一部分欠款。下周或下月，顾客边还清剩余的欠款，又留下新的欠款。这样，店主和顾客形成了互相依附的关系，任何一方如果不遵守这种约定俗成的契约关系，必然危及双方的利益。在突如其来的经济危机或大迁移发生时，实行赊账制度的华人往往损失惨重。

为了满足穷困顾客的需要，华人一两分钱的生意也做，可谓薄利多销，和气生财。华人商店的生意有时看上去做得很小，小至一根香烟、一杯咖啡也卖。实际上，这不仅达到了将货物卖出去的最终目的，同时也给顾客一个非常好的印象；而后者对保证稳定的顾客群是至关重要的。也正因为如此，一些贫困的白人家庭对华人店铺的十分满意，甚至到了依赖的地步。华人商业也蒸蒸日上。

南非的华人在商业上崭露头角后，一些白人移民商人开始从各个方面对华人进行诋毁，攻击他们在经商手段上的“不公平竞争”；华人“不管到哪里都要摧毁该地的商业”；他们“意图吸取任何资财但从不给予什么”。然而，华人为社区特别是为穷人提供的服务却是其他人所取代不了的。1898年约翰内斯堡郊区的贫穷白人向政府递交一份请愿书，其中谈到了华人商店对他们的服务：

> “我们有时仅有一个先令，在华人商店里，我们可以买上例如3便士面包、3便士奶酪、3便士糖和3便士咖啡。对于我们这些穷人来说，这是很大的帮助。我们还可以购买各种蔬菜，木材；总而言之，任何我们需要的东西，我们都可以在华人商店里买到。如果我们没有钱时，我们还可以向华人赊账。对于我们这些离家的人来说，如果华人不在，我们的家庭在我们离家时将很难维持生活。

“如果华人不去约翰内斯堡和福兹堡的市场购买大批的木材、马铃薯和其他产品，然后零售给我们，这些市场主会大伤脑筋。如果华人不在这里，我们这些穷人将不得不每次至少用6便士在其他商店购物……”①

可见，华人通过灵活多样的销售手段，包括赊账和将业务扩展到边远地区的办法，薄利多销，满足穷白人和偏僻地区顾客对各种货物的需要。很明显，一些贫困白人家庭提出请愿书不仅是对华人商店出于感激之情，更是认为华人商店已成为他们日常生活不可缺少的部分。他们希望政府能让华人继续留在他们的社区。在19世纪末，约翰内斯堡的华人曾向当局提出过两份请愿书，要求准许他们在当地居留，这两份请愿书均得到了当地白人的签名。1903年，德兰士瓦的白人提出请愿书，表示华人对当地社区必不可少。

四

绝大部分华侨的创业过程是十分艰辛的。店铺既是商品零售点，又是华人的住处。他们每天早上天不亮就起床，一直要干到深夜，可谓起早贪黑，寝食不安。19世纪后期，毛里求斯的华人在商业领域的发展势头令白人惊慌，他们认为华人对他们的经济发展构成了威胁，一些白人定居者开始大造舆论，呼吁阻止中国人涌入，并要求当局制定政策法令，对华人进行限制。幸运的是，当时毛里求斯的几任总督比较开明。1886年总督亨尼西爵士（Sir John Pope Hennessy）在对殖民地议会发表的一次演讲中为中国商人辩护：

“走进这个镇子中国人的小商店，你看到了什么？在晚上在商店的末端你将看到，在晚上你将注意到它，但它一整天都在那里，

① Melanie Yap and Dianne Leong Man, *Colour, Confusion and Concessions*, p. 83.

一个小的亮着的灯。那盏灯在他们祈祷祭拜的地方的前面。他们有他们自己的宗教形式。对我们来说没有道理诬蔑他们的宗教，因为我们自己可以相信我们有一个更纯粹的信仰形式。

“我们大家都知道在这个岛上几乎所有十字路口都能看到修建得很好的石头住房和商店，这些都是近几年间中国人兴建的，毫无疑问那些中国人设法向这个社区的比较贫困的阶层出售穷人希望买到的便宜且简易的商品。

“他们是一个帮助分发众生所需食物的人。

“因为这些原因我不能赞成看上去支持对中国人限制或造成不利的政策的任何动议。”①

他对中国人的评论十分客观中肯，除了提及华人店铺惠及当地贫穷阶层外，他还指出华人都是用当时最好的石材建造店铺，而且都是将店址选在方便顾客的十字路口，这个店铺几乎是一天24小时都在经营，任何人在任何时候都可以来此购物。

一位于1922年来到留尼汪的西方人是这样描述华人的谋生手段：

“一个中国人来留尼汪，靠的是已经安顿在那儿的一个亲戚或一个朋友的帮助。这个朋友替他预支路费，并雇他到自己的店里做生意。中国人是坐底舱旅行的，有的甚至在途中受雇干活，这样花费就可以更少些。他们来留尼汪时几乎没带什么东西，一来马上就干活。每天上班的时间相当紧张：从早上6点干到中午11点，从下午1点干到晚上7点或8点。新来的人受雇一至二年，然而按他个人打算去安居。”②

在华侨中当店主和老板的毕竟是少数，绝大多数是店员。店员一般又分为高级店员、中级店员和低级店员这三类。此外还有一些是学徒。华侨

① Philip Snow, *Star Raft: China's Encounter with Africa*, New York: Weidenfeld & Nicolson, 1988, pp. 55—56.

②［法］多米尼克·迪朗、让·亨顿：《留尼汪华侨史》，转引自方积根：《非洲华侨史料选辑》，第482页。

店员的工作是非常辛苦的，他们每天从早干到晚，晚上送走最后一个顾客后，还要清理货物，打扫卫生，准备第二天的营业，往往要忙到11—12点才能上床休息。平时没有星期天和假日，吃饭也是挤时间，更谈不上什么业余文化生活。只有春节才有几天休息，但遇有顾客敲门，也要开店售货。有的店员还要自己动手做各种糖果，如薄荷糖、椰子糖、水果糖等。毛里求斯的华侨店员的要求不高，"日求三餐，夜求一宿"。他们的伙食是由店主提供，店主和店员一般都吃同一样饭菜。伙食不错，吃的是印度巴特那地方产的好米（华侨叫"八那米"），而不是比较便宜的西贡米。菜也比较好，每顿离不开猪肉或牛肉、鲜鱼或咸鱼、蛋等，有时还能吃上鸡、龙虾、鳗鱼和野味。一般店员的工资都很微薄，每月只能拿到三四十卢比。刘新粦先生16岁当店员时，每天要售货、扫地、做饭、煮糖，可以说是无所不干，而每月工资才12卢比（不到1英镑）。[①]可见，当时非洲华人打点一个店铺所花费的精力和耗用的心血。华人的勤奋和节俭也让非洲当地人和白人自愧弗如。

五

根据莫次南的调查，1929年马达加斯加的成年华侨共有1728人，从事商业的共有1658人（其中商人579人，店员1079人），占华侨人数的96%。在留尼汪岛，早在1911年，1160名华人中即有957名是经商的，占82.5%。[②]到1929年，成年华侨共有1557人，从事商业的为984人（其中商人为490人，店员为494人），占63%，比1911年下降了近20个百分点。[③]

---

① 刘新粦：《我在毛里求斯的见闻》，载《广东文史资料》第47辑（1986年），第53、59页。

② [法] 多米尼克·迪朗、让·亨顿：《留尼汪华侨史》，转引自方积根编：《非洲华侨史料选辑》，第480—481页。

③ 李安山：《非洲华侨华人史》，第254页。

从莫次南的调查结果看，非洲华侨的职业仍以经商为主。他们或为店主，或为店员。店主中绝大部分为小店主或小商人。毛里求斯华侨的职业在这一期间也有一些变化。直至19世纪末，毛里求斯的大部分华侨都是经商的。然而，经过四十多年的变化，华人经商的百分比已大大下降。根据李卓凡和莫次南的统计，1901年，毛里求斯的华人有3515人，其中有2858人为商人，占总数的81.3%；到1921年，华商占华人的比例下降到56%；1929年的华侨人口已达6747，其中经商者有2816人，占华侨总数的41.7%；到了1931年，继续下降，比例为41.1%；到1944年，毛里求斯华人经商的只占整个华侨人口的33.2%。①

之所以在毛里求斯出现了华商比例下降的情况，主要是由于华人的经商活动实际上陷入一种两难境地：如果不求发展，他们不可能生存下去；如果他们求发展，又必然引起竞争对手的忌妒，招致新的麻烦。20世纪初在其他非洲殖民地也有类似的情况。这种情况也促使年轻一代华人开始走出零售贸易的小圈子，跻身其他行业。

实际上，在早期就有华人从事其他职业，虽为数不多，但也卓有成效。如在英属东非，华侨经商的极少。在达累斯萨拉姆，华侨中竟无一人经商。47名男子中有40人为工程工人，1人耕作，1人捕海参。在桑给巴尔，华侨经商的只有1人，有工程工人10人，卖山东绸的流动商贩4人。在英属东非的其他地区，经商的也极少，采海参者20人，卖山东绸的流动商贩20人。这种无人经商或经商甚少的情况是英属东非华侨的一大特色，在海外侨胞中可以说是绝无仅有。这一方面与当地的需求有关，因为印度人已建起当地的销售业网点；同时也与华侨本身的工种有关，移民该地的华侨多为工程技术人员。②

葡属东非的华侨也有自己的特点。他们中的工程工人和经营农场的不少。在洛伦索－马贵斯，商人只有15人，经营农场的则有20人。在贝拉，商

① 转引自方积根编：《非洲华侨史料选辑》，第7、132—133页。
② 李安山：《非洲华人华侨史》，中国华侨出版社2000年版，第259页。

人只有39人，工程工人有312人。此外还有建筑师5人，耕作者70人。[①] 而在葡属东非的其他地区，共有华侨男子70人，全部是靠采集海参为业。第一次世界大战结束后，葡萄牙政府一方面奖励本国人民移植葡属东非，一方面大兴土木，把首府洛伦索－马贵斯从前破旧矮陋的房屋全部拆除，代之以立体欧式楼房。贝拉港扼英属罗得西亚（即现在的赞比亚和津巴布韦）及尼亚萨兰（即现在的马拉维）等大陆交通之咽喉。英国人为了开发这些地区，以贝拉作为货物出入口岸。这种需求刺激了贝拉铁路及码头的建设，港口的工商业也十分繁荣，尤以建造业为最。这种工程需要大量的建筑工人。当时只有华人工匠在工价和技巧方面均比较合适，于是葡政府在澳门招雇华工并订立合同。20年代初，在当地投资蔗糖业的霍尔隆在劳动力已有保障的情况下，决定在鲁瓦波地区开办蔗糖联合企业。经过约30个月的建设，这一联合企业于1924年开工，此地不仅是一个公司，也同时成了一个城镇。为了建设这一联合企业，该公司从中国引进了一些建筑工人，主要从事木工、砌砖、铺设管道和基本维修等工作。华人到葡属东非的日渐增多，尤以1928年间为最，人数约达700之众。工人的月收入平均每人15至20英镑。有的技术较高的月收入可达40英镑。正是由于这一原因，洛伦索－马贵斯和贝拉的华人中以从事木匠为多。[②]

非洲华侨中从事工业和制造的也有，规模一般不大。留尼汪的侨领刘文波先生（法文名为Maurice Akwon Lawson）于1925年在圣但尼开设了一家“印第安娜卷烟厂”，该厂生产的卷烟是留尼汪岛最流行、最畅销的卷烟之一。在毛里求斯，一位名叫陈金（Maxime Chan Kin）的华人在南非学习了发酵技术，回到毛里求斯后，他首先研究并开发了用香蕉酿酒的技术。1925年，他创办了“圣路易工厂”，用毛里求斯的水果生产出的酒在当地很受欢迎。洛伦索－马贵斯也有华人制造厂两个。在华侨中经营小作坊的也有。在毛里求斯的罗帝利岛，华侨多在开小店铺之余，还经营

① 李安山：《非洲华人华侨史》，中国华侨出版社2000年版，第259页。
② 李安山：《非洲华人华侨史》，中国华侨出版社2000年版，第260页。

面包作坊。在留尼汪也有一家华侨开的面包厂，专为全岛华侨供应面包。在约翰内斯堡，公共洗衣事业一直未能实现。这样，华人洗衣店的生意一直很好，1914年华人洗衣店仍有46家。在其他的城市里，华人经营的洗衣店随处可见，但并未引起人们的注意。

在20世纪上半期，非洲华人的生活开始逐渐进入良性循环。大多数已属于所在国的中产阶级，生活比较安稳，特别富者与特贫者均少数；他们的经济由单一向多元转化，开始进入各行各业，并产生较大影响。

第三节
勇于抗争的斗士

一

西方殖民主义者将大批华人强行带到非洲，其中包括很多契约华工，而契约华工制实际上就是一种“现代的奴隶制”。各殖民地政府对居留在非洲的华人制定了各种歧视政策，以达到既能利用华人的廉价劳力又不受到华人竞争威胁的目的。

面对恶劣的生存环境和矿主的种种虐待，华人们没有屈服，华人以自己特有的方式，在适应的过程中进行抗争。他们采取了不同的反抗形式，可以将这些形式大致分为两类：消极反抗和积极反抗。积极反抗又可分为非暴力和暴力两种。暴力反抗有三种主要形式：暴动、对工头进行报复、对白人（包括当地的居民）进行骚扰。非暴力反抗的形式包括罢工、拒绝交纳罚金、建立自己的组织、破坏活动等形式。消极反抗包括消极怠工、装聋作哑、装病、散布流言、逃出金矿或自杀等形式。

18世纪初，为了开发非洲殖民地，欧洲殖民者以海盗式的掳掠政策强行将华人带到非洲。非洲气候湿热，条件艰苦，华工均被置于欧洲人的监督之下，被迫从事繁重而单调的苦工。用圣赫勒拿岛的总督亚力山大·比特森的话来说，“简言之，对他们的雇用与印度炮兵的雇用相类似。”①很多被武力劫持的华人因离开家园、失去家眷而悲痛欲绝，拒绝服从分配，用消极方式进行反抗，强烈要求遣返回原地，有时使得殖民主义者的强盗计划遭到破产。

如早在1760年，法国海军上将德斯坦以人质的方式从东南亚班图尔掳掠了一批华人来到毛里求斯，想作为农业工人使用。这些华人来到毛里求斯后就开始了消极抵抗，声称是商人，不谙农事，拒不劳作。当时负责管理他们的法国东印度公司的一名官员用尽各种办法想使他们干活。他发给这些华工零用钱和所需衣服，供给他们蔬菜、咸肉和酒，对他们“总是和蔼相待，积极争取”，想让华人帮着种地。在致公司的一封信中，他说：

“我把城堡的园地、我自己在公司的住宅的消遣园地和伯爵在公司里的园地交给他们，让他们耕种，并答应把收获的蔬菜全部归他们所有，还允许拿到市场上自由出售。但他们对此毫无兴趣，声称自己是商人，不是农夫。我曾设想把岛上的一块土地拨给他们，让他们自己建立一个机构，他们同样拒绝了。最后，我建议他们分散开来，到需要人手的家庭服务，从而得到重大好处，他们依然不同意。”②

面对法国殖民者的威逼利诱，华人毫不动摇，团结起来进行消极抵制，坚决不工作。法国人只好认输，在第二年不得已将这批华人遣返回原地。

毛里求斯、留尼汪和马达加斯加等地均是以“甘蔗殖民地”而闻名于世。被骗来在甘蔗种植园做工的华工对种植园的微薄工资和不人道待遇以各种方式进行反抗，反抗手段有罢工、消极怠工、从种植园逃跑、偷盗等，

① 李安山：《非洲华人华侨史》，中国华侨出版社2000年版，第94—95页。
② 李卓凡：《西印度洋华侨史》，转引自方积根编：《非洲华侨史料选辑》，第308页。

殖民当局有时一筹莫展，不得不将他们遣返。马达加斯加还有契约华工“为了逃避极为艰苦的劳动条件”，逃进山区。例如马达加斯加岛南部马南扎里的华人先辈大伯公福建人霍沃，就是当年逃进山区的契约华工。在其他非洲殖民地修路的契约华工也进行了反抗，最通常的手段是逃跑。

在留尼汪，契约华工进行了各种形式的反抗。根据1847年10月27日到1848年1月26日的记载，在这短短的三个月里，有38名华工卷入了纵火事件、偷盗事件和暗杀事件。各方面的谴责声迫使殖民地总督对所有使用契约华工的雇主进行调查。调查中，雇主们都对华工的表现不满，而“几乎所有的中国人都抱怨雇主没有执行契约规定的义务，抱怨他们受到不好的待遇”。在没有其他办法的情况下，他们只好用一些暴烈的非法手段来反抗自己所遭受的不公正待遇。当时参加调查的一个便衣警察指出，“这些外国人所以这么干，只不过是希望获得遣返，为达此目的，他们才表现得这么冲动。”[①]那么，华工为什么希望获得遣返呢？这并不难解释：他们已不能忍受了。

二

非洲的华人中南非华工的反抗最为激烈。华人从抵达南非的第一天起就开始受到种族歧视政策的影响。在南非，华人和印度人都处于一个实行种族隔离制的陌生土地上，面临着相同的歧视问题，且生活在白人和黑人的夹缝之中。开普殖民地和德兰士瓦是华人集中所在地。1904年，南非的2457名华人中有1380居住在开普敦，912人住在德兰士瓦。1911年，923人住在开普敦，910人住在德兰士瓦。[②]华人的反抗斗争主要发生在兰德金矿。

---

① [法] 多米尼克·迪朗、让·亨顿：《留尼汪华侨史》，转引自方积根编：《非洲华侨史料选辑》，第467页。

② Melanie Yap & Leong, *Colour, Confusion and Concessions*, p. 177.

从1904年下半年到1905年上半年，布尔战争后首批引进的契约华工由于不堪忍受矿井非人的待遇，反抗斗争十分明显而激烈。暴动的消息在报纸上特别是英国国内的报纸上时有所闻。一位在南非当警察的年轻人在写给住在英国的父母的信中说：

“矿上的中国佬经常闹事。上星期有5000人参与了暴动，他们出动了100名步兵和200名南非保安警察前去镇压，这是我们的老行当。当我们向他们进攻时，他们向我们投掷破瓶子和石块，我们中间有人受了重伤。中国佬自制了一些炸弹，当他们向我们扔炸弹时，我们只好向人群开火，以便阻止他们。我们瞄得低，打伤了很多中国佬。这些家伙平时就很难对付，在人多势众时往往表现出一种好斗。”①

对矿内工头进行报复的事情也屡见不鲜。由于语言上的障碍，华工难于理解白人领班或工头的命令，这样就经常遭到白人工头的拳脚和斥责。对这种不讲道理的处罚，华工往往还之以“石头和木棍”。布朗克福斯特－斯普鲁伊特金矿的一个白人被华工用刀杀死，他的身上被扎了50刀。华工对他进行报复的原因十分简单：他让华工长期忍饥挨饿。结果，4名华工因此在比勒陀利亚监狱内被判处死刑。难怪《兰德的中国佬约翰》的作者写道：“兰德矿主们梦中的性情温顺、易于驱使的中国佬一到矿井里，他们想干什么就干什么，以后还会这样。”虽然这话说得有些过头，但却反映了契约华工力图掌握自己命运的某种精神。

《兰德的中国佬约翰》一书的作者是一个典型的种族主义者，对华人进行了种种无端的攻击。然而，他在书中的一句话道出了事情的原由：“不言而喻，中国人犯上述罪行的直接原因是对他们的虐待所造成的。”

随着时间的流逝，一些华人在非洲安置下来。但几乎每个殖民地政府对华人（或亚洲人）都有歧视性政策。这样，华人为保护自身利益开始对不平等的移民政策进行抗争。抗争主要有以下几种：自我组织、自我约束

---

① 转引自李安山：《非洲华人华侨史》，中国华侨出版社2000年版，第181页。以下内容均转自此书。

和自我监督；递交请愿书以争取合法的权益；通过当地报刊申述自己的观点。在迫不得已的情况下，华侨采取最后的手段：向外地迁移。

1904年9月14日，97名居住在德班的华人联名向纳塔尔殖民当局递交请愿书，要求改变强使华人在特许证上按指印并随时携带证件的歧视做法，他们指出，这种按指印的方法是对华人的污辱，因为在中国只有对犯人才通过指印进行识别。《排除华人法令》颁布后，东伦敦的华人立即向英国的殖民事务大臣提交了请愿书，并以各种方式表示华人社区的愤怒之情。[①]又如各地华人领袖在早期均为建造庙宇事宜向有关当局递交过请愿书。这是华人社团争取自己正当的宗教权利的具体表现。

在可能的情况下，他们利用当地报刊驳斥各种针对华人的种族歧视言论。南非白人对华人多抱有歧视态度，他们往往攻击华人"赌博"、"吸鸦片"、"无道德"。1890年4月4日，3名华人投寄一封信到金伯利的《钻石矿广告报》，驳斥白人的误解和攻击。

"'我们赌博。'是的，我们不时喜欢在自己人之间冒一点风险。一旦你们禁止了赌金计算器，废除了股票市场，使得在你们的俱乐部玩牌受到驱逐出境的惩罚，我们将立即仿效你们那令人羡慕的榜样。'我们吸鸦片。'先问这种有严格节制的行为是否有害，我们倒是想问：我们是从谁那里得到鸦片的？如果说我们吸鸦片是邪恶的，那么卖鸦片给我们的你们要邪恶上千倍。然而，制定法律的你们事实上在鼓励出售鸦片。'我们不道德。'这里，你们在要求我们证明一个反面意见。用你们的律师的话来表述，你们的指责是'含糊不清和令人为难的'。我们拒绝进行辩护；或者我们可以提出——中国的婚姻关系要比我们所知的一些欧洲国家的婚姻关系更为神圣得多。"[②]

在歧视政策或敌对气氛十分明显时，华人即开始向其他地方迁移。这

① Melanie Yap and Dianne Leong Man, *Colour, Confusion and Concessions*, pp. 65—69.

② Melanie Yap and Dianne Leong Man, *Colour, Confusion and Concessions*, p. 51.

种情况虽然并不多见，但在毛里求斯、留尼汪和马达加斯加均出现过。

在南非，对华人影响最为严重的是20世纪初颁发的诸种法令，例如德兰士瓦政府于1904年颁发的《劳工入口法令》(主要针对契约华工)；开普殖民地政府的《排除华人法令》(1904年9月22日)；德兰士瓦自治政府于1907年颁发的“亚洲人法律修正法”。对这诸多苛例，华人都展开了有理有据的抗争，派出代表赴伦敦向中国驻英大臣递交请愿书，要求中国政府通过外交渠道进行交涉，并在当地华人社区对种族歧视法令进行抵制行动。其中影响最大的是与印度人联合抵制《亚洲人法律修正法》①这一严重侮辱歧视亚洲人的法令立即激起华人和印度人的强烈抵制。按指纹做法在当时的中国只有对罪犯施行，华人社区立下“宁坐牢，勿登记”的誓言，积极进行抵抗运动。在向伦敦中国驻英大臣申述的同时，南非华人还积极联络国内的新闻媒介，争取中国同胞的支持。当时国内有的报刊杂志即登有南非华人抗苛例的消息或报道。

更为引人注目的是，在这次抵抗行动中，南非华人与南非印度人一起，拒绝按亚洲人登记法的要求进行登记。德兰士瓦的华人组织维益社召集过一次会议，华人领袖梁佐钧邀请此后成为印度“圣雄”的年轻律师甘地发表演说。抵抗运动中发生的一件事情使华人与印度人更为团结。这就是周贵和自杀事件。1904年10月，英国医生萨瑟兰来到约翰内斯堡定居行医，他随身带来了华人仆役周贵和。来自海南岛的周贵和因为方言隔膜，故而与来自广东的其他华人同胞交往不多。蜗居家中的周贵和对华人为此开展的抵抗行动一无所知，而是听从了主人之命进行了重新登记。当他得知联合抵制一事后羞愧难当，24岁的周贵和顿感奇耻大辱并因此于

---

① 德兰士瓦议会于1907年3月通过了《亚洲人法律修正法案》(即“亚洲人登记法案”)，并很快被英国政府正式批准。该法令共计22条。其主要内容如下。(1) 亚洲人均须在指定日期内重行登记注册；凡八岁以下之孩童，均须由其父母或管理人，代为注册；否则将处以罚款或监禁三月，并即驱逐出境。(2) 营业执照根据注册登记纸发放；没有注册者不能得到营业执照。(3) 如遇巡捕或查册人员索取册纸，必即交出。登记注册须按印十指印，并详细注明身体上疤痕之可以永识者。这一法案的具体内容见“华侨纪闻”，《外交报》，第166期，1907年1月9日（光绪三十二年十一月二十五日）。转引自李安山：《非洲华人华侨史》，中国华侨出版社2000年版，第195页。

1907年11月11日悬梁自尽。他在绝命书中后悔莫及，“不特一己羞辱，且辱及国家。嗟嗟，一时蒙昧，追悔何及。我无面目见吾国人矣。愿我国人当以我为殷鉴可也。”①周贵和的悲壮辞世更为亚裔人的反抗烈火增添了干柴。当时的华人社团为周贵和举行了隆重的葬礼。梁佐钧在葬礼上发言，谴责德兰士瓦政府须对周贵和之死承担责任：

“我鄙视并痛斥所谓协会对死者进行了威胁或施加某种压力之说。但是此事的教训是什么呢？对我们来说，诚然是一场大悲剧。现在不是说客气话的时候，我愤怒地谴责德兰士瓦政府杀害了一个无辜的人。受害的理由，无非他是亚洲人。”②

亲临葬礼的甘地深受感动，他因此撰文道：“无人不因此钦佩华人……他们的团结与勇气值得我们所有人学习。”他对周贵和的自杀深表同情，并号召印度人学习华人的团结和斗争精神，起来反抗这一野蛮的法令：“对这个残害人命的法令决不能服从，这是道德和宗教的斗争。”③他与梁佐钧签订了印度人与华人的友好互助协定。周贵和的遗书刊登在《印度舆论》(*Indian Opinion*)上，在抵抗运动中广为传播，他的行为也激励了所有参加抗议运动的亚洲人。同时，梁佐钧和甘地分别代表华人和印度人缔结了友好互助条约。周贵和辞世一年后，华人社团为他在博拉姆方丹公墓修建了一座以白色大理石雕成、上有一尊天使合掌垂目的“周烈士墓”，上刻有“绝命书”为此事铭曰：“公讳贵和，广东海南人也。因杜省苛律起，一时冒昧，蒙此奇辱，故耻之，愤而自裁，遗下绝命书以见志。身后萧条无以为殓，同人嘉公之劲节，故勒碑以为纪念，并系以铭。铭曰：呜呼，周公！岭表奇伟，气壮山河……斐洲之南，岿然千古！”④

在随后的反抗种族歧视的斗争中，华人与印度人同心协力，表现出亚洲移民社群的巨大力量。甘地曾对华人的斗争精神和团结给予了高度

① Melanie Yap and Dianne Leong Man, *Colour, Confusion and Concessions*, pp. 147—149.

② 李卓凡：《西印度洋华侨史》，转引自方积根编：《非洲华侨史料选辑》，第246页。

③ 转引自林承节：《甘地与中国》，载《北大亚太研究》，第1辑（1991年），第70页。

④ 温宪：《闯荡南非》，当代世界出版社2002年版，第215—216页。

评价："华人贡献卓著。他们在团结、清洁、文化和大度方面超过了我们。"[①]他在1942年写给蒋介石的信中提到，"当我在南非时，我就和住在约翰内斯堡的不大的中国侨民群体有经常的接触。他们开始是我的主顾，后来成了南非印度人开展消极抵抗斗争的同志。"[②] 1911年5月甘地与政府当局的代表史末资将军达成协议：取消"亚洲人法律修正法"；消极抵抗者具有进行登记的权利；保留亚洲移民现有的权利。南非华人社区支持这一解决办法。在甘地、梁佐钧等人的不懈努力下，华人移民不仅得到了同样的待遇，因参加消极抵抗而被逮捕的华人也先后获释。消极抵抗运动正式结束。

第四节
多面的华人形象

一

华人经常给人以封闭自恃、唯我独尊的形象，对非我族类难以认同。但非洲华人却与当地人民水乳交融。一个名叫米尔伯特的随军绘图员在1801—1804年间住在毛里求斯。他写道："我觉得我在法兰西岛上所遇到的中国人是持重的。他们是自由的，他们不大接触奴隶，而愿意与白人公司打交道。他们在咖啡馆，叼着烟袋，度过闲暇。他们性情温顺、沉闷寡言。"[③]

---

① Robert A. Huttenback, *Gandhi in SouthAfrica: British Imperialism and Indian Question*,1860—1914, p. 184.

② 林承节：《甘地与中国》，载《北大亚太研究》，第1辑（1991年），第70、68页。

③ [法] 多米尼克·迪朗、让·亨顿：《留尼汪华侨史》，转引自方积根编：《非洲华侨史料选辑》，第480—481页。

19世纪末在毛里求斯任总督的阿瑟·戈登爵士（Sir Arthur Gordon）是一个还算开明的英国总督，他对华人有着完全不同的形象认识：

“中国人是世界彻底的公民，他们没有［印度人］这样的种族偏见，在极大程度上也没有如此强烈的重返他们已放弃的家园的渴望。他们很快就采纳了他们居住国家的生活方式、衣着和（至少名义上的）宗教；1867年或1868年我的来自特兰尼达岛的信函内容证明在那个殖民地他们与克利奥尔妇女通婚是如此经常。

“这儿……同样的规则也适用，克利奥尔妇女与中国人的关系远比与印度人的关系要多。”①

由于非洲的条件恶劣，移居到非洲的中国女性极少，有的地区甚至没有。另外，直到20世纪早期，中国移民普遍不带他们的妻子出游。大多数中国妇女的缠足习俗使她们无法远足，再加上按照中国传统习惯她们要在家伺候公婆。因此，男性华人到了非洲后都会设法从当地女性中寻找配偶，如在毛里求斯，华人很容易就找到非洲后裔的当地克利奥尔姑娘作为伴侣。克利奥尔姑娘讲法语或英语。她们能教商人当地语言，为他们进入当地社会铺平道路，更重要的是她们帮助华人赢得最初的一批客户。

严格讲这种关系一般只是同居关系而不是婚姻关系。但是从人类情感表达上来看它经常比与留守家中的中国妻子的正式婚姻更为实在。马达加斯加的华人商人普遍都与当地妇女存在这种伴侣关系，有时他们要求法国殖民当局允许他们正式化夫妻关系。华人与当地妇女的伴侣关系一般会延续到死，他们的关系甚至会超越死亡。Chan Sion Weng和Marie Ramizavelo是随机选的一对，他们一起埋葬在马达加斯加东部港市塔马塔夫。这种现象在马达加斯加的华人中极为普遍。马达加斯加人具有马来或印度尼西亚血缘的混合，其外貌性格可能对来自中国的移民特别有吸引力。早期在马达加斯加经商的华人中不少人在当地娶妻生子，繁衍后代，

① Philip Snow, *Star Raft: China's encounter with Africa*, New York: Weidenfeld & Nicolson, 1988, pp. 59—60.

渐渐融入当地社会。华人对马岛的影响是显而易见的。当地语言直接借用了“荔枝、白菜、菜心、葱”等汉语外来词，连当地人也普遍认为，马岛的荔枝来自中国，而且以野生为主。

在非洲大陆也随处可见这种关系。1960年刚果民主共和国脱离比利时独立，新国家的第一任总统约瑟夫·卡萨武布据悉就有中国血统，他的肤色较浅，眼睛稍斜，深谋远虑，普遍被认为是中国商人与巴孔果族部落一个当地妇女的后代。

不同于这一时期移民非洲的印度人，中国人接受了这种结合的孩子作为他们家庭的成员。他们有时强迫混血孩子回东方老家接受中国语言和习俗的浸润。从另一方面讲，接受的标准是文化的而非种族标准。肤色本身并不是障碍。

于是便出现了具有中国血统的混血儿。华侨由于希望孩子们能继承父业和财产，普遍十分关注教育问题，努力使子女受到真正的中国教育，尽量使后代在一定程度上保持中华民族的生活方式、语言文字、风俗习惯以及谋生手段，从而使这些混血儿成为华裔，构成非洲华人移民的一部分。据莫次南1929年调查，这些自然增殖的混血孩子约占全非华侨人口的25.6%。而据毛里求斯学者李卓凡统计：1901年时，生于毛里求斯的华人仅有19人。1931年时，这个数字增加到3346人。1962年时，生于毛里求斯的华人总数达18141人，1972年超过了二万人。①

华人与当地妇女的通婚曾使白人殖民者极为恐惧。报纸发出了惊恐的叫声，一个“新种族混合”“将白人逐出这个大陆的日子屈指可待”的可怕预言。“我们准备好让出这片土地了吗？这本应是由我们的孩子继承的，要由这个人种大量的子孙来继承了吗？”②当时，白人普遍都有根深蒂固的种族主义观念，这一时期的一系列记录揭示了非常多的欧洲人对待其他民族人民态度上的丑恶狭隘。非洲的印度人对当地土著黑人也有歧视心

① 转引自方积根编：《非洲华侨史资料选辑》，新华出版社1986年版，第160页。

② Philip Snow, *Star Raft: China's Encounter with Africa*, New York: Weidenfeld & Nicolson, 1988, p. 61.

理，相较他们，华人是极其开明融合的，对当地黑人偏见不多。

早期非洲华人一直在恶劣的环境中顽强求生，尽最大努力使自己枯燥劳累的生活增添色彩。会唱戏的自己组织起来，自己购买道具和行头，有的唱花脸，有的演小生，经过排练后在节假日搭台唱戏；有的华工自制了高跷，在聚会上踩起了高跷。有的华人将野外采来的花草移到自己的宿舍附近，还有的华人养了小鸟，将鸟养得听人指挥。这些活动无疑是为了寄托他们对祖国的思念和对故乡的感情，以减轻南非矿主们的压迫和欺凌所带来的心理压力。有时，他们还与黑人矿工进行各种竞技比赛。当然，也有的华人因孤独难耐而养成了抽鸦片、赌博的坏习惯。

二

虽然非洲华人与祖国的海岸相距甚远，但他们始终对祖国十分眷恋忠诚。

在非洲，华人面临着环境的挑战、文化的偏见、种族的歧视，为最大程度地争取自己作为一个少数民族的生存权利，华人充分运用了中华民族的历史智慧，与所在地行政当局交涉，进行各种积极的抗争。在这一过程中，他们深深认识到，弱国的国民在异域是抬不起头的；要想在国外争取应有的地位，首先必须强国。希望祖国富强，并为祖国富强尽绵薄之力是他们最大愿望。

20世纪初，非洲华人以各种方式积极参与了推翻腐败落伍的满清的辛亥革命、建立共和的斗争以及后来的北伐战争。一些革命分子和华人社区领袖积极与国内的新闻界联系，用各种事实或自己的亲自经历来控诉所在地的种族歧视政策，同时也无情揭露清朝政府的腐败。他们中的个别人还积极参与辛亥革命前后的各种活动，他们中有人回到国内直接投身到反清的革命运动之中，如曾在南非大学任教的华人学者欧铁在其著作中提到，在黄花岗起义中，南非华人有数名热血青年前往参加。还有人参与了起义的密谋或联络工作。更有华人舍小家为大家，为了推翻清朝政府，他们或甘冒杀头的危险，或不惜变卖家产。非洲华人的这些活动构成了整个辛亥革命的一部分。非洲华侨人数虽然不多，但为辛亥革命募集捐款却不甘人后。在整个革命运动中，相当多非洲华侨不分富贵贫贱，积极募集捐款，从财政上支持推翻封建统治、建立共和政权的斗争，而且持续进行了多年的募捐活动。孙中山曾赞扬海外华侨是“不图丝粟之利，不慕尺寸之位”，“一团热诚，只为救国”。这种赞扬也完全适合非洲的华人。一些先进分子以自己的实际行动促成了南非、毛里求斯、马达加斯加和葡属东非等地各种革命组织特别是国民党总支部（或直属支部）的建立，从而推动了非洲华侨的组织动员工作。

抗战时期，非洲华人对祖国的安危时时关心，他们从日军发动济南惨案后即自觉开展对日货的抵制。华人商店在进货渠道上严格把关，自觉不进日货，由于非洲华人主要从事商业贸易，而且大部分是经营小本生意，对日货的抵制无疑会牺牲自己的利益。华人消费者对进口日货或与日本有联系的外国商家进行抵制，不购买其货物。为了国家和民族利益，非洲华人牺牲自己的利益，坚决抵制敌国的货物。

七七卢沟桥事变后，华侨抗日组织纷纷成立，侨胞以自己满腔的爱国热情，通过各种方式支持反法西斯战争。一些非洲热血青年回国参加抗战。据报道：在头半年内，参加回国服务的非洲华侨即有54人，其中女侨胞13人。还有些回国参加抗战的非洲华侨组成了非洲汽车工友服务队，他们是自筹资金自带器械回国服务的。[1]当然，亲自投入反法西斯战争的非洲华侨毕竟是少数。非洲华人支持国内抗日战争的主要形式是捐款。诚如南非东省中华会馆的中文秘书所言：“因为我们远居海外，我们只能用钱来支持。”难能可贵的是非洲华人妇女的捐款极为突出。德兰士瓦华侨妇女协会的司库后来回忆说：“蒋夫人对我们的工作给予了肯定。她说，如

① 李安山：《非洲华侨华人史》，中国华侨出版社2000年版，第287页。

果就人均数而言，南非华侨妇女为战争募捐的数额在所有中国人中间是最多的。”①

除此之外，在中国出现天灾的时候，非洲华人都是踊跃捐款，为国分忧。在非洲的其他各国侨民，大概只有华人一直是不论贫富贵贱，不分年长年幼心系祖国，以或大或小的行动表达着远在异乡中华儿女对祖国的情怀。

三

在外国人看来，清朝时中国人的发式、衣着实在怪异丑陋，中国人的有些饮食习惯，如吃猫、狗鼠等也令欧洲人深恶痛绝。因中国男人梳的辫子，当时贩卖契约华工的罪恶勾当，被欧洲殖民地者称之为“猪仔贸易”。

早期南非殖民者毫不掩饰他们对华人的蔑视、嘲讽和敌视。1898年在东开普报纸上曾经刊登了一篇文章，标题为“一批亚洲人入侵”。文章中说：

> “伊丽沙白港近日经历了一场黄种人入侵。一批从模里西斯来的华人和印度人，使得当地海关官员忙了很长时间对他们进行检查。每一个黄种人都随身携带一个大包袱。他们当中大部分不懂英语，他们在海关官员下令打开包袱的时候样子很可笑，海关官员把他们的行李翻了个遍，看来这些华人没有什么感情，当他们看到自己珍贵的东西被粗鲁地踢来踢去，已经没有了反应，嘴巴因目瞪口呆又张大了一些而已。当海关官员问一些华人来的目的是什么时，他们都比划是来赚钱的。海关的官员认为，不管他们来干什么，有一件事情是肯定的，那就是当局和卫生部门必须检查他们的身体，黄种人的到来会不会传染瘟疫和疾病。”②

---

① 李安山：《非洲华侨华人史》，中国华侨出版社2000年版，第314—315页。

②《苦涩的回忆:百年前南非华人艰难创业史》，2005年7月18日，http://www.ce.cn/xwzx/kjwh/gdxw/200507/18/t20050718_4209915.shtml。

文章对华人极尽嘲讽之能，但从中也反映出早期来非洲的华人大都文化素质很低，修养不够，他们面黄肌瘦，行囊寒酸。

不容忽略的是，早期华人均是单身来到海外挣钱。由于繁忙之余的生活十分单调，他们中的一些人染上了赌博、抽鸦片和嫖妓的恶习。玩麻将赌博的习惯一直存在于非洲华人之中，直到第二次世界大战结束后一些新的社会团体开始形成时才有所收敛。抽鸦片在契约华工和自由移民中均十分严重，这曾受到清朝政府派驻南非的总领事刘毅的注意。他在光绪三十四年（1908年）致外务部的申呈中指出，在德兰士瓦和开普敦的华侨吸食鸦片的情况："每省约千余人，吃烟人数约居十之三四。"为了在华侨中间开展禁烟活动，他还曾向开普敦殖民政府和德兰士瓦当局接触，以商量对策。[①]

当时，在约翰内斯堡及其近郊地区还有很多被迫为娼的青年女子，这些人大部分是欧洲白人。南非历史学家翁斯伦对这一现象进行了系统的研究，认为这是伴随着金矿开采而出现的白人工人贫困化的必然结果。根据当时的警署档案资料，这些雏妓经常向约翰内斯堡近郊的华人商贩出卖肉体。这种现象被当时的英文报纸称为"黄祸"。1911年，一位名叫苏珊·布罗德里克的年轻妓女被"卖给"乌雷德多尔普（Vrededorp）地区一位名叫何金（Ho King）的华人做妻子。由于她在此之前已经被多次卖给阿非里卡人（即荷兰人后裔），因而引发了一场轰动一时的"何金夫人案件"。对华人形象造成负面影响。

非洲华人的另一个不良形象是派系争斗。

内部争斗也是华人发展的一大障碍。1900年，毛里求斯的华人首领亚方·唐文逝世。当时的华人社团已达3.5万多人，广府人、客家人和福建人人数均已具规模，既缺乏一位像陆才新、亚方·唐文那样的众望所归的当然领导者，各派势力又互不相让，三派围绕着关帝庙新首领的问题展开了争斗。经过五年毫无结果的争斗后，华人各派首领只好将此事提交最高法院进行裁决。法院裁决的消极后果是使华人三派之间的争斗持久化

① 陈翰笙：《华工出国史料汇编》，第一辑（四），中华书局1985年版，第1785页。

了。更重要的是，由于权力分散，以前华人社区与政府方面的传统联系被破坏了。

南非华人在1907—1911年的非暴力抵抗运动中也发生了一场影响至深且远的大分裂。当时华人在是否继续进行抵抗的问题上出现不同意见。“妥协派”对德兰士瓦中华公会会长梁佐钧的代表性提出质疑，并分出来另外成立了“联卫会”。“抵抗派”则仍以维益社为他们的领导核心。这一华人社团的分裂进一步加深了广府人和客家人之间的矛盾，因为维益社的绝大部分成员都是客家人。这种分裂大大削弱了南非华人社区的力量。

四

在早期华人移民中，涌现出了一批佼佼者。这些华人不但为非洲华人树立了榜样，更为所在国的人民所称道，使他们对华人形象有了更具体的认识。

陆才新（亦称亚贤，国内学者一般译为“阿鑫”。“亚贤”似为毛里求斯华人的称呼）是19世纪初从福建移居毛里求斯的华商，在当地得到发展后便创办了陆鑫股份有限公司（Lop-Assine & Co.），其规模介于大商店和小商店之间。为了进一步开拓自己的事业，为家乡的亲朋戚友找一条生路，1821年初，他向当地政府提出申请，要求批准他自费回国招聘雇工。同年10月26日，陆才新带着首席秘书杰·戈姆签发的特别许可证返回家乡福建，1826年底，陆才新从福建招来阿欣（Ahim）、海兴（Hakhim）、吴兴（恩格银Nghien）、韩凯（Hankae）和黄宝（Whampoo）等五人，经新加坡乘“美盟号”船于12月3日抵达路易港。这5名中国人成了“陆记公司”的雇员。他对这几个新移民进行训练后，让他们分管自己的分店，从而使业务大大扩展。1831年3月14日木工阿冈（Aquan）采用为船上干活支付旅费的办法从福建家乡来到路易港寻找他的亲戚陆才新，此后两年间又有15名原在船上干活的木工和5名水手来到毛里求斯，并获准定居。直到1847年止，陆才新始终是迁移到毛里求斯来的中国人的主要担保人。他将新来的移民安置在马拉巴尔移民聚居地，并尽量在全岛开设商店，将后来的新移民安置在他的商店里工作，也有将新移民介绍到华人商店或甘蔗园、糖厂当雇工。陆才新一直是岛上公认的华人领袖，并于1847年被当地政府授予英国国籍。

亚方·唐文（Affen Tank Wen，国内一般译作阿衡·邓云或阿方·唐文）于1851年（一说1861年）10月31日到达毛里求斯。他初来时即受雇于岛上最大的商行阿西姆公司，并很快成为它的股东。由于他为人正直，并熟悉业务，后来就成为公司经理。他将毕生精力都贡献给了当地华人福利事业。

刘文波（法文名为Maurice Akwon Lawson国内有学者将其译为阿克温·罗松）于1872年生于广东顺德，其父早年来到毛里求斯。刘文波于光绪十三年（1887年）来到毛里求斯，并在极短时间内学会了当地的语言。他的语言天赋被当地侨领亚方·唐文看中，收他为义子。刘文波生性聪明好学，在唐文的悉心指导下，他经营商业有条有理，生意发展迅速。在毛里求斯生活了一段时间后，他得知留尼汪资源丰富，便向亚方·唐文建议向该岛发展商业。这一建议得到了唐文的赏识，他拨出一笔资金来支持刘文波到留尼汪去开设商行。1901年，刘文波到达留尼汪，在圣但尼首创华侨资本的贸易行，取名为广刘信号。他从此在留尼汪独当一面，主持广刘信号的业务。经营了四五年后，广刘信的基础建立了，商业拓展了。随后，不断有华人从毛里求斯来到留尼汪。1925年刘文波在圣但尼开设了一家“印第安娜卷烟厂”，可算得上华人开创企业的先驱者。刘文波还是留尼汪岛华文教育的创始人。1929年他征得中国国民党驻留尼汪支部的同意，聘请陈荣格先生在国民党驻留尼汪分部内开设了第一所华文学校，这可以说是留尼汪侨教的开端。

马达加斯加富商陈广明（广东顺德人）先世早在毛里求斯经商，至陈广明迁往留尼汪，开设了远发隆商号。后因在乘船视察邻岛分店时遇风暴漂至马达加斯加，便在此岛的塔马塔夫开设广利荣商号。法国殖民军1883

年曾命令他为法军准备军需物资。这表明他的商店当时已很有规模。法军占领马达加斯加后，陈广明因为法军供应军需有功，被法军授予四星军衔。他到晚年返回中国，广利荣商号交给其族弟陈秋（字礼堂）经营，仍保留四星军衔。

朱梅麟是华人中涌现出的一位杰出的政治家。朱梅麟本是毛里求斯的华人巨商，在华人中享有很高的威望。1941 年太平洋战争爆发后，同盟国在印度洋的唯一前哨阵地毛里求斯直接受到日本的威胁，华人奋起保卫家园。在朱梅麟的倡议下，建立了自卫队。取名为“华人保家大队”，不久即正式编入国家正规部队。与此同时，为援助中国政府挫败日军攻势，华人社会募集资金，购买军械，献给中国政府。当时，朱梅麟被任命为华人抵抗基金会主席。从那时起，毛里求斯政府认识到朱梅麟是一位多才多艺的人物，任命他为各种委员会的成员，特别任命他为“供应委员会”成员。当时，日本海军对毛实行封锁，“供应委员会”负责计划岛上居民的供应，事关重大。在华人商会和华人商店的大力协助下，居民的供给工作组织得非常成功。朱梅麟同时还是“战时委员会”的成员。战争结束后，由于毛里求斯人民在反法西斯斗争中表现顽强和国际上民族独立运动的高涨，英国政府不得不给予毛里求斯更多的自由。此事引起了殖民地机构的变革，为华人参政提供了机会。1948 年，朱梅麟作为华人社会的代表成为立法议会的议员，正式开始了从政生涯。

第三章

当代中国形象之一：独立自主、平等友好的外交形象

1949年中国是以崭新的外交形象走进非洲视野的。在以后半个多世纪里，非洲与中国在追求民族独立和文明复兴与发展的过程中，“分别发现了对方，发现了遥远的对方其实是自己可以依靠的外部力量。”①中非交往是两个古老文明之间的交往，更是两大政治力量之间的接触。在此过程中，独立自主、和平发展的外交形象成为中国对外交往的旗帜，深远地影响了中国在非洲舞台上的国际空间和国际威望，中国形象的

① Bruce D. Larkin，*China and Africa* 1949—1970，Berkeley: University of California Press，1971，p. 4.

势能得到了全面的释放，通过与亚非拉国家交往中树立起的"真诚友好""平等相待"国家形象，中国拓宽了外交渠道，推动了中国政治活动的进程，改善外交环境，增加外交力量，提高国际威望，从而使中国日益成为世人关注的焦点。

良好的国家形象是一国对外交往的旗帜，是一国走向世界的通行证，是社会和经济发展的助推器。一个国家的声誉不是内在的或本身固有的，而是经过与国际体系中其他行为体长期的、持续的互动而获得的，脱离国际社会、脱离行为体之间的互动进程，就不可能研究国家的声誉。①国际社会对某一大国的所作所为和言语活动的普遍的观念反映在某一个时段沉淀，即是该国的国家形象。中国在非洲的形象是中国在半个多世纪的时间里逐渐确立起来的。中华人民共和国建立后，为了改变旧中国积弱不振、落后贫穷的形象，中国开展了一系列外交活动，同时积极援助非洲和东南亚等地区的落后国家。这些援助对中国在亚非拉第三世界国家中赢得了好评，逐步提升了中国的国际影响力，中国先前的国家形象得到逐步扭转。中国各代领导集体积极发展对非关系，而且与西方国家不同的是，中国加强与非洲国家的关系，强调相互尊重、不干预对方内政的方针，而这也是中国处理国际问题的一贯态度，博得了很多非洲国家的好感，认为中国是他们"真正的朋友"。这些逐步塑造着中国一个热爱和平，独立自主的大国形象。特别是中国实施改革开放以来，中国不断地向世界展现了符合世界文明发展要求的新形象，世界人民也不断感受到中国以求和平、求合作、促发展、真诚友好、平等相待、不谋求霸权、不诉诸武力而屹立于世界民族之林的文明新形象的无穷魅力。

① F. G. Bailey, ed., Gift and Poison: The Politics of Reputation, Oxford: Basil Blackwell, 1971，转引自郭树勇：《论和平发展进程中的中国大国形象》，载《毛泽东邓小平理论研究》，2005年第11期，第51页。

第一节 “中国是你们的亲骨肉”

一

1949年毛泽东主席在天安门城楼上宣布“中国人民已经站起来了”，“从现在起不会有人再来侮辱我们。”从此，中国结束了饱受外国列强凌辱的一个世纪，中国“在世界上站起来了，而且站住了”，[①]新中国彻底改变了软弱涣散、任人宰割的“东亚病夫”的旧中国形象，中国在世界上的国际地位才得以不断得到提升。新中国的诞生是第二次世界大战后世界上发生的最重大的历史事件，埃及作家邵基·贾拉勒是这样看的，“在终结和肃清殖民主义时代的一系列解放运动和打击行动之中，新中国及其新制度的诞生是最为有力的一次打击，是对工业帝国的资本横向积累（capital horizontal accumulation）和全球中心化（global centralization）的理论的最沉重的打击，是对现代主义理论和现代主义西方中心论（West-centrism）的最沉重的打击，也是对文明仅指西方文明这一观点的沉重打击。”[②]中国革命的胜利为亚非拉的民族解放运动树立了榜样，全新的中国形象也使遭受殖民奴役的非洲看到了自己的希望。

新中国的诞生与全新的中国形象成为将东方中国与遥远非洲再次联结起来的时代条件与变革力量。当中国革命胜利的消息传到非洲后，非洲人民对中国人民赢得解放，取得了建立新中国的胜利欢欣鼓舞，后来成为坦桑尼亚总统的著名非洲政治家尼雷尔评价说：“四万万受奴役受压迫的中

① 邓小平：《邓小平文献》（第2卷），人民出版社1993年版，第132页。

② [埃及] 邵基·贾拉勒：《中国——经验与挑战》，载 [埃及] 穆罕默德·努曼·贾拉勒主编：《埃及人眼中的中国》，上海外语教育出版社2006年版，第155页。

国人民当家作主，在亚洲的东方站起来了，对非洲民族独立解放运动是很大的鼓舞。”[①]中国人民当家做主独立的新形象激起了非洲人民的无限憧憬，并由此看到了非洲的希望，正在争取民族独立的阿尔及利亚、突尼斯和摩洛哥的共产党中央委员会，分别在1949年10月9日和15日向毛泽东主席致函祝贺，阿尔及利亚共产党中央委员会强调指出：中国人民的斗争和胜利有着巨大的意义，“对所有反对帝国主义者压迫的人民的斗争是一个可赞扬的例子。”突尼斯共产党的贺函中说，中国革命的胜利“对一切被压迫民族，尤其对于突尼斯人民是一个加强他们为民族解放，反对帝国主义者的斗争中有力的鼓励”。16日，非洲事务委员会主席保罗·罗伯逊也致电毛泽东，热烈祝贺中国人民的新生。[②]毛泽东主席立即向他和阿尔及利亚共产党中央委员会全体同志复电，感谢他们的祝贺并强调：“中国人民是从帝国主义长期侵略压迫下求得解放的。因此对于各被压迫民族的解放斗争，具有热烈的同情和坚定的信心。”“相信阿尔及利亚人民……终将推翻帝国主义的统治。”

虽然新中国成立之时，世界历史的巨变所共同赋予中国和非洲的现代政治属性，“非殖民地化进程”、“新兴民族国家构建”、“第三世界的命运”、“发展中国家的变革发展”等等这样一些巨大历史课题足以冲淡东方中国与热带非洲在各自原有文明形态方面的巨大差异，促使两大文明跨越原有历史发展进程的鸿沟，然而，新中国成立之初，非洲大陆大多数国家尚未挣脱殖民枷锁的桎梏，进行着艰苦卓绝的反帝反殖、争取民族独立的斗争；中国则与现存的以资本主义为主导的国际社会格格不入，受到西方打压，由于受双方因素的制约，中非一时无法建立起一种现代意义的双边关系结构。

50年代初期，中国与非洲国家虽没有相互承认，没有建立外交关系，但中国与非洲民间友好交往却正常进行，新中国崭新的形象激起非洲人民

---

① 陈敦德：《探路在1964：周恩来飞往非洲》，解放军文艺出版社2007年版，第3页。
② 艾周昌、沐涛：《中非关系史》，华东师范大学出版社1996年版，第216页。

的无限遐想，看到了自己的前途，增强了与白人殖民主义斗争的意志，很多非洲人通过各种渠道了解中国，感受中国，而且此时中国对非洲的民间交往同样包含着政府之间的关系，民间关系与政府关系紧密相连。

第二次世界大战结束后，埃及、南非和法属西非殖民地反对殖民主义、种族主义，争取民族独立解放的斗争率先开始进行。在北非，埃及人民展开了废除英埃条约，要求收回苏伊士运河的斗争；阿尔及利亚、摩洛哥、突尼斯三国人民反对法国殖民统治，积极争取民族独立。在南非，南非黑人、亚洲人和有色人反对种族歧视和民族压迫、争取民主和平等权利的斗争持续不断，形式多种多样，规模也越来越大。在西非，“非洲民族联盟”在法属西非领导了要求实现政治、经济和社会解放的群众斗争。

中非人民间的支持历来是双向互动的。

对于第二次世界大战后非洲各地出现的民族解放运动，刚成立的中国政府给予了积极的声援，支持“非洲民族联盟”在西非领导的反法斗争；批评南非白人政府实行的种族隔离制度，及其推行的“镇压共产主义条例”。1950年9月13日，毛泽东主席代表中国人民电复南非联邦杜邦城“南非印度人大会”书记梅尔，表示完全支持他们反对种族歧视的正义斗争。自此以后，支持南非人民反对白人种族歧视的斗争成为中国外交工作中的一项重要内容。战斗的中国人民对于非洲人民反帝反殖的每番斗争、每次胜利，都会感到欢欣鼓舞。中国的报章杂志等新闻媒介不断报道有关非洲人民的斗争，以及国际社会坚决予以支持的消息，还大量刊登我国人民团体和社会各界人士谴责帝国主义在非洲进行残酷镇压的暴行，声援非洲各国争取独立斗争和评述非洲反帝事业发展的文章。50年代初期，中国的主要报刊先后发表的有关消息报道、信件、电文和文章共计540多篇。对于像法属西非非洲民主联盟进行艰苦卓绝的争取自由民主斗争、肯尼亚的“茅茅”起义都作了不少的报道和介绍。还报道了尼日利亚煤矿工人的大罢工，索马里兰、利比亚等国在联合国里争取独立斗争的消息。中国各阶层群众关注非洲政治形势的发展，表达他们强烈声援非洲人民反帝和争取独立斗争的决心。中国的声援支持对非洲人民的反抗斗争是个极大的鼓舞，中国的吸引力越来越大。

民族国家在国际社会的角色和地位很大程度上是依赖于彼此对对方形象的认同。20世纪50年代初面对着美国强大的军事优势，中国在朝鲜战场上坚持住了，并取得了胜利，这对非洲反抗西方殖民统治具有极大的精神鼓励。中国形象在争取独立的非洲人民心目中极为高大，成为他们向往的目标。就在与中国抗美援朝前后的1952年至1956年，肯尼亚爆发了反对英国殖民统治的"茅茅起义"，"茅茅"是由肯尼亚中部吉库尤部落成员组成反对白人殖民统治团体。他们抗议白人占据了当地最好的土地，这是第二次世界大战后在英属非洲殖民地发生的一次规模最大、持续最久的起义。其中一个领导人沃鲁休·伊托特为自己取了一个假名"中国将军"，以"中国将军"其中所蕴涵的中国胜利的形象激励部落起义者坚持斗争，争取胜利。不难看出当地人民对中国人民的敬意与憧憬。①

二

中国革命和社会主义建设的胜利是在世界上人口最多，长期受帝国主义列强奴役的落后国家里取得的。正在争取民族独立和解放的非洲人民迫切希望了解中国革命和建设的经验。20世纪50年代初期，我国虽然未同非洲国家建立外交关系，但中国与非洲的民间交往在冲破种种阻挠后，还是建立起来了。那时的直接交往是通过多种途径进行的。主要表现为人民之间在反帝反殖斗争基础上的相互支援和友好交往。中国政府也积极支持非洲人民的正义斗争，推进中非民间往来。这时期的中非关系也就有其显著的特殊性。

非洲人民在白人殖民统治下几乎无从了解中国。学校的欧洲籍教师经常在课堂上向非洲学生敌意描述中国的情况，宣扬"黄祸论"、"赤祸论"

① Philip Snow, Star Raft: *China's Encounter* with Africa, New York: Weidenfeld & Nicolson, 1988. p. 72.

妖魔化中国，这些白人恶意告诉非洲年轻人在共产党国家里实行共产共妻，到处宣扬中国共产党的独裁暴政形象，对中国国家形象进行邪恶化，以图在非洲人民心目中树立恶劣的中国形象。第二次世界大战后，白人殖民者也不得不面对这样一个事实——非洲国家的独立是迟早的事，为了培养日后能在其前殖民地执行自己意志的非洲臣民，西方各宗主国开始尽力向非洲年轻人提供在宗主国接受更高教育、通过西化教育成为自己附庸的机会，非洲年轻人出国求学人数增多。然而出国后，思维敏锐的非洲学生开始接触到反殖反帝和马克思主义思想的书籍刊物。他们了解到社会主义新中国的伟绩。于是一些非洲青年借助在苏联赞助下在中立的东欧国家举行的各种青年、工会和妇女大会的机会，同前来与会的中国代表密切接触，增进对中国的了解，对中国形象的认识。比如，第三届世界青年与学生和平联欢节于1951年8月在欧洲举行。出席会议的中国青年代表团8月19日邀请非洲和拉丁美洲的代表300多人一起举行联欢会，来自尼日利亚、黄金海岸（今加纳）、突尼斯、阿尔及利亚等国青年同中国代表亲切会见，交流情况，畅叙友好。1951年中非青年间的这段友谊，至今还传为佳话。1953年3月，中国青年代表团出席在维也纳举行的国际保卫青年权利大会期间，特意同埃及、阿尔及利亚、突尼斯、摩洛哥、马达加斯加和法属西非等非洲国家和地区的青年代表团举行了联欢，与他们进行了广泛的接触和建立联系，彼此增进友谊。这是1949年10月以来规模最大的一次中非民间交往。

其中一些非洲人十分向往到中国亲历变化，真实体验新中国形象。在中国举行的一些国际会议期间，不少非洲朋友利用在国际组织中任职的机会来华参加会议，还有一些非洲人是直接接受会议的邀请前来中国的。他们向中国人民表达了真诚友好的感情，也在中国进一步认识了社会主义新中国。例如，在1949年11月亚澳工会会议在北京举行，非洲苏丹工会联合会总书记阿勃杜拉以世界工联副主席的身份到会并讲了话。会后，他在11月24日北京人民庆祝亚澳工会会议成功大会上发表了热情洋溢的讲话。他说："我很愉快地以世界工联队伍行列中的工人们的名义，向你们致敬。我尤其愉快地向你们传达非洲殖民地人民的兄弟般的敬礼。他们以极大的关怀注视着中国人民所进行的解放战争，他们钦佩你们的伟大领袖毛泽东同志。他们对伟大的中华人民共和国的成立，感到无上的欢欣。”[①]同年12月，亚洲妇女代表会议在北京举行，会议邀请非洲代表作为来宾参加，埃及妇女、尼日利亚妇女联合会虽因故未能派代表到会，但都向会议发了贺电，阿尔及利亚、马达加斯加、象牙海岸（今科特迪瓦）的代表赶来参加了会议，都在会上发了言，称颂中国妇女获得解放，中国的胜利也支持了非洲人民的斗争。[②] 20世纪50年代初，不少非洲国家和地区的工会、青年和学生以及其他群众组织派代表来华访问，如：1950年9月阿尔及利亚民主青年联盟总书记克拉巴和非洲民主青年大会代表摩摩尼参加世界民主青年联盟代表团访华。1951年非洲工会代表团访华。1953年南非青年代表团来华参加国庆观礼活动，等等。后来，随着在中国召开的国际会议增多，来中国的非洲朋友人数也越来越多。1954年8月在北京举行世界民主青年联盟理事会时，非洲的代表和来宾除了来自阿尔及利亚、突尼斯之外，还有南非、苏丹、塞内加尔和尼日尔的代表。还有些非洲朋友是随同国际组织的访华团来华访问的。像1950年9月，世界民主青年联盟代表团成员阿尔及利亚的克拉巴和黑非洲的摩摩尼随团访问了解放后中国的一些城市、乡村、工厂和学校。他们看到中国人民高度的劳动热情深为感动，也盛赞中国人民对非洲人民的深情厚谊。摩摩尼动情地对中国记者说：“中国人民的胜利，也正是我们的胜利，因为它帮助了我们，鼓舞了我们，加强了我们的信心，使我们更加团结，坚持斗争。”[③]

从1951年下半年起，应我国人民团体的邀请，非洲组团来华访问陆续增多起来。1951年6月，非洲留尼旺学生代表团在华参观访问。1952年5月初，阿尔及利亚工会代表团应中华全国总工会的邀请前来我国参加“五一”节观礼。该团一行13人，作为一个非洲团体来华，人数之多过去是没有过的，团员绝大多数是阿尔及利亚各地区或行业工会的领导人。同

①《人民日报》，1949年11月24日。
② 中华全国民主妇联编：《亚洲妇女代表会议文献》，新华书店1950年版，第1、202、204、216页。
③《光明日报》，1950年9月26日。

年10月，由阿尔及利亚《新阿尔及利亚》杂志编辑、阿尔及利亚和平委员会代表穆罕默德·赛拉为团长的代表团应邀来北京，参加国庆观礼和列席在北京举行的亚洲及太平洋区域和平会议。1953年5月，非洲工会代表团4人应我总工会邀请访问中国和列席中国工会第七次代表大会，其成员都是阿尔及利亚、喀麦隆和法属西非的工会领导人，著名的有塞内加尔达喀尔邮电工会总书记迪亚洛·塞杜等人。我国领导人十分重视加强同非洲民族主义政党的联系，做好工作。例如1953年10月，我国邀请南非非洲人国民大会领导人华尔特·西苏鲁和青年联盟书记杜玛·诺克韦等人来华访问和参加我国国庆观礼，产生了很好的影响。这两人后来先后出任非洲人国民大会总书记的职务，对在南非传播中国形象发挥了积极作用。

这些来华非洲人在中国受到了盛情款待，中国政府为他们提供了前来北京及参观访问其他一些中国城市的费用，所到之处这些非洲代表团受到了英雄般的欢迎。他们被中国人抬到齐肩高，中国人民抛撒鲜花和缤纷彩纸，敲锣打鼓鞭炮齐鸣，他们所到之处一派浓郁中国传统的欢欣场面。来华非洲人站在大喇叭前高声向50多万欢呼的中国人宣告他们要求自由，他们要像中国人一样获得独立。而且他们还被邀请与中国领导人一起乘坐豪华轿车检阅庆祝集会与游行。这些名不见经传的年轻非洲男女在中国受到的最高礼遇，让他们终身难忘。南罗得西亚的一行人被邀请前往西安与毛泽东主席共同进餐。其他非洲来访者几乎非常自然地与毛泽东主席、周恩来总理、外交部长陈毅和所有其他高级官员会谈。

毫无疑问，这一切令前来中国的非洲朋友激动万分。南非非洲人国民大会的华尔特·西苏鲁，1953年受邀前来中国参加国庆观礼，在中国他感到自己有生以来第一次被作为有尊严的人对待。另一位南非非洲人国民大会党领导人莉莲·纳高依，两年后来到中国"立即感受到世界在她的一边"，她入住北京饭店，这令她极感荣耀。在南非她根本不会被允许进入约翰内斯堡最好的宾馆，在她看来，与北京饭店相比约翰内斯堡所谓最好的宾馆简直就是一个简陋的廉价小客栈。来自殖民地乌干达的一队年轻朝圣者的领导告诉中国人，他们以中国是自己人民的朋友而骄傲。“如果这种表达不足以真诚地传递站在你们一边的我们人民的感情，我将希望你们至少接受我们想要传递它们的真诚。”[1]

三

中非民间的频繁交往，增加了彼此的了解和友谊，在非洲人民心中牢固树立了中国平等友好真诚相待的国家形象，50年代初的这些民间交往也为中非国家间外交关系的建立奠定了基础。中国政府审时度势，依据国家形势和国际关系格局的变化，以及中国国际声誉的提高，为了冲破美国为首的破坏和阻挠，做出了打开国门，“必须走出去”的重大战略决策，[2] 1954年9月，在第一届全国人民代表大会第一次会议上，周恩来总理在《政府工作报告》中，希望同非洲国家“发展事务性的关系，以增加互相的接触和了解，并创造建立正常关系的有利条件。”[3]表达了中国政府希望进一步发展中非友好关系的愿望。

1955年在万隆召开的亚非会议带来中国与亚非国家的关系进入一个新阶段，也带来非洲各国人民对中国更深的认识。

1955年万隆会议是亚非国家举行的历史上第一次，也是没有殖民国家参加的大型会议。中国代表团由周恩来、陈毅、叶季壮、章汉夫、黄镇等人组成。非洲国家出席会议的有埃及、埃塞俄比亚、黄金海岸(今加纳)、利比里亚、利比亚和苏丹6国的代表，南非派了3名观察员。会议讨论的基本问题是反对殖民主义，争取民族独立，保卫世界和平，促进亚非国家间的友好合作。这次会议可以说是中国与亚非国家合作的典范，其成功，

① Philip Snow, Star Raft: *China's encounter with Africa*, New York: Weidenfeld & Nicolson, 1988. p. 73.
② 见毛泽东、周恩来在中共中央政治局扩大会议上的报告记录（1954年7月7日），载金冲及主编：《周恩来传》上册，中央文献出版社1988年版，第189—190页。
③《中华人民共和国对外关系文件集》，第3集，世界知识出版社1958年版，第158页。

不仅表现在它促进了亚非各国之间的团结和政治、经济、文化等领域的合作，而且它在实际意义上促成了中非双方的接触，直接促进了中国与非洲国家间关系的发展，实现了中非国家领导人之间的首次直接会晤。会议期间，总理宴请埃及总统纳赛尔，并同埃塞俄比亚、加纳、利比里亚和苏丹等国家或地区的代表进行了首次接触，中非双方在反帝、反殖和维护世界和平的主题上取得高度共识，为发展中非友好关系创造了良好条件。

万隆会议的成功举行同周恩来卓有成效的努力分不开。正是在周恩来的大力协调和引导下，击败了帝国主义的干扰和破坏，使会议坚持了正确的目标和方向，突出了亚非国家团结合作、反帝反殖、争取和维护民族独立的主题，使之成为对殖民主义、帝国主义的大示威、大打击，对殖民地人民解放斗争的大声援、大支持，而周恩来被公认为这次会议的灵魂人物和主角。周恩来在亚非万隆会议上的演说，以宽容大度的外交家风范和求同存异的外交理念，赢得了与会者暴风雨般的掌声，也平息了会议早先出现的风波。当时在印尼报道会议的著名美国记者鲍大可说：他是“用经过仔细挑选的措词简单说明了共产党中国对这次会议通情达理、心平气和的态度。”[①]伦敦《泰晤士报》评论说，会上“人们普遍地认为中国表现着最大的耐心和忍让”。[②]各国代表团高度评价这个演说，认为是“很好的演说”、“很和解的演说”、“体现了中国人既坚持了原则，又谦虚忍让的态度”。埃及代表团团长纳赛尔总统说，周恩来总是答复别人提出的问题，并公开表示“我喜欢他的演说”。[③]正是在万隆会议上，纳赛尔与周恩来建立起的相互信任使他们保持了忠贞不渝的友谊。苏丹总理伊斯梅尔·阿扎里表示，周恩来的演说使他进一步认识到新中国的善意和友好。非洲其他国家的代表，如科佐·博齐约（黄金海岸）、德雷萨（埃塞俄比亚）、马茂德·蒙塔塞尔（利比亚）等均表达了对中国的友好感情。周恩来在“补充发言”中表达的这些思想，后来成为中国发展同包括非洲国家在内的民族独立国

① 鲍大可：《周恩来在万隆》，中国社会科学出版社1985年版，第9页。
② 新华社1955年4月23日伦敦电。
③ 李慎之、张彦：《亚非会议日记》，中国新闻出版社1986年版，第18页。

家外交关系的一种重要指导思想。

万隆会议虽然是新中国第一次步入国际舞台，中国却赢得了极高的声誉，也为自己赢得了广阔的外交空间，打破了由于西方国家的封锁而使中国与世界上大部分国家的隔绝。“威望政策是合理对外政策的一个必不可少的要素。”[①]这次会议，中国通过在国际上塑造独立自主平等和平的国家形象维护了新中国在国内及国际上的威信，巩固了自己的合法地位，获得了国际社会的支持，提高了中国的国际地位。

中国和非洲国家政府间关系的发展，势必推动着中非之间的政党外交和民间交往的迅速发展。受到万隆会议精神的激励，以及非洲民族独立运动发展的需要，非洲民族主义政党纷纷建立起来，其发展之快，数量之多完全出乎人们的预料。据有些学者的初步统计，从1955年亚非会议到1960年的五年间，先后涌现出一百多个民族主义政党。它们分散在非洲每一个国家，地处偏远、过去反殖斗争一直比较滞后的国家，也都产生了一批民族主义政党。这在非洲民族独立斗争史上都是前所未有的。[②]不少政党分别在开罗、科纳克里、阿克拉、喀土穆、摩加迪沙等城市设立办事处。中国一贯支持非洲的民族独立运动，驻在那里的中国使馆可以就近多方面及时支持他们的斗争。中非之间的友好交往越来越密切，各种访问团逐年增多。仅就到达中国的访问团，据不完全统计，1958年有18个，1959年增加到39个，1960年激增到88个。[③]还应该指出，万隆会议之后，中非之间的贸易有了快速增长，到1960年时，中国与非洲国家的进出口贸易总额已达到1.1亿美元，比1955年亚非会议召开前增加了10倍。中国出口到非洲的商品，50年代初，非但数量少，而且品种单调，绿茶是主要商品之一。1955年后，商品的数量和品种都有较大的变化。

① [美] 汉斯·摩根索：《国家间的政治——寻求权力与和平的斗争》，中国人民公安大学出版社1990年版，第115页。

② 参见陆庭恩、刘静：《非洲民族主义政党和政党制度》，华东师大出版社1997年版，第134—151页。

③ 转引自陆庭恩：《非洲问题论集》，世界知识出版社2005年版，第576页。

四

20世纪50年代中国通过援助埃及和灵活的外交策略塑造积极的国家形象以获得国内外民众和国际社会的认可和拥护。中国与非洲大国埃及关系的发展堪称典范，也最具象征意义。

埃及是非洲的一个大国。它以深厚的历史底蕴和民族运动的持久、深入的发展深刻地影响着非洲大陆政治形势的演进。自古中国与埃及有着友好交往，近代以来两国各自在反对外来侵略和统治的斗争中相互支持和帮助。新中国成立后，中国政府十分重视发展同埃及人民的友好往来。1952年7月，以加麦尔·阿卜杜勒·纳赛尔为首的"自由军官组织"发动军事政变，推翻封建卖国的法鲁克王朝，取得民族革命的巨大胜利，这是埃及自1922年独立以来民族解放运动深入发展的重大成果。埃及新政权在反对英国的奴役政策，维护民族主权的斗争中，积极同我国发展关系。如1953年4月，委托商人昆地访问中国，主要提出中国能否购买埃及生产的长绒棉花的事宜。因为1952年埃及推翻法鲁克封建王朝的举动遭到了以英国为首的西方国家的反对，从前进口长绒棉花的西方国家以此来威胁埃及，埃及当时的经济还不发达，长绒棉花是主要的出口产品，以换回外汇。西方国家的扼杀，造成埃及大量的棉花积压。在这种情况下，纳赛尔开始试探性地与中国接触。当时我国的棉花生产自给有余，并不需要进口棉花，但周恩来总理决定，购买埃及长绒棉花，因为这里有外交考虑。1954、1955年中国从埃及进口了价值3637万美元的棉花和棉纱，大大减轻了埃及的经济压力。[①]"这种行为使得埃及对中国非常感激。"老一辈的埃及人至今还记得周恩来当时说的那句名言："如果每个中国人都添一寸布，就能买下埃及所有的棉花。"[②]中国当时的侠肝义胆在埃及人民心目中树立了

① 裴坚章主编：《中华人民共和国外交史1949—1956》，世界知识出版社1994年版，第276、278页。

② [埃及] 穆罕默德·努曼·贾拉勒：《中国革命与埃及"7·23"革命》，载贾拉勒主编：《埃及人眼中的中国》，上海外语教育出版社2006年版，第122页。

中国患难与共、慷慨助人的形象。

1952年“七月革命”后活跃在政治舞台上的一些政党主张埃及与我国建交。其中最重要的民族主义政党华夫脱党，最早于1953年1月1日在机关报《埃及人》报上发表的社论中要求埃及和其他阿拉伯国家承认真正代表中国人民的中华人民共和国政府。社论说：承认中华人民共和国将使埃及和其他阿拉伯国家能够取得经济上的利益，因为这将替它们开辟一个新的市场，使它们得到更多的进行贸易的机会。①在1953年夏天埃及共和国宣告成立不久，据埃及首任总统兼总理纳吉布透露，埃及政府曾经决定承认中华人民共和国，后来因为美国认为这是不友好的行动立即向埃及提出警告，埃及陷入了一种徘徊观望的态度。对此，周恩来曾经指示，对像埃及这样的国家与新中国建交的问题上，我方要采取善于等待、不必勉强、多做工作、促进关系和水到渠成的态度。后来，埃及通过第三国探询可否在同台湾保持外交关系的情况下向中国派出总领事。1953年12月17日，周恩来明确表示不能接受这种等于承认“两个中国”的办法，但可以考虑埃及派贸易代表以半官方身份常驻。1954年6月24日，周恩来总理由日内瓦赴印度访问途经开罗时向埃及报界发表谈话：“我很高兴……有此机会路过开罗。中国人民一向同情埃及人民的独立斗争。我愿趁此机会向埃及人民表示敬意！”第二天，埃及国家指导部部长赛拉·萨勒姆在谈到中国周总理在开罗机场发表谈话时说：埃中两国间有着传统的友谊，埃及争取独立的斗争正在向纵深发展，“我们对周恩来总理给予的同情表示感谢。”②毛泽东主席在1954年10月23日的谈话中，曾明确地指出：埃及属被压迫民族，他们的国家是由爱国的政党和团体领导的。这句话可以表示中国支持埃及争取独立斗争的坚定态度。

在万隆会议以前，由于受西方传媒对中国的恶意诬蔑与攻击的影响，

① 塔斯社开罗1953年1月1日电讯，转引自陆庭恩：《非洲问题论集》，世界知识出版社2005年版，第560页。

② 新华社开罗1954年6月27日电讯。转引自陆庭恩：《非洲问题论集》，世界知识出版社2005年版，第559页。

纳赛尔对中国缺乏真正的认识，对与中国发展关系有所顾虑。特别是在宗教的问题上，埃及全国总人口的92%是阿拉伯人，信奉伊斯兰教，它的首都开罗到处都是清真寺。西方报刊别有用心地造谣诬蔑新中国建国后，无神论的共产党“到处毁坏清真寺与教堂”、“焚烧《古兰经》与《圣经》”、“教徒都被当作反革命而关进监狱”等等，恶意毁坏中国形象。另外，纳赛尔在国内实行反共的政策，也使他对共产党执政的新中国不能不心存一些芥蒂与疑虑。可是，通过在万隆会议中对周恩来及中国政府代表团的接触与观察，他开始改变原有的看法。首先在宗教问题上，他注意到中国政府代表团成员中竟然有一位很有名望的伊斯兰教阿訇达浦生，这使他颇感意外。他曾示意自己的代表团成员、宗教事务部长巴·库尔去与达浦生接触，进行有关伊斯兰教及其他问题的交谈，获得的印象不错。他还得到报告说，这位中国阿訇在万隆与印度尼西亚伊斯兰教组织进行了交流活动。另外，纳赛尔也留意到周恩来在大会发言与会外活动中，不止一次地说中国“不输出革命”，并认为革命是不能输出的，中国人民尊重别国人民所选择的社会制度与生活方式，也希望其他国家尊重中国人民所选择的社会制度与生活方式。周恩来的人格魅力，作为人民总理真诚、坦率、友好地为新中国寻求朋友的态度，蕴涵着孔孟故乡的悠久文明的睿智儒雅。特别是会议陷入分裂的关键时刻，周恩来那金声玉振的关于求同存异的著名演说，力挽狂澜，维护了这次亚非会议成功的大局，都在他心中留下了深刻的印象。所以他在当场就热情地发表了赞扬周恩来的讲话。可见周恩来的外交风采确实影响了纳赛尔后来采取的对中国友好的行动。在万隆会议接近尾声的一次会晤中，纳赛尔向周恩来提出埃及正受到以色列的威胁，要周恩来帮助提供武器以加强防御能力。在万隆会议召开前不久的2月间，以色列部队袭击加沙地带的埃及陆军司令部，打死打伤近百人。加沙事件发生后，纳赛尔几夜未眠，想法购买急需的武器。他曾向英、美方面作过多次尝试。美国要埃及与其签订“共同防御条约”作为卖武器的先决条件。英国对埃及的订货单不予答复。而以色列从法国不断买到大量新式武器，变得越来越强大。他决定另找获得武器的渠道。周恩来同意帮助纳赛尔与苏联联系。纳赛尔回到开罗不久，苏联驻埃大使就向他证实，中国方面已经将埃及的要求转告了苏联政府；还说，苏联愿意提供任何数量的武器，包括现代化的飞机和坦克。正是这些武器打破了西方对埃及和阿拉伯世界的武器垄断和封锁，使苏联在西方一个重要势力范围内与其对峙。

纳赛尔后来说：万隆会议为加强埃及和中华人民共和国之间的关系奠定了基础，它使我们团结起来并确定了我们的目标。

万隆会议后埃及政府派出政府宗教事务部长库尔正式访问中国。这也是访问新中国的非洲独立国家的第一位部长级政府官员。中国给予了热情、友好、周到的接待。库尔部长率领的埃及代表团还特别参观了中国的穆斯林居民区和多处清真寺。后来有消息说，库尔回到埃及后对纳赛尔说：并没有西方宣传所说的事，中国的清真寺都保存完好，并没有毁坏教堂、迫害教徒的事发生，只是一些伊斯兰信徒与非穆斯林居民一样，生活还比较贫困。库尔部长赠送了1000英镑给中国伊斯兰教信徒，1000英镑给非穆斯林穷人，分别由中国伊斯兰协会和中国人民救济总会转交。库尔的这次访华使埃及人民更充分地认识了中国的宗教政策，有利于在埃及人民心目中塑造良好的中国形象，进一步排除了埃及方面与中国建交的顾虑。

1955年8月，埃及工商部长努赛尔访华，与中方签订了贸易协定及议定书，明确规定双方互设官方商务代表处。周恩来总理表示中国政府在开罗设立商代处，以经促政，作为建立正式外交关系的第一步。不到一年，埃及方面的官员就约见中国驻开罗商务代表处的工作人员，表示希望建立正式外交关系，决定撤回对台湾当局的承认，1956年5月30日，中国和埃及根据和平共处五项原则正式建立外交关系，5月30日，中埃两国政府发表建交联合公报，宣布正式建立大使级外交关系。在埃及人民反对殖民主义，反对帝国主义和霸权主义时，中国给予了埃及无私的帮助，因此，中国给当地人的最初印象是“革命战友”，这种良好的印象一直延续至今。2006年《环球时报》记者在开罗过马路时，一位老翁要求记者和他一起走，正当记者摸不着头脑时，这位老翁说：“你是中国人，我需要你的帮助，就像埃及和非洲需要中国一样！”记者以为老人在开玩笑，但过了马路后，老人说：“中国好啊，强大了，中国有原子弹，可以对付美国和任何敢欺负我们的国家。”显然，埃及老人把主持公理的希望寄托在了中国身上。[①] 2007年9月10日埃及人民议会议长苏鲁尔接受新华社等中国驻埃及媒体记者采访时这样评价埃中关系：“埃及和中国的关系非常好，是国家关系中的最高水平。中国是朋友，时间证明她的友谊是真诚的。”“埃及国家和人民都以赞赏和友好的眼光来看待中国。”[②]

中埃建交在世界上立即引起了很大的反响。美国指责埃及的行为，国务卿杜勒斯甚至赤裸裸地宣布，他将采取行动敦促法国向以色列提供武器，以作为对埃及的报复。许多国家的新闻界则认为，埃及承认人民中国是西方外交政策的“一次灾难性失败”。尽管外界反应强烈，埃及政府仍然非常重视同中国的关系，他们特意把中国驻埃及首任大使陈家康向纳赛尔总统递交国书的时间安排在7月22日中午12点，因为这一天是埃及革命节的前一天，而中午12点人们又都在家休息，是广播收听率很高的时候。更值得注意的是，当时正在埃及访问的联合国秘书长与纳赛尔会晤的时间紧随在陈家康大使递交国书之后。埃及是有影响的非洲大国又是阿拉伯大国，与埃及建交打开了中国的外交局面，并在整个非洲提升了中国形象。仅仅几年之后，摩洛哥、阿尔及利亚、苏丹和几内亚分别于1958年、1959年同我国建交。至1963年12月，中国已先后同埃及、摩洛哥、阿尔及利亚、苏丹、几内亚、加纳、马里、索马里、扎伊尔、坦噶尼喀、乌干达等11个非洲国家建立了外交关系。[③]

1960年9月，几内亚共和国总统塞古·杜尔（1922—1984）应中国国家主席刘少奇的邀请，率几内亚政府代表团对中国进行了友好访问，这

①《传统友谊老一代念念不忘，非洲人看中国不再陌生》，2006年11月8日，http://www.ce.cn/xwzx/gjss/gdxw/200611/08/t20061108_9323962.shtml 。

②《埃及和中国的关系非常好》，2007年9月11日，http://www.pladaily.com.cn/site1/xwpdxw/2007-09/11/content_946597.htm。

③ 刘维楚：《中国与非洲国家友好合作关系的回顾与展望》，载《湘潭大学学报（社会科学报）》1990年第2期，第94页。

是中非关系史上第一位非洲国家元首踏上中国大陆。第二年8月，加纳总统恩克鲁玛也来华访问。除此之外，万隆会议后到1963年底，中非政府间的部长级互访和民间人士的友好交往也日趋频繁，增进了中国与非洲各国人民的相互了解和友好合作，有力地推动了双方在经济和文化等领域的合作。

50年代后期中非间的接触越来越多。50年代初没有非洲人来到中国，而在50年代最后三年中仅比属刚果就有84个代表团前来中国。随着英国和法国对殖民地逐渐失去控制，自从15世纪以来中国人开始第一次与非洲执政者会见。最初，非洲新独立国家几乎都是位于撒哈拉以北的阿拉伯国家；但在1957年加纳成为第一个赢得自己独立的黑非洲领土。加纳政府和其他新生撒哈拉以南非洲国家最初不敢与中国打交道，担心激怒仇视中国的前欧洲宗主国。然而非洲人民的精神导师、美国黑人领袖、泛非运动创始人杜波依斯激励他们与北京接触。在1959年杜波依斯在北京庆祝了他91岁生日。在北京大学的演讲中他谆谆告诫非洲新政府应对中国予以特别关注，要研究中国，他语重心长地对非洲人民说："中国是你们的亲骨肉。"①

① Philip Snow, Star Raft: *China's encounter with* Africa，New York: Weidenfeld & Nicolson，1988，p. 74.

第二节
“周是我们的兄弟，坦桑尼亚是他的家”

一

20世纪50年代后期到60年代末，是中国同非洲国家友好关系发展的重要时期。中国政府在与非洲发展友好外交关系过程中，中国领导人就高度重视国家的国际形象问题，并在这方面作出了可贵探索并积累了不少宝贵经验。

“在国际舞台上，权力很大一部分起源于国家自身形象设计的能力，用于表达自身的军事、经济、政治和文化水平。”[①]新中国源于半殖民地半封建的旧中国，立国之际便面临外交上除旧布新，塑造崭新形象的问题。1949年新中国的成立对世界产生了巨大震撼，民族主义国家特别是周边国家对新中国也有一种陌生感、畏惧感。“人类传播的实质是传播者与接受者之间实现相同含义的交流。”[②]要做到这一点，新中国必须制定正确的对外政策，实行灵活有效的外交谋略和手段，处理好跨文化外交中的差异问题，树立良好的外交形象，沟通中国与国际社会，实现良性的交流与合作。中国将以何种外交形象出现不能不受世人注目。

概况而言，外交形象是“在一定时期之内，一个主权国家中央政府的外交活动在国际社会中所产生的影响以及由此而获得的基本评价”。[③]旧中国缺乏在国际社会中塑造自我外交形象的思想认识和主动性。鸦片战争

① 刘继南、周积华、段鹏等编：《国际传播与国家形象——国际关系的新视角》。北京广播学院出版社2002版，第100页。

② [美] 梅尔文·德弗勒和埃弗雷特·丹尼斯：《大众传播通论》，华夏出版社1989中译本，第10页。

③ 金正昆：《试论当代中国外交形象的塑造》，载《国际论坛》2003年第3期，第35页。

前，清政府长期执行闭关锁国的政策；鸦片战争后，中国外交也只是在被动中前进。几个世纪以来，中国在国际社会中的外交形象多是由非中国人来塑造的。新中国成立后，如何在复杂的国际环境中恰当地树立起自己的外交形象，如何运用适当的策略，通过各种手段、方式和媒介，有意识地介绍、宣传本国外交，使本国外交获得国内外受众的认可和好评。这是新中国面对的问题。

塑造新中国外交形象，所要传播的外交信息，即为一扫旧中国外交形象、反映站立起来的中国独立自主、追求和平、维持正义、愿与世界各国人民友好合作的新的外交形象。1949年10月1日，毛泽东主席在宣告中华人民共和国中央人民政府成立的公告中宣示："凡愿遵守平等、互利及相互尊重领土主权等项原则的任何外国政府，本政府均愿与之建立外交关系。"①周恩来指出："我们对外交问题有一个基本的立场，即中华民族独立的立场，独立自主、自力更生的立场。"②《共同纲领》宣告，新中国外交政策的原则为……拥护国际的持久和平和各国人民之间的友好合作，反对帝国主义的侵略政策和战争政策。③这些是中国最早宣示的参与国际关系的基本原则，也是后来中国对非洲外交政策的原则基础。概括而言就是中国要树立独立自主的外交形象。新中国外交"要另起炉灶"，在新的基础上同各国建立新外交；新中国反对国际关系中的霸权主义和强权政治，积极支持各被压迫民族的反抗斗争，塑造追求和平，维护正义的形象。毛泽东指出："今后的世界必须是人民的世界，世界各国必须由各国人民自己管自己"，④新中国愿意同外国政府在平等、互利和互相尊重领土主权的原则的基础之上，谈判建立外交关系的问题，中国人民愿意同世界各国人

① 世界知识出版社编：《中华人民共和国对外关系文件集（1949—1950）》（第1集），世界知识出版社1957年版，第4页。

② 《周恩来选集》（上卷），人民出版社1980年版，第321页。

③ 宋恩繁、黎家松编：《中华人民共和国外交大事记》（第1卷），世界知识出版社1997年版，第1页。

④ 中华人民共和国外交部、中共中央文献研究室编：《毛泽东外交文选》，中央文献出版社1994年版，第152页。

民实行友好合作。

新中国成立以后，中国各项外交基本政策的内涵导致了中国与非洲、国际社会确立双向认同关系，这是塑造良好国家形象的前提，而一个具备主动意识、发展意识和开创精神并以身作则、身体力行的领导集体，是中国塑造和提升国际形象的重要保证。新中国成立以后，中国共产党第一代领导集体曾经造就了新中国外交的一代风范，周恩来总理等领导人的的人格魅力印证了“精干外交能够出人意料地增长国家权力”的命题。万隆会议就是一个典范。

20世纪60年代由于中苏关系恶化，中美关系对立加剧，中国外交战略从“一边倒”开始转向“两条线”即同时“反帝（美）和反修（苏）”，在这样的国际环境下，中国外交空间较建国初期进一步缩小，为了打破美苏的外交孤立，毛主席先后提出了“两个中间地带”和“三个世界划分”理论，[①]在这种特定的国际环境下，中国将与非洲各国发展友好关系作为主要外交任务。

二

20世纪60年代初非洲的民族独立解放运动不断高涨，西方殖民统治土崩瓦解，非洲在觉醒。过去被殖民主义者视为黑暗愚昧的非洲大陆，在国际事务中正在发挥着越来越重要的作用，越来越成为世界政治舞台的一支不容忽视的力量。截至1963年底，独立的非洲国家已达34个。其中1960年就有17个国家取得独立，因此，这一年被称为“非洲独立年”。大批独立的民族主义国家相继诞生，非洲各国人民怀着强烈的民族自豪感走上历史舞台。到20世纪60年代末非洲独立国家已增加到41个。每当一个非洲新兴独立国家出现，中国政府都在坚持“一个中国”的前提下，立即宣

①《毛泽东选集》（第5卷），人民出版社1977年版，第600—601页。

布予以承认，并始终坚持“主权平等”和“不干涉内政”原则，尊重它们选择适合自身发展道路的权利。1964年，毛泽东在接见亚非朋友时表示，“我们之间相互平等”，“我们之间的相互关系是兄弟关系，不是老子对儿子的关系”。①

1963年12月14日，周恩来总理率领中华人民共和国政府代表团踏上正在觉醒的非洲大陆，行程十万八千里，首次访问非洲十国②，掀开了中国与非洲的友谊与交往史上崭新的一页。这次非洲之行在访问国家之多、时间之长、活动之丰富多彩，以及访问取得的丰硕成果和产生的深远影响上，均在国际交往中罕见，堪为政府首脑外交的经典杰作。

在访非第一站的开罗，周总理发表了富有诗意的讲话：“当我们作为中国人民的友好使者来到非洲的时候，我们看见的是一个觉醒的大陆，一个战斗的大陆。在这一片被帝国主义叫做黑暗大陆的辽阔土地上，自由的晨曦已经升起，帝国主义的殖民体系正在不可避免地走向土崩瓦解。”这是中国人民对非洲和阿拉伯人民的友好宣言，使中国赢得了非洲和阿拉伯国家持久信任，并加深了彼此间的传统友谊。纳赛尔总统在为周总理举行的国宴上深情地致辞说：“请大家站起来，同我一道向这位亲爱的朋友致敬。他的革命精神早在我们有机会同他直接会见之前就已经博得我们的钦佩了。在1955年同他会见之后（指万隆会议），我们钦佩之情更加深了。”③一国元首在宴会上要求全体起立，向一位外国总理致敬，这种超越外交礼宾规格、异乎寻常的礼仪，说明纳赛尔总统对周总理的深情和敬仰，也说明中国外交工作的成功。周总理在埃及一周访问取得了很大的成功。1963年12月20日晚，纳赛尔总统在周总理为他举行的盛大招待会上发表了热情洋溢的讲话，他在讲话中强调指出，周总理对埃及的访问，“超

① 黎家松主编：《中华人民共和国外交大事记》（第2卷），世界知识出版社2001年版，第433、438页。

② 这十国是：埃及、阿尔及利亚、摩洛哥、突尼斯、加纳、马里、几内亚、苏丹、埃塞俄比亚、索马里。

③ 转引自陆庭恩：《非洲问题论集》，世界知识出版社2005年版，第580页。

越了中埃两国的直接关系的范围”，“会在这个范围以外留下影响，并且为我们现时代的一些最重要的问题带来积极的好处”。“你对我国的访问，给了我们重温在前往万隆途中相聚在一起的友谊的机会。”①经常表达埃及政府观点的《共和国报》，在12月21日发表欢送周总理的文章中说，埃及之所以“真诚挚爱”周恩来，是因为他是“来自一个富有学识和自由的国度的一位和平、学识和自由的使者”。②

周总理在开罗与纳赛尔总统会谈时，提出了著名的中国处理与非洲和阿拉伯国家关系的五项原则，其中的第一条是：“支持非洲和阿拉伯国家人民反对帝国主义和新老殖民主义、争取和维护民族独立的斗争。”③周总理在其到访的每一个国家，都具体而鲜明地表达了中国政府的上述立场。

周恩来总理对加纳的访问格外引人关注。上世纪50年代和60年代初，加纳成为西非反帝反殖的中心地区。帝国主义和反对派处心积虑地要谋害有着重要影响的非洲杰出政治家恩克鲁玛总统。就在周恩来1964年1月访问加纳前十天，发生了一起行刺恩克鲁玛的震惊事件。尽管加纳国内局势极其不稳，周恩来为表示中国政府支持恩克鲁玛总统的决心，坚持如期往访，同时建议主人打破外交惯例，取消机场迎送仪式，并把会谈、宴会安排在当时恩克鲁玛居住的城堡内进行。周恩来还带去了毛泽东给恩克鲁玛总统的慰问信，恩克鲁玛接信后，感到十分高兴、无比欣慰，他当着周恩来的面，将慰问信交给新闻官要求全文发布。第二天，慰问信被加纳报纸在头版重要位置刊出，加电台也多次播出，非洲人民热情赞扬中国对新生的非洲国家表现了真正的关心和全力的支持。这一事实向非洲人民证明了中国文化尊重非洲人民的民族自尊心，提倡多体谅和理解别人。这在中非关系发展史中有很多动人写照。访问取得圆满成功。在会谈中，恩克鲁

①《人民日报》，1963年12月22日。
② 陆庭恩：《非洲问题论集》，世界知识出版社2005年版，第582页。
③ 中华人民共和国外交部，中共中央文献研究室编：《周恩来外交文选》，中央文献出版社1990年版，第387页。

玛对周恩来说："我个人、加纳政府和人民感谢你的访问。""你的访问是所有（外国领导人）对加纳访问中最好的一次访问。"①

在加纳时，周总理提出了中国援外八项原则，强调中国从来不把对外援助看作单方面的赐予，而认为援助是相互的；中国尊重受援国的主权，决不要求任何特权；中国的目的是帮助受援国逐步走上自力更生、经济独立发展的道路等。这些原则表达了中国真诚无私、尊重受援国主权的意愿。这八项原则后来也写进了中国同马里政府的《联合公报》中，在非洲不少国家转载后，产生了很大影响。著名的"五项原则"、"八项原则"是中国政府长期执行的重要原则，中国的所作所为证明，中国是广大非洲和阿拉伯人民患难与共、休戚相关的真正朋友。中国在非洲和阿拉伯国家心目中的地位，得到了空前的提高。1971年在联合国第26届大会上，中国在该组织中的合法地位得到了恢复。在这次投票表决时，通过了需要2/3绝对多数票，在所得76票中，有25票是非洲国家的，占总数的1/3。

三

1963年12月至1965年6月周恩来总理先后3次对非洲11国的正式访问都获得了圆满的成功，所到之处受到了隆重的接待和欢迎，留下了一幕幕感人的画面：在埃及，周总理访问1956年抗击英法侵略的埃及英雄城市塞得港时，出现了激动人心的欢迎场面。"大批群众，其中有成千上万挥舞着纸做的中国和阿联国旗的学生，在机场外面沿途排列成行"，夹道欢迎周恩来。"（周）总理乘巡逻艇在塞得港绕了一圈，并参观了船坞。港内所有的船只鸣笛致敬。"②在阿尔及利亚首都阿尔及尔，周总理在第一

① 周恩来同恩克鲁玛总统第三次会谈记录（1964年1月15日），转引自金冲及主编：《周恩来传》下册，中央文献出版社1988年版，第764页。

② 分别引自合众国际社开罗1963年12月17日电、法新社塞得港1963年12月17日电。转引自陆庭恩：《非洲问题论集》，世界知识出版社2005年版，第588页。

副总理布迈丁的陪同下，参加了将以法国总督“若纳”命名的一条交通大道改为“北京大街”的命名典礼；在索马里，著名诗人阿里·苏古勒为周总理的访问特作一支新歌，“中国人民，我们的好朋友”。当周总理先后到达马里首都巴马科、几内亚首都科纳克里时，两国政府都宣布该天为公共假日，好让群众参加欢迎活动。“几内亚出现了倾国倾城的欢迎场面。从首都科纳克里到金迪亚、拉贝，从城市到农村，穿着节日盛装的几内亚人民自发地涌上街头，唱着跳着疾风暴雨般的几内亚民族歌舞，用最热烈的方式、最高的礼仪欢迎周总理，充分表达了几内亚人民对中国人民的友情。”[①]在金迪亚，当地工人、学生和驻军举行盛大的庆祝集会和游行，欢迎中国客人的到来。周总理前往拉贝访问时，“全城15万居民几乎全体出来欢迎”。[②]苏丹是个信仰伊斯兰教的国家，周恩来到访时，正值斋月期间，但在首都喀土穆依然有成千上万的群众涌上大街，夹道欢迎中国领导人。[③]

周总理在访非活动中，充分体现了中国作为一个与非洲各国有着共同历史遭遇的国家对非洲政府和人民怀有十分亲切的感情和平等相待、互尊互爱的精神，给非洲国家留下了深刻的印象。周恩来总理温文尔雅的风度征服了他所到往的非洲各国，非洲感到他们正在与一个人在打交道。“周是我们的兄弟，”坦桑尼亚首都街头一个标语上写道，“坦桑尼亚是他的家。”[④]

非洲一些国家掀起了邀请周总理访问的热潮。早在1963年12月23日，突尼斯的一家刊物发表专论文章，说周恩来访非的影响已开始越出欢迎他的那些国家，某些国家政府已对没有同中国建交而感到遗憾。[⑤]他们纷纷

① 外交部外交史研究室编：《新中国外交风云》第3辑，世界知识出版社1994年版，第43—44页。

② 合众国际社拉贝1964年1月25日电。陆庭恩：《非洲问题论集》，世界知识出版社2005年版，第588页。

③ 法新社喀土穆1964年1月27日法文电。陆庭恩：《非洲问题论集》，世界知识出版社2005年版，第588页。

④ Philip Snow, Star Raft: *China's encounter with Africa*, New York: Weidenfeld & Nicolson, 1988, p. 88.

⑤ [突]《青年非洲》（法文），1963年12月23日。

邀请周总理前去访问。事实正是如此，突尼斯、埃塞俄比亚、坦噶尼喀、肯尼亚、乌干达、桑给巴尔、布隆迪等国，都是在周总理到达非洲后向他发出邀请的。[1]还有一些国家的群众组织和民间团体，强烈要求本国政府邀请周恩来进行友好访问，如尼日利亚的尼日利亚—中国友好协会致信本国总理巴勒瓦要求同人民中国建立外交关系，并邀请周恩来总理访问尼日利亚。当时的尼日利亚联邦外交国务秘书努胡·巴马利公开表示："尽管我们同共产党中国没有外交关系，但是我们在事实上承认了它。"[2]

正因为周总理首访非洲有着十分重要的意义，国际舆论特别是西方新闻媒体从一开始就异常重视这次访问。路透社首席外交记者布赖恩·霍顿认为，周恩来的访问"是中国扩大在非洲的接触和影响的一项重大行动"，指出西方国家的官员密切注意访问的详情，因为这将是"亚非政治和整个东西方关系中一个重大的新发展"[3]。美国《基督教科学箴言报》1963年12月9日以《北京集中注意非洲》为标题发表报道，认为周恩来访非"具有长期的重要意义"，"有助于北京和新兴的非洲之间一种遥远的然而相互有利的关系，这种关系在未来十年内可能重新确立各国的外交"。法新社在评论周恩来访非时强调指出，这次访非将产生的效果要"比中国实际政治经济威力更大的威望，使得中国今后在非洲地区成为一个不可忽视的因素"。[4]

周恩来总理对非洲的友好访问开创了我国同非洲国家之间关系的新局面，他在近两个月里访问了十个国情不完全相同的国家。周总理以其"谦逊、聪敏、很讲道理"（西方记者的评论），给所有人留下了深刻的印象。中国境外的政治评论家认为，周总理访非"已经证明中国同新兴非洲关系中的一个巨大成功"，"周总理已获得了这一成功，而没有向他的任何东道

---

① 后因多种原因，访问坦噶尼喀、肯尼亚、乌干达、桑给巴尔、布隆迪等国未能实现。
② 法新社拉各斯1964年1月22日法文电。
③ 路透社伦敦1963年12月10日电。
④ 法新社巴黎1963年12月10日电。

国施加任何压力……他的言行表现出是一个非常通情达理而且说话和气的领导人，从而，确立了一个甚至连采访他这次旅行的一些西方记者都感到可亲的、而且有时也是无法抗拒的形象。”[①]纳赛尔总统在周总理参加的埃及教育日大会讲话中说：“周总理是亚洲的杰出领导人、中国革命的创造者和伟大的中国人民的活生生的象征。”[②]周恩来以个人的魅力，为中国在非洲国家树立了和平友好的形象，赢得了崇高的声誉，扩大了反帝反殖的统一战线。

四

在对非洲传播中国外交形象的过程中，中国政府也意识到外交人员的素质直接决定外交形象的塑造效果。“传播者不仅决定着传播活动的存在与发展，而且决定着信息内容的质量与数量、流量与流向”。[③]新中国慎重配置外交人员，对他们的基本立场、思想领导、组织纪律、个人修养都作了严格规定。周恩来要求：“我们对每一个战斗、每一件事情，都要重视，都要有信心，不要怕，但也不要盲目冲动，否则就会产生盲目排外的情绪。”[④] 1951 年 8 月周恩来向中央人民政府做外交工作的报告，为外交干部规定了十六字方针：站稳立场、掌握政策、钻研业务、严守纪律。[⑤]这是他根据长期外交实践对外交人员作风的总结，成为所有外交工作者应有的要求。早在 50 年代末中国外交部组建一个非洲专家外交使团。这些外交官中最显著之处是他们已经与周恩来工作多年，与那些习惯于同外国人

① 新华社卡拉奇 1964 年 1 月 25 日电。

② 中共中央文献研究室编：《周恩来年谱：1949—1976》下卷，中央文献出版社 1997 年版，第 601 页。

③ 邵培仁：《传播学导论》，浙江大学出版社 1997 年版，第 128 页。

④ 中华人民共和国外交部，中共中央文献研究室编：《周恩来外交文选》，中央文献出版社 1990 年版，第 5 页。

⑤ 裴默农：《周恩来与新中国外交》，中共中央党校出版社 2002 年版，第 73 页。

打交道的许多同事不同。何英，坦桑尼亚大使，一直住在马来亚；黄华，加纳大使，在第二次世界大战期间及战后他曾帮助接待了美国派来的各种来华与中国共产党谈判的代表团。

新中国的驻非外交官员们机智，老练，英语流利，最重要的是他们极其友善，在鸡尾酒会和宴会上易于和蔼可亲地与非洲人打成一片。在传统的非洲宴会上，中国外交官发现正如他们所预料到的这种场合充满了令人吃惊的风俗：直接用他们自己的手指吃谷物、肉和肉汁，或者顺从主人的好客，由主人亲自将食物送到他们嘴里。任何熟悉中国使用筷子和手指托碗讲究的人都能想象出，这一切对中国人来说是何等遭罪。但外交官们不以苦乐为意，与所有西方人的表现不同。非洲友人对此十分欣赏，认为中国人是最值得交的朋友。也正是在这些人的努力之下，自周总理访非后到1976年底，中国又先后同刚果、中非、赞比亚、贝宁、毛里塔尼亚、赤道几内亚、埃塞俄比亚、尼日利亚、喀麦隆、塞拉利昂、卢旺达、塞内加尔、毛里求斯、马达加斯加、乍得、上沃尔特（即今布基纳法索）、加蓬、冈比亚、博茨瓦纳、莫桑比克、圣多美和普林西比、科摩罗、佛得角、塞舌尔等24个非洲国家建立了外交关系，与中国建交的非洲国家总数达41个，而当时非洲已独立的国家仅48个。

中非交往中，新中国外交发展出自己的气派和作风，在外交宗旨上始终拥护国际的持久和平和各国人民之间的友好合作，在外交风格上努力塑造友好之声、祥和之声，表达中国人民维护世界人民根本利益的感情；树立起新中国崭新的外交形象，使中国获得了并不完全与自己的国力相称的良好的外交形象，赢得了一切主持正义的国家和人民的理解和认同。新中国良好的外交形象，对于巩固新生的政权，激发全国人民的自尊心、自信心，对于弘扬独立自主、奋发图强的民族精神，对于在平等的基础上发展和世界各国的外交关系，为中国革命和建设创造有利的国际环境，增进中国在地区和世界上的影响力，都起到了巨大的作用。据统计，1957年3月至1986年12月，中国有20位主要领导人对撒哈拉以南31个非洲国家进行了88次访问。同期，39个撒哈拉以南非洲国家的元首、副元首和政府首脑访华117次。[1]

中国对非外交取得了巨大的成就，正如周总理在强调访非的重要性时所说："我们必须打破两个超级大国在我们周围筑起的高墙。我们必须走出去，让别人看到我们，听到我们的声音。"[2]整个70年代，我国就同25个非洲国家建交。美国著名中国问题专家哈里·哈丁认为，中国在20世纪六七十年代所赢得的国际影响远远高于物质力量所能提供的水平，给"当代国际体系中的权力命题提出了解释的难题"。[3]

第三节
"全天候的朋友"

一

半个世纪风风雨雨，中非友谊经历了考验，中非关系总体而言是非常融洽、非常和谐的，赞比亚前总统卡翁达赞扬中国是"全天候的朋友"。其中，中国和非洲国家领导人的高层互访和首脑外交所起的作用功不可没。从1956年与埃及建交以来至20世纪末，中国先后与53个非洲独立国家中的50个建立了外交关系，同中国保持外交关系现有48个。已有50个非洲国家元首和20多个政府首脑访华近200余次。[4]据有关部分统计，50年来中非高层互访达800多起，其中中国领导人和外长访非160多起，非

① 中华人民共和国外交部外交史编辑室主编：《中国外交概览1987》，世界知识出版社1987年版，第148页。
② 陈敦德：《探路之行 周恩来飞往非洲》，世界知识出版社1999年版，第180页。
③ *China's Foreign Relations in the 1980s*, ed. by Harry Harding. New Haven : Yale University Press, 1984, p. 173.
④ 吉佩定:《中非友好合作五十年》，世界知识出版社2000年版，第99页。

洲51个国家524位部长极以上领导人访华676次。[1]频繁的首脑外交为中非关系营造了一种良好的气氛，为中非间更大的信任、合作、消除分歧和达成牢固的协议铺平了道路。更重要的是，首脑外交体现了平等观念。平等意味着尊重主权和不干涉他国内政。中非之间的平等关系可谓国际关系的楷模。中非人民之间的友谊也由此得到了加强。

首脑外交是中非关系中的一个主要特点。由于高层领导之间的交往对于增进双边友谊、改善国家间关系具有十分特殊的作用，故当代世界首脑外交成为外交领域的一个重要内容。中非频繁的首脑外交不仅在非洲与他国的关系中少有，在中国与其他大陆的关系中也不多见。周恩来总理初次访问突尼斯时，突尼斯总统布尔吉巴说，他主张各国领导人应加强相互接触。周恩来对此深表同意，说，我们相信，通过领导人的接触和交换意见，我们总是可以增加相互了解，求同存异，并且为我们共同目标而加强努力的。中国与突尼斯和埃塞俄比亚外交关系的建立，就是周恩来访非时和布尔吉巴总统、塞拉西皇帝亲切会见的结果，通过面对面的交换意见和释疑，达到了求同存异的目的，堪称中国外交史上首脑外交、高层领导人互访圆满成功的范例。在以后的中非交往中，我国国家领导人在和平共处五项原则基础上通过一系列外交活动展现了中华民族精神、展示了个人魅力，有效地提升了非洲公众对其本人和中国国家的浓厚兴趣和良好印象。

改革开放后，中国最高领导人对非洲访问的次数明显增多。80年代中非首脑外交密集展开是与国内外形势发生深刻变化分不开的。20世纪八九十年代，东欧剧变，苏联解体，冷战结束，两极格局瓦解。经济区域化、一体化和多边合作趋势显现。国际环境发生深刻变迁。在此国际环境下，中国经历了变革与挑战："文革"结束，全党工作重心实现了从"以阶级斗争为纲"向"以经济建设为中心"的战略转移，走上建设有中国特色社会主义的道路并取得举世瞩目的成就。中国强调奉行独立自主的外交路

① 黄舍骄：《相知无远近 万里尚为邻——非洲国家领导人对中国的友好访问》，载陆苗耕、黄舍骄、林怡主编：《同心若金——中非友好关系的辉煌历程》，世界知识出版社2006年版，第133页。

线，不再突出国家关系中的意识形态因素，外交政策转向以服务国内经济建设为根本目标。用邓小平的话来说，就是“中国不打美国牌，也不打苏联牌，中国也不允许别人打中国牌。中国对外政策的目标是争取世界和平。在争取和平的前提下，一心一意搞现代化建设，发展自己的国家，建设具有中国特色的社会主义。”①中国外交指导原则已从意识形态理念转向了务实，从无条件的国际主义转向了国家利益优先。1982年底至1983年初，中国总理访问非洲11国时，提出“平等互利、讲求实效、形式多样、共同发展”的中非经济技术合作四项原则，传递的是淡化意识形态、突出经济合作、确立中非关系新起点的重要信息。但中国仍继续高度重视第三世界国家的战略地位和作用，加强同他们的团结与合作并不断巩固和发展。

对非洲而言，冷战后，非洲被进一步“边缘化”，已失去原有的战略地位及与西方国家进行讨价还价的某些筹码。冷战时期被掩盖的各种矛盾被暴露并激化，西方利用非洲国家在冷战后所面临的困难，在非洲强行推销西方政治体制和价值观念，特别是“多党民主制”、“民主化”在非洲的推行，给非洲带来空前的动荡，不少国家政局动荡、经济下滑。直到1995年才逐步转向稳定。面对西方的政治高压，非洲国家也正出现新的觉醒，希望借助中国的大国地位和作用，扩大在国际上的外交回旋余地，同时通过与中国的合作，改变越来越不利于非洲和其他发展中国家的国际环境。中国作为最大的发展中国家和联合国安理会常任理事国，在联合国等国际机构也确实曾多次为非洲国家仗义执言。

二

中国改革开放总设计师邓小平非常关注非洲发展，多次与来华访问的非洲领导人进行推心置腹的谈话，介绍中国革命和建设的经验和教训，鼓

① 邓小平：《邓小平文选》第3卷，人民出版社1994年版，第57页。

励非洲国家自主探索符合本国国情的政治制度和发展道路。邓小平一再向非洲朋友表明，作为社会主义国家，中国对外政策的基础是“反对霸权主义，维护世界和平”，中国永远属于第三世界，永远不称霸。1978 年 5 月 7 日，邓小平在会见马达加斯加政府经贸代表团时，风趣地说，如果将来“中国翘起尾巴了，在世界上称王称霸，指手画脚，那就会把自己开除出第三世界的‘界籍’”。1984 年 10 月 26 日，邓小平对马尔代夫总统加饶姆说，“联合国安理会常任理事国中国算一个。中国这一票是第三世界的，是名副其实地属于第三世界不发达国家的”，中国“将来发展起来了，还是属于第三世界，永远不做超级大国”。他还表示，目前我们对非洲的帮助是有限的，因为我们的条件还差，也许再过 10 年、20 年，中国情况会好些，能为第三世界的穷朋友做更大的贡献。非洲国家对中国改革开放后继续把他们作为自己的真诚相助的朋友深为感动。

1980 年代中后期，邓小平多次向国际社会阐述他对战争危险性问题的新看法和判断，希望非洲国家利用和平国际环境发展自己。1988 年 6 月 22 日，他在会见埃塞俄比亚总统门格斯图时说：“现在国际形势看来会有个比较长期的和平环境，即不爆发第三次世界大战的环境。我们都是第三世界国家，要紧紧抓住经济建设这个中心，不要丧失时机。”1989 年 3 月 23 日，他对乌干达总统姆塞维尼说：“我们非常关注非洲的发展与繁荣。我们高兴地看到，第二次世界大战后，许多非洲国家都独立了，这为发展创造了最好的条件。经过多年奋斗，现在国际形势趋向缓和，世界大战可以避免，非洲国家要利用这一有利的和平国际环境来发展自己。要根据本国的条件制定发展战略和政策，搞好民族团结，通过全体人民的共同努力，使经济得到发展。”邓小平希望非洲国家解放思想，独立思考，不要急于搞社会主义，指出贫穷不是社会主义。

进入 1980 年代，世界面临和平与发展两大主题。发展的两个核心问题是南北对话与南南合作。邓小平积极倡导、推动和开拓南南合作。1982 年 1 月，他在会见阿尔及利亚政府代表团时说：“‘南南合作’是新提法，这个提法好，应该给发明者一枚勋章。”他认为，第三世界国家要巩固国家独立，发展民族经济，仅仅依靠南北对话和合作是不行的，还必须开展南南合作。第三世界国家资源丰富，能互通有无，相互合作，可以解决许多问题，前景是很好的。第三世界国家根本利益是一致的，穷帮穷，南南合作有坚实的政治基础。邓小平强调“要采取新途径加强南南之间的合作”。他还指出，南南合作也可以推动南北合作。在邓小平亲自推动下，中国、突尼斯和科威特共同创建了现代复合肥料合作项目。1985年2月，中国－阿拉伯化肥有限公司在秦皇岛诞生，成为南南合作的典范。

中国历来主张在和平共处五项原则的基础上，处理和发展同非洲国家的关系，以利于世界的和平与发展，反对干涉非洲国家内政。1990年7月11日，邓小平在与加拿大前总理特鲁多谈到非洲时说：“非洲统一组织的强烈的普遍的呼声就是要求别国不要干涉他们的内政。这是世界局势的一个大背景。在这样的背景下，如果西方发达国家坚持干涉别国，干涉别国的社会制度，那就会形成国际动乱，特别是第三世界不发达国家的动乱。第三世界要求有稳定的政治环境来摆脱贫困。”

邓小平强调非洲国家要根据本国国情制定发展战略和政策，外国经验可以借鉴，但是绝对不能照搬。世界上的问题不可能都用一个模式解决。许多非洲国家在中国的影响下，加快改革开放和探索本国的发展模式。邓小平1982年5月6日在会见非洲客人时说，我们一方面实行开放政策，另一方面坚持自力更生为主的方针，“我们向第三世界朋友介绍的首要经验就是自力更生”，“要发展经济，还是要靠自力更生、量力而行这个原则”。①

非洲国家对邓小平给予高度评价，对中国的未来充满信心。肯尼亚总统莫伊说，邓小平“对中国当时的现状的分析和对未来的展望，给我留下了深刻的印象。他告诉我，他想建设一个有中国特色的崭新的中国。”“邓小平是一个真正使中国进行改革开放的伟人。”“他在思考着中国的未来，一直在思索中国如何向前发展的问题。他对中国的发展目标胸有成竹，希

① 戴严：《邓小平同志与非洲国家领导人畅谈改革开放》，载陆苗耕、黄舍骄、林怡主编：《同心若金——中非友好关系的辉煌历程》，第93—103页。

望中国人民主要依靠自己的力量发展自己，而这一点中国确实做到了，并且已经发展成为经济巨人。”莫伊强调：“邓小平给中国留下了永久的宝贵财富。我对中国人民充满信心。”莫桑比克总统希萨诺不止一次讲到，他最尊敬的是中国的邓小平主席，邓小平不仅是中国人民的伟大领袖，也是世界上伟大领袖之一，是我最尊敬的领袖和导师。1988年5月18日，希萨诺在与邓小平会见时向他提出怎么莫桑比克搞社会主义越搞越穷，难道贫穷就是社会主义？邓小平说，“解放思想，独立思考。你们根据自己的条件，可否考虑现在不要急于搞社会主义，确定社会主义的方向是可以的，但首先要了解什么是社会主义，贫穷绝不是社会主义。要讲社会主义，也只能讲符合莫桑比克实际情况的社会主义。”这些语重心长的话对希萨诺很有启示，回国后他将莫桑比克人民共和国改为莫桑比克共和国，走自己的路，大胆提出“务实、开明、开放”的政策，提出了住房可以私有化、物价开放可以持久化、私人汽车搞客运可以合法化的三点设想，深得民心，得到政府内部大多数人的支持和赞赏，使莫桑比克得以前进和发展，人民的生活得到了很大的改善。卡翁达在2004年8月说，毛泽东使中国从战争的废墟中站了起来，邓小平的改革开放使中国走向了世界，使人们看到了一个强大的中国可以为世界的和平与发展做出重要的贡献。他们都是时代的伟人，中国有这样的领导人是幸运的。“邓小平将作为中国最伟大的领导人之一而载入史册。他的改革开放政策在中国和世界之间架起了互相了解的桥梁，使人们认识到一个富强的中国可以为世界做出巨大贡献。”他还说：“邓小平是一位伟大的爱国者。他领导的改革开放不仅改变了中国，也改变了世界。”建设一个13亿人口的国家绝非易事，幸运的是，中国目前的政策很好，只要坚持下去，中国的前途一定会更加光明，也一定会为世界做出更大的贡献。

三

邓小平丰富和发展了我国独立自主的和平外交政策，提出和平与发展是时代的主题，坚持在和平共处五项原则基础上发展同所有国家的友好合作关系。邓小平提出的不“以苏划线”和“以美划线”的方针，更突出了中国在非洲独立自主和平发展的外交形象，增进了非洲各国和人民对中国的认识。80年代，中国顺利地实现了同吉布提、津巴布韦、纳米比亚的建交，又克服了长期存在的障碍，同安哥拉、科特迪瓦、莱索托建交，使51个非洲国家中，与中国有正式外交关系的国家由70年代的44个增加到47个。

中国与非洲国家首脑往来增多，从1981年至1989年，仅应邀访华的非洲国家元首就有55位，平均每年6位以上，有力地推动了中非之间的了解和友谊，有利于改善提高中国形象。1983年1月，中国总理访问了10个非洲国家并宣布中国同非洲国家开展经济技术合作的四项原则。90年代，中国国家主席首次踏访非洲大陆，先是李先念主席访问索马里、马达加斯加和埃及。穆巴拉克总统称埃及与中国是“肝胆相照的朋友，情同手足的兄弟”。1992年当时的杨尚昆主席访问了埃及、摩洛哥、突尼斯和科特迪瓦，并提出在新的国际形势下，发展同非洲国家关系的6项原则，强调支持非洲国家维护主权和反对外来干涉的同时，支持非洲实现一体化和中非间发展形式多样的经济合作等内容。科特迪瓦赞扬杨主席访问是两国加强合作的新起点。

1995年后，中国国家领导人江泽民、李鹏、朱镕基、胡锦涛、李岚清等接连访问非洲国家，这种高层连续出访非洲国家，在中非建交50年来是绝无仅有的，表明中国领导人在两极格局结束后，世界朝多极化方向发展时，对非洲格外重视。其中1996年5月江泽民主席对非洲6国的访问，是冷战结束后中国最高领导人首次对非洲的历史性访问。江泽民主席在访问期间，系统阐述了新时期中国对非洲的方针政策，并应非洲统一组织邀请，在非统总部发表题为《为中非友好创立新的历史丰碑》的重要讲话，明确表示中国愿意同非洲国家构筑面向21世纪的长期稳定、全面合作的伙伴关系，并提出5点原则建议：真诚友好、平等相待、团结合作、共同发展、面向未来。5点建议深刻阐明了中国面向新世纪发展同非洲国家友好合作关系的基本方针，得到非洲国家的广泛认同。五点建议的内容和精神全面超越了意识形态的传统框架，突出了中国支持非洲发展的坚定政策，为进入21世纪的中非合作确立了指导原则。①

江泽民主席的这次访非可以说是20世纪90年代中国领导人最重要的一次对非访问，所访国高度赞扬江泽民来访。肯尼亚莫伊总统指出，江泽民主席是中国最高领导人首次访问肯尼亚，"这是一次历史性的访问"。肯尼亚是伟大中国的朋友，江泽民是肯尼亚和非洲人民的伟大朋友。埃塞俄比亚总统和总理均热情赞扬，江泽民来访使埃塞俄比亚不胜殊荣。埃塞外长等高级官员表示，江泽民主席来访将两国关系提升到一个新的高度，注入了新的活力，认为这是江泽民对非洲的重要访问，中国是非洲发展与安定的重要伙伴。所访国媒体均大量突出地报道了江泽民主席访问，称在两国关系史上具有划时代的意义，实现了三十多年的梦想。媒体赞扬江泽民在非统总部演讲中关于发展中非关系的五点建议是新形势下中国对非洲的"庄严承诺"，非常鼓舞人心。未访国也表示，江泽民主席访问六个非洲国家，如同访问了其他非洲国家一样。坦桑、赞比亚等国友好人士认为，江泽民访非体现了中国的对外政策继续重视非洲，中国是非洲真正可以依赖的"全天候朋友"。

这次访非不仅进一步巩固和发展中非关系，为中非建立面向21世纪长期稳定的国家关系铺平了道路，还将一个健康、成熟、平等、友好的中国形象深植在非洲。

不仅中国对非洲展开首脑外交，非洲领导人对中国的首脑外交也很密集，这折射出双方关系目前又达到历史上的一个高峰。非洲国家元首频频访华，出现前所未有的纷忙景象。几内亚总统杜尔20年后重访中国，深

① 参见《江泽民文选》第1卷，人民出版社2006年版，第528—529页。

情地说，中国对非洲援助是“无私的”，与非洲合作是“榜样性”的。在中国他目睹了中国以经济建设为中心的繁荣景象，对中国形象有了重新认识，盛赞改革开放后的中国。回国后，经过一段时间的思考，他在几内亚民主党十二大上郑重宣布实行对外全面开放、对内大力发展经济的新方针。坦桑尼亚、赞比亚、加蓬、多哥、刚果（布）、扎伊尔等国总统多次访华，尼雷尔总统赞扬中国的改革开放使中国经济迅速发展，又能坚持社会主义方向，给中国带来了巨大的希望。刚果（布）总统萨苏称中国在安理会常任理事国的一票代表了第三世界的利益，中国的声音就是第三世界的声音。埃及、突尼斯、肯尼亚等不少国家自两国建交以来首次由国家元首率团访华，肯尼亚总统莫伊对邓小平赞扬他多年来执行明智的内外政策，非常感动，并表示访华是向中国学习而来的。

尤其可贵的是，当20世纪80年代末，中国出现政治风波，西方国家纷纷制裁封锁中国时，第一位来华访问的外长和国家元首均来自非洲，这对我国打破西方国家的政治经济制裁具有重要的意义。中国领导人和非洲国家领导人此时的互访也体现出中国人民和非洲人民的友谊是经得起考验的。

四

在中国对外关系中，非洲大陆占有极其重要的地位。广袤富饶的非洲拥有8亿多人口和丰富的自然资源，有53个国家和地区的强大集体政治力量。非洲一直是中国传统战略盟友和重要性日益上升的经贸伙伴。非洲国家对中国发展的认同、接受、羡慕乃至主动追随效仿，必然会在相当程度上有助于中国更为稳定更为安全地获得经济发展所需要的原材料和商品市场，有助于中国获得必要的政治和外交支持。中国之所以长期把发展同非洲的关系作为自身的外交基石，就在于通过双边的互助互援，共同增进双方的政治和经济利益，提升双方在世界体系中的地位、作用的影响力。

自2000年10月建立“中非合作论坛”以来，双方领导人和政府部门的友好往来与合作较以往更加频繁，高级领导人互访的次数保持在年均10次左右。[①]据粗略统计，2001年至2004年，中国主要领导人先后22次访问非洲，36位非洲国家的总统、总理和议长访华。2005年中非双方政治交往更加密集，部长以上级别的互访达到近50人次。目前非洲53个独立国家中有48个同中国保持外交关系。[②]

2004年国家主席胡锦涛访问非洲埃及、加蓬等国，这是国家新一届最高领导人在新世纪首次出访非洲。胡锦涛在访问中没提出加强中非关系的3点倡议，“坚持传统友好，推动中非关系新发展；坚持互助互利，促进中非共同繁荣；坚持密切合作，维护发展中国家的权益”。这为在新时期发展中非关系确定了指导原则，也揭开了中非关系面向21世纪的新篇章。此后，中国与埃及、南非、尼日利亚等国建立了战略伙伴关系，向非洲联盟及一些非洲次区域组织派出兼驻代表。

2006年是新中国开启与非洲国家建交50周年，这一年堪称是中国对非洲友好关系迈进的“丰收年”。首先是年初中国政府发表《中国对非洲政策文件》，这是我国继2003年10月出台《中国对欧盟政策文件》之后的第二个对外政策文件，也是中国首次发表非洲政策白皮书，首度全面概括归纳了中非关系的历史、现状及发展前景。

同年4月下旬，国家主席胡锦涛先后访问摩洛哥、尼日利亚和肯尼亚，并在尼日利亚国民议会就中非关系发表题为《为发展中非新型战略伙伴关系而共同努力》的主旨演讲。在演讲中，他不仅全面回顾了半个多世纪以来中非关系的发展历程，并且特别提出了关于进一步密切中非友谊与合作的5点建议，即政治上增强互相信任、经济上扩大互利共赢、文化上注重互相借鉴、安全上加强作和国际上的密切互相配合。首次提出了建立中非新型战略伙伴关系的构想。中非双方决定在21世纪建立“新型战略伙伴关系”，既是对中非过去50年友好关系的总结和提升，更是对未来中非关

① 王晴：《中非五十年:全面新型战略伙伴关系已经确立》，载《第一财经报》，2006年11月3日。
② 艾菲：《弘扬友谊深化合作全面推动中非关系新发展》，载《人民日报》，2006年6月14日。

系深入发展的规划和期待。

紧接着于同年6月17—24日，温家宝总理也应邀访问非洲7国，温总理此行纵横跨越非洲大陆，遍及东西南北中各个次区域，行程35000公里，是近年我领导人访非国家最多的一次，其中有几个国家是中国总理首次到访。访问日程紧凑，内容丰富，成果丰硕。8天内共举行80余场活动，除与往访国领导人会谈、晤面外，还多次发表演讲，进行实地考察，广泛接触非洲民众和中国在非各领域工作人员，非洲及国际媒体高度关注此一访问。访问达到了“加深友谊、增进互信、拓展合作、共同发展”的目的，将对新时期中非关系的发展产生深远影响。[①]在不到两个月时间里，中国高层领导人先后对非洲10国进行友好访问，并宣示中国对非洲的政策主张，这确实向世界发出了一个非常强烈的信号，即中国重视对非洲关系的程度是空前的。其目的是进一步巩固和发展中非传统友谊，扩大互利合作，建立和发展中非新型战略伙伴关系。

可见，中国领导人对中非关系的健康稳定发展高度重视，亲力亲为，足迹遍及整个非洲大陆。首脑外交为中非之间更大的信任、合作、消除分歧和达成牢固的协议铺平了道路。中国的形象也随着中国领导人良好的形象在非洲的展示而得到进一步增强。良好的国家形象无疑将使中国进一步获得成就世界大国所必需的硬实力和软实力资源。

---

① 《李肇星谈温家宝访问非洲7国：真挚友谊互利合作》，2006年6月25日，http://www.ce.cn/xwzx/gjss/gdxw/200606/25/t20060625_7502031.shtml。

第四节
“现在仍然是非洲人民的好朋友”

一

进入21世纪，中非关系中最令非洲人瞩目的当属中非合作论坛。

中非合作论坛是中国政府应马达加斯加、贝宁等非洲国家的建议而发起举办的。20世纪末，面对新的国际形势，中非都有进一步加强磋商与合作，共同应对新世纪挑战的强烈愿望，一些非洲国家向中方提出，希望建立中非之间集体对话与合作机制，共同维护发展中国家的正当权益，应对新时期的挑战。中非合作的意义在于开创了国际关系的一种新模式：一国对一洲，并试图实现跨洲、跨文明的自愿融合。

2000年10月10日至12日，中非合作论坛北京2000年部长级会议召开。在这次会议上，中非就加强双方在经贸领域的合作，以及推动建立公正合理的国际政治经济新秩序进行了广泛而又深入的交流，会议发表了《北京宣言》和《中非经济和社会发展合作纲要》。这次中非合作论坛的召开可以说是开启中非关系的新纪元，首先它确立了中非定期磋商的集体对话机制，为中非合作提供了一个新的平台，论坛规定自2000年起每两年举行一次高官会议，每3年举行一次部长级会议，轮流在非洲国家和中国举行。其次论坛是中非开展务实合作的有效机制。每届论坛部长级会议都要制定既具指导性又切实可操作的纲领性合作文件，对会后3年的双方各领域合作进行全面规划。中方先后在前两届部长级会议上出台了对部分非洲国家免债、免关税、鼓励对非投资、加强对非人力资源培训，以及中非扩大旅游合作、促进文化和青年交流等举措，并得到全面落实。可以说论坛的后续行动计划不断为中非关系的发展注入新的动力，而后续行动才是对论坛所制定纲领性或方向性的措施进行具体的落实，它是保障论坛不成为空谈的有力保证，是中非具体合作的体现。①

2003年在埃塞俄比亚首都亚的斯亚贝巴举行的第二届部长级会议，是对第一阶段论坛的一个总结和加深，这次论坛上中非在政治经济方面的合作更加细化和务实，如加大人力资源开发、基础设施建设、贸易与投资、农业等方面的合作。会议发表了《中非合作论坛——亚的斯亚贝巴行动计划（2004—2006年）》，为今后3年的中非合作制定了总体规划，另有500多名中国与非洲企业家举行“中非企业家大会”，洽谈具体合作项目。借助这个平台，双方坦诚对话，加强协调，增进互信，发展合作，不断取得新的成果。在实践中，论坛机制逐渐成熟，作用日益突出，给中非合作注入了新的动力，为南南合作提供了有益的借鉴和经验。

二

2006年11月第三届中非合作论坛北京峰会，可以说是一次盛况空前的中非领导人会晤，其规格和规模是中非关系史上前所未有的，来自非洲48个国家的元首、政府首脑及国际组织代表参加了这次会议。外国媒体称之为“小联合国会议”。俄罗斯一家周刊评论说：“在同一时间和同一地点几乎把非洲各国领导人聚集在一起，无论是前苏联还是美国，都是没有做到的。”②

中非合作论坛北京峰会的成功举行，彰显了国际社会追求和平和谐的主流。中非新型战略伙伴关系之新，就在于其不仅堂堂正正地宣示，而且身体力行真诚友好、平等相待、相互支持和共同发展的原则。在处理同非洲国家关系中，中国从不把自己的意识形态、社会制度和发展模式强加于人。中非

① 张永蓬：《中非合作的国际战略之路》，载《中国社会导刊》2006年第22期，第53页。
② 钟伟云：《开创中非互利合作的新纪元—从中非合作论坛北京峰会看中非关系》，载《当代世界》2006年12期，第16页。

新型战略伙伴关系的建立着眼于和平、发展与合作，着眼于双方人民的福祉，既不针对任何第三国，也不会损害他国利益。这一跨越亚非两大洲的伙伴关系的建立与发展，无疑会有力推进全球国际关系民主化的进程。

在一个时空概念不断更新的时代和不断变小的“地球村”中，中非合作论坛北京峰会的成功举行，不仅在双方关系史上具有承前启后、继往开来的深远意义，也体现出双方以建设性的合作推动整个世界持久和平、共同繁荣、均衡和谐的良好意愿。经济全球化的趋势使得世界各国相互依存度愈来愈高。听任南北差距继续拉大，非洲大陆将继续在全球发展中处于“边缘化”境地，无益于整个世界的持久和平与共同繁荣。以此次峰会通过的《中非合作论坛北京峰会宣言》和《中非合作论坛——北京行动计划(2007至2009年)》为标志，中国与非洲国家之间更为务实、更为广泛和更富有成效的合作，也是对整个国际社会和平、发展与合作所做出的新贡献。这两个纲领性文件，确立发展中非新型战略伙伴关系、对中非未来3年的合作进行了全面规划。在中非合作论坛北京峰会上，胡锦涛主席代表中国政府宣布了加强中非务实合作、支持非洲发展的8项政策措施，包括增加对非援助、提供优惠贷款与优惠出口买方信贷、设立中非发展基金、援建非洲联盟会议中心、对部分非洲国家免债、免关税、建立境外经济贸易合作区和加强中非在人力资源开发、农业、卫生、教育等领域合作等内容。这8项措施的提出是对今后中非关系，特别是今后3年中非合作的内容给予了明确的界定，这8项措施也成为这次“中非企业家大会”与会代表热议的话题。胡锦涛主席在讲话中还代表中国政府向非洲兄弟重申：中国永远是“促进非洲和平稳定”、“实现非洲发展繁荣”、“支持非洲积极参与国际事务”的“可靠伙伴”。胡锦涛的讲话受到了与会者的热烈欢迎。赞比亚前总统卡翁达说：“中国以前是、现在仍然是非洲人民的好朋友。”埃及外长盖特说，在过去50年，乃至在未来的500年中，中非都会保持和平、友好的关系。[①]

---

①《中非峰会：“和谐世界”理念的成功实践》，2000年11月7日，http://news.enorth.com.cn/system/2006/11/07/001454231.shtml。

中非合作论坛机制是在新世纪国际政治经济发生不断变化，以及中非合作不断加深的前提下建立起来的，对新时期中非关系的发展具有重大的现实意义。中非合作论坛是中非双方与时俱进、开拓创新的产物，它丰富了中非合作的形式与内涵，是对中国与非洲国家双边合作的重要补充，也是对中非友好关系的重要发展。非洲国家普遍高度赞赏中非合作论坛机制，认为这对发展中非友好合作关系具有划时代意义，堪称亚非两大洲团结与合作的新起点，是新形势下的“万隆会议”，强调中非正处在各自发展的历史关键时刻，论坛会议有利于双方通过在南南合作框架内的紧密合作，争取到更有利的发展环境。[①]

三

尼日利亚萨努西·伊萨认为，中非友好合作的喜人局面是中国和48个非洲国家共同努力的结果，中国经济快速发展，但是她并没有忘记我们非洲兄弟，她无私的帮助让我们感动，所以无论何时何地我们都坚决支持中国的发展。

坦桑尼亚爱迪生·加姆巴充满感激地说，中国对非洲人民有着一颗真诚的心，她与非洲的合作是无私的；非洲人民信赖中国，我们的友谊是牢不可破的。坦桑尼亚人民永远不会忘记中国援建长达1860公里的坦赞铁路，有64位中国工程人员为此献出了宝贵生命。这项无私援助是在非洲大陆建立的一座非中友谊的丰碑。

安哥拉多明格斯说，现在，非洲和中国间的交流合作日益紧密。在这里，常常可以看到黄皮肤、黑眼睛的中国人，他们和我们的同胞一起，为建设和发展我们的国家付出辛勤的劳动。我们不会忘记给予我们无私援助的中国人民，中非间的兄弟情谊令人感动。

① 吕国增：《加深友谊与合作推动新时期中非关系不断发展》，载《求是》2004年第2期，第63页。

阿尔及利亚卡梅尔对北京峰会做出高度评价：能让如此众多的非洲国家政府首脑相聚在一个国家，的确史无前例。实际上，中国自始至终都在不遗余力地向非洲传递友谊火种。我最欣赏中国政府表现出来的真诚态度，她对我们的帮助从来不附加任何条件。我想我的大部分同胞都和我一样有着共同的愿望，就是让中阿、中非友谊继续传承，发扬光大。

尼日利亚里夫·阿克颇图也认为，中国积极同非洲国家合作，慷慨向非洲提供技术支持。中国历来尊重非洲、帮助非洲、不干涉非洲国家内政，是非洲真诚的可信赖的朋友。中国和非洲必须加强合作，才会有更大成就。①

在北京峰会期间，非洲各国派出了阵容强大的记者，共有48个国家300多位记者抵京，他们对这次会议做了客观积极的评价。一位埃塞俄比亚记者所说："中国新一代领导人提出了建立和谐世界的理念。中非合作论坛北京峰会就是一个建立和谐世界的历史性的会议，北京峰会将开拓非洲和中国共同进步、繁荣的美好明天！"②

津巴布韦《每日镜报》2006年11月2日刊登文章说，非洲大陆必将受益于中非合作论坛北京峰会。在此次峰会上，非洲领导人以及非洲民间团体的代表将与中国的同行们讨论中国如何扩大在非洲的影响和非洲如何能够更多地获益于与中国的伙伴关系。双方还将讨论如何为民间企业创造有利条件，使其发挥更大的作用。民间企业必将为中非关系注入新的活力，中国也会在这方面出台新的措施促进与非洲的经济合作。中非的相互信任和共同努力一定会在双方之间架起一座永久性的友谊桥梁。

阿尔及利亚法文报纸《祖国报》发表文章认为，中国和非洲的经济具有很强的互补性。非洲大陆可以利用中国的资金和技术实现自我发展，而中国企业在资源丰富和市场潜力巨大的非洲也会大有作为。中国累计对非

---

①《海外人士热评北京峰会》，2006年11月5日，http://news.enorth.com.cn/system/2006/11/05/001452782.shtml。

②《非洲记者：一次建立"和谐世界"的历史性会》，2006年11月5日，http://news.enorth.com.cn/system/2006/11/05/001452746.shtml。

洲各类投资达62.7亿美元，涉及加工工业、资源开发、电信和农业等众多领域。中非友好互利合作基础坚实，具有广阔的发展前景。

苏丹《舆论报》11月3日发表评论说，这次会议将成为中国与非洲国家进行沟通与交流、加深相互理解和促进双方在政治、经济等领域合作的平台。这次会议的召开，适逢中国与非洲国家开启外交关系50周年。双方将在这次会议上回顾各方面合作所取得的成就，并制订进一步加强合作的规划。这次会议将为巩固中非新型战略伙伴关系发挥重要作用。在过去50年中，中国与非洲国家在各个领域进行合作，交流与互访频繁，这充分体现了中非友谊的牢固和双方对发展这种友好关系的重视。

多哥官方报纸《多哥新闻》11月3日发表文章说，中国与非洲有着极好的贸易关系。十多年来，中国增加了对非洲国家的援助，2005年中非贸易额攀升至397亿美元。与此同时，中国减免非洲31国109亿元人民币对华到期债务，给予非洲28个最不发达国家部分商品对华出口零关税待遇。中国在非洲援建了近900个项目。此外，1.5万非洲人在中国得到了培训。作为非洲解放运动的传统盟友，中国自上世纪90年代以来加强了与非洲经济互利合作，并坚持在真诚、友好、平等和互利的基础上建立中非新型战略伙伴关系。①

四

北京峰会吸引了世界的目光。快速发展的中国和不断进步的非洲正展现出新的生机和活力，受到国际社会广泛关注。

2006年11月召开的中非合作论坛受到了世界各国的好评。联合国秘书长安南4日发表声明说，本次峰会为中非在共同理想的基础上构筑和推

①《境外媒体积极评价中非合作论坛北京峰会》，2006年11月4日，http://news.enorth.com.cn/system/2006/11/04/001452730.shtml。

动南南合作提供了历史性机会。匈牙利奥洛伊公正指出，中国人民对非洲国家的发展给予了热情的帮助，特别是在经济领域、科技领域，不少非洲国家近年来在中国的帮助下经济发展迅速。

美联社发表文章说："这次史无前例的峰会，将扩大全世界最贫穷的大陆与全世界发展最快的经济体之间的关系。"中国的"集中投资"和不干涉他国内政的方式被非洲国家所接受，因此中国在非洲大陆上的影响力正日益增强。美国《洛杉矶时报》发表题为"中国在中非论坛展现魅力"的文章说，过去10年中，中国在非洲投入巨资开展合作项目，同时免除了非洲国家超过10亿美元的债务。这些都显示出了中国成为发展中国家典范的决心。《国际先驱论坛报》报道说，来到中国的非洲领导人不仅仅受到援助和贸易的吸引，还受到中国发展模式的吸引。他们都知道，仅仅30年前，中国与马拉维一样贫困。但目前马拉维还是世界上最贫困的国家之一，而中国经济已迅速腾飞。中国模式也在很多方面对西方如何消除贫困的传统观念形成了挑战。

美国《侨报》2日发表社论说，拥有56个民族的中国是世界上最大的发展中国家，主张和平共处五项原则与和谐世界理念、反对干涉他国内政，并正在用经济奇迹证明其独特的文化传统和价值观同样可以摆脱贫困。在经济一体化的今天，中国和非洲在经济、政治、外交、文化上的相互需要更加强烈。完善民主政治、发展国民经济、铲除社会腐败等工作要求中国和非洲跨越大洋，紧紧地握手。

韩国媒体列举了一连串形象的数据来说明中非关系发展的重要性。韩联社11月5日报道说，上世纪50年代中非贸易额不过1000万美元，50年后却增加了将近5000倍，2010年的目标竟然是1000亿美元。韩国最有影响的《朝鲜日报》以"非洲和中国进入'热恋期'"为题报道说，"一个国家的邀请却惊动了整个非洲大陆，这是世界外交史上前所未有的现象"。53个非洲国家中的48个国家参加在北京举行的中非合作论坛，通过此次论坛，中国向国内外展示出了其对非洲外交的显著成果。中国的"集中投资"和不干涉他国内政的方式被非洲国家所接受，因此中国在非洲大陆上的影响力正日益增强。

法国《欧洲时报》评论说，如此众多的非洲国家首脑与政要围坐在同一张圆桌旁可谓盛况空前。这是中国全方位和平外交成果的体现，也显示了中国新一代领导人提出的建立和谐世界的理念。①

但也有些西方媒体对中非合作论坛进行了负面评价。然而，“对非洲政府而言,中非峰会意味着这一大陆的发展前景因一个将非洲视为平等者的全球伙伴的加入而更加广阔。当批评者很快指出口头承诺并非总是落实在行动上时,非洲的领袖们似乎并不抱有同样的怀疑。中国的参与给予他们尊重和同等地位,而这些是他们与传统的发展伙伴打交道时所缺乏的。”②论坛联合主席国埃塞俄比亚外长塞尤姆抨击西方媒体的负面言辞,强调新型伙伴关系是一个双赢、尊重彼此文化和价值、没有任何政治先决条件，对中非的发展都有益处的合作模式。“中非合作所要解决的发展、教育问题都是人权的核心部分。”担任南非国际问题研究所董事会副主席的南非总统姆贝基的胞弟莫莱茨·姆贝基（Moeletsi Mbeki）的看法就有一定的代表性。他认为，中国侧重商业互利关系，市场公平原则，完全摒弃意识形态的做法，为非洲国家提供了一个新的参考模式。他对《纽约时报》说：“他们（中国）并非第一个抵达非洲的，但是他们可能是第一个不自以为是地自命为赞助人、导师或征服者的。在这个意义上，双方产生了共鸣。”

新加坡《联合早报》指出，西方舆论的关切固然有一定的作用，但是非洲本身如何看待中国在非洲的发展才是关键。中国政府反复强调的“和谐世界”理想，确实衍生自其内政上要建构“和谐社会”的施政蓝图。这套强调“和”的政治理念与中共尝试从中国自身文化里吸取理论的努力不无关系。报道说，在对外建构“和谐世界”方面，北京与非洲交往时体认彼此的差异，尊重对方自主选择的发展道路，不正是“君子和而不同”精

① 《中国模式吸引非洲》，载《环球时报》2006年11月6日第2版，http://www.huanghua.gov.cn/html/200611/08/084834854.htm。

② Sanusha Naidu and Hannah Ediinger, “2006 Forum on China-Africa Co-operation: A View From Africa,” *South African Yearbook of International Affairs, 2006/2007*, Johannesburg: SAIIA, 2007, p.319.

神的体现？参加北京峰会的48个非洲国家有41个由总统或总理率团，其中也不乏对中国有异于欧美的外交哲学所产生的共鸣。报道最后写道："如果参照《论语·子路》篇说的叶公问政。子曰：'近者说（悦），远者来'，冠盖满京华的盛况在儒家逻辑里似乎就是一个理所当然的结局了。"中非合作是国际发展合作的重要组成部分，中非实现共同发展必将对世界和平与发展作出重要贡献。①

①《外报：中非跨洲融合 中国外交和谐哲学引发共鸣》，2006年11月6日，http://news.enorth.com.cn/system/2006/11/06/001453850.shtml。

第四章
当代中国形象之二：患难与共、无私援助的政治形象

20世纪的两次世界大战给人类带来了毁灭性的灾难，也促使更多的人开始理性地考虑战争问题，从而使“硬实力”的作用受到越来越多的限制，“软实力”的竞争日益成为焦点。在此背景下，国家形象的重要意义得以彰显。作为一个新兴的社会主义大国，中国高度重视自身的形象建设问题，深切认识到良好的国家形象对内可以形成强大的凝聚力，便于增强人民的自信心、向心力；对外可以具有强大的吸引力、号召力，加强国际合作与交流。新中国成立初期，中国政府通过无私援助非洲独立运动塑造中国与非洲“患难与

共”的政治形象，赢得了非洲对中国的信任与支持。

改革开放以来，随着中国经济长期、快速、稳定的发展和综合国力的提升，随着中国新一代领导集体在发展对外关系中越来越重视国家形象的建设，积极扩大中国的国际影响，非洲和国际社会对中国形象的认同逐步上升。非洲对中国形象和影响力的认知经历了一个渐进的过程：从最初对中国“患难与共”形象的赞赏，过渡到对中国经济增长的认同，再到对中国经济发展模式的钦佩，又进而上升到对中国作为一个负责任大国的理解与支持。这一认识过程始终与中非友谊密切相连。

第一节
“伟大的可信赖的战略后方”

一

近代以来西方的殖民统治与扩张，使得相距遥远且在文明形态与发展水平方面差异巨大的非洲与中国，有了某种共同的或相似的“现代身份”或“时代角色”，[①]有了某种共同的奋斗目标与发展主题。作为第二次世界大战后新崛起的民族国家，中非双方历史上都曾遭受过长期的殖民侵略和殖民统治，共同的历史遭遇、反帝反殖的斗争经历和维护国家主权、反对外来干涉、发展民族经济是中非双方共同的历史使命。作为新独立的国家，中非要在美苏冷战的国际大环境下，维护国家安全、发展民族经济，相互合作形成一股团结力量是必不可少的。所以中国一直把亚非拉国家和人民作为国际上反帝、反殖、反霸的基本力量，因此中国一贯支持非洲国

① Bruce D. Larkin, *China and Africa 1949 — 1970,* Berkeley: University of California Press, 1971. p.16.

家反帝反殖、争取民族独立斗争、坚决支持非洲国家反对霸权主义、强权政治，捍卫国家主权，发展民族经济的努力。非洲国家也把中国当作是兄弟一样在反帝反霸斗争中相互合作。

1949年中国人民解放斗争取得胜利对非洲争取民族解放的运动是个极大的鼓舞。今天，全世界历史学家和国际问题专家众口一词地承认，20世纪60年代非洲十几个国家几乎同时走向独立，是在第二次世界大战和中国革命胜利的鼓舞下，发生的一场巨大的政治“雪崩”。对非洲人民争取独立的斗争，中国人民和中国政府一直是全力支持，从而在非洲确立了中国是“伟大的可依赖的战略后方”的形象。

在20世纪50年代中期，毛泽东就敏锐注意到，亚非拉一些民族主义国家作为独立政治力量登上国际舞台，于是把交朋友的重点放在亚非拉新兴国家。认为第三世界亚非拉国家和人民，才是国际反帝、反殖和反霸的基本力量，是我们在国际斗争中应该团结和依靠的主要对象和直接同盟军。毛泽东把民族解放事业看作是人类社会进程中的一个“历史时代”，是“伟大斗争”的必然趋势。毛泽东以伟大战略家的胸怀和炽烈的感情对待非洲民族解放事业，1959年2月一队非洲青年代表团来华访问，在接见代表团时，毛泽东坦率地告诫他们在非洲民族解放运动中不要照搬中国的经验，“要依靠非洲人自己解放非洲。非洲的事情非洲人自己去办，依靠非洲人自己的力量。”1960年5月，他向到访的非洲朋友说：“你们现在很好，团结起来。整个非洲团结起来、觉悟起来了，或者正在一步步地觉悟中。你们非洲有两亿多人口，你们团结起来、觉悟起来、组织起来，帝国主义是怕你们的。”60年代毛泽东不止一次欣喜地说，“非洲是斗争的前线”，“非洲正出现一个很大的争取民族独立、反对帝国主义、反对殖民主义的革命运动”，并指出，非洲人民斗争具有世界意义。毛泽东这些思想深邃的论述，直接鼓舞了亚非拉人民大擂战鼓，去实现自己伟大的历史使命，并增强了斗争的必胜信念。在斗争的大方向问题上，毛泽东曾语重心长地提醒非洲朋友：“非洲当前的革命是反对帝国主义，搞民族解放运动，不是共产主义问题，而是民族解放问题。”他希望非洲朋友要在战略上蔑视敌人，战术上和具体工作中要重视敌人，要作长期斗争的思想准备，否则就要失望。毛泽东还一再以最鲜明的态度向非洲朋友表示，“整个中国人民都是支持你们的”，“我们是朋友，我们是站在一条战线上的，共同反对帝国主义、殖民主义。”并且斩钉截铁地说：“亚洲、非洲、拉丁美洲人民的广大的反殖民主义、反帝国主义的斗争也帮助了我们。这就分散了敌人的力量，使我们身上的压力减轻了。因为你们帮助了我们，所以我们有义务支持你们。”①

在行动上，毛泽东主席以大无畏的政治家气概坚定地支持非洲人民通过多种方式和途经获得独立，给予非洲人民各种支持和帮助。有些国家经过长期议会斗争、艰苦谈判和群众运动赢得独立，中国政府总是迅速致电承认和祝贺，并积极建立和发展双边关系。对那些开展武装斗争争取民族解放的非洲国家，毛泽东主席更是十分关心，中国政府总是予以大力支持。如中国政府坚决支持埃及人民收复苏伊士运河的英勇斗争。毛泽东称赞纳赛尔是亚非地区的民族英雄。同时，中国还坚决支持阿尔及利亚人民开展武装斗争、争取民族解放。为此，我国不得不推迟与法国建立正式外交关系，直到阿独立后，中法才建立外交关系。60年代初，中国政府严厉谴责美国、比利时及其仆从冲伯集团杀害刚果（利）民族英雄卢蒙巴的罪行，此后又支持刚果（利）爱国武装力量的斗争。60年代至70年代上半期，中国积极支持非洲葡属殖民地人民及南部非洲白人种族主义统治下的人民开展武装斗争，向他们提供包括军援在内的多方面的援助。中国军事专家在坦桑尼亚营地曾为莫桑比克培训了近万名自由战士。②据非统组织解放委员会公布的统计数字，1971年至1972年，非洲解放运动自非洲以外获得的武器援助，中国占75%。③非洲的自由战士对毛泽东主席十分敬仰，赞比亚总统卡翁达曾赞颂毛主席是“游击战争的伟大领袖”、“被压迫

① 转引自陆苗耕：《毛泽东主席对中非关系的历史性贡献》，载陆苗耕、黄舍骄、林怡主编，《同心若金——中非友好关系的辉煌历程》，世界知识出版社2006年版，第61—76页。

② 陆苗耕：《中非友好关系的辉煌历程》，载《国际问题研究》2006年第6期，第8页。

③ 裴坚章：《毛泽东外交思想研究》，世界知识出版社1994年版，第288页。

者事业的旗手”，尼雷尔称赞毛泽东是“世界性的领导人”，布迈尼认为中国是“第三世界的一个榜样”。[①]

二

20世纪50年代后期，中国支持阿尔及利亚人民开展武装斗争、争取民族独立的正义之举，在非洲广为流传。

第二次世界大战结束后，法国在北非的殖民地，摩洛哥、突尼斯和阿尔及利亚，都掀起了争取民族独立的武装斗争。1956年3月，摩洛哥、突尼斯先后以谈判的方式赢得了独立，但阿尔及利亚的独立却几经曲折，直到1962年7月才正式宣告独立。中国政府对这三国的独立运动一直持支持态度。对阿尔及利亚民族解放运动组织的抗法战争更是大力支援。1956年6月，周恩来总理在第一届全国人民代表大会第三次会议上所作的《关于目前国际形势、我国外交政策和解放台湾问题》的发言中，提到：“在北非，阿尔及利亚人民还在被迫地进行武装抵抗。中国人民支持阿尔及利亚人民的正义斗争，同时，对于阿尔及利亚的紧张局势，也不能不深切关怀。”他赞成在充分承认阿尔及利亚人民民族愿望的基础上，进行和平谈判实现阿尔及利亚的独立，表明了中国政府在这个问题上的立场。[②]阿尔及利亚人民解放军于1958年9月19日宣布成立临时政府，中国于9月22日予以承认，从而使阿尔及利亚成为唯一一个在独立之前就与中国建立外交关系的国家，成为国际关系史上的一个特例。

中国政府坚定支持阿尔及利亚人民的解放事业。毛泽东主席1958年12月11日在会见阿尔及利亚共和国临时政府访华代表团团长社会事务部长本·赫达时形象地说：“在反帝的形势下，我们是一条战线，这里是东

① 陆苗耕等，前引书，第63页。
② 世界知识出版社编辑：《中华人民共和国对外关系文件集·第四辑》（1956—1957），世界知识出版社1958年版，第76页。

方战线，你们是西方战线。”1960年5月，毛泽东主席在会见阿尔及利亚共和国临时政府副总理兼外长贝勒卡塞姆时又说：“我们对阿尔及利亚正义斗争的支持是长期的，不但现在支持他们的武装斗争，在阿取得独立之后的建设中，也将给予支持。”同年，毛泽东主席在会见阿尔及利亚临时政府总理阿巴斯时，再次深情地说：“目前虽然还有很多困难，但你们是有前途的，未来属于你们。”①

中国人民一直关注着阿尔及利亚人民的民族解放事业，阿尔及利亚人民的民族解放斗争一打响，中国政府和人民就采取各种形式支持阿尔及利亚人民的武装斗争。在战争初期中国就通过秘密渠道长途运去国内所存缴获的美制步兵武器，还为他们从中东和东欧购买的武器提供资金。中国曾向阿方提供价值7000多万元人民币的各类援助。1958年3月30日，在阿斗争取得重大胜利的时刻，中国人民更在首都北京举行声援“阿尔及利亚日”大会，周恩来总理在会上代表中国政府重申了中国人民对阿尔及利亚人民斗争的坚决支持。1958年4月1日，周恩来总理接见阿尔及利亚代表加法时表示，中国给予阿50万元的援助。1960年正逢中国遇到严重的自然灾害，在本国经济处于极端困难的情况下，中国政府和人民仍继续向阿尔及利亚的民族解放事业伸出援助之手。阿临时政府负责人多次感谢中国没有任何政治条件的援助，他们表示，“在革命斗争的岁月里，阿尔及利亚战士用的枪炮、盖的毛毯、穿的衣服是中国送的。”阿总统布特弗利卡曾明确地说，阿尔及利亚的解放要归功于中国人民和中国领导人，特别是毛泽东主席的影响。周恩来总理称那个时期的中阿关系是“患难之交”。

在阿尔及利亚民族解放战争期间，中国还挑选阿尔及利亚军官到中国进行训练。这在中国支持非洲民族解放运动过程中属首例。1960年5月，阿尔及利亚贝勒卡塞姆副总理在访华时讲道：“阿尔及利亚人民热烈感谢中国人民给予他们的切实的援助，感谢中国人民目前在物质上所作的牺

① 王新连：《战友情谊 历久弥坚——中国与阿尔及利亚建立外交关系始末》，载安惠侯等主编：《丝路新韵——新中国和阿拉伯国家50年外交历程》，世界知识出版社2006年版，第46—49页。

牲。他们这样做是为了使他们兄弟的阿尔及利亚人民也能够自由地生活。阿尔及利亚人民将非常珍视中国人民为他们作出的牺牲。”①

为了支持阿尔及利亚人民的民族解放斗争，中国也作出了牺牲，甚至不惜推迟了同西方大国之一法国建立外交关系的进程。1961年2月，法国社会党议员、后来曾担任法国总统的弗朗索瓦·密特朗应邀访华，探索中法建交的可能性，并暗示只要中方放弃对阿尔及利亚临时政府和民族解放斗争的支持，中法立即可以建立外交关系。中方明确表示，支持被压迫人民的民族解放斗争是一个原则问题，中国是不会拿原则问题做交易的。毛泽东主席在会见密特朗时，明确表示，“阿尔及利亚问题是阿法双方的事，应由阿法双方谈判解决；解决阿问题首先是要给阿独立，并撤出全部占领军；中法总是要建立外交关系的，但要在阿尔及利亚问题解决之后。”②中国政府明确指出，我们决不能为改善同法国的关系，而不支持阿尔及利亚人民的正义斗争。中国坚持反帝反殖的原则立场，赢得了非洲国家的好评。

中国和阿尔及利亚两国的一个重要共同点是，两国人民都是经过长期艰苦卓绝的武装斗争，才取得革命胜利的。在同中国朋友交谈时，阿尔及利亚的朋友最为称道的是，“中国有个井冈山，阿尔及利亚有个奥雷斯山，井冈山是中国革命的摇篮，而奥雷斯山则是阿尔及利亚革命的圣地。”阿独立后第一任总统本·贝拉曾对中国驻阿大使曾涛说过：“中国的解放和建设对所有国家都富有教育意义。阿尔及利亚从中吸取了最好的教益，将中国的经验看成自己的经验。”③

阿尔及利亚的独立为中阿友谊和合作的发展打下了坚实的基础，两国间的友谊和合作进入到一个新的纪元，两国在政治、经济、军事、文化、卫生等领域的友好合作关系全面发展。为了加强两国之间的友好合作，中

① 《新华半月刊》，1960年第11号，第53页。
② 安惠侯等主编，前引书，第49页。
③ 王新连：《战友情谊 历久弥坚——中国与阿尔及利亚建立外交关系始末》，载安惠侯等主编：《丝路新韵——新中国和阿拉伯国家50年外交历程》，世界知识出版社2006年版，第46页。

国迅速派出了驻阿尔及利亚外交使团，设立了驻阿大使馆。1962年9月10日，在阿尔及利亚独立两个月后，在其百业待兴之际，中国驻阿使馆临时代办冼依抵达阿尔及利亚首都阿尔及尔，两个月后，中国首任驻阿大使曾涛赴任。在向阿政府总理本·贝拉递交国书时，曾涛大使表示："中阿两国人民是革命战友，亲如手足，两国人民在反对帝国主义、争取世界和平的共同斗争中，早已建立了经过考验的战斗友谊。我们一贯相互同情、相互鼓舞、相互支持。我国人民始终不渝地支持阿尔及利亚人民为维护和巩固民族独立及重建祖国而进行的一切正义斗争。中阿两国必将继续携手前进，把两国的友好合作关系推向一个新的高峰。"本·贝拉总理表示："阿尔及利亚人民和领导人十分感谢中国人民在整个解放斗争期间对阿的无条件支持和物质上与道义上的援助。这种战争情谊是两国关系和谐发展的最好保证。"

在长期共同斗争中建立和发展起来的中阿友谊经受了岁月的考验。1966年底，正当中国国内的文化大革命进行得如火如荼的时候，阿尔及利亚外交部长布特弗利卡对即将回国述职的曾涛大使说："无论发生什么事，阿尔及利亚永远站在中国一边。"1971年7月，还是布特弗利卡外长在访华时对周恩来总理说："无论出现什么情况，阿尔及利亚永远与中国站在一起。"①

两座高高的山，代表了亚、非两个伟大国家的坚强性格，同时也象征两国人民之间的友好情谊，万古长青。"你好"这一中国人常用的问候语，在当地家喻户晓，几乎成了融入阿拉伯语的一个外来词汇。中国驻阿尔及利亚大使馆所在的街区，也体现了中阿战斗友谊，它的前门开向阿独立后重新命名的"烈士大街"，而它的后门则是"北京路"。足以印证阿尔及利亚人民对中国人民的感激之情，对中国美好的印象。

---

① 王新连：《战友情谊 历久弥坚——中国与阿尔及利亚建立外交关系始末》，载安惠侯等主编：《丝路新韵——新中国和阿拉伯国家50年外交历程》，世界知识出版社2006年版，第51页。

三

除了物资援助外,中国还通过培训大批非洲游击战士来支持非洲独立事业,这种帮助也是极具特色的,给非洲人民留下了深刻的印象。接受培训中的许多人成为战场指挥官,一些后来成了国家领导人。如津巴布韦总统穆加贝,厄立特里亚总统伊萨亚斯,纳米比亚总统和刚果(金)前总统,他们都曾经是游击队的领导人,在防务学院的前身南京军事学院学习过。穆加贝对毛泽东充满敬意,他曾被白人殖民当局关押了10年,在狱中多次阅读《毛泽东选集》,他的牢房一再转移,扔下不少物品,随身却总是带着《毛泽东选集》这一宝贵的马列主义经典著作。每当提起中国,穆加贝总是满怀信赖、感激之情说:"没有中国就没有津巴布韦","津中有着特殊的全天候兄弟关系","中国是发展中国家的骄傲和榜样"。而且还有些非洲普通人也仍在学习毛主席著作。2007年7月底一个中国记者采访津巴布韦一家黑人农场时,农场主马塔吉拉激动地说:"上世纪80年代末期以前,津巴布韦执政党党员人手一本《毛主席语录》。毛主席著作不但指导过我们的革命,而且指导着我们的建设。我过去背着枪杆子闹革命时学习毛主席著作,今天遇到困难时,经常翻阅毛主席语录,从中寻找解决问题的答案。"

中国军队的对外培训始于20世纪50年代末,目的主要是为支持当时亚非拉的民族解放和民族独立运动。最初这种培训由南京军事学院进行管理。按当时的标准来看,南京军事学院提供给受训者的生活学习环境相当不错,宿舍简单但舒适,学员的床铺每天都有人整理。还有为讲英语的非洲人提供的英式食物,为讲法语的学员提供的法式食物。有的非洲学员甚至认为条件太舒服了,可能会软化他们的斗志。但培训学院的基本目的是十分明确的,也通过培训达到了目的。非洲学员带着对欧洲统治者的仇恨而来,在南京他们进一步强化了这种仇恨。在几内亚比绍进行争取民族独立的武装战争之初,中国即向几佛非洲独立党(几内亚和佛得角非洲独立党）提供政治、财政等帮助，并为其培训了数十名干部，如几内亚比绍前总统维埃拉。维埃拉出生于1939年，中学毕业后曾当过电工。1961年他来到南京军事学院接受军事训练之后，才大大提高了军事指挥才能，由一个爬电线杆的电工晋升为一个军事司令，随后更是步步高升。可以说当年全靠中国的支持和帮助，维埃拉才能领导几内亚比绍独立党及其武装部队取得民族独立的胜利。在几内亚比绍独立后，中国又给予该国无私的援助，包括援建稻谷技术推广站、竹藤编技术、体育场、扩建卡松果医院等。而且中国还在1967—1968年间，先后向几内亚比绍派出了七批医疗队。这些均令几内亚比绍的经济快速恢复并进一步发展，人口由80万迅速增至100万。当时，维埃拉曾把中国当作"最亲密战友，最可靠朋友"。

随着时间的推移，中国对非洲军事人员的培训转移到非洲一些边远地方，如加纳和坦桑尼亚这样的独立非洲国家遥远地方的营帐中。游击队领导人认为应该让他们的年轻人在"当地"环境中接受训练。对此，中国方面欣然接受。中国军事专家曾在坦桑尼亚营地为莫桑比克培训了近万名自由战士。莫桑比克等国后来获得独立，长期以来一直感谢中国政府和人民对他们民族解放的大力支持。一般而言，中国当时通常是向固定的非洲营地派去20人左右的指导员。南非出生的英国作家劳伦斯·凡·德普司特（Laurens van der Post）在他的作品里以一个年轻欧洲定居者的眼光对一个中国指导员做了艺术性的描述："一定有人注意着大火，火苗很快就冲上天空，这使佛朗考斯可以看到当时场面的细节。他看到了这些男人，由于他们拥挤在火旁，他也看到了许多不同部落男人悲剧面孔上痛苦、坚定、不幸的每一种表情。然而吸引佛朗考斯注意的并不是非洲人的面部表情，而是以一种东方式沉着安详蹲坐在火边的男子。林区的人是有一些关于这种肤色、高颧骨和斜眼面孔记忆的。这人长长的柔顺的头发整洁地披在后背，显示出一个人的面貌——极其老练，处在一个极为险恶的环境里，要比任何非洲林区的人所处的环境更为险恶。毫无疑问，他清楚地知道他正在看的人是个中国人，一个中国男人，他与他同伴不顾一切、不引人注意的容貌相比，看上去有主见、自信、自视甚高、自尊、怀念着家乡，虽然他所在之地与他生长的土地远距至少一万多英里。”①

培训课程的长度从两个星期到两年半不等。有些课程讲授如何使用和处理像火箭筒和冲锋枪这样的武器。稍高级一些的课程还会讲授如何对敌人设施进行破坏、打入敌人阵地等内容。有些课程还极其生动地采用采访形式，如对抗日战争期间战斗英雄的事迹进行采访，很多非洲学员通过这一方式对李勇及其战友的地雷战留下了深刻的印象。

抗战期间，李勇和他的战友在阜平一带采用的地雷用铸铁浇成菠萝形状。装料是黑色火药，民兵从当地硫磺、木炭和硝石中提炼生产。蓖麻油植物或任何其他在火中烧时有粗屑木材中的木炭具有上乘的爆破功能。后来民兵们还用掏空的石头制造地雷，不过这种石头地雷在阜平并未派上用场。由于地雷战使日军闻风丧胆，日本人再也不敢进犯这个地区，所以他们未用上这种石头地雷。在抗日战争结束前这样的地雷在整个中国北方被民兵组织大规模使用。通过采访，非洲学员还了解到这个石雷一个很大的好处是农村有的是这种材料可以大量制造，甚至十几岁的人都能够学会如何制造。

然而，武器培训并不是要点。中国人的方法是概念明确。中国擅长于训练成批的非洲人掌握游击战争的艺术。指导者要花上四分之三的时间向学生讲授战略、战术和地形学的原理，并教会他们如何分析他们战斗的政治条件。在南京，每到晚上学员被安排去看描述中国共产党历史特别是在它掌握政权过程中所犯错误的电影或戏剧。演出能让学员有机会放松，但同时也被指导者用以指出与非洲历史的相似之处并加固白天先学到的课程。一些非洲学生感到很难理解怎么能一坐三小时不笑一次地看农民对地主的斗争；但最后给他们所有人都留下了问题，他们要思考整个晚上以备第二天要回答。这一程序给他们留下了深刻的印象。

非洲学员通过培训接受了毛泽东理论，即在落后国家如果他们的起义要取得成功，展开游击战必须赢得当地农民的支持。在南京为南非泛非议

① Philip Snow, Star Raft: *China's encounter with Africa*, New York: Weidenfeld & Nicolson, 1988. p. 80.

会（Pan Africanist Congress, PAC）组织培训的第一天课堂上，教师先询问："这儿有祖鲁人吗？"一名祖鲁学生被要求讲述分析夏卡战争。夏卡战争是发生在19世纪初期的一场著名战役。19世纪初期非洲祖鲁人的夏卡·祖鲁（Shaka Zulu）王具有非凡的智慧，在处理王国事务之余，习惯于静坐、凝思。夏卡在非洲开创了"协商作战法"。当时许多部落经常陷于混乱厮杀中，联合可以联合的力量共同抵御强敌就是夏卡王思考的中心问题。他邀请各部落领袖一起商讨战役计划，这样他们更有可能赢得战役的胜利。夏卡战役还特别设计了诱降打败敌军的策略。战役胜利使他的国人称呼他为Unodumehlezi KaMenzi（祖鲁语"凝视天堂的人"）。总之，夏卡绝不是一个简单发号施令的人，他更倾向于把作战技能教授给人民，并和他们融为一体，并肩作战。在当时的非洲，夏卡的领导风格远远超越了他所属的时代。夏卡的创新之处正是祖鲁国强盛的原因所在。课程结束时中国教师说："这是你们在南非必须做的。"他解释说按照毛主席的教导这是以农村为根据地的反抗力量如何包围敌人占据的城市。中国教师通过灵活地激发非洲学生民族自豪感的办法而把握住了问题的实质。

四

中国政府曾积极支持南非两大民族主义组织非国大和泛非大，包括帮助这两大组织培训军事人员。被授予诺贝尔和平奖的南非第一任黑人总统曼德拉（Nelson Mandela）在监狱中研读毛泽东著作是尽人皆知的事实。曼德拉曾表示，为了开展武装斗争，他阅读过毛泽东等人的军事著作；他创建的"民族之矛"，曾向中国派遣了一批指战员接受培训，受到中方友好的接待。中国的培训也存在着一些失误，在南京学习的南非学员试图以同样的方式解决南非问题。他们觉得他们回国后也要为自己开拓可防御的土地：农村的革命的"解放区"，类似于红军在20世纪20年代末和30年代在中国山区建立的根据地。刚从南京结业后，一队泛非大战士回到南非后，在德兰士瓦农村点燃了星星之火。他们中大多数人在向南穿过莫桑比克的路上被葡萄牙军队消灭了。到达了南非的极少数人在不适合居住的草原上很快被包围在平坦的空地上。

于是一些更有思想的学员开始灵活地加以战术调整。南非与革命前的中国不一样。南非没有山，而且更重要的是南非是工业化的。南非大部分人口生活在城市，农村零星分布着部落保留地，且由政府部队和警察严密看守着。泛非会议军事战略家开始改进这一方案，南非应该开展一种新型的在发达先进社会的城市里内部进行的游击战。他们认为这是对毛教导的扩展，一种包围敌人并在其最虚弱的地方击败它的新方法。西非领导人佛得角自由战士、政治家阿米尔卡·卡布拉尔(Amilcar Cabral 1924—1973)清醒地认识到若按照中国的标准，在他的国家几内亚比绍的农民根本谈不上是革命的。他们没有反抗的历史：他们没有缺地少粮之苦。卡布拉尔果断决定改变方式。他并不是让他的部队深入农村建立基地以像中国共产党已做的那样专心号召鼓动农民，他更愿意与小股葡萄牙机动部队作战，从一个树林隐藏处转到下一个。卡布拉尔承认“我们并没有发明游击战术”，而是“在我们的土地上我们创造了它”①。

中国人接受甚至鼓励非洲的创新。到上个世纪70年代初，他们培训安哥拉人民解放运动（简称安人运，Movimento Popular de Libertacao de Angola，MPLA）时指导员采用的课本并不是中国的课本而是用安哥拉人自己准备的指导员已经接受了的课本。

在实践中，所有游击队基本上都是从他们自己在丛林中经历的经验和失误中学习。但由毛泽东著作所体现的中国革命成功的经验，给了非洲各解放运动以很大的鼓舞和影响。在阿尔及利亚民族解放战争期间，无论是在游击队营地，还是在殖民者的监狱里，阿尔及利亚革命者都经常阅读毛泽东著作的法译本，特别是毛泽东的《中国革命战争的战略问题》、《抗日游击战争的战略问题》、《论持久战》、《战争和战略问题》等篇章，他们都

① Philip Snow, Star Raft: *China's Encounter with Africa*, New York: Weidenfeld & Nicolson, 1988. p. 83.

非常熟悉，并将其运用于战斗的实践中。一次，阿尔及利亚民族解放军政治部主任奥马尔·本·阿朱布在向来访的外国记者介绍该军的政治工作时，他展示了一份《应防止的缺点》的提纲，其中引用了毛泽东写的《关于纠正党内的错误思想》一文的部分内容。他还介绍说：“我们部队的政治和思想教育工作中，有专门的一课是介绍中国革命的经验。我们的官兵都知道毛泽东有句名言：军队和人民的关系是鱼和水的关系。我们按照这一名言来处理我们的军民关系。”①

五

许多非洲独立运动开始时没有一个表达他们政治思想和感情的适当言辞，最初都以一种浮夸和模糊风格向当地民众进行宣传。中国指导员帮助他们简化了语言，让他们明白如何改变他们的风格，正如一个泛非大游击队员指出的，从冗长啰嗦的“牛津英语”到“富勒的现代英语使用”。毛泽东的论著充满吸引人的词语。非洲人开始套用这些词语为自己所用。毛泽东说过反对派是纸老虎：非洲游击队杂志用不同名称将他们的敌人蔑称为“被阉割的纸老虎”和“逃不脱被辗成肉浆命运的纸老虎”。毛泽东在引用汉代著名史家司马迁的话时说，有的人死的重于泰山而有些人则死的轻于鸿毛。他的评论激起了一个莫桑比克人的想象力，他将泰山改为一个适合当地人的标志：为国家而死，保卫人民的利益。这种死的分量像戈龙戈萨山（Gorongosa）一样沉重。而死于反对人民意愿，则是耻辱的，他的死一文不值，轻于鸿毛。

一些游击队员的言谈富于展露出对中国文化的娴熟。他们非常熟悉地谈到中国四世纪时的军事理论家孙子，谈到张国焘30年代的过失。出于

① 世界知识出版社编辑：《先进的非洲，友谊的海洋：周恩来总理访问非洲十国通讯集》，世界知识出版社1964年版，第21页。

保护自己的家庭防范政府安全部队的需要，他们有时用中国名字伪装自己，当然同时也希望用中国的原型激励自己和游击战士。如津巴布韦非洲民族联盟的队伍中包括几个毛和几个周恩来。其中一个毛（其原名为 Patrick Tavengwa）是一个很有思想的人，像他的原型，精于解释罗得西亚战争的目标。他与另一性格更为外向的中尉搭档一前一后作战，这个中尉假名是詹姆斯·邦德（James Bond）。他们俩在1974年被害，但他们的领导深有感情地回忆起他们。"詹姆斯·邦德是一个指挥官，毛是一个政委，两人组成了非常好的小组。"①

非洲各独立运动组织从中国的培训基地带回来一些发起战争的实践思想。在原则上他们掌握了纪律的重要性。好几个游击队部队采纳了1928—1929毛泽东首次草拟的《三大纪律八项注意》，它保证了中国红军以严明的纪律赢得了人民的支持。中国的《三大纪律八项注意》再次出现在安哥拉和罗得西亚的丛林中。像中国的游击队一样，莫桑比克解放阵线和津巴布韦非洲国家联盟的游击队也不拿群众"一针一线"，60年代到津巴布韦非洲民族联盟营地的来访者被南京毕业生的简朴和良好纪律所感动，因为他们轮流照看炊火。不幸的是纪律易于瓦解。到70年代末，由于许多领导都在狱中而新兵未经训练大量涌入，津巴布韦非洲民族联盟的队伍逐渐涣散，也越来越无纪律。同样的情况也出现在其他地区。在中国的讲习班上领导人得到了有效的训练，但是他们却不能保证总能够传授他们培训的内容给下面的人。

无可否认，中国革命成功的经验对非洲影响极大，农民必须被争取过来。运动不断重复着毛泽东的格言，"人民大众像水，军队像鱼"，有些人接受了他们必须花上一段时间学会如何"游泳"。津巴布韦非洲国家联盟游击队是最生动的例子。津巴布韦非洲民族联盟在罗得西亚与白人力量开始作战时并不成功，他们认为得到非洲同胞的支持是顺理成章的，于是在交界的坦桑尼亚，他们将部队一次次地投入代价高昂的与伊恩·史密斯白

① Philip Snow, Star Raft: *China's Encounter with Africa*, New York: Weidenfeld & Nicolson, 1988. p. 84.

人优势兵力的激战中。游击队在坦桑尼亚交界处生活了好多年，隐匿在一个陌生的国家，远离家人，不知道自己是否还能再看到他们。许多游击队员思乡，一些人甚至开小差逃跑了。幸好，在1966年晚期，他们的指挥官从南京回来了，全面地改变了战略部署。后任津巴布韦总统的罗伯特·穆加贝（Robert Mugabe）和他的同事们实际上声称他们的信条是毛泽东思想，并专门办学习班向他们的战士灌输这一思想。4年过去了，在坦桑尼亚营地游击队员在中国步兵专家李同志的管理下消化吸收毛泽东的游击战术思想。中国指导员非常耐心细致，他告诫非洲战士，战争不会在三天内取得胜利，或仅通过一次冲突战而取得胜利，只有第二代人可以看到战争的结束。同时，他们坚持耐心将会得到回报。津巴布韦非洲民族联盟广播宣称“毛主席教导我们革命将是成功的”。1972年12月时机到了。津巴布韦非洲国家联盟发起了新型攻势，一次缓慢的有条理的包围，与村民打成一片，成功激起他们反对欧洲人。到了7年后战争结束时津巴布韦非洲国家联盟津巴布韦非洲民族联盟的队伍（力量）控制了罗得西亚农村的三分之二，并管理得很好，在举行的决定这个国家未来统治者的选择中农民投票选择走他们的道路。

在津巴布韦非洲民族联盟中还有一位中国移民女性值得一提。朱惠琼（Fay Chung）是出生在南罗得西亚的广东移民的第三代，她的祖父和外祖父于1904年与其他12个华人家庭移民来到当时称为罗得西亚（南部）的津巴布韦，从而构成了现在当地华裔居民的主体。朱惠琼的外祖父当年曾是孙中山先生革命运动的支持者。20世纪60年代作为注重教育的华裔后代，她成为第一个进入罗得西亚和尼亚萨兰大学的亚洲学生。她对20世纪中期非洲争取民族解放的斗争趋势十分敏感。革命迫在眉睫，促使她做出选择：她是继续作为一个中国的外国居民呢，还是该成为她永远生活在此的国家的一部分呢？她选择了第二种。当起义开始时她加入了津巴布韦非洲民族联盟运动，负责给游击队员上课并转战于他们在坦桑尼亚、赞比亚和莫桑比克的基地间。史密斯政权公开指责她是“穆加贝的中国秘书”。1980年津巴布韦独立后她被授予了教育部的高级职位，1988年她成为内阁大臣专门负责国家的小学和中学教育，后又任就业创造及合作部部长。

在安哥拉人民反对葡萄牙殖民统治时期，中国对安哥拉人民解放运动、争取安哥拉彻底独立全国联盟、安哥拉民族解放阵线三个组织都给予了军事援助。其中霍尔登·罗伯特领导的“安盟”最初试图依靠西方的支持谋求独立，在希望破灭后，“即从亲美的倾向转到亲北京的立场”，[①] 1963年12月，他在内罗毕同正在这里参加肯尼亚独立庆典的中国外部部长陈毅举行了会谈。翌年1月，他正式宣布他领导的安哥拉流亡政府接受中国和其他共产党国家的援助。1971年7月，“安人运”领导人阿戈什蒂纽·内图到北京访问，他在中非人民友好协会为他举行的宴会上谈到了中国革命对安哥拉民族解放运动的影响，称“安哥拉游击队战士及其领导人在他们的战斗中，从中国人民的伟大领袖毛泽东主席的声音和中国人民的声音中得到鼓舞，他们总是在专心地倾听这些声音。”[②]在京期间，他和代表团全体成员都受到了周总理的接见。1975年安哥拉独立后，内图出任总统，“安人运”同“安解阵”、“安盟”之间发生武装冲突，中国政府对此主张三派通过和平协商解决争端，并反对一切外来势力横加干涉。

莫桑比克人民的反葡斗争也曾得到中国人民在道义和物质上的支持。1964年1月，莫桑比克解放阵线主席爱德华多·蒙德拉纳应邀访问北京，他从中国回去后宣布他对“中国人民对非洲的民族解放运动表示的热情和他们支持非洲人民的斗争非常感动”[③]。当时，该阵线在坦桑尼亚设立了训练营地，中国曾派教官帮助。1969年蒙德拉纳遭暗杀后，萨莫拉继任解放阵线主席。萨莫拉曾任坦桑尼亚训练营地的负责人，与中国教官交往较多。1968年和1971年他两次率解放阵线代表团访华，在1975年3月第三次访华时，同中国方面达成了在独立后立即建交的协议。1975年6月25日，莫桑比克正式宣布独立，当天中莫两国就建立了大使级外交关系。

---

① [瑞士] 哈里什·卡普尔：《觉醒中的巨人》，中国国际文化出版公司1987年版，第298页。
② 《新华社每日电讯》，1971年7月27日。
③ 转引自卡普尔：《觉醒中的巨人》，第298页。

在莫桑比克从葡萄牙殖民统治下独立前夕，莫桑比克解放阵线领导人萨莫拉·麦克尔（Samora Machel）感激中国对他们的援助，说中国是一个“伟大的可信赖战略后方”。其友好邻邦坦桑尼亚总统尼雷尔在几年后又补充上“如果没有中国，莫桑比克可能仍处于葡萄牙统治下”。1975年独立时，莫桑比克用世界无产阶级的伟大革命导师马克思、列宁和毛泽东的名字乃命名首都的大街，“毛泽东大街”为东西走向的绿荫大道，双向四道，中间有绿色隔离带，两边人行道上是绿树鲜花，总宽超过50米，长约2.5公里。它西接列宁大街，与其形成“丁”字，再向西便是马克思大街，三条街组成一个“亍”形。除两端相接的大街外，另有10街道与毛泽东大街交叉，每条十字路口皆标有毛泽东大街的名称。莫桑比克政府和人民以这种特殊方式，感谢中国政府和人民对莫桑比克人民解放事业的巨大贡献。此外，莫桑比克还有个“毛泽东村”。上世纪80年代，首都马普托以北的加扎省发生了特大洪灾，整个村庄被冲毁，重建新村时，为感谢中国政府和人民对莫桑比克国家建设的支持与帮助，当地政府决定用“毛泽东”的英名命名这座上千人的新村。于是，毛泽东村和毛泽东大街一起，成为莫桑比克家喻户晓的街名和村名。

有意思的是，非洲独立运动的欧洲对手也对中国给予了间接的赞叹。他们仔细阅读毛泽东的著作甚至自己也使用中国的措词。一个葡萄牙上尉为自己将一个莫桑比克居民点夷为平地的决定进行辩护时就说村民活该如此“因为对于恐怖主义来说他们就如同鱼对水的关系”。一些白人指挥官沾沾自得因为他们以一种自己的方式即向农民慷慨提供医院和学校的方式而打败了游击队。南非联合战斗部队的弗雷泽将军（C. A. Fraser）1968年严厉地告诉军官学校学生中国共产党并非垄断了耐心和“忍耐力”。

欧洲定居者坚持认为从根本上说中国是他们的敌人。他们认为推翻白人在非洲的统治是中国革命的一个目标。殖民者甚至宣称实际上中国人在与他们作战，在莫桑比克一个葡萄牙被征入伍的士兵后来投奔了莫桑比克解放阵线，他表示对在莫桑比克战争中没有遇到中国战士感到很惊讶。在某些情况下很可能欧洲人正在妖魔化中国以希望得到国内和国际对他们事业的支持。但他们似乎也真的对中国人充满着一种返祖性的恐惧。在世纪相交之时的南非萦绕在布尔人心头的恶梦终于变成了现实：中国人真是帮助非洲人起来反对他们的主子。一个白人农场主，他在50年代肯尼亚动乱后迁到了罗得西亚，注意到津巴布韦非洲民族联盟反抗者比他们肯尼亚的前辈使用了更为先进的武器。他毫无疑问知道为什么。“我称它为毛毛（Mao Mao）而不是茅茅（Mau Mau）。”①

1972年访华时，美国总统尼克松与毛主席一见面，就出自内心而非客套地说：“主席的著作推动了一个民族，改变了整个世界。”举世公认，毛泽东的著作和思想曾指导过非洲大地上波澜壮阔的民族解放运动，今天仍深受崇敬他的非洲人民的热爱。

到1976年底，非洲独立国家增加到48个。对非洲各地的民族独立运动，中国政府和人民不遗余力地予以支持。

六

独立后的非洲形势严峻。1963年5月，毛泽东在同来访的非洲朋友谈话中说过这样一段话：你们独立后，“我们希望你们站住脚，不仅在政治上，而且要上经济上站住脚，不要被人颠覆掉了。你们站住脚我们高兴，你们倒台我们不高兴。”②这是针对当时非洲独立国家的现实而说的。

20世纪六七十年代，大批非洲国家刚刚取得独立，在摆脱老殖民主义宗主国之后的很长一段时间里，非洲国家寄希望于外援来脱贫在相当范围内和层次上是一种主导性的思维定势。那时，非洲国家在政治上刚获得独立，经济上对原宗主国的依附程度仍很大。同时，政局动荡不已，非洲人

① Philip Snow, *Star Raft: China's Encounter with Africa*, New York: Weidenfeld & Nicolson, 1988. p. 87.

② 中华人民共和国外交部，中共中央文献研究室编：《毛泽东外交文选》，中央文献出版社1994年版，第491页。

大多对自己缺乏信心，习惯性地把外部援助看得高于一切。欧美国家正是利用这种心理状态，频频给予各式各样的施舍性捐助，旨在更好地控制非洲国家，并对付苏联在非洲不断增强的影响力。以苏联和美国为首的两大集团对非洲的援助，特别是军事援助，实际上都是为培植各自在当地的代理人而角力，无意于非洲经济的发展。走向独立的非洲难以摆脱欧洲的影响。

许多非洲新独立国家的领导人如西非加纳克瓦米·恩克鲁玛和前法国殖民地几内亚、马里和刚果－布拉扎维的领导人、东非坦桑尼亚的尼雷尔和赞比亚的肯尼思·卡翁达都对独立后国家的状况极为忧虑，这些领导人清醒地意识到独立后他们的国家只是获得了名义上的独立。他们的议会程序是西方的，他们商店里的商品也是西方的，他们学校里的课程也是西式的。西方银行借钱给他们，然后向他们催讨。他们希望能够修正欧洲的遗产，使之与非洲传统更为和谐。在中国，非洲领导人发现了一个了解独立真谛的国家。中国国内正在发生的一切都给他们光彩夺目之感。中国是特别的，而且是精彩的。一个穷国挑战地向前走自己的路，不受西方世界的影响。中国自1949年以来已经彻底肃清了西方的每一丝残余。中国避免外国债务。中国没有得到外国援助，一切全靠自力更生。中国生产出自己的商品，甚至穿中国人民自己独特的服装。中国人讲自己的语言，没有殖民地混合语。中国人没有套用欧洲学校教育模式；正如一个非洲人向往地评论道：他们“用中国方式思考”。看不到一个西方人，如果西方从地图上抹去，中国人的生活将仍一如继往平静地进行。

一些非洲领导人渴望他们的人民也能像中国人民一样地生活。第一批非洲元首来华访问，在中国他们看到了应该如何转变一个像他们自己国家这样的农业国家。在不到二十年的时间里，中国在为远比所有非洲国家人口要多的人口提供必需的食物、住处、衣服和工作以及医疗，并在方方面面取得了显著的成功。

他们看到，中国领导人为了一个全体人民共同的目的暂时牺牲个人的舒适。在中国他们了解到对贪污腐败分子要坚决加以处置。中国领导人领取的薪水不多，他们的妻子需要自己做家务。北京官员没有小车，他们骑自行车上班。对非洲人这些来说，中国似乎是一个道德的灯塔。苦行的尼雷尔寻思，如果北京用自行车能做到的，在他的首都达累斯萨拉姆为什么需要小车呢？在这些非洲领导人眼中，中国人的形象是俭朴、吃苦耐劳的，中国领导人的形象是大公无私、一心为人民谋福利的。

中国人民艰苦奋斗白手起家的自强精神和全新的精神风貌令非洲国家受到鼓舞，所以当时参观中国山西省的大寨村和“太行奇迹”红旗渠是不少非洲来华客人的“必修课”。大寨位于山西省昔阳县城东南5公里的虎头山下，据传是北宋抗击辽金留下的山寨。身居太行山腹地，平均海拔1000米，总面积1.88平方公里，耕地50.7公顷。1964年毛泽东主席发出“农业学大寨”的号召，从那时开始的全国农业学大寨运动延续了15年之久，全国各省、市、自治区到大寨参观学习的达960多万人次。大寨的诸多经验对中国农业和农村产生过广泛影响。大寨也为世界所瞩目。五大洲的34个国家、2288批、25000多名外宾（包括22位国家元首、政府首脑）曾到大寨访问，其中有马里共和国国家元首兼政府总理穆萨·特拉奥雷、乍得共和国总统费利克斯·马卢姆。①

有些非洲政府开始在本国着手一系列中国实验。有的国家开始像中国人那样将专家能力与国家政治目标的热情结合在一起培训他们的行政官员。卡翁达派来一批赞比亚人在中国接受培训，而刚果首都布拉扎维发表的消息说，官员必须做到“又红又专”。一些领导人使用中国的办法整治政府内退步堕落分子。在刚果—布拉扎维一个部队指挥官让一群持不同政见者坦白历史以启迪教育民众。这个指挥官曾在中国的南京军事学院受过训练。希望通过受到批评和公开降级免职的处分，犯错者会悔悟，而真正悔悟的犯错者将开始新生。在莫桑比克几年后实行得更多的中国方法是组织那些独立战争期间与葡萄牙殖民军队有过合作的人的“再教育”会议。总统萨莫拉·麦克尔对违法者进行了严厉批评，犯了错误的人对自己行为

① http://www.china-dazhai.com/Article/ShowArticle.asp?ArticleID=535.

表示悔恨，于是被宣布赦免，作为“可信任的再生的人”被送回家。

这些非洲领导人，特别是尼雷尔被中国的农业政策所打动。中国没能像其他国家一样在走向工业化过程中所选择一种容易达到的办法——让农民遭受痛苦。这些国家当时对中国的社会主义模式中最感兴趣的是人民公社的组织管理和规模效益。这与非洲国家存在大量农村村社有关。许多非洲政治家基于本国国情既反对走西方资本主义之路也反感前苏联的优先发展重工业的道路，而视中国的人民公社为可借鉴的理想模式。那个时期出现的“非洲社会主义”、“村社社会主义”都有中国人民公社的影子。

例如坦桑尼亚人将他们的农民从分散在丛林中的孤立家园移植到小的合作制村庄。村庄以尼雷尔的乌贾马概念命名。“乌贾马”①在斯瓦希里语中意为村社，即以传统的部族社会中共同劳动与生活的氏族关系联结起来的一种农村基层组织。尼雷尔将此设想为中国集体主义与非洲传统的混合物。坦桑尼亚是一个以斯瓦希里血统为主的多部族国家，历史悠久，人民淳朴，至今仍保留着许多古老而独特的风情与习俗。坦桑尼亚经济以农牧业为主，结构单一，基础薄弱，发展水平低下，系世界上最不发达国家。其中90%的农民生活在传统的村庄里，保持着许多传统的生活方式。这种村庄大多位于农田或牧场的中央，周围用围墙篱笆围起来。民居一般呈圆形，屋顶是圆锥形。一户一座房子，有些部族仍保留着一夫多妻制，也有不少家庭拥有多间住房。一些部族仍盛行按母系续谱、继承财产，或从妇居或从舅居。在殖民统治时期，英殖民当局仅仅将坦桑尼亚当作廉价的原料供应地，不重视当地经济及社会发展。在前殖民地时期坦桑尼亚人有以一个简单方式在一起工作的习惯，一个农民招呼他的邻居帮他收获玉米或制作啤酒。尼雷尔等独立后的国家领导人就是在这个基础上确立了两个来自中国的概念：其一是集体地区的每个人应该慢慢进行说服让他去工作；其二是像拖拉机和汽车这些基本动力工具必须统一集中保管以方便村庄使用。1967年坦桑尼亚在农村中广泛开展“乌贾马”运动。它的权力

① 乌贾马（ujamaa）一种农村社会主义组织形式，于20世纪60年代开始在坦桑尼来推行。

机构为“村管理委员会”，由全体村民选举产生。它既是一种行政组织，也是一种生产与生活组织。村民采取集体聚居形式，村子规模大小不等。在村里建有一定数量的公共农田区，十户一组，从事集体生产，但集体耕作农田占比例较少，80%以上为私人耕地。集体耕作所得按劳动日计，私人耕作所得须上交所得税，这种村社带有初级集体经济色彩。

像中国的学校一样，坦桑尼亚的学校也开办了自己的工厂和农场。中国学生中学毕业后在能进一步接受更高教育前原则上必须先从事工业、商业和农业，坦桑尼亚的规定是任何一个中学毕业生在有机会读大学前必须在工厂或乌贾马村庄为国家服务两年。政府也尝试着将军队与农村生活结合到一起。在中国士兵自己种粮食，这样他们将不会成为当地农民的负担，也希望借此向农民提供人手。受此启发，南京培训出的指挥官在刚果—布拉扎维让他手下的人养猪种蔬菜。几年后新独立的津巴布韦发起一个运动，打算按中国的方式解决战后的经济问题。津巴布韦政府希望士兵们能够在土地上发挥作用而不是在营地上擦枪，同时农民也要习惯于将士兵视为一个帮手而不是杀手。非洲领导人甚至还希望能够用中国节俭的药方来解决在他们自己阶层内特权的的滋长。1965年在周恩来来到坦桑尼亚几天后尼雷尔就免掉了政府官员们享受的奢华。招待会上没有更多的烈性酒，没有浮华的小车。1967年坦桑尼亚官员必须遵守一个正式的行为法规，其中包括不得在私人公司担任管理者的职位、不能有外来收入、不能有多余的房子。其他国家也都追随了坦桑尼亚斯巴达克式“领导法规”的榜样。

七

1966年5月，中国“文化大革命”爆发。这场运动不仅给中国人带来了长达十年的浩劫，同时也成为一个世界范围内具历史意义的事件。“文革”初期，中国出现了“井冈山道路通天下”式的狂热，认为中国革命的模式适用于全人类中三分之二的人民。这其中既有无产阶级国际主义的成分，也有中国传统“天下”思想的影子。或者说，是在经历了近代中国传统国家形象解构后，中国试图再次成为政治治理模式和生活方式发散源的一次扭曲式的尝试。于是，“文革”中形成的一些特定的行为模式也经由官方和个人输出，甚至影响到非洲一些国家。非洲人对中国发生的事件感到异常激动。很多非洲人以佩戴毛主席像章手拿红宝书为荣，据说当时有四百万册红宝书在非洲流传，很多地方是人手一册。当时许多非洲国家腐败现象严重，中国的“文化大革命”使很多非洲人感到中国已成为一块自由的土地，在那里甚至最高领导人也能被清算。非洲人也为中国的文化颠覆所激动：中国人已在国内清除了像莫扎特音乐这样一些外国的有害的影响。长期以来，非洲有识之士对非洲普通民众对西方文化和西方消费时尚的盲从追随极为忧虑。于是一些年轻的非洲人以自己的方式来表达对中国的向往。坦桑尼亚年轻人穿绿T恤黑裤子，执政党少年团成员开始谴责西方腐化堕落的一切——《花花公子》和披头士，紧身裤和迷你裙，美容品和选美竞赛。

坦桑尼亚受到“文革”造反派的“打击”最重。坦桑尼亚是中国上个世纪60年代在非洲的主要友好国家。坦桑尼亚总统尼雷尔是非洲独立运动的代表人物，中国也把坦桑尼亚看成是自己在第三世界扩展影响、对抗西方和苏联的基地。尽管中国经济在“文革”中近乎停滞，但中国政府对坦桑尼亚却有求必应。在中国“文革”的影响下，坦桑尼亚青年团曾经想仿照中国大量印制毛泽东像章的做法，要中国为他们制做尼雷尔像章，还想在中国援建的友谊纺织厂试点，组建和红卫兵相称的绿卫兵。坦桑尼亚年轻人模仿中国青年的行为使尼雷尔极为忧虑。一方面他害怕“文革”被自己的反对派利用，对他的政权造成政治冲击，另一方面是怕“文革”给中国经济带来更大的破坏，影响中国对坦的经济援助。权衡利弊，尼雷尔总统不得不接受了发生在坦桑尼亚的运动。他亲切地称这些年轻人为“你们是我们的绿卫兵”。60年代坦桑尼亚文化运动的范围波及面较广。坦桑尼亚青年像中国青年一样被鼓励走出家门在全国串联支持尼雷尔和他的经济改革。这些年轻绿卫兵都戴着毛主席和尼雷尔的像章，拿着一本包含尼雷尔语录的小绿书。在几内亚成群的红卫兵、绿卫兵和杂色卫兵在学习体会着塞古·杜尔总统的思想，像《人民日报》上的毛主席的语录一样，塞古·杜尔的语录也被用纹章装饰定期放在党报的最前面：塞古·杜尔成了几内亚的“向导”和国家的“舵手”。在邻国马里，那里毛泽东的著作被引进大学和大学的课程。马里“文化大革命”开始于一篇题为“大跃进”的社论，它发表在党报上要求在部队中进行净化。总统莫迪博·凯塔的追随者们建立了新的政府机构“保卫革命委员会”，希望能像中国的革委会一样绕过对领导不利的官僚体制；官僚体制成员、党内官员和市长们被斥责为享受资本主义生活方式，在好战的年轻人强制下纷纷辞职。在一些国家运动中还出现了暗杀行为。这就是60年代发生在非洲的非洲土生的文化革命。

然而，应该指出的是，非洲朋友并没有不加分析地照搬中国道路，他们一般对在中国国内开展持久的大规模的阶级斗争的理论不感兴趣也没有过多仿效，这在恩克鲁玛送给周恩来的著作《非洲阶级斗争》中有着详尽论述。在实际操作层面上非洲领导人很少将他们的实验推向更远。他们并没有全盘引进中国体制的意图。他们的思想是用中国方法对本国存在的问题加以局部、折衷、笨拙的修补，并将中国抬高成一个临时性的榜样，以向他们的人民证实一个有组织有纪律的民族应该能够达到什么样子。

第二节
“穷帮穷”

一

作为一个社会主义大国，又是一个最大的发展中国家和安理会常任理事国，中国有五千多年的文明，在相当长的一段时间内保持着世界的大国地位，引导着整个世界的经济与文化发展，很大程度上代表了东方文明。中国在建设国家形象时拥有其他国家无可比拟的优势。但是自从近代以来，中国一直积弱不振，给人们的一直是落后贫穷的印象。新中国成立以后，出于对共产主义的恐惧，西方国家凭借强势话语权对中国家形象进行了歪曲和丑化，从而影响了相当一些的国家政府和公众对中国的看法，也影响了中国政府对外政策的制定和实施。这一切给中国的国家形象的塑造带来了巨大的挑战。为了扭转这种局势，打破封锁，中国开展了一系列援助外交，积极塑造中国热爱和平的良好国家形象。于是，独立后贫穷落后的非洲国家成为中国的主要受援国。中国在自己经济还十分困难的情况下，对非洲国家反帝反殖的民族解放运动和南部非洲人民的反种族主义斗争提供了大量真诚无私的政治、经济和军事支持，为中国在非洲乃至国际上赢得了崇高地位和威望。

据美国国会联合经济委员会的统计，自1956年以来，中国先后向39个非洲国家提供援助。到1977年止对非援助总额达24.76亿美元，占这一时期中国全部对外援助额的58%。[①]其中1956—1969年对非援助额占援外总额的43.5%。特别值得一提的是，20世纪70年代初，中国对非洲国家的援助占对外援助的比重大幅上涨，占整个对外援助的三分之二，其中最高年份占中国对外援助的85%（1974年）。1976年之后，中国对非援助维持在年均7000多万美元左右。中国提供援助的项目包括农业、农产品加工、水利、电力、轻纺、交通运输、打井供水和公共建筑等领域。[②]

美国著名中国问题专家哈里·哈丁认为，中国在六七十年代所赢得的国际影响远远高于其物质力量所能提供的水平，给“当代国际体系中的力量命题提出了解释的难题”，“中国领导人在运用他们掌握的资源时，具有高度的技巧，最突出的是中国能巧用外援，通过慷慨而没有条件的对外经济、技术援助，为中国争得影响，使他们的国家成为影响世界局势发展的

① 李安山：《论中国对非洲政策的调适与转变》,《西亚非洲》，2006年第8期，第11—20页。
② 李必高:《中非经贸五十年—1949—2000》，上海师范大学2005届硕士毕业论文，第24页。

一个主要发言人。”[①]中国学者阎学通也认为，“60年代中国在非洲的政治声誉是极为重要的政治利益，就是靠这种政治声誉，中国赢得了非洲国家的支持，打破了帝国主义孤立中国的战略。非洲国家的政治支持在中国1971年重返联合国发挥了重大作用。”[②]

非洲大多数国家是在极其恶劣的国际国内环境下开始独立历程的。如前西非法国殖民地几内亚在1958年拒绝接受戴高乐总统提出的自治的“海外领地”成员资格，选择了独立：几内亚能管理自己的事情。此举激怒了法国，法国技术人员全部从几内亚撤走，一些法国人离开前甚至扯掉电报电缆和照明灯具。他们的离去给几内亚国家经济造成了毁灭性的打击。是中国帮助了处于困境的几内亚人，在1959—1961年中国赠送几内亚政府3万吨大米，使几内亚人民免于忍饥挨饿。而此时中国正处于三年自然灾害中，当时中国好几省的农民靠吃树叶维生。中国对非洲的援助可谓竭尽全力。周恩来三年后在非洲伟大之旅时将中国对非洲的援助总结为“穷帮穷”。

贫穷落后的中国决定不仅要给非洲国家以经济援助，而且还要比富裕国家更为慷慨地援助非洲国家。1964年周恩来总理在加纳宣布的对非援助八点原则深刻地反映了这种思想。在旧中国时期，中国一直依赖外援，中国人民对这一附庸地位深恶痛绝。中国人一直欠外国人的钱，先是欠美国和其他欧洲强国。新中国成立初期，又欠苏联的钱。这使得中国长期以来不得不一直调整自己的政策以适应外国债权国的变化无常，并且被迫让外国人在自己的国土上办厂并享受治外法权。现在中国决定要向非洲人证明他们能比外国人曾做过的做得更好。周恩来总理说得很明白：中国对非洲的援助是没有任何政治前提的。中国人不打算榨取非洲财富。西方对非洲的贷款给非洲各国带来难以承受的利息，甚至连苏联实际上也要2%的利息。中国基本上是无息向非洲政府贷款。中国的贷款将用于资助建设项

① *China's Foreign Relations in the 1980s*, ed. by Harry Harding. New Haven : Yale University Press, 1984, pp. 173，207.

② 阎学通：《中国国家利益分析》，天津人民出版社1997年版，第38页。

目，中国还要派技术人员到非洲建设这些项目。而且，中国不允许自己的技术人员像其他侨居者一样懒散地待在宾馆套房里花光费用，他们必须接受和一起工作的普通非洲人一样的生活标准。

简言之，中国的资金和人才开始流进非洲。在周恩来声明20年时间里大约60亿元流进非洲，相当于约20亿美元，当然，用西方标准来看20亿美元并非大数字：如仅在1971—1981年间，英国支付给非洲大约25亿美元用于官方双边援助基金，美国80亿美元，法国130亿美元。但对于一个亚洲穷国20亿美元可是巨额数字。这个数字表明当时每个中国人都要拿出2美元给非洲。根据毛泽东主席的指示，每笔钱都被指定给与中国建立外交关系的非洲国家。每个国家的平均数额是1亿元（3千万美元），但根据国家的大小和重要性具体数额从5百万元（150万美元）到10亿元（3亿美元）不等。

例如在1973年元月签订的《中华人民共和国和扎伊尔共和国政府经济技术合作协定》，规定了根据扎伊尔发展的民族经济的需要，中方在1973年7月1日至1978年6月30日的5年内，向对方提供无息的、不附带任何条件和特权的借款2亿元人民币，这些款项用于支付中国给扎伊尔提供的技术援助和购买扎伊尔需要的设备和材料。在1983年7月1日至1993年6月30日的10年内，分期以扎伊尔出口货物或可兑换货币偿还，如到期偿还还有困难，还可以延长。这种合作体现了第三世界国家间相互援助的合作关系。没有一个西方银行或行政部门能如此慷慨；然而你又能期望富人会如何呢？骆驼绝不能穿过一个针眼。

中国各省市承担了派专家援助非洲的任务。当时在中国每个省都设立了对外援助局。如果一个非洲国家需要精通玉米或制糖的专门人才，中央政府就会指派国内玉米产地或制糖的省份征集一批专家，迅速派往非洲国家。在对非洲医疗援助领域也延用了这一体制。每省被分派负责一个或几个非洲国家的健康保障。如北方的河北省对口扎伊尔；南方的广东省负责冈比亚和赤道几内亚；西北沙漠的甘肃负责马达加斯加。各省选择医疗队去他们对口负责的国家，并从各省的预算中支付在非洲的费用。任务是巨大的，但并非空想荒谬的，大多数中国省份的人口比大多数独立非洲国家的人口还要多。

援非人员都经过仔细挑选。他们要身体健康，人品正直并胜任工作。在六七十年代，中国人民习惯于服从命令，到国家需要他们去的地方，所以援助办公室根本不缺乏供选择之用的技术人员。到了80年代初援助办公室总共派往非洲15万中国技术人员。在最初几年，中国技术人员只是限定在大约六个国家里工作，20年后除了最初六个非洲国家外中国专家分布在从北部地中海到南非边境的喀拉哈里沙漠所有地方工作。这些中国专家参与了非洲500多项援助项目。

1970年中国和非洲国家建交后，普遍签订两国经济技术合作协定，中国政府往往提供数千万或上亿元人民币的无息贷款，对于这些贷款的还款，中国不列入财政预算计划，也不向对方索债。中国向非洲国家提供的援建项目除了包括下面提到的农业、轻工业、交通运输业外，还有电力机械、牧业、渔业等广泛领域，其中中国帮助非洲国家建设电力工业项目主要是利用当地水力资源，修建中小型水电站及输变电工程，共建成项目29个，装机容量约18.5万千瓦，铺设输变电线路700公里。同时根据非洲人民爱好体育的特点，修建了一大批体育场（馆），有些设施连我国许多省都没有。上个世纪60年代以来，中国援助非洲的体育设施有30个之多。其中，体育场21个，约66万个座位；体育馆5个，约2.8万个座位；比赛用游泳池4个，约5000个座位。此外，中国还为非洲国家援建医院20所，病床1985张；学校11所，总建筑面积15.1万平方米，以及广播通讯、农产品加工、建筑材料生产、手工艺加工等设施和设备。

中国在非洲的援建工程极大地改变了非洲的面貌，这些遍布非洲各地的援建项目也成为中国在非洲的形象体现。

二

非洲各国基本上都是农业国家，实际上，非洲也具有发展农业的得天独厚的优势：非洲共有可耕地8.4亿公顷左右，且大部分地势平坦、土地肥沃、光照充足、水源丰富、植被良好。农业在国民经济中占有举足轻重的地位，是大多数国家国民收入和国家财政税收的主要来源；农产品加工业占制造业的2/3以上；农产品出口创汇占国家外汇收入的20%—40%。但非洲农业发展却不容乐观。长期的殖民统治造成非洲国家经济结构单一，为了改变这一状况，独立后各国普遍实施以发展工业为核心的经济发展战略。农业生产被忽视，投入严重不足，一些国家农业几近荒废或濒临破产。而且不少国家独立后战乱频仍，政局动荡，导致人民无法安居乐业。加上非洲地区农业基础薄弱、农业技术水平落后，大多数国家高度分散的小农生产基本停留在刀耕火种的粗放经营，缺乏现代科技和物质的投入，靠天吃饭，产量很不稳定。这一切造成非洲1/4的粮食需要进口，上千万非洲人食不果腹，粮食自给一直是非洲大陆无法实现的梦。粮食供应紧张成了非洲各国维护经济独立的一大制约因素。因此，在中非经济技术合作中，农业援助一直占重要地位，几乎在每一非洲国家都有中国援建的农业项目，这些项目涉及水稻、蔬菜、甘蔗、茶叶、烟叶、养鱼、畜牧等。通过农业援助，提高了受援国农业生产力水平和粮食单位产量，部分满足了受援国的粮食需要，受到非洲各国政府的普遍欢迎，而中国派出的深入到非洲基层乡村的农业专家组，则成为非洲农民最可信赖的朋友。中国对非洲的农业援助影响巨大而久远。

中国对非洲国家的农业援助始于20世纪60年代初。中国对非洲很多国家进行了农业技术援助，帮助非洲发展农业生产，培养当地农业技术和管理人才。援非农业项目相对来说规模并不大，一般上是派去六七个中国农业技术人员向非洲当地农民传授如何在几亩地上种水稻和蔬菜。如今在非洲大陆一些地方水稻已成为主要粮食：在几内亚比绍，如同在中国南方一样，当地人吃饭时必须要吃点米的，若没有吃米就会感觉根本没有吃饭。中国人进行了这个艰巨的且极有经济价值的援助，并且极大地促进了当地的水稻栽培。稻田开始出现在长期得不到重视和利用的的河谷上，大米开始进入以前从未接触过的沙漠社区的饮食中。至今，乌干达人还记得在该国东部的奇奔巴村庄，在阿明统治的混乱和暴虐年代里，中国农艺学家平静地向当地人民传授如何种植水稻。奇奔巴农场是中国援助乌干达最早的一个水稻农场，也是规模最大的一个水稻农场。1969 年开始勘测设计奇奔巴农场，1972 年正式施工。历时 3 年，农场建成。经过 7 年的试生产获得成功。农场的水稻生产，解决了乌干达不少老百姓将香蕉等水果当饭吃的现状，乌干达人民第一次吃到自己种植的大米。中国专家利用当地的地理、气候特点，种植双季水稻，平均亩产达 1000 多斤，以奇奔巴农场为中心的附近被政府誉为“乌干达最富裕的农村”。

坦桑尼亚的姆巴拉利农场是中国在该国援建的众多农业项目中的一个。姆巴拉利农场位于坦桑西南内陆的姆贝亚省，距首都 730 公里，是我国在坦桑尼亚援建的大型国营机械化水稻农场。60年代联合国曾派美国农业专家到这里办水稻农场，但未成功。1971 年由中国农业专家接管，到 1977 年建成移交给坦方时，它已经是一个拥有 3200 公顷耕地的机械化大农场，曾连续 7 年平均亩产稻谷 500 公斤左右，此外还提供大量鸡肉、猪肉、奶制品、蛋类等农副产品，在建场后的第六年即收回建场全部投资。前总统尼雷尔曾经三次到农场视察，称赞它是“坦桑农业的榜样，中坦合作的结晶”。该农场自然条件优越，基础设施规划设计合理，有独特的种、养业生产条件。配有全套灌溉设备，一座 320 千瓦水电站，两台 160 千瓦发电机组。一个年处理稻谷 1.8 万吨的碾米厂，一个农机修配厂，可饲养 700 头猪和 300 头牛的猪场和牛舍，一个年产 10 万只的肉鸡场。上述设施基本保存较好，有些至今仍在运转。2004 年农场有雇员 170 人。

非洲大陆地处热带，但许多地区过去一直不产甘蔗，不少非洲国家根本没有制糖工业，蔗糖完全依赖进口。为了改变这种状况，从 60 年代中期起，中国先后帮助马里、坦桑尼亚、乌干达、几内亚、卢旺达、塞拉利昂、马达加斯加、多哥、刚果（金）等国种植甘蔗，建立了甘蔗农场和制糖厂，发展民族制糖工业，既满足了当地人民的需要，又为受援国增加了收入。至1976年，中国在马里援建了2个制糖厂和2个甘蔗种植场，每亩甘蔗产量达6吨多，食糖自给有余。塞拉利昂的甘蔗农场占地3000公顷，总投资达1120万元，1981年投产后，年产甘蔗70多万吨，产糖5万多吨，产酒精4600多吨，成为塞拉利昂国营骨干企业。中国援建非洲糖厂共11座，日榨甘蔗能力约5400吨。

中国专家还帮助马里培植了新茶“49—60”。马里气候炎热，马里人喜欢喝极浓的绿茶。自从18世纪晚期开始中国的绿茶就进入西北非的市场，那里的人民喜欢喝带有薄荷味道的绿茶。他们在一个茶壶中要放上大半壶茶叶，煮沸后只能倒三小杯茶水，饮用时须加入大量的糖来中和苦味。当时马里每年消费的大量茶叶和蔗糖都需要进口，对这个经济落后的国家来说，这是一笔巨大的开支。上世纪60年代初，法国专家在马里考察后，断言这里的自然条件根本无法种植茶叶和甘蔗，马里只得转向中国求助。中国人派去了技术人员，他们向马里人教授如何生产出他们自己的替代品。驻马里中国大使刘立德陪同来自广东的甘蔗专家从两小节甘蔗起步，在2公顷试验田里辛勤耕耘了整整一年，这项造福马里百姓的“甜蜜事业”终获成功，在马里种出的甘蔗糖分丝毫不逊色于中国国内种植的品种。同时，中国专家在茶树之间种植芒果树，用芒果树叶为茶树遮阴降温。1975年中国专家帮助建成的锡卡索农场，面积100公顷，年均产毛茶98.2吨，占马里茶叶消耗量的1/6。茶叶品质优良，曾在巴黎世界农业博览会上荣获一等奖。为了纪念中马两国人民的深厚友谊，锡卡索茶场的茶叶被时任马里总统凯莱命名为“49—60”号茶，喻意着新中国成立于1949年，马里独立于1960年，以此表达对中国政府的感激。凯莱还将本国首批生产的两盒茶叶送给了还未与中国建交的毛里塔尼亚总统达达赫。达达赫从这份礼物中体会到了中国人的真诚，他最终打消疑虑，很快与中国建立了外交关系。

毛里塔尼亚原为法国殖民地，1960年11月28日宣告独立。毛里塔尼亚独立后，由于美法等西方大国的帮忙，台湾当局抢先与其“建交”。但中国的大国地位，它对非洲民族解放运动和阿拉伯正义事业的大力支持和对新独立亚非国家的无私援助，使达达赫总统认识到与中国发展关系的重要性，毛里塔尼亚遂于1965年7月19日正式宣布与中国建立外交关系，断绝了与台湾的关系。1966年5月，中国政府文化代表团访问毛里塔尼亚，双方商定由中国援建文化之家和青年之家，从此拉开了中国大规模援助毛里塔尼亚的序幕。而达达赫也运用他的影响力，先后推动6个非洲国家与中国建交。

除马里外，中国也帮助摩洛哥、几内亚等国建立了茶场。这不能不让非洲人民分外感动，中国是茶叶出口大国，却慷慨地帮助他们引种茶叶，这是西方国家不可能做到的。这一插曲成为整个非洲赞美中国人无私的一个佳话。而且西方专家要求住别墅、开私车、领高薪，而中国专家只享受和受援国技术人员同等的待遇。刘立德大使就曾感慨地说：“中国在非洲有如此高的威望，完全靠数十年的真诚相待赢得人心。”①

中国专家还在赞比亚、塞拉利昂、莱索托、马达加斯加、毛里求斯等国试种蔬菜，改进蔬菜栽培技术。教当地农民学会种菜，对当地发展蔬菜生产起了积极作用。中国专家在莱索托种植的蔬菜，如甘蓝、洋葱、豆角等，优质高产，不但缓解了当地市场蔬菜淡季的供求矛盾，而且供应期还比正常延长两个多月。为此，莱索托政府一再要求中国专家延长合同期，继续在那里工作。

自上世纪60年代起，中国先后帮助几内亚、马里、坦桑尼亚、赞比亚、刚果（布）、索马里、毛里塔尼亚等非洲国家建设了农业技术试验站、推广站、农场，帮助发展水稻、茶叶、甘蔗等作物的生产。特别是上世纪90年代，中国援建的一批规模较大的农场，对解决当地粮食短缺、积极发展受援国地方经济发挥了重要作用。如坦桑尼亚姆巴拉利农场和鲁伏农场、乌干达奇奔巴农场、几内亚科巴甘蔗农场、马里两个甘

①《新民晚报》，2006年11月7日。

蔗农场、毛里塔尼亚姆颇利水稻农场、尼日尔4个垦区、多哥甘蔗种植园、刚果（金）甘蔗农场等。这类项目有近120个，种植面积超过8万公顷。

进入21世纪后，中国政府推行优惠贷款和援外项目合资合作方式，中国农业企业纷纷到非洲国家开展农业项目的合资合作，既帮助非洲发展农业，又培养当地农业技术和管理人才。这类项目主要有赞比亚农场、加蓬木薯加工和农业发展项团、坦桑尼亚剑麻加工、几内亚农业合作开发、加纳可可豆加工，尼日尔棉花种植等。这些项目的成功兴办，既增加了当地居民的收入，促进了地方经济的发展，同时也为巩固和促进中非经贸合作，增进中非传统友谊发挥了积极作用。

三

中国的援助并非仅限于农业方面。尽管当时中国基本上仍是一个农业国，农业在国民经济中占有很大份额，但实际上1949年前中国在沿海和长江流域城市中的工业也初具规模，并形成了网络，生产出一系列轻工业日用品，如纺织和纸张。新中国成立后，中国极其重视发展工业，工业化初具规模。非洲国家独立后，有些非洲新政府急于工业化，希望借此提高国家威望，并更希望从此可以不要将国库中宝贵的硬通货用于进口简单的工业消费品。中国人乐于提供帮助。他们在非洲帮助建设了各种类型的工厂：棕榈油提炼厂和糖厂，生产铅笔和火柴的工厂，生产鞋子和衣服的工厂。其中坦桑尼亚的友谊纺织厂非常具有典型意义。

1965年尼雷尔对中国进行了第一次友好访问，这次访问奠定了坦中友好关系的坚实基础，尼雷尔说这也是他永生难忘的一次中国之行。毛泽东第一次会见尼雷尔总统时就亲切地说："中国人民见到非洲的朋友很高兴。我们很高兴，因为是相互帮助，不是谁要剥削谁，都是自己人。我们不打你们什么主意，你们也不想打我们什么主意。我们都不是帝国主义国家，帝国主义国家是不怀好心的。”[1]尼雷尔总统频频点头，表示完全同意。尼雷尔后来回忆说，当时与刘少奇主席会谈时，考虑到中国当时也不富裕，只提了一个要求，即希望中国帮助建造一家纺织厂，刘少奇主席一口答应下来。令人意想不到的是，刘少奇主席接着又问：除了纺织厂，就没有别的啦？这时尼雷尔才提出修建一条连接坦桑尼亚和赞比亚的铁路的要求。刘少奇主席听后说，如果需要，我们就干！后来很快得到了毛泽东主席的批准。尼雷尔说，中国的这种无私援助，不仅使他惊讶，更使他永生感动。尼雷尔介绍说，纺织厂建成后，为了表达感激之情，他建议取名为“毛泽东纺织厂”，但中国方面表示没有以领导人名字命名的习惯，后来就叫“友谊纺织厂”。尼雷尔说，如今“合资企业”已成为世界的热门话题，其实，坦中两国很早就合办起了坦中联合海运公司，到1989年已经营20多年，可以说这是坦中两国最早的合资企业，也是南南合作的范例。尼雷尔在1974年访华时曾深情地说：“坦桑尼亚是非洲大陆的一个小国，它既不富裕也不强大；他们1400万人民在数量上占世界人口的比例是微不足道的。因此，当我们在这个伟大国家里受到这样隆重和盛情的接待时，我认为中华人民共和国这样做是有重大意义的。你们是在又一次明确表示，中国承认所有人的人格和所有国家的权利，而不论他们的力量是大还是小。”他称赞中坦之间关系是“一种平等伙伴之间的友谊”。

马里是西非内陆国家，历史上，马里曾是一个自给自足的自然经济占主导地位的国家，1895年沦为法国殖民地后，经济命脉掌握在法国手中，传统的经济结构有所改变，城乡经济略有发展，但几乎没有现代工业，经济十分落后。1960年中马建交后，中国为马援建了糖厂、茶厂、火柴厂、纺织厂、药厂、碾米厂、制革厂、造纸厂、玻璃器皿厂、农机车间等数十个成套项目。还帮助他们种茶树和甘蔗，推翻了殖民主义者所谓“马里不能种植茶树和甘蔗”的谬论。中国还多次向马里政府提供无息贷款以及财政援助，帮助马里渡过西方国家卡其脖子造成的困难时期。1964年11月，

① 陆苗耕：《毛泽东的非洲情缘》，载《党史纵横》2006年第9期，第7页。

毛泽东亲切会见了到访的马里总统凯塔，双方进行了亲切友好的谈话。凯塔回国后，在全国干部会议上盛赞中国，说中国人民宁愿自己过俭朴生活，也要省出钱来支援被压迫人民的斗争和不发达国家的建设，今后马里要尽一切努力帮助中国同马里的邻国发展友好关系。到60年代末在中国的帮助下西非马里共和国的工业发展完成了将近一半。可以这么说中国为马里奠定了工业发展的基础。中国人在马里国土上到处都建设了技术上简单密集型劳动力的工厂。马里人非常感激中国人缓解了当地失业问题，在马里的第二大城市塞古，几乎每个家庭都会有一人以上在中国援建的纺织厂工作。马里人不仅感激中国人帮助他们解决了就业问题，而且还感激中国人为他们提供了娱乐场所。马里的大型露天体育场成了进行各项体育比赛的场所。足球和其他运动深受非洲年轻人喜爱，中国援建的体育场因帮助他们缓解了日常单调的生活，增添了更多娱乐活动而得到好评。

中国援建的布琼布拉联合纺织厂是布隆迪最大的国营企业，拥有1.5万枚纱锭，528台布机，年印染加工能力为900万米。建成投产后，产品花色品种增加到1200多种，有些产品还荣获1986年西班牙国际博览会金质奖章。这一类的纺织项目，中国在非洲国家共承担了7个，总计16.5万纱锭，5700台布机。

四

殖民地时期，非洲只有少数几条铁路，当时非洲国家的交通主要靠泥道和摆渡，许多非洲国家甚至缺乏初步的现代交通体系。非洲国家独立后，中国工程师开始帮助非洲改善这种交通运输落后的状况。中国先后帮助非洲国家建成15条公路，总长约3407公里，大多是受援国的主要交通干线。其中索马里的贝莱特温至布劳公路、马达加斯加的木腊芒加至昂德拉努南邦古公路、埃塞俄比亚的澳雷塔至瓦尔迪亚公路、苏丹的瓦德·迈达尼至格达雷夫公路和布隆迪七号公路等工程尤为艰巨。卢旺达同中国相隔万水千山，但其淳朴、勤劳的人民，却对中国怀有真挚、友好的感情。在中国援建的基加利－鲁苏莫公路旁的一家农舍中，一张主人同中国筑路工人的合影高挂堂中。至今他还记得每个中国朋友的名字。其中一个回国前脚踝受伤，他至今仍然牵挂在怀。[①]随着中国工程师的足迹，他们在非洲留下了显著的景观标志：卢旺达的公路，毛里塔尼亚的港口，在苏丹最深的地方横贯蓝尼罗河的大桥，等等。

中国援建的毛里塔尼亚友谊港，位于首都努瓦克肖特，拥有3个万吨级泊位，两个工作船泊位，设计年吞吐量为50万吨。早在1957年达达赫打算定都努瓦克肖特时，就想在那里建一座深水港。独立后，毛里塔尼亚政府为此曾多次向西方国家求助，均遭拒绝。因为这里的海岸线平直，无海湾，技术上不可行，如一定要建，造价奇高。但一个深水港口对毛里塔尼亚国计民生确实不可或缺，于是毛里塔尼亚把视线转向中国。中国先后派出施工技术人员1000人次，提供设备物资3万多吨，施工机械500多台。该项目从1971年考察至1986年竣工，历时15年完成，为当地社会经济发展发挥了巨大作用，被毛里塔尼亚人民誉为“国家独立的象征”。友谊港工程是当时我国援外项目中仅次于坦赞铁路的大型项目，造价3.3亿元人民币。对于刚刚走出“文革”动乱、百废待兴的中国来说，用这样大的人力、物力和财力，为万里之外的一个小国建一个那样大的港口，体现了一种对穷朋友的大度和慷慨。尽管这块“行走在沙漠边缘”的国家自1960年独立后屡次经历政府更迭，但毛里塔尼亚人的“中国情结”却生根发芽，历久弥新。现在走在努瓦克肖特的街上就能感受到中毛友谊，毛里塔尼亚的国家卫生中心和奥林匹克体育中心都是我国援助建筑，离城不远的毛里塔尼亚港口也是中国援建的，所以毛里塔尼亚人对中国人十分友好，见到中国人，很多人会伸拇指夸中国人好。

中国关心改善非洲普通老百姓的生活。上个世纪60年代末在非洲西海岸的赤道几内亚，苏联打算通过开辟空中航线改善本土与海外省斐南多

① 《山国山情》，2006年11月9日，http://travel.163.com/06/1109/11/2VG12B56000622Q8.html。

波岛间的交通不便状况。当时斐南多波岛与本土只能通过独木舟联系，十分不便。但中国认为空中航线这种设施只对少数精英有益，该国大多数人负担不起飞机旅行的费用。于是中国建造了一艘3000吨轮船，由广东船员将它赠送给了赤道几内亚。1970年10月，中国与赤道几内亚建交。之后，中国便决定援助赤道几内亚建设全长121公里的恩圭·蒙戈莫公路。1973年10月，恩圭·蒙戈莫公路开始动工。当时中国筑路工程师和工人的工作生活环境相当艰苦。住的是简易棚屋，房顶上铺着一层厚草，门前用树棍支起长长的廊檐以抵挡非洲的烈日。工作也是异常艰辛。每天一大早，中国筑路队就扛着器具，穿行于一米多深的草地，步行到工地上。高温加上太阳的烘烤，不一会儿就汗流满面，衣服湿透。最远的工作点要走三四公里，单趟就得1个多小时。在稠密的草地里穿行特别费劲，更不用说草丛中蚊叮虫咬，蛇鼠出没。通常情况下，中午12点左右撤离工地返回驻地做午饭。但很多时候，机器出了故障，需要立即修复，得干完了才能走，有时甚至下午两点钟还在工地上。每当遇到这种情况，大家除了忍受正午那难以言喻的烈日高温，还得饿肚子。胃不好的人，就只有从包里拿出事先准备的饼干，艰难地咽几口充饥止痛。那时候，血吸虫等传染病在非洲很盛行。不少工作人员就因为染上血吸虫病，小腿经常发烫，肿得像大象腿，行走十分困难，但他们依然坚持在工地上工作。经过4年多的建设，1977年8月，全长121公里、宽度6米、投资近2000万元的恩圭·蒙戈莫公路终于顺利建成移交。

五

援助非洲的中国技术人员在援建的几年不得不忍受难以承受的困难。在索马里的沙漠修建公路时，他们在沙漠里安营扎寨，吃的馒头里都有沙子。在西非贝宁，太阳使他们的视力减弱黑发变白……这些困难并未使中国人气馁，降低工程质量或放松对自身的严格要求。在非洲援建的所有项目中，中国技术人员遵守文明礼貌的行为准则，“一不打人，二不骂人”。在西方建筑工地上从事过劳役的非洲人很快就注意到中国人与过去的西方殖民者完全不同。在贝宁共和国露天大型体育场从事劳动的非洲劳工赞赏中国人与法国人不一样，当他们由于某种原因工作进程太慢时，中国人从不打他们或虐待他们。塞内加尔人说在他们国家苏联工程师一般对当地工人都很粗暴无礼，而中国人总是微笑总是彬彬有礼。

而且，中国技术人员并非在那里发号施令，监视非洲人工作，他们参与了一切工作，他们同非洲人一样搬砖头，搅拌混凝土、徒步穿过沼泽。不过，美中不足的是，在非洲人眼里，中国人虽然与他们共同干活，但中国人并不好交际：他们不会随便地与非洲同行闲聊或开玩笑，虽说这是一个无伤大雅的缺陷。非洲人认为中国人极其谦虚从不装腔作势，这点关系重大，让非洲人有了一种平等的感觉，这是在白人那里根本无法奢望的。更让非洲人吃惊的是，他们竟看到甚至职位很高的中国人也会卷起袖子与他们并肩劳动，所以在非洲工地上，非洲人真是常常不能说出究竟哪个中国人是管理者哪些人是普通工程师。以前当夜幕降临时法国人或美国人都要离开工地，回到他们自己的高级住处，在阳台上享受舒适，但中国人却从不离开工地，他们就住在村庄工地上搭起的帐篷里。苏丹的劳工声称中国人是唯一没有给他们留下高傲印象的外国人。

中国的援建小分队在与当地黑人并肩工作时，也努力提高当地劳工的道德水准。几十年来非洲人习惯于在欧洲人的颐指气使下干活，许多人仍一直抱有这样的成见：欧洲人做不成的事是根本不能做的。中国人将证实这种观念是完全错误的当作自己的职责。欧洲人宣称烟草根本不能在索马里种植，马里不能种植蔗糖。中国人来了后成功种植了这两种作物。欧洲人嘲笑坦赞铁路的想法。中国人来了建成了它。在每一个援建项目上，中国技术人员每天要苦干14小时，必要时夜里还要加班，援建人员希望通过自己的行动来证明付出了努力就会有收获。中国一再力争使非洲人的自信能够不断增长。非洲人无不对这些不远万里来此艰苦工作发展他们国家的陌生人生出由衷的敬佩。许多非洲人慢慢培养出了一些中国人的信心。

在坦赞铁路完成后到北京旅行的一队坦桑尼亚人称赞中国人教会了他们“清除了认为一些事情太难不能应付或不可能去做的消极态度”。①

在中国援助非洲的行动中有一重要思想,即派到非洲的专业人员应该通过培训当地人向他们传授知识来帮助当地脱贫致富。有个传遍整个非洲大陆的中国谚语:“授人以鱼,三餐之需;授人以渔,终身之用。”在建设坦赞铁路的几年里中国人为1200坦桑尼亚人和赞比亚人开办了技术和管理课程。

中国在自身极为困难的情况,为支援非洲国家反帝反殖民主义斗争和经济建设不遗余力,毛泽东也成了非洲人心目中反抗压迫的精神领袖。毛主席在北京接见非洲客人时被黑人崇拜者簇拥着的照片,成就了一个时代的回忆。中国对非洲国家真诚、无私的援助赢得了非洲人民的广泛赞誉。在长期的合作中,中非人民结下了深厚的友谊,中国在非洲大陆的援建项目已成为中非友谊的历史见证。

六

非洲人民给予了中国最大的回报。中国非洲问题研究会会长、中国前驻纳米比亚、肯尼亚大使安永玉不赞同这一时期中国对非洲是完全无私奉献的说法,他认为中国“得到的回馈(要比付出)多得多”。②当然,“回馈”主要指1971年中国恢复在联合国合法席位的投票中得到非洲国家的支持,76票中的超过1/3来自非洲。

非洲国家虽弱小但数量众多。每个国家都在联合国有一个席位,每个国家在年复一年讨论决定中国席位应属北京还是台湾中都有投票权利。20世纪五六十年代以来,由于越来越多的非洲国家获得了在世界组织中的位

① Philip Snow, Star Raft: *China's Encounter with Africa*, New York: Weidenfeld & Nicolson, 1988. p. 162.

②《重返非洲的逻辑》, 2006年12月5日, http://www.qking.com.cn/news//2006-12-5/924.html。

置，形势对台湾逐年不利，可以肯定的是，非洲，只要它愿意，就能一点一点地解脱西方强加给中国的束缚。这些年来许多非洲领导人深为中国的正义支持与无私援助所感动，他们同情北京，也乐于帮助北京。他们感到，有上亿人口的人民中国是一个巨大的现实，美国等西方国家刻意装作它并不存在是不对的。尼雷尔引用亚伯拉罕·林肯的格言：“上帝一定深爱着普通民众；否则它不会创造出如此之多的民众。”他们认识到非洲国家能够使这个伟大的国家走出孤立而进入国际大家庭，让中国和西方彼此平等对话。非洲国家能做到，因为只有非洲国家占据着票数优势。

从20世纪50年代开始，一些非洲国家的政府和友好人士就开始为恢复中国在联合国的席位做舆论宣传。进入60年代后，随着非洲独立国家的日益增多，这个呼声也越来越高。1963年底和1964年初，周总理在非洲访问期间，埃及、阿尔及利亚、加纳、马里、几内亚、苏丹、埃塞俄比亚、索马里等国都明确表示支持恢复中国在联合国中的合法权利。1963年2月，第三届亚非人民团结大会在坦桑尼亚举行，在非洲人民支持下，会议通过了一项决议，强烈谴责美帝国主义占据中国领土台湾并积极反对蒋介石集团在中国东南沿海地区进行骚扰和破坏，决议还强调：会议要求在联合国恢复中华人民共和国在联合国的合法权利。

在1961年的第16届联合国大会上，苏联提出恢复中国在联合国的合法权利，得到36张赞成票，其中有9票来自非洲国家：埃及、埃塞俄比亚、加纳、几内亚、马里、摩洛哥、塞拉利昂、苏丹和索马里。此后，在联大会议上支持恢复中国席位的非洲国家越来越多。在1965年第20届联合国大会上，有12个国家提交了恢复中国席位的提案，其中非洲国家6个：阿尔及利亚、刚果、加纳、几内亚、马里和索马里，在表决时投赞成票的47个国家中有18个是非洲国家。在第21届、第22届、第23届、第24届和第25届联大会议上，都有非洲国家提交类似的提案，特别是在1970年的第25届联大会议上，由阿尔及利亚等18国（非洲占9国）提交的提案进行表决时，有51票赞成，超过了反对票数（49张），却因以美国为首的部分国家认为改变中国代表权的建议是“重要问题”，需要2/3的多数赞成才能生效为由没有成功。

在第26届联合国大会上，有23个国家（非洲占11国）联合提交了提案，要求“恢复中华人民共和国的一切权利，承认它的政府的代表为中国在联合国组织的唯一合法代表并立即把蒋介石的代表从它在联合国组织及其所属一切机构中所非法占据的席位上驱逐出去。”① 1971年10月25日联大对此提案进行了表决，等待已久的雪崩爆发了，中华人民共和国在111票中获得76票，以三分之二的票数恢复了中国在联合国的合法席位，并将台湾当局驱逐出联合国。76票中关键性的26票是非洲的。它们是：阿尔及利亚、博茨瓦纳、布隆迪、喀麦隆、埃及、赤道几内亚、埃塞俄比亚、加纳、几内亚、肯尼亚、利比亚、马里、毛里塔尼亚、摩洛哥、尼日利亚、刚果、卢旺达、塞内加尔、塞拉利昂、索马里、苏丹、多哥、突尼斯、乌干达、坦桑尼亚和赞比亚。当时会议大厅立即沸腾起来，许多人离开座位，有人相互拥抱祝贺，有人振臂高呼，与中国友好国家的代表欢呼雀跃，一些非洲国家代表甚至纵情地跳到座椅上，手舞足蹈，其中一个特写镜头表现的就是后来担任坦桑尼亚外长和非洲统一组织局长多年的萨利姆，双手高举过头顶，跳上座椅，跳起了非洲人特有的激情舞蹈。

中国恢复了在联合国中的合法席位后，许多非洲国家的报纸、新闻社发表社论和评论表示祝贺。10月27日，阿尔及利亚《圣战者日报》发表题为“世界史上的一天”的社论说：“这一胜利实际上超出了联合国的范围，而成为世界史上划时代的事件。”“在这个事件中，被战败的大国是美国。即使在最后一分钟，美国也不惜竭尽全力去阻挠正义的胜利。然而，不论是它直接玩弄的或是间接玩弄的最后一些阴谋，在绝大多数人民的意志面前，都成为徒劳。这是联合国历史上破天荒第一次，美国的压力没能使人们接受华盛顿的观点。同时这也是我们时代的一个新标志。”马里国家电台10月26日广播的一篇社论指出：这一胜利“不仅仅是中国的胜利，也是包括7亿中国人民在内的第三世界的胜利”。赤道几内亚、几内亚、马

①《人民日报》，1971年10月27日。

里、毛里塔尼亚、刚果、塞拉利昂、索马里、苏丹、赞比亚、布隆迪、喀麦隆、突尼斯、毛里求斯等国元首或政府首脑还先后发来贺电。有些非洲国家在通过表决后的第二天（26日）便约见了中国驻他们国家的大使表示祝贺。刚果总统恩古瓦比在接见中国驻刚果大使王雨田时认为，这不仅是人民中国的胜利，也是所有进步国家的胜利，是人类和平和正义事业的胜利。1973年起以后台湾每年唆使友邦在联合国提出加入联合国的提案，遭到了非洲国家和发展中国家的坚决反对。非洲国家在台湾问题上支持中国的立场为中国和平国统一大业起了贡献。

对于非洲国家支持新中国恢复在联合国的合法席位，毛泽东表示衷心感谢，他说这是非洲黑人兄弟把我们抬进去的。一个“抬”字充分体现了非洲朋友对中国的热情、真诚、欢迎之意，以及他们所发挥的重要作用，也表达了中国人民对非洲朋友深藏内心的感激之情。新中国恢复在联合国的合法席位，不仅是中国外交的重大胜利，也是主持正义的许多国家对蛮横无理的某些国家的强权政治的一次沉重打击。在1970年举行的联合国成立25周年纪念大会上，尼雷尔仗义执言，慷慨陈词：“我要说，庆祝本组织25周年的一个恰当的办法，将是让中华人民共和国取得它在这里的席位。只有采取了这一行动，我们才能结束那种在世界上人口最多的国家没有参与下决定战争与和平问题的局面。”[①]从中可以真切地感受到中非之间的互相支持、互相帮助。

① 陆苗耕：《毛泽东的非洲情缘》，载《党史纵横》2006年第9期，第8页。

第三节 水井·银针·铁路——中国援非形象

一

关心非洲人民疾苦是中国援助非洲高于一切的主题。中国的援助大多数是直接面对广大普通非洲人的——那些农民和牧民以及住在城镇棚屋中的人。中国的许多项目，是被指定直接受益于非洲穷苦人民，要向这些穷人提供能“吃、穿和用”的商品。正是这些致力于非洲普通人民福利的援助，使非洲人民对中国政府和人民充满了感激之情，极大地提升了中国在非洲的形象。

非洲大部分地区水资源贫乏，为帮助非洲国家解决人畜和生产用水困难，中国先后向20多个非洲国家派出打井队，钻井4000多眼。最初普通非洲人对中国人的打井方法疑虑重重。一些人怀疑中国小分队是否能找到水源。如索马里北部的游牧民在得知中国水利专家前来在他们贫瘠的山边取水时并不热心。因为英国技术人员在这一地区已测探多年，一无所获。索马里人完全有理由质疑这些眼睛小的人怎么能在大眼睛的人不能找到水的地方发现水呢？整个非洲大陆的人都在交头接耳地谈论着中国打井之事。有些人甚至心存恐惧，担心这些小分队会将在非洲发现的钻石和黄金据为己有，在塞拉利昂，还有人担心中国人将定居下来不再离开。面对普遍存在的疑惧，中国专家们一次又一次地取得了成功。在非洲当地人看来，这些面孔严肃戴着眼镜刚刚步入中年的专业男子和早期的征服定居者没有相似之处，完全不是一回事。中国人证实了自己的能力。

1965年10月，中国派往非洲的第一支打井队赴坦桑尼亚承担地质勘探和打井供水任务，中国打井队利用著名地质学家李四光的地质力学理论，在许多西方打井公司判为无水区的地方，不仅找到了水源，而且打成了高质量的水井，被当地居民交口称赞，刮目相看。西方打井公司在当地打井的成井率大约在50%，而中国的成井率在90%。在索马里北部中国人找到了水源，他们给该地区首府哈尔格萨（索马里西北部城市）安装了永久性的水供应，从而为游牧民定居下来创造了基础，这些人以前是跟着雨水到处流动的。

位于撒哈拉沙漠西部的毛里塔尼亚严重缺水。毛里塔尼亚独立后，首都努瓦克肖特人口迅速增加，居民用水成了大问题，当时该市只有3眼机井和1个小型海水淡化厂，只能满足全市需要量的一半。据说，在多年里首都每天仅供水一个小时，当地人不得不到200公里以外的塞内加尔河拉水，以解生活之需。这对位于撒哈拉大沙漠边缘、风沙常年肆虐、一年里大部分时间气候酷热的努瓦克肖特的居民来说，生活何其不便则可想而知。70年代初，应毛里塔尼亚政府之请，中国派遣专家来到毛里塔尼亚。为了帮助毛里塔尼亚解决首都供水问题，中国打井技术人员不畏酷暑，转战沙海，终于在25平方公里区域内打成18眼井，昼夜出水量2.5万吨，此后又帮助铺设输水管道56公里，昼夜供水能力2万吨，缓解了毛里塔尼亚首都长期缺水的困难。直到今天，努瓦克肖特市居民已增加到80万人以上，用水仍靠中国人修建的管道供应。当地人对中国充满了感情。

尼日利亚是中国地质工程公司在非洲地区开拓的最主要打井市场，1974年9月两国政府就打井项目交换照会，1976年1月正式签订《关于打井工程项目议定书》，中国派出由27名工程技术人员组成的打井队，在尼日利亚东北部乍得湖盆地打成饮用机井36眼。[①]每次中国人打井的时候，当地村民扶老携幼围在工地周围看，打出水来了，村民们高兴得又蹦又跳，奔走相告，还会给打井的工人送来鸡、羊慰问。偶尔有些地方钻了几十米也打不出水来，村民们失望的表情看得打井工人心里都难受。那里，一口井意味着村民可以不用走十几里路出去找水，不用再喝池塘里的

① 外交部编：《中华人民共和国条约集》第23集（1976年），世界知识出版社1983年版，第20页。

泥浆水。农田灌溉、牲畜饮水，都不用烦心了。

现在，中国打井队还在非洲。尼日利亚首都阿布贾北行20公里处，有一个小镇子，叫迪泽镇，属于布瓦里区。镇上有一所公立女子中学，过去师生们饮水很困难，要走很远的路才能找到水，而且不卫生。2006年，一个中国打井组来到学校，在校园里打了两口井，才使学校的全体教职工和5000名寄宿学生能够方便地喝上洁净的井水。16岁的艾霞·茉莎告诉记者，去年中国人帮她们打了这口井后，全校师生不仅饮食用水解决了，而且洗澡、洗衣服全都靠它。“这井实在太棒了，”茉莎说，“我们非常感激中国！”自2005年底以来，中国打井组已在尼日利亚的联邦首都区、尼日尔州和索科托州等地，为当地百姓打出220眼手压泵井，7眼电泵井。根据中尼两国政府2004年的相互换文件，中国政府同意承担援尼打井供水项目，在尼全国18个州180个地方政府和首都4个区打598眼水井并提供和安装水泵、水箱、发电机房、铺设管道。这一项目的实施者是北京地矿工程建设有限公司的一个项目组。整个工期32个月，计划2008年七八月份完工。这意味着，除法定节假日和公休日外，这个含厨师才12人的小组，几乎每天要打出一口井。“我清楚中国朋友在这里打的每一口井”，尼日利亚联邦水利局市政工程师瓦卡基·汤姆斯对记者说，“每一口井都是一个故事”。汤姆斯说，别小看这一口井，每口井，都要经过综合水文地质调查，物探定井，电泵井还要进行物探定井测斜，也就是井位的确定。在干旱少雨的非洲寻找井位可不是件容易的事哟。但是，“好在中国人很厉害，他们知道哪里不可以打井，哪里可以打井，哪里可以打多深的井。”他说：“全世界没有人能像中国人这样帮我们做这么大的好事！”①

① 张益俊：《水井·医生·铁路——中国人写在非洲大漠的故事》，2007年2月1日，http://www.china.com.cn/overseas/txt/2007-02/01/content_7746427.htm。

二

中国援非医疗队使中国形象在非洲深入人心。

向非洲派遣医疗队是20世纪六七十年代中非合作的一项新内容。从1963年到2006年，中国先后同阿尔及利亚、几内亚、马里、毛里塔尼亚、坦桑尼亚、苏丹、塞拉利昂、赤道几内亚、突尼斯、埃塞俄比亚、圣多美和普林西比、尼日尔、加蓬、莫桑比克、喀麦隆、摩洛哥、几内亚比绍、布基纳法索、冈比亚、贝宁、中非、索马里等47个非洲国家签订了关于派遣中国医疗队赴对方工作的议定书，派出1.6万名医务工作者，救助2.4亿人次。[①]根据协议，医疗队的往返路费和在非洲工作期间的工资、伙食费及生活零用费，均由中方负担，中方还负责供应主要药品和医疗器械。医疗队的工作期限在协议中虽然注明是二年，但几乎都被延长或轮换，甚至有的医务人员在非洲工作达10年以上。医疗队的工作地点采取定点和流动相结合的方式。为此，医务人员常常要背着药箱深入农村和牧区巡回医疗。非洲农村地旷人稀，交通落后，医疗队常常顶着烈日，步行几十里去给非洲居民治病。

1963年中国向阿尔及利亚派出了第一支医疗队。独立之后，为了医治七年战争的创伤，阿尔及利亚面临艰巨的重建任务，百废待兴。为了帮助阿人民改善卫生状况，应阿尔及利亚政府要求，1963年4月，中国在阿独立不到一年就向阿派出第一个医疗队，这也是中国向非洲以至国外派出的第一支医疗队，是中国派往国外人数最多、时间最长、影响最大的医疗队之一。1995年年初中国医疗队曾在阿尔及利亚有12个点，共183人。由于阿局势动荡，恐怖活动猖獗，中国不得不分批将医疗队撤出。在阿政府的要求下，中国卫生部长于1997年访阿，签署两国医疗卫生合作协议和

① 李安山：《为中国正名：中国的非洲战略与国家形象》，载《世界经济与政治》，2008年第4期，第14页。

中国复派医疗队议定书。目前在阿尔及尔、君士坦丁、安纳巴、塞蒂夫、巴特纳和奥兰等大城市都有中国医疗队，并在首都设针灸中心。

中国医生全心全意地为阿尔及利亚人民服务，第一支医疗队在短短的时间里，就同当地老百姓建立起相互依赖的关系，他们救死扶伤的事迹在阿广为传颂，家喻户晓。阿人民以简朴的语言，对中国医务人员作出了热情的评价。他们说："毛主席派来的医生，我们信得过。"

在医疗合作领域值得一提的还有，1978年12月，当深受阿尔及利亚人民爱戴的前总统胡阿里·布迈丁病重时，中国政府派遣了专门的医疗小组，协助阿尔及利亚同人，共同治疗布迈丁总统的疾病。

中国医生以自己的行动赢得了阿尔及利亚人民的信任和爱戴。阿尔及利亚政府对中国在医疗卫生方面的合作十分满意，而且难能可贵的是，阿十分体谅中国的处境。20世纪70年代末，当阿经济得到一定程度的恢复时，阿政府主动提出负担中国医疗队的生活费用。从而使阿成为第一个向中国医疗队提供生活费用的非洲国家。

医疗队的医生来自中国各地。这些医生被派往非洲最贫穷国家的最贫穷的地方。中国医生将他们的服务深入到丛林，带到除了少数几个年迈的传教士没有一人欧洲人愿意工作的地方。在许多边远地区中国医生是当地非洲人唯一可找到的医生。医疗队的医生带来了治疗腰痛、关节炎和风湿病的针灸针疗法，还有各种各样的传统中药：疏散风热的牛黄解毒丸，伤科治疗的云南白药，用于呕吐和发烧的黄莲根。同时他们用枇杷、桉树和蒲公英和橘子皮等当地草药对非洲人进行预防治疗。

非洲患者纷纷前来就医。经常是中国人的来到引起当地人口的大规模迁移。按理说，在第三世界，人们一般应是从农村迁往城市以寻求更好的生活。但在非洲西端的塞内加尔城镇居民在中国医疗队到来后则开始反方向向农村流动，因为中国医生驻扎在这里的农村。在中国诊所这些人得到了他们在其他地方根本不敢奢想的治疗——非洲人对中国医生感恩戴德也就不足为怪了。据说在一些地方在中国妇科医生抢救了婴儿的生命后，母亲给自己的孩子取了"中国名字"：有时孩子名字的意思是"中国人"，在讲法语的地方有这样的名字“Chinois”，有时孩子就是接生医生本人的名字，林或王。一些对西方医疗卫生保健稍有了解的非洲人毫不迟疑地表示，他们更喜欢中国的医疗卫生体制。而且非洲村民格外喜欢中国医生看似不太中规中矩的治疗方式。中国医生不会像西方医生那样盘问他们，填写复杂的表格折磨他们的大脑，他们所要做的就是来到诊所，坐在凳子上接受治疗。许多非洲人发现中国草药太神奇了，还与非洲传统的药物相似。针灸更富有吸引力，特别是非洲老人十分喜爱接受针灸治疗自己的慢性病。当时曾有从未离开过自己村镇的耄耋非洲老者在树丛中艰难跋涉，他们是在寻找能治疗他们病痛的针灸“奇迹”。在非洲老人心中西方的药片很不吉利：它们消失在你的体内你说不出来它们会产生什么作用。但针灸的针是能看到的，在皮肤表面，而且医生强调解释了使用针灸的理论。由于针灸的火爆，不少精明能干的非洲人自己开始研究针灸并开办了私人诊所以满足不断增长的需要。

在扎伊尔的中国医疗队，曾派出一个5人小组常年驻扎在内陆一个偏僻的小镇格梅纳。这里距首都金沙萨约1000公里，处在赤道雨林地区，几乎与世隔绝。过去，这里一直靠民间的巫医给人治病，病人的死亡率，尤其是产妇的死亡率非常高。中国医疗小组来此后不久就来了一位已处于昏迷状态的产妇。经诊断，病人子宫已经破裂，大量出血，胎儿早已死亡。为了抢救产妇的生命，医疗小组不顾当时停电、无血浆等不利条件，决定立即实施剖腹手术，由组长亲自主刀，她在手电筒微弱的光线下，凭着娴熟的技术，一针一针地缝合了深部组织的伤口。可是，针尖却划破了她的中指，为了尽量缩短手术时间，她也顾不上停下来，处理自己的伤口。经过一番紧张的抢救，产妇终于脱险了，但是。这位中国医生却因为这小小的伤口，受到严重的病毒感染，从中指一直肿到肘部，败血症严重威胁着她的生命。后经过几个昼夜的抢救和精心护理，才转危为安。中国医生全心全意为扎伊尔人民服务的精神，深深地打动了当地人民，他们亲切地称中国女医生为“中国妈妈”。类似的例子，在中国各医疗小组都可以看到。正是凭着精湛的技术和高尚的医德，中国医疗队在非洲各国赢得了崇高的声誉。

中国援非医疗队不仅为非洲各国人民医治各种疾病，救死扶伤，还帮助所在国建起各种医疗机构，如毛里塔尼亚国家卫生中心、刚果七三一综合医院、索马里贝纳迪尔妇产科和小儿科医院、加蓬利伯维尔卫生中心等，并帮助非洲各国训练了医务人员。中国医疗队员在行医过程中，注意中西医结合，把中国许多传统的治病良方传授给非洲同行，如针灸疗法，丰富了非洲医学界的治病手段，促进了非洲医疗卫生的发展。援非医疗队持续时间最长、涉及国家最多、成效最显著、影响最广泛，中国医务工作者的医术和精神赢得了非洲人民的尊敬，被誉为“白衣天使”和“最受欢迎的人”。

三

提起非洲的路，最为中非人民了解的当属“坦赞铁路”了。这是中国众多的援非项目中，最大的一个援建项目。坦赞铁路东起坦桑尼亚首都达累斯萨拉姆，西至赞比亚中部的卡皮里姆波希，同南部非洲的铁路网相连接。全长1860.5公里，其中赞比亚境内是884.6公里。坦赞铁路是一条贯通东非与中南非的交通大干线，也是中国政府和人民迄今在非洲大陆上最大的援助项目。坦赞铁路于1970年10月26日开工，历时近5年，到1975年6月7日全线铺通，一年后正式移交坦赞两国政府。

修建一条连接坦噶尼喀和赞比亚铁路的想法起源于英国殖民统治时期。1952年英国殖民机构派人对这条铁路线进行了最早的测量，目的是想连接当时的罗得西亚铁路（包括今赞比亚和津巴布韦境内的铁路主干线）和东非铁路（今坦桑尼亚、肯尼亚和乌干达境内的铁路），后因政治和经济原因而搁浅。1961年和1964年坦桑尼亚和赞比亚相继独立后，修建这条铁路重新被提上议事日程。

1964年英国从这个非洲内陆国家撤出，赞比亚获得了政治独立，然而，从经济角度来看，它并未取得独立。赞比亚是一个以产铜为主的内陆国家，殖民地时期铜主要通过三条铁路线外运：经罗得西亚（今津巴布韦）至葡属莫桑比克的贝拉港或洛伦索－马贵斯；经扎伊尔到葡属安哥拉的洛比托港；经罗得西亚、博茨瓦纳到南非各港口。1964年赞比亚独立时，三个外运港口仍处在葡萄牙殖民者和白人种族主义统治之下。如果赞比亚一直持续着这种经济卫星国地位，它就很难期望获得真正政治上的自由。为了维护政治独立和经济独立，支持南部非洲的民族解放运动，赞比亚必须考虑开辟新的运输路线，以连接东、中、南非。坦桑尼亚独立时仅有从达累斯萨拉姆至坦噶尼喀湖沿岸的“中央线”，南部交通极为落后，为了带动南部地区的经济发展和支持南部非洲的彻底解放，坦桑尼亚也迫切需要增建新的铁路线。

坦、赞两国首先向西方试探，未果，转而求助苏联，当即遭到拒绝。只好将目光转向了中国。

1965年2月坦桑尼亚总统尼雷尔首次访华时，正式向中国领导人提出援建坦赞铁路的要求。他诚挚地说：“我坦率地向你们提出，让你们了解这一点，请你们考虑怎样办。如果你们可以考虑的话，我们将感到高兴；如果你们有困难的话，我们完全可以理解。”但毛泽东明确地回答：“你们有困难，我们也有困难，但你们的困难和我们的不同，我们可以不修铁路也要帮助你们修建这条铁路。”周恩来并且说：“坦赞铁路建成后，主权是属于你们和赞比亚，我们还教给你们技术。”①同年6月，当周恩来总理访问坦桑尼亚时，两国领导人就此事再次磋商。两个月后，中国派了一支由铁路、水文和地理专家组成的12人考察队到达坦桑，对所建议的铁路工程坦桑段（基达图－顿杜马，最初设计时的两个终点站）进行了考察。

1967年6月，赞比亚总统卡翁达访华时也向我国提出修建坦赞铁路的要求。毛泽东风趣地对卡翁达说：“你们修建这条铁路只有1800多公里，投资也只有1亿英镑，没有什么了不起嘛！”卡翁达感动地说：“赞比亚

① 陆苗耕：《毛泽东的非洲情缘》，载《党史纵横》2006年第9期，第8页。

只有帮助非洲其他地区的自由战士，使他们获得独立，才能报答中国的帮助。”毛主席当即表示：“这不是什么报答。先独立的国家有义务帮助后独立的国家。你们独立才两年半，还有很多困难，你们也帮助了未独立的国家。我们独立已有18年了，更应该帮助他们。”卡翁达没想到第一次踏访中国，就走进了中国领导人充满人文关怀的精神世界。以后，他又多次访问中国，盛赞中国是非洲“全天候朋友”。近年来在接受中国记者的采访中，卡翁达都谈起毛主席，谈起毛主席三次会见他时的难忘情景：“毛主席是一代伟人，他不但拯救了亿万中国人民，而且为非洲人民的解放事业做出了巨大贡献，还热爱全人类，坦赞铁路就是爱人类的证明。我热爱他，崇敬他。”他还表示，“坦赞铁路是中非友谊的丰碑。”

西方国家及其媒体对中国援建坦赞铁路极为震惊，并进行肆意毁谤和恶毒中伤。当时，英国的《每日电讯报》发表社论《中国对非洲的野心》，称中国援建坦赞铁路是为了“给中国渗入非洲的计划增加吸引力”；美国报刊则攻击坦桑尼亚“正在被中国共产党用作颠覆基地”，惊呼“这将是西方国家在非洲遇到的最强烈的外交挑战”。一些别有用心的人向坦赞两国人民散播谣言，说中国人“准备用竹子修建铁路”。但更多的非洲国家得悉中国要援建坦赞铁路，都奔走相告，惊叹中国对非洲的无私真诚的大力援助。

1967年9月5日，中国、坦桑尼亚和赞比亚三国政府关于修建坦赞铁路协定在北京签订，中国对外经济关系委员会主任方毅代表中国签了字。1968年4月，在达累斯萨拉姆进行了第二轮谈判。三方会谈后发表了一个联合公报，透露此轮谈判“讨论的中心主要是有关铁路线路的勘探和设计的基本技术原则”，[①]商定铁路从坦桑尼亚的基达图到赞比亚的卡皮里姆波希，全长约800英里（1287公里）。还签订了三个协议书：关于贷款的形式及贷款程序协议；关于中国派遣技术人员以及他们的待遇和工作条件协

① *Sunday News*, Dar es Salaam, April 28, 1968.转引自艾周昌、沐涛著：《中非关系史》，华东师范大学出版社1996年版，第259页。

议；关于测量和设计工作协议。1969年11月，在卢萨卡举行了第三轮会谈。在这次会谈中，应坦桑尼亚的请求，中国同意把铁路从坦桑尼亚的原起点站基达图延伸到达累斯萨拉姆，路轨的轨距与坦桑尼亚原有的铁路线不同，采用中国的3.5英尺。1970年7月12日，中、坦、赞三国修建坦赞铁路的最后协议书在北京签署，中方将提供4亿多美元的无息贷款，偿还期30年，从1983年开始以可自由兑换的外汇或中国可接受的货物偿还。

1970年10月，举世瞩目的坦赞铁路正式开工。第一年完成了从达累斯萨拉姆到姆林巴的502公里的铺轨任务；第二年修通了从姆林巴到马昆巴科155公里的地段。这一路段是坦赞铁路工程中修筑难度最大的一段，它要穿过东非大裂谷。大裂谷地面坡度大，地表水强烈冲蚀下切，造成高山深谷相间，冲沟、滑坡、错落现象到处可见。筑路大军用了一年时间填烂泥塘、架高桥、穿隧道，工程量占全线工程总量的1/3。到1973年8月，完成了坦桑尼亚境内的全部铺轨任务。1975年6月7日，铁路铺轨到终点卡皮里姆波希，并于10月23日开始试办客货运营，同时进行全线工程收尾和设备配套工作。1976年7月14日，在新卡皮里姆波希车站举行了坦赞铁路的交接仪式，坦赞铁路历时5年零8个月的时间终于胜利建成并正式运营。这是非洲最长的铁路，也是自第二次世界大战结束以来在地球上建成的最长的一条铁路。

坦赞铁路的建成在当时极具影响。它直接促进了赞比亚和坦桑尼亚民族经济的发展。铁路建成后，赞比亚物资的进出口获得了一个新的、重要的运输线，可以不再依赖传统的、仍然在殖民主义或种族主义控制下的出海口；坦桑尼亚可以通过铁路运出内地的煤、铁和木材，带动整个不发达的鲁非吉盆地的经济发展；坦赞两国间的贸易获得巨大发展，并促进了东部非洲和南部非洲之间的贸易。进入80年代后，这条铁路又成为坦桑尼亚维系同扎伊尔、津巴布韦和马拉维等中、南部非洲国家的贸易的通道。

铁路的建成增强了非洲人民反对帝国主义、殖民主义和种族主义的信心。70年代中期，是非洲人民反对葡萄牙殖民者和白人种族主义占据非洲大陆最后几块地区的关键时期。坦桑尼亚和赞比亚又处在这场斗争的最前沿。铁路建成后，外界的援助物资可以顺利地运抵反殖斗争最前线。

坦赞铁路的建筑成就，是中国70年代初期综合国力的一种反映。中国是在一些大国、经济强国拒绝后才接受援助要求的。而当时中国正处在文革后期，国民经济处于崩溃的边缘，在这样的困难时期接受了如此大的工程项目，并把它顺利建成，说明了中国支持非洲民族解放运动的决心。直到铁路开工前，一些西方国家还宣称修这条铁路是幻想，"梦想这条道路要比修筑起来容易得多"，声称要看筑路失败的笑话，拒绝提供贷款和任何技术帮助。因此，这条铁路的建成，极大地提高了社会主义中国在非洲大陆的声望，对帝国主义、殖民主义和种族主义是一个沉重打击。正如坦桑尼亚和赞比亚一些报纸指出的，"是帝国主义在非洲吃的一场败仗。"后来担任坦桑尼亚总理的卡瓦瓦在同我国驻坦大使谈话时说："坦赞铁路的修建是战胜国际帝国主义的一个巨大胜利。"①

通过修建坦赞铁路，中、坦、赞三国人民结下了深厚的友谊，将中非友好交往推向一个新高峰。在修筑坦赞铁路中，中国投入了大量的人力和物力，在1970年底修建坦桑尼亚工段时，有5万多人奋战在工地上，其中就有13000多名中国工程师、技术员和服务人员。②为修筑铁路，不少中国人献出了自己的生命，在赞比亚北方省的姆皮卡和坦桑尼亚达累斯萨拉姆郊区都分别修建了中国烈士墓，墓内长眠着69位为援坦而殉职的中国专家、技术人员和工人。中国在帮助修建铁路的同时，还负责培训了数百名坦桑尼亚和赞比亚的火车司机，以及一些高级技术和管理人员，在坦桑尼亚的曼古拉和赞比亚的姆皮卡各建了一所铁路技术学校。为了使坦赞铁路能保质保量并提前竣工，中国派了大批高级工程技术人员，运去了当时国内能生产出来的最好的筑路机器设备，甚至不惜动用外汇，从其他国家进口再转运到坦、赞。例如在1970年初，中国机械进出口公司一次性

① 新华社达累斯萨拉姆1976年6月11日电讯。转引自陆庭恩：《非洲问题论集》，世界知识出版社2005年版，第608页。

② *The Economic Survey 1971-1972,* Dar es Salaam, 1972, p. 112.转引自艾周昌、沐涛著：《中非关系史》，华东师范大学出版社1996年版，第2614页。

地从日本进口了98台大型推土机运往坦赞铁路工地。中国人民无私的国际主义奉献精神赢得了非洲人民的赞誉，卡翁达曾称：“巨大的成就需要巨大的努力才能完成。坦赞铁路就是这样一项巨大工程，后人将永远感谢它的缔造者。它将永远是中、非团结的一个里程碑。”赞比亚执政党联合民族独立党的机关报《赞比亚时报》在评论修建坦赞铁路时指出，“对赞比亚来说，这条铁路是她自己同坦桑尼亚和中国之间真实友谊的纪念碑。”①

坦赞铁路已经成为中、坦赞三国友谊的象征，它不仅使坦、赞两国受益无穷，而且给周边国家带来了越来越明显的好处。30多年来，这条友谊之路已累计运送4000多万各国旅客，运送2500多万吨各类货物。正是坦赞铁路，使铁路沿线的农产品得以流通而产生附加值，使沿线居民可以方便地到外地寻找工作。铁路不仅把优良品种、化肥、农药和灌溉设备等带给了当地农民，而且把药品和医疗服务送到了沿线之处。2007年有中国记者来到坦赞铁路的终端——赞比亚的辛卡车站，当时正值中国为铁路更新通讯系统，五星红旗迎风飘扬，两国技术人员正在紧张工作。看到远道而来的中国记者，一位曾参加修建铁路的当地朋友指着五星红旗兴奋地说：“看到五星红旗，我就要唱《东方红》，是毛主席派来的工人为我们修建了铁路，我们永远不会忘记。”正是在当年修建铁路时，黑人员工学会了唱《东方红》，以表达对中国、对毛主席的热爱和感谢。

中国帮助非洲修了很多的路，非洲人喜欢“中国之路”。一条又一条铁路公路加深了中非友谊。由于道路等基础设施陈旧破败，一定程度上制约了非洲各国的发展，成为非洲国计民生急待解决的问题之一。所以，非洲人对道路问题十分敏感，对中国帮助修建的道路交口称赞。但一些非洲的有识之士看得更远，面对经济长期倒退的现实，发展经济应该走什么道路，更值得非洲人民关注。一位名叫约翰·穆戈的非洲实业界人士就意味深长地说：“现在，这里有一个重要动向，很多非洲国家开始认识东方、亚洲发展道路的适宜性、‘中国之路’的适宜性。欧洲的价格太高，西方的

① *The Times of Zambia*, 23. 10, 1975.转引自陆庭恩：前引书，第608页。

条件太多，与非洲差距太大。”可见，“中国之路”正在深入非洲人的心。一位肯尼亚人士说：“几百年前，中国人曾驾船来到东部非洲。今天，我们要对乘坐现代交通工具前来非洲的中国人用斯瓦西里语说声‘卡里布’(欢迎)。”①

第四节 负责任的大国

一

大国形象是国际社会建构出来的，而大国的实际行动是国际社会建构大国形象的参照。一个大国，如果在全球性危机面前挺身而出，在其他大国侵略小国的时候伸张正义，它的国际形象无疑是良性的，国际社会自然会给予高度的评价。改革开放以后，在非洲国家遭受天灾人祸之际，中国一如继往地予以无私慷慨援助，赢得了非洲人民的赞誉，为树立负责任大国形象奠定了坚实的基础。

20世纪80年代初期，非洲大陆遭受特大旱灾，波及34个国家，占非洲国家总数的2/3，其中24个国家为重灾国，有1.5亿人受到饥饿的威胁。非洲大陆的灾情引起了中国政府和人民的极大关注。1983年，中国红十字会向20多个非洲国家提供了救灾款和物资。1984年，中国政府先后向埃塞俄比亚、乍得、马里、毛里塔尼亚、尼日尔和苏丹等28个撒哈拉以南非洲国家捐赠17万吨救灾粮。1981年和1984年，中国政府还派代表团出席援助非洲难民的国际会议，共捐赠200万美

① 《非洲人喜欢“中国之路” 中非友谊的连心路》，2003年12月17日，http://www.csonline.com.cn。

元。[①] 1985年，中国政府又向非洲国家捐赠5万吨粮食紧急援助，以及农具、药品等救灾物资。同年4月，中国红十字会还在全国20多个省市和自治区的大、中城市举办了各种形式的募捐活动。中华民族素有救死扶伤、济困扶贫的优良传统，中国红十字会组织的这次赈灾活动，受到各级政府和各阶层人民的热烈响应，成为新中国成立以来规模最大的募捐活动之一：医疗人员举行募捐义诊活动，文艺团体举行巡回义演，体育部门举行义赛，画家、书法家义卖自己的作品，普通市民主动捐款，连中、小学生也把自己的零用钱捐献了出来。到9月底募捐活动结束时，全国共收到捐款1380多万元，其中北京红十字会收到捐款20多万元人民币。1986年中国红十字会再次向非洲灾民捐款50万元人民币的救济物资。[②]

在非洲大陆旱灾尚未完全解除之时，1985年开始蝗虫肆虐非洲西部、东部和中南部广大地区，许多农田颗粒未收，蝗虫群过后，连树叶也所剩无几。这场蝗灾是20世纪30年代以来发生的最大的一次蝗虫灾害。为了帮助非洲受灾国战胜这场灾害，中国派出专家进行灭蝗技术指导。1985年中国政府先后两次向冈比亚、马里、埃塞俄比亚、坦桑尼亚等国捐助了价值50万美元的50吨灭蝗农药。1986年又提供了100吨灭蝗农药，分别运往毛里塔尼亚、贝宁、布基纳法索、塞内加尔和喀麦隆等国家。同年，在中国的一些大、中城市再次展开了向非洲灾民的募捐活动。中国人民对外友好协会等7个全国性群众团体联合举办了文体义演。7月，北京、上海、天津的大、中学生联合倡议，号召青少年利用暑假从事技术咨询或公益劳动，把所得报酬捐献给非洲的兄弟姐妹。这一倡议很快得到全国各地青年学生的积极响应，历时一个多月的活动，共募集50万元人民币。11月，中国青年学生代表团访问埃塞俄比亚时，向设在这里的非洲统一组织总部转交了中国学生的捐款。

此后几年，中国政府和红十字会组织每年都向一些非洲国家提供无偿

① 转引自艾周昌、沐涛：《中非关系史》，华东师范大学出版社1996年版，第286—287页。
② 中华人民共和国外交部外交史编辑室编：《中国外交概览》，世界知识出版社1987年版，第149页。

的紧急物资援助，帮助非洲人民战胜各种自然灾害。其中在1990年，中国向32个非洲国家提供了粮食、食品、药品、医疗器具、农机具和日用品的无偿援助。在同年10月非洲统一组织秘书长萨利姆访华时，中国政府向非洲组织“非洲干旱和饥荒紧急援助基金”捐赠150万元人民币的物资，并向非统赠送了价值50万人民币的办公用品。①

1992年上半年，南部非洲的一些国家又遭受了几十年来罕见的旱灾，有1800万人缺水挨饿，不少人死于饥荒。中国政府和人民对此除表示同情外，通过双边途径向博茨瓦纳、赞比亚、津巴布韦等国捐赠了粮食和其他物资。例如中国红十字会向赞比亚、津巴布韦提供了大批玉米，8月又向赞比亚红十字会赠款1万美元，用于购买救灾物资。

中国支持同情非洲人民，在遇到特大自然灾害时，及时伸出援助之手，帮助对方渡过难关，体现了中国人民与非洲人民风雨同舟、患难与共的真挚的友情。这些行动是中国在非洲树立负责任大国的形象的基础。而且，这些行动也得到了非洲政府和人民的真诚回馈。上个世纪80年代后，当中国政府和人民遇到困难时，非洲人民也伸出了热情友谊之手。

二

经过多年努力，中国在经济、政治、科技、文化等各领域的发展成就斐然，综合国力不断攀升，国际地位也在快速提高，国际舞台上的中国因素快速上升。可以说，中国是一个正在向世界强国迈进的地区和世界大国，正处于由量变到质变的起飞过程之中，中国人民也正以自信和饱满的情怀期待中国既定战略目标如期实现。

随着中国经济实力的迅速提高，对世界经济的影响明显增强，越来越多的目光投向中国，国际社会要求中国承担“大国责任”的呼声日盛。所

① 转引自艾周昌、沐涛：《中非关系史》，华东师范大学出版社1996年版，第288页。

谓“大国责任”包罗万象，就经济责任而言可概括为：维护现有的国际经济秩序与规则，参与解决日趋严重的全球失衡和环境问题，扩大金融开放、推进市场化改革、完善社会保障制度、切实转变经济增长方式，以及增加国际援助等。面对新的征程，坚持正确的对外方针和政策，向国际社会展示一个负责任大国的形象，有利于中国和平发展，推动建设和谐世界。

20世纪90年代以后，随着中国综合实力的增强以及中国积极参与国际活动，中国融入国家社会的程度更加深化。中国领导人在进行对外援助时更多遵循了灵活务实的外交作风，逐渐把发展援助外交的重点放在了维护中国的国家利益特别是经济利益上，着重塑造中国一个负责任的大国形象。这也是中国政治经济外交成熟的一个表现。中国多方面的表现和努力获得国际社会肯定和好评。1997年中国顾全大局，为成功抵御亚洲金融危机做出了重要贡献；中国自2001年12月正式加入世界贸易组织以来依照该组织规则认真履行权利和义务，严守信诺，逐步降低关税，2005年平均关税率已降至9.9%，并取消了大多数非关税措施；中国旗帜鲜明反对恐怖主义，先后加入12个反恐公约，并积极参与国际反恐合作；在维护妇女和儿童权益、保障公民权利等方面，中国尊重《联合国宪章》促进人权自由的宗旨，尊重和肯定联合国《世界人权宣言》、《德黑兰宣言》和《维也纳宣言和行动纲领》所确认的人权准则，已加入《经济、社会和文化权利国际公约》、《公民权利和政治权利国际公约》等21项主要国际人权公约，积极参与联合国人权领域的活动。特别是在2004年，这一年中国参加了三次重大的国际灾难援助，其中印度洋海啸捐助则是中国对外援助活动史上规模、金额之最。在2004年12月26日印度洋海啸发生次日，中国政府即宣布向受灾国提供了2063万元人民币紧急救灾援助；随着灾情的严重性的逐步呈现，又增加了5亿人民币用于紧急救灾和灾后重建，并提供了2000万美元用于联合国框架内的援助行动，使救灾援助总额达68763万元。这一举动赢得了国际社会的一致好评，并为中国赢得负责任大国的形象起着巨大的促进作用。

关于中国在国际重大事务中扮演的角色，非洲媒体涉华正面报道中，有相当一部分是认为中国是“负责任的国际大国”。非洲媒体关于这方面的报道主要集中在两个话题：中国积极斡旋朝核问题及主动援助国际受灾国家。中国向世界展示着友好、谦和、负责任的大国形象。

埃塞俄比亚媒体报道说，中国对印尼地震灾区运送100吨价值125万美元的物资。

尼日利亚通讯社也发表报道说，中国成为世界第三大食品援助国。

埃及《金字塔报》则对中国在朝核危机问题上发挥安理会常任理事国的作用进行了点评。

埃及外交部亚洲司官员穆罕默德·拉提夫说：“阿拉伯世界不认为中国的崛起是对世界的威胁，反而把中国的崛起看成是实现世界和平与稳定，实现国际力量平衡的一支重要力量。”

通过对报章网站的分析，非洲人民普遍认为中国在国际上为非洲国家主持正义。基本认为中国对受访者所在国或非洲国家非常友好或友好。

肯尼亚华人华侨联合会主席韩军也表示，肯尼亚国民对中国总体印象是好的，他们认为中国从不以大国强国的姿态欺压侵略非洲小国。中国一贯尊重小国，以和平共处五项原则去处理与非洲国家的关系，从不将自己的意志强加于非洲国家或以任何借口干涉非洲国家内政或对非洲国家实施强制性经济制裁，对非洲援助这么多，但没有附加条件。①

三

中国人民也坚决支持非洲国家争取民族独立、发展国家经济和维护和平稳定的努力。在国际事务中，中国敢于为非洲仗义执言，尊重非洲诉求，

---

①《中国在非洲形象调查》，载《国际先驱导报》2006年11月6日，http://news.xinhuanet.com/herald/2006-11/06/content_5294430.html。

支持非洲的主张和立场。中非通过联合国开发计划署、难民署、粮农组织等国际机构保持着密切合作。中国始终认为，非洲是国际事务中的重要力量。同时，为维护非洲地区的和平与稳定，中国积极参与联合国在非洲的维和行动，自2003年4月中国应联合国要求，首次向刚果（金）派出维和部队以来，至2006年10月，已先后向非洲地区的利比里亚和苏丹等3个任务区派出3975人次维和人员。[①]中国已在非洲地区执行了12次维和行动，现有1294名维和官兵在一些非洲国家履行神圣的使命。截至2007年8月底，中国维和部队共在非洲国家修筑道路6870公里、维修桥梁173座，运送各类物资20多万吨、各类人员12万人次以上，诊治病人3.2万人次。[②]为维护非洲地区的和平与稳定发挥了积极作用。这充分体现了中国积极参与维护地区和平与稳定的坚定决心，展示了中国负责任的大国形象。

“特别能吃苦、特别能战斗、特别能奉献”的战斗精神早已在中国维和军人身上打下深深的烙印。尽管中国维和部队被派往的非洲地区基本都是环境恶劣，条件艰苦，但维和官兵们顽强的作风和乐观的精神给当地非洲人民留下了深刻印象，也在维和部队中树立起中国军人的过硬形象。

位于非洲中西部地区的刚果（金），自然条件恶劣、国内局势动荡，各派别武装冲突不断。2003年4月，中国维和部队到达刚果（金）执行维和任务，并在一片杂草丛生、乱石遍地、到处堆满废弃物的山坡上，建好了一座部队营区。当联合国刚果（金）特派团参谋长巴利中校来中国维和部队营区时，他惊讶地看到4排崭新的活动房矗立在眼前。就在两个月前，巴利中校还指示其他国家维和工兵部队来整修这片场地，但对方认为在这个地方宿营困难太多了，无法动工。于是，中国军人具有“神奇力量”的消息很快在当地传开。在维和的3年零4个月的时间里，这支维和工兵分队共勘察维修道路3600余公里、桥梁130余座，平整场地30余万平方米，

① 贺文萍:《中非峰会奏响中非合作新篇章》，载《中国社会科学院报》，2006年11月8日。《中国维和部队在非洲被当地人誉为具有神奇力量》，http://mil.news.sohu.com/20061010/n245711773.shtml

② 《神圣使命 中国维和部队享誉非洲》，载《人民日报》2007年11月5日，http://news.xinhuanet.com/world/2007-11/05/content_7012254.htm。

销毁收缴枪支80支（挺）、子弹5000余发，处理爆炸物1500多公斤，被誉为“最令人放心”的军队。“中国维和部队不仅工作速度堪称一流，工作质量也最值得信赖。”许多联合国官员这样评价中国维和部队。

苏丹是世界上年平均气温最高的国家，被称为“世界火炉”。而南部地区不仅常年炎热而且潮湿，有“架在炉子上的笼屉”之称。2006年5月，首次前往苏丹执行维和任务的中国工兵，在94名官兵部署到位仅一周时间的情况下，便受领了修筑从维和营地通往瓦乌机场一条3公里道路的工程作业任务。为了打好“第一仗”，官兵们在50多摄氏度的高温下，仅用3天便将这条道路修筑成战区内最好的道路。工程官萨舒尔少校驱车前来验收，他掏出随身携带的尺子仔细测量、反复检查后，连声说：“Chinese engineer，Good!”（中国工兵，真棒！）

中国维和部队工兵分队、运输分队、医疗分队维和官兵，以现代化的装备、严明的纪律、顽强的作风、过硬的素质、精湛的技术和辉煌的业绩，赢得了联合国机构、非洲驻在国政府和民众、维和部队友军的广泛赞誉，向世界展示了中国军队的“威武之师、文明之师、和平之师”的良好形象。迄今，所有参加过联合国维和行动的中国维和军人均被授予联合国和平勋章。联合国主管维和事务的副秘书长格诺赞扬中国赴刚果（金）维和部队是“中国对维护联合国宪章做出的光辉典范”。联合国秘书长安南的特别代表克莱茵将军曾这样评价中国维和部队：“你们是中国参与国际维和使命的代表，是中国爱好和平并为此而努力奉献的代表。”利比里亚总统约翰逊—瑟利夫称赞中国维和部队“是一支战斗力强、训练有素、纪律严明、高度职业化的部队，是伟大的中国人民和中国军队的友好使者”。联合国苏丹特派团第一副特别代表泽里胡恩和联苏团司令里德尔中将均表示：“中国赴苏丹维和分队是联苏团的典范，（我们）对中国为联合国维和行动所做出的杰出贡献表示赞赏和感谢。”①

①《神圣使命 中国维和部队享誉非洲》，载《人民日报》2007年11月5日，http://news.xinhuanet.com/world/2007-11/05/content_7012254.htm。

第五章

当代中国形象之三：互利合作、共谋发展的经济形象

20世纪80年代以后，中国的经济出现了快速的发展，中国的发展令世界瞩目，中国的形象第二次出现了改变。1949年新中国的成立，第一次“改变了中国的形象”，中国站立起来了。[①]而改革开放和现代化建设，则使“中国活跃起来了”、“经济发展起来了”、“中国社会主义站住了”。新中国的国际形象变迁，经历了从政治独立到经济发展，从自力更生到改革开放，从以民族国家重建、争取国际承认主权完整和政治独立

① 《邓小平文选》，人民出版社1993年版，第60页。

为主要内容的一次国际社会化，到以顺应全球化浪潮建立市场经济体制和全面融入国际社会为主要内容的二次国际社会化。第一次以政治独立为核心的社会化为中国崛起准备了基本的政治条件，第二次以经济发展为核心的社会化为中国崛起准备了基本的经济条件。两次社会化均为中国融入国际社会准备了基本的交往条件，但第二次的社会化更为深入，1979年开始的改革从某种程度上意味着中国社会向国际社会与世界体系的实质性融入，意味着一个发展开放不断强大的中国形象的确立。

正如中国改革开放总设计师邓小平所言“发展才是硬道理”。尽管世界各国的价值观念千差万别，但在发展问题上却已存在普遍共识。因而，实现国内社会发展与人民自由、幸福的实践绩效，便成为外界对中国形象评价的一个重要构筑点。十一届三中全会以后，党和国家的工作重心开始转移到经济建设上来，发展问题得到前所未有的重视。改革开放30年来成效显著：社会主义市场经济体制初步建立，开放型经济已经形成，社会生产力和综合国力不断增强，各项社会事业全面发展，人民生活总体上实现了由温饱到小康的历史性跨越。随着中国经济的快速发展，非洲人对中国形象有了很大的改变，一个合作的中国形象展现在非洲人面前，进而这一形象更是发展成为一种发展典范。

第一节
授人以鱼，更授人以渔

一

一般而言，不受约束的单边行为容易导致一国为实现自身利益而损害他国利益或集体利益，从而招致国际社会的反感；而通过平等协商、以合作的方式解决问题则易导致双赢或多赢的结果，从而产生国家间的相互尊重。一个国家是否倾向于以合作的态度解决彼此间的重大国际问题，直接关乎本国在他国心目中的国家形象。早在新中国成立时，我国领导人就郑重声明：中国愿意在平等互利的基础上发展同一切国家的友好合作。然而，直到1978年以前，由于受制于险恶的国际政治环境和持续的意识形态纷争，中国对国家生存和国家安全高度敏感，虽有合作的意愿却缺乏实现合作的条件，这导致了中国在一系列重大国际问题上反应强烈、很少妥协，加之美苏两大国的排挤，中国被迫长期游离于国际体系之外，发展问题基本是从属于政治斗争的。在此情况下，中国很难树立起发展大国的形象。

为了打开僵局，中国通过援助外交发展与亚非拉第三世界国家的关系，20世纪六七十年代中国对非洲的无私援助对非洲各国的民族解放运动和维护独立产生了极大的推动作用。但必须承认，这一时期中国对非洲的投入是基于政治理想主义和革命热情。新中国成立后的头30年里，双方经济交往有限。据统计，1956年以前中国与非洲的贸易总额每年不及5000万美元，而1957年双方贸易额虽迅速增至6166万美元，比上年增加近2000万美元，[①]以后虽是逐年增加，但1977年双边贸易额也仅达到7.2亿美元，而且中非双方的物资往来都是对方革命斗争和经济建设所亟需的。[②]

当充满激情的浪漫革命热情逐渐消退后，许多中国人开始反思这一理想化的决策与做法。实际上，由于1949年以后中国一直处于动荡之中，经济改善幅度并不大，十年动乱更是造成中国科技人才匮乏，20世纪70年代以后，中国对非洲的慷慨物资援助和技术人员驻非援建已是难以为继了。不过从长远眼光看，当年中国援非虽有超出国力的过度之处，留下一些有益影响还是在几十年后显现出来。当美国为首的西方在“人权”等政

① 《中国对外经济贸易年鉴》编辑委员会编：《中国对外经济贸易年鉴》(1984年)，中国对外经济贸易出版社1984年版，第851页。

② 《中国对外经济贸易年鉴》编辑委员会编：《中国对外经济贸易年鉴》(1984年)，中国对外经济贸易出版社1984年版，第V—30页。

治问题上对华实施打压时，那些非洲朋友大都站在中国一边。90年代以后非洲出现激烈的石油勘探竞标时，中国公司在许多时候也得到优先照顾。过去用惯了中国武器的小国、穷国，面对新世纪的装备更新时，最先表示出的意向也往往是订购价廉且效费比较好的中国军品。

20世纪80年代，中国国内政策发生了根本的改变。邓小平等中国第二代领导人身历“十年文革”给自己以及中国带来的深重创伤，他们不再像第一代领导人毛泽东那样富有革命理想主义，不再沉浸在“解放全人类”的浪漫主义空想中，而是变得更务实、更理性。1978年中共召开十一届三中全会，决定把我国工作重点转移到经济建设上来，并开始实行改革开放的方针政策，大力发展对外经济贸易关系。发展经济，提升国力，改善人民生活水平，成为中国政府的头等大事。同时，随着国际战略环境的相对好转和国内所发生的重大政治变革，我国领导人的战略观念也开始发生转变，对战争与和平问题提出了新的认识，此后国际合作意识不断增强。继1979年邓小平首次提出“搁置争议、共同开发”作为处理领土纠纷的指导原则后，合作共赢越来越成为中国对外战略的主导方面。

20世纪80年代不只是中国出现了翻天覆地的变化，非洲的形势也发生了变化。此时的非洲大陆，除南部非洲一隅外，已经取得了反对殖民统治争取民族独立斗争的决定性胜利，发展民族经济、巩固独立成果是这个阶段非洲人民的新任务。但是由于80年代以后，世界经济增速下降，国际市场上农产品价格下降、需求减少，非洲经贸形势恶化，非洲经济陷入困境。为了改变经济发展的不利局面，非洲国家加速推行经济结构调整计划。

外交是内政的延伸，中国和非洲国家在面对新的国内和国际形势，在继续加强中非友好的政治关系的同时，也迫切感到需要对中非关系作重大调整，以适应双方国内及国际形势的新变化。中国对非政策从强调政治交往到多方面与多层次的交流，合作以多种形式扩展到各层次与各领域。1982年底中国领导人在访非时提出了中国与非洲国家进行经济技术合作的四项原则："平等互利，讲求实效，形式多样，共同发展"。这4项原则可以说是对20世纪60年代初我国援外8项原则的继承和发展，但是它比援外8项原则更强调经济上的互利性、双向性和经济技术合作形式的多样性，完全符合中国和非洲国家的根本利益，大大拓宽了中非经济技术合作的范围，它的出台使中非经济关系从中国对非洲提供经济援助为主逐渐转变为互利合作为主，这一转变，使中非关系有了崭新而充实的内容。与此同时，非洲国家在对外交往中也突出了"外交为经济服务"的思想。经济因素的影响力明显上升是这一阶段中非关系的一个显著特点。非洲人感受到了中非关系间经济因素的影响力明显上升，意识形态的影响力下降，国家利益摆在中非关系的优先地位，中国对非"互利双赢"的经济形象更趋明显。

二

对非援助是中非经贸合作关系，乃至整个双边关系中的一个特殊领域，也是中国在非洲树立负责任大国形象的支撑点。

非洲是全球最不发达国家和重债穷国最集中的大陆，中国政府自中非关系开始以来就向非洲无偿提供援助。上个世纪末以来，非洲总体经济形势有所好转，但多数国家仍处境艰难，经济发展缺乏造血功能、严重依赖外援，特别是撒哈拉以南非洲有半数以上的国家依靠外援弥补财政赤字，外援在不少国家的财政预算中占到50%左右。随着中国经济持续高速增长，非洲国家希冀中国增加对非援助的呼声也日渐高涨。而中国此时对非政策逐步完成了意识形态从强调到弱化、交流领域从单一到多元以及合作性质从注重经济援助到强调互利双赢的三重转变。1995年中国推出了对外援助方式的改革方案。中国的援助方式发生了变化，从过去单一的提供无息贷款即无偿援助改为政府优惠贴息贷款援助、援助项目合资合作与无偿援助等方式相结合。经援方式也由过去的提供无息贷款改为提供政府贴息优惠贷款援助方式。[①]简言之，即原先对非洲纯粹友谊式的"无私援助"

开始调整为“互利合作”。

优惠贷款这一援助新方式受到普遍欢迎，非洲成为中国推行优惠贷款的重点地区之一。截至2006年底，中国已向50多个非洲国家提供了经济援助，在非洲开展了800多个援建与合作项目，已建成640个。其中，援建农业项目137个、基础设施项目133个；[②]向24个非洲国家提供了39笔优惠贷款，企业启动实施的项目30个。部分项目取得了较好的社会和经济效益。同时中国企业还与21个非洲国家的企业开展了援外项目的合资合作，创办了46个合资合作项目。进入新世纪中国继续向非洲各国提供援助，包括无息贷款、优惠贷款、无偿援助、人员培训、实物赠送及减免债务等。还向43个非洲国家派出近1.6万人次的医疗队。

中国对非洲的援助不附加政治条件，不对非洲国家的内部事务指手画脚。中国提供的这些援助，都是从非洲国家和人民的需要出发，通过友好协商确定项目并实施的。国家主席胡锦涛在2006年召开的中非合作论坛北京峰会上代表中国政府向非洲国家承诺，扩大对非洲援助规模，到2009年使中国对非洲国家的援助规模比2006年增加1倍；从2006年起的3年内向非洲国家提供30亿美元的优惠贷款和20亿美元的优惠出口买方信贷；免除同中国有外交关系的所有非洲重债穷国和最不发达国家截至2005年底到期的政府无息贷款债务；为非洲培训培养15000名各类人才；向非洲派遣100名高级农业技术专家；在非洲建立10个有特色的农业技术示范中心；为非洲援建30所医院，并提供3亿元人民币无偿援款帮助非洲防治疟疾，用于提供青篙素药品及设立30个抗疟中心；向非洲派遣300名青年志愿者；为非洲援助100所农村学校；在2009年之前，向非洲留学生提供中国政府奖学金名额由目前的每年2000人次增加到4000人次。[③]

① 黄泽全：《中非关系回顾与展望》，载《求是》2001年第7期，第58页。

② 张毅：《中国50年向非洲累计提供800多个援建合作项目》，2007年1月29日，http://news.xinhuanet.com/politics/2007-01/29/content_5670789.htm。

③《胡锦涛：中国将采取八项政策措施促进中非合作》，新华社2006年11月4日电，http://news.xinhuanet.com/world/2006-11/04/content_5288773.htm。

实际上，自1995年以来，中国对非洲的捐助10年间成倍增长，2004年已经达到27亿美元。卡内基国际和平基金会的库兰泽克说："10年前的数字只有一亿美元，因此这是实质性的增加。所以，中国成为非洲一个捐助国，可以同美国、法国和日本等其他捐助国并驾齐驱。"[①]在免除非洲最贫穷国家的债务方面，中国领先于其他西方国家。早在2000年10月中非合作论坛部长级会议召开之际，中国就减免了非洲31个国家总共上百亿人民币的债务。在随后的两年内中国减免了非洲重债穷国和最不发达国家105亿元人民币的债务。同时，2005年7月在英国格伦伊格尔斯召开的八国峰会上，中国站在非洲国家的立场，积极呼吁国际社会特别是发达国家减免或重新安排非洲国家的债务，以实际行动兑现他们做出的承诺。而富有的七国集团成员国首脑们在出席格伦伊格尔斯峰会时，却仍旧停留在词藻华丽、而毫无约束力的承诺上。

三

自1984年起，中国政府同一些非洲国家政府共同努力，开始积极探寻新的对非援助方式，因地制宜对不同援建项目分别采取了工程承包、技术合作、管理合作、代管经营、租赁经营等方式，以及政府贴息优惠贷款和援外项目的合资合作经营等方式，使已建成项目的效益有了不同程度的改善和提高，巩固了已建成项目的成果。

中国在非工程承包起源于1978年。那一年一个中国援助队在尼日利亚进行常规建设项目。当时尼日利亚政府恰巧寻求外国工程师帮助他们在首都拉各斯郊区建设几公里的汽车高速公路。对这种蝇头小利，西方公司均不感兴趣，而早些年中国援助队因高效快速的工作在尼日利亚赢得了极佳的名声，尼日利亚人探问中国工程师是否愿意承担它：钱不是问题，因

① 何宗安：《美国专家关注中国与非洲密切关系》，voa，Nov 7,2006。

为尼日利亚人有的是钱，尼日利亚人需要的是技术的帮助，当然乐于对此做出支付。于是，纯属偶然的一个事件开启了一种新的振奋人心的中非互利共赢的道路：中国人意识到，援助可以转变成商业，通过中国以往在非洲建造的优质工程和已树立起的良好援助形象，中国可以向非洲提供质优价廉的工程承包。在“友谊彩虹”的末端出现了一桶金子。

从20世纪80年代开始，非洲就成为中国重要的承包劳务市场。中国在非承包工程涉及房屋建筑、石化、电力、交通运输、通讯、水利、冶金、铁路等国民经济各个领域。截至20世纪80年代末为止，中国同40多个非洲国家共签订承包工程和劳务合同2000多个，参加承包劳务人员达8000余人。同中国建立贸易关系的非洲国家和地区达55个，几乎遍及全非洲。①另据不完全统计，1979—1998年，中国公司在非洲累计签订工程项目合作合同8586个，累计合同金额达122.26亿美元，占中国工程和项目合作合同总金额的14.64%。1999年和今年上半年，中国公司又与非洲国家签订此类合同1800多份，合同金额31亿美元。目前，中国企业在非洲开展工程和项目合作已逐渐形成规模，技术含量不断提高。

近年来，中国企业凭借自身的实力积极参加非洲国家的各项工程承包项目的投标，承揽的大项目不断增多，技术含量日益提高，并且提供了非洲国家经济建设所需的技术人员和管理人员，帮助非洲国家建设了一大批基础设施项目，提高了其经济的可持续发展能力。此外，中国企业还在非洲国家开展了承包工程和劳务合作，实现了互利共赢。截至2005年10月，中国在非承包工程和劳务合作累计合同额389亿美元，完成营业额273亿美元，中国在非从事承包工程和劳务合作人员达7.8万人。2005年前10个月，中国企业在非新签承包工程和劳务合作合同额63.8亿美元。2004年1—9月，中非新签承包劳务合同额41.6亿美元，完成营业额24.7亿美元。②根据我国对外经济贸易合作部有关统计，2003年，新签订对非承

① 贺文萍：《国际格局转换与中非关系》，载《西亚非洲》2000年5期，第23页。

② 谭明朝：《中非贸易充满商机》，载《市场报》，2006年1月18日。

包劳务合同1015份，合同额40亿美元，完成营业额28.2亿美元。2002年中国企业在非洲新签承包合同和劳务合同项目合同共995分，合同额29.3亿美元，完成营业额20.2亿美元。2001年中国企业与非洲新签劳务合同和承包工程合同额达26.61亿美元，完成营业额17.52亿美元。2000年我国企业与非洲新签工程承包合同和劳务合同额为22.9亿美元，比1999年全年增长23.1%。

2000年以来，中国企业在非洲承包建设公路6000多公里，铁路3000多公里，大中型电站8座，这些建设工程质量优秀，为非洲国家降低了工程造价，创造了就业机会，带动了当地社会经济的发展，提高了非洲各国经济建设的自主发展能力，受到非洲政府和人民的广泛赞誉。

四

管理合作是双方开展经济技术合作的一种新形式。这使非洲一些原来由中国援建的项目，如坦桑尼亚友谊纺织厂、赞比亚纺织厂和马里塞古纺织厂等，都逐渐振兴起来。过去，中国在非洲援建的各类项目普遍采取“交钥匙方式”，即工程完成后移交给非洲国家经营。但是，由于多种原因，不少项目投产后经济效益不佳，有的濒于破产倒闭。从上世纪70年代开始，中国曾以经援贷款方式对一些亏损严重的企业进行设备大修，提供零配件和技术合作，但收效仍然不大。1982年后，中国与塞拉利昂、马里、卢旺达、赞比亚、坦桑尼亚、扎伊尔、尼日利亚等国开始了管理合作，即由中国派出技术人员、管理人员，同所在国的技术人员、管理人员合作，参与生产、技术、经营的决策管理。这种合作方式有利于发挥中国援建企业的生产能力，也有利于在实践中培训对方的技术管理干部，提高非洲国家的企业管理水平。管理合作现在已经有了明显效果，不少亏损企业起死回生，经营状况日益改善。

坦赞铁路自1976年7月正式移交给坦、赞两国政府后，由于缺乏管理经验，铁路运营状况不佳，运量逐年下降，7年累计亏损9.7亿坦桑先令，使该铁路经营陷入困境。1983年8月，中、坦、赞三方在坦桑尼亚举行了坦赞铁路第4期技术合作会议。此后由中国专家对坦赞铁路的运输、机车、车辆、工务、电务、物资、计划、财务、从事劳资等9个方面进行技术指导并参与管理。中国铁路专家组长还参加坦赞铁路局董事会所有会议，并应邀出席坦、赞两国部长理事会会议。通过制定完整、合理的运价，积极组织承揽货源，多装、多运，抓机车和和车辆的维修、使用，以及雨季的防洪等措施。1984年坦赞铁路第一次获得税后利润2亿坦桑先令。1986、1987年利用铁路自身积累的资金如期偿还了中国约相当4000万元人民币的零配件欠款。1988年7月至1989年6月财政年度，坦赞铁路货运110.2万吨，客运160多万人次，营运收入43.05亿坦桑先令，盈利14.5亿坦桑先令。[①]坦赞铁路的发展变化，得到了坦、赞两国政府的重视和好评，受到两国领导人的多次赞扬。1992年12月，中、坦、赞三国政府代表在卢萨卡又签署了关于坦赞铁路第7期技术合作议定书，中方管理人员继续为管好这条象征中非人民友谊的大动脉做出重要贡献。

在西非的马里，中国参加了多项合作管理。马里纺织厂是上世纪60年代中叶中国援建的一座较大型企业，原设计能力是年产值90亿西非法郎，拥有3000多名职工。1968—1973年共盈利8.35亿西非法郎。但从1973年开始，企业生产形势每况愈下，到1987年1月，共亏损95亿西非法郎，负债达37亿。1986年6月中国与马里签订了对该企业实行合作管理的议定书，并于1987年2月开始第一期合作管理，由中方人员出任企业总经理和各处室经理。经过3年的合作，到1990年初，累计产值达89.14亿西非法郎，平均每年29.71亿，纯利润平均每年0.74亿。该企业生产的“瓦克朗”布远销瑞士、几内亚、尼日利亚和布基纳法索等国。由中国援助的马里制药厂、马里皮革厂，都是通过管理合作后才扭亏为盈。1984年对

---

①《中国对外经济贸易年鉴》编辑委员会编：《中国对外经济贸易年鉴》（1990年），中国对外经济贸易出版社1990年版，第684页。

马里皮革厂进行合作管理，3个月就盈利人民币27万多元，第2年获利60万元，第三年的利润又比第二年提高50%以上。[①]

五

从过去的慷慨援助到互有所求，中国对非洲政策目标的调整一度引起一种说法，即非洲国家认为“中国的友谊贬值了”。这也导致非洲国家对中国形象认识出现误差。不少非洲国家对中国经济援助寄予厚望。非洲国家由于受国内外各种因素的制约，内部缺乏发展的驱动力，经济困难，经济发展严重依赖外援，因而对中国给予非洲的援助期望值较高。不少非洲国家认为，经过二三十年的改革开放，中国经济迅猛发展，国力增强。中国在困难的时候尚且给予非洲很大支持，在非洲援建了坦赞铁路等，中国在取得巨大经济成就后，对非洲的援助应该更多。所以中国援助政策的调整使一些非洲国家产生了心理落差。而且，中国自1979年与美国实现关系正常化后，在80年代与欧洲、大洋洲、日本等发达资本主义国家和地区的政治、经济、科技等各领域的关系都有了很大发展。因此，一些外国舆论认为，80年代中非关系在中国外交政策中已经被边缘化了，“随着中国从国外得到越来越多的发展援助，非洲从中国得到的援助则越来越少了。”[②]

但这种说法是有失公允的，实际上合作不但给非洲带去了发展的机会，也带来了尊严感。在北京工作了十多年的埃塞俄比亚商人塞缪尔·阿哈杜就说，每个国家都有自己的利益，中国也不例外，非洲人不愿意一直只做一个接受者，跟中国做生意让非洲人觉得“我们也有东西可以给予”。非洲人必须先努力，先开始做事情，这样中国来援助，才知道援助什么。他的看法很有代表性：毛泽东时代中国对非洲的援助带有理想主义色彩，

① 转引自艾周昌、沐涛：《中非关系史》，华东师范大学出版社1996年版，第278页。
② 转引自贺文萍：《国际格局转化与中非关系》，载《西亚非洲》2000年5期，第23页。

而现今的中非合作则更实际了。①

利益共享、风险共担的经营方式不仅提高了援助项目的效益和可持续发展能力，也促使中方企业积极培养当地的经营管理人员，并逐步得到了非洲国家的赞赏和肯定。安哥拉总统桑多斯表示："我们热情赞扬中国对安哥拉的务实态度，这使我们能加快国家的重建。"②

第二节 "中国制造"

一

新中国成立后的头30年里，中非双方经济交往有限。1950年的中非贸易额仅为1200万美元。其原因主要是非洲国家与中国无外交关系，且大部分非洲国家尚未独立，缺乏对外贸易的自主权。1955—1965年，中非贸易额基本上缓慢增长。1955年中非贸易额为3474万美元，1965年达到24673万美元，这是中非贸易额在20世纪60年代上半期创造的最好成绩。1966—1976年，由于"文革"原因，经济发展受到严重干扰，中非贸易额处于下降或停滞状态，1966年中非贸易额为7.56亿美元，1978年为7.64亿美元，1979年中非贸易额上升为8.17亿美元。③

---

①《非洲：中国企业投资新大陆》，载《企业家信息》2007年1月号，http://www.qg.com.cn/magazine/qyjxx/0701/060101.htm。

② Rory Carroll, "Chinese Premier Boots Trade With Seven-nation Africa Tour," The Guardian, June 22, 2006.

③ 李文峰：《中国与非洲贸易不断发展》，载陆苗耕、黄舍骄、林怡主编：《同心若金——中非友好关系的辉煌历程》，世界知识出版社2006年版，第272—273页；《中国对外经济贸易年鉴》（1984年），中国对外经贸出版社1984年版，第V—30页。

进入20世纪80年代以后，中非间的贸易交流明显扩大，中国的商品已输入非洲所有的国家和地区，商品的贸易结构也有较大变化，双方的进出口贸易额有了巨大增长。出现这一良性发展的背景在于中非双方政治经济状况发生了深刻变化。中国自十一届三中全会后，政局稳定，国民经济保持旺盛的增长势头，工农业产品日益丰富，对外实行开放政策，积极开拓国外市场，努力扩大商品出口，以获取更多的外资。当时中国能够出口的主要是便宜的服装和简单的家庭用品，由于大多数第三世界国家尚不能大规模为自己生产类似商品，且尽量避免从西方以昂贵的价格进口这样的商品，所以这些中国商品较容易为第三世界的国家所接受。从非洲方面看，随着民族独立运动在各国相继取得胜利，谋求发展民族经济，获得经济独立，成为非洲大陆社会发展的的主流，不少国家为摆脱原宗主国的经济控制，努力开辟新的对外经济关系。由于非洲各国普遍都是发展中国家，工业相对落后，生活水平较低，因此，价廉物美的中国商品在非洲具有很大的吸引力。而且，并不是所有非洲国家都是那么穷。例如，在西非海岸，几个国家发现了石油有油钱可花。其中最重要的是尼日利亚，其领土辽阔，人口为非洲大陆人口的四分之一。

从20世纪80年代中非贸易的总体情况来看，中非贸易额在起伏中保持着增长的势头。1980年、1981年、1982年，中非贸易额都在10亿美元以上，其中1982年中非贸易额为11.91亿美元，为80年代的最高水平。之后中非贸易额连续3年下降，1985年下降到80年代初的最低水平，贸易总额为6.27亿美元，比上一年下降了28.5%。在80年代最后几年里，中非年贸易额逐渐回升到10亿美元左右。1986年、1987年、1988年、1989年，中非贸易额分别为8.5、10.1、10.2、9.51亿美元。这一时期，中国出口迅速增长，进口则有所下降。在中非贸易中，中国一直处于出超地位。其中1982年、1987年、1988中非贸易差额都在5.5亿美元以上，分别为7.66、6.997、5.8亿美元。其主要原因是：非洲经济困难，出口受到影响；非洲出口产品比较单一，而中国对外开放，进口渠道增加，也是很重要的一个原因。①

20世纪90年代中非贸易额在80年代的基础上迅速增长，规模不断扩大。中非进出口贸易总额除1991年、1998年略有下降外，一直保持增长的势头，其中1990年、1992年、1995年、1997年的贸易总额与上一年相比，增幅都在40%以上。1999年增加到64.84亿美元，其中中方出口41.09亿美元，进口23.75亿美元。从整个90年代来看，进口年均增长52.4%，出口年均增长8.7%。在中非进出口贸易中，中国仍处于出超地位。中非进出口贸易的差额呈现不断上升的趋势。②

二

新世纪以来中非双方贸易额是持续稳步增长，自2000年突破100亿美元以来，连续7年都超过百亿美元，甚至冲破300亿美元大关。据中国商务部统计，2000年至2005年中非双边贸易额连续5年保持了30%以上的增长率，双方进出口总额分别为105.98亿美元、107.6亿美元、123.89亿美元、185亿美元、295.6亿美元、397.4亿美元。另据商务部统计显示，2006年中非贸易额达到555亿美元，同比增长40%。其中中国对非出口267亿美元，同比增长43%，从非洲进口288亿美元，同比增长37%。中非贸易额从2000年和2001年初100亿美元上升到2005年初近400亿美元，仅用了4年时间。这一时期，中非贸易额每年以接近40%的速度递增，充分显示出中非贸易蓬勃发展的增长势头。③2005年中国已超过英国，成为继美国和法国之后，非洲的第三大贸易伙伴。④

2006年12月世界银行推出题目为"非洲的丝绸之路"的研究报告，报

① 李必高：《中非经贸五十年——1949—2000》，上海师范大学2005届硕十毕业论文，第30页。
② 李必高：《中非经贸五十年——1949—2000》，上海师范大学2005届硕十毕业论文，第37页。
③ 黄泽全：《中非风雨同舟50年》，载《人民日报海外版》，人民网，2006年11月1日。
④ 贺文萍：《中非峰会奏响中非合作新篇章》，载《中国社会科学院报》，2006年11月8日。

告说，在过去5年里，非洲与其传统的贸易伙伴欧洲的贸易额锐减，出口到欧洲的商品总值下降了百分之五十以上。与此同时，非洲物产出口到亚洲市场的份额却由2000年的14%到27%，更比1990年翻了两番。[①]截至2005年中国对非洲出口超1亿美元的国家达26个，中国从非洲进口超1亿美元的国家达18个。2006年，中国对非贸易额排名前10位的国家为：安哥拉（118.2亿美元）、南非（98.6亿美元）、苏丹（33.5亿美元）、埃及（31.9亿美元）、尼日利亚（31.3亿美元）、刚果（布）（30.3亿美元）、赤道几内亚（25.8亿美元）、利比亚（24亿美元）、阿尔及利亚（20.9亿美元）和摩洛哥（19.3亿美元）。中国与这10个国家的贸易额占中国对非贸易总额的78%。[②]

进入21世纪后，中国同非洲50多个国家和地区建立了贸易往来，同40多个国家签订了《双边贸易协定》，与35个国家建立了双边经贸混（联）委会机制，同28个非洲国家签署了《双边鼓励和保障投资协定》，与8个非洲国家签订了《避免双重征税协定》。这些机制和法律框架的建立，为中非贸易的快速发展起到了助推作用。[③]为缓解非洲国家在贸易中的劣势，进一步便利非洲商品进入中国市场，2005年中国宣布：从2005年1月1日起，中国还对28个最不发达非洲国家的190个税目的输华商品实行免关税政策，优惠范围将包括这些国家的多数对华出口商品；在今后三年内向发展中国家提供100亿美元优惠贷款和优惠出口买方信贷。受惠非洲国家从这些措施中获益，当年就有25个非洲最不发达的国家同中方换文，它们的部分输华商品正式享受到零关税的待遇。这一优惠措施使2005年相关非洲国家受惠商品的对华出口额增长1倍以上。[④]2006年非洲对华出口受惠商品货值就达2.5亿美元。[⑤]2006年中非合作论坛北京峰会期间，中

①《中国在非洲的经济扩张（4）》记者：许波，voa华盛顿Dec 16, 2006。
② 朴英姬：《企业在非市场行为须规范》，载《国际商报》，2007年3月20日。
③ 程瑞华：《中非合作前景灿烂》，载《金融时报》，金时网，2006年11月1日。
④ 张勇：《商务部官员：中非经贸合作旨在互利共赢共同发展》，中国侨网，2006年1月10日。
⑤《"中国因素"成为推动非洲经济增长的重要动力》，2007年5月12日，新华社，http://www.gov.cn/jrzg/2007-05/12/content_612503.htm。

国还作出承诺，进一步向非洲开放市场，把同中国有外交关系的非洲最不发达国家输华商品零关税待遇受惠商品由190个税目扩大到440多个。

2004年以来，中国加强了从非洲国家的进口，已连续3年保持对非洲的贸易逆差，如2006年中国对非出口267亿美元，进口288亿美元，[①]使非洲国家获得了大量外汇收入。这也与我国对非洲进出口商品结构不断改善有关。

三

中国向非洲国家出口商品结构逐年变化。20世纪50年代，中国与非洲贸易基本以初级产品为主。中国向非洲出口的主要是少数几种农矿产品，主要从非洲进口棉花、磷酸盐、手工艺品等。20世纪60年代，中国输入非洲的纺织品和服装增长迅速，成为中国对非洲国家出口的主要商品，此外，轻工产品和粮油食品的出口也逐步增长。

改革开放之初，中国与非洲经济发展水平和消费水平相对接近，中国的轻纺产品和日用消费品因质量十分稳定，价格又低于西方国家的产品，在非洲市场很受欢迎。20世纪80年代初在许多非洲国家的城市中，经常可以看到专售中国商品的商业街，而且销售甚畅。大多数非洲城镇甚至最贫穷角落的市场都充斥着中国物品，如飞鹰牌安全剃刀、白象电池、马灯、热水瓶、挂锁、钥匙圈、铅笔刀、凉鞋及蚊香等等。在一些非洲市场中超过一半的商品是中国制造的，当时中国产品虽然价格便宜，但质量很好，而且有一些产品极具特色，给非洲人留下深刻印象。在尼日利亚的市场上，中国电动化研磨机非常畅销，当地人用其研磨胡椒粉；整个西非的穆斯林都在中国制造的跪垫上进行他们虔诚的仪式；叫卖小贩用托盘到处兜售着装在小圆盒里的天坛牌清凉油。清凉油是中国在非洲大陆最著名的品

① 《中非贸易额达555亿美元》，载《人民日报》，2007年1月30日，第2版。

牌。非洲人也是将其涂在前额或身体上以减轻头痛、蚊虫叮咬或疲劳。传统上塞内加尔人用专门的草药擦前额治病，他们承认这种中国药膏具有同样的功效。马里人非常喜欢它，有时他们甚至在咖啡中或他们的“49—60”茶中也加点清凉油。大量中国商品涌入非洲，仅尼日利亚进口的中国商品就从1976年从1亿2千8百万美元上升到1980年的3亿7800万美元，尼日利亚也成为中国第八大贸易伙伴。同样的情况一再反复出现在非洲大陆人口较少的市场。到1980年北京与非洲的贸易上升了70%，达到总价值的11亿美元：其中6亿为中国出口商品。①中国广告开始出现在当地杂志中，并出现在城市街道的两旁。

随着中国经济不断发展壮大，中国的对非出口产品也从传统的轻纺家电产品发展到通讯设备和汽车等各个方面，比如2003年利比亚GSM移动网络项目中兴通讯公司中标60万线GSM移动通讯网络建设项目合同。2005年8月，奇瑞、金杯海狮等汽车厂商开始向尼日利亚出口。这些项目便利了当地人民的生活，而且取得了良好的经济效益。所以中国开发非洲市场具有明显的优势和巨大的潜力。中国机械工业和电子工业的迅速发展，中国机械和电子产品的信誉在国际上也逐渐建立起来，同欧美和日本的同类产品相比，中国货价格低，销路较好。另外，许多非洲国家获得独立后，开展“绿色革命”，大力发展农业，以解决温饱问题，因而农机产品进口量大。而中国生产的小型拖拉机等农机产品，操作方便，一机多能，且价格合理，非常适用于非洲的一般农户。中国输非商品中机电产品所占比重逐渐上升，其中除了农机产品，还包括家用电器、工具和机械设备等；汽车、摩托车、彩色和黑白电视机也开始进入非洲市场。现在，中国向非洲出口的主要商品有机电产品、纺织品、服装、高新技术产品、鞋类、钢铁及其制品、谷物、茶叶、旅行用品及箱包和塑料制品等。其中机电产品和高科技产品一直以来占据我国对非出口商品比例的绝对优势，2005年，中

---

① Philip Snow, Star Raft: *China's Encounter with Africa*, New York: Weidenfeld & Nicolson, 1988, p. 178.

国对非洲出口的机电产品占出口总额的43.7%，高新技术产品出口18.3亿美元，占9.8%。传统产品如纺织品出口继续保持优势，增长迅速。2005年占出口总额的20.1%。[①]据经济合作与发展组织发展中心2006年完成的一份报告说，由于非洲出口目的地多样化和产品进口的多样化，中国产品与当地产品并不构成竞争，反而是中国产品促进了非洲居民的购买力。[②]

四

非洲人非常喜爱物美价廉的中国商品。如今，中国商品在非洲随处可见。在集市上，无论是摊位货架上陈列的，还是小贩推着小车叫卖的，小到指甲刀、电池、鞋刷，大到板材、瓷砖等建材商品和防盗门，几乎都是中国产品。在超市里，货架上整齐地码放着许多中国的调味品、饼干、降糖茶、减肥茶等，还有名目繁多的滋补品。尼日利亚等国大街上穿梭往来的摩托车几乎清一色都是中国制造。而且，中餐正在变得家喻户晓。有些国家电视台首都频道的"烹饪"栏目不时介绍中国菜肴，如青椒肉片、粟米羹等等。非洲当地影视片中也出现以中餐馆、吃中餐为背景的画面。

2007年11月15日晚，埃及驻华大使马哈茂德·阿拉姆做客中国网"中国访谈"，主持人曾向马哈茂德·阿拉姆大使提出这样一个问题："中埃两国建交51年来，两国的经贸往来比较频繁。我们了解到埃及的市场上有很多'中国制造'的产品，我们想了解一下，埃及人民对'中国制造'的商品评价怎么样？"马哈茂德·阿拉姆大使是这样回答的：

"埃及人民很佩服中国人民可以制造各种各样的产品，加上质量这么好，还有合理的价钱，所以这两个方面放在一起会造成一个很好的产品。但是我更佩服中国的投资家和商人，他可以了解

① 朴英姬：《企业在非市场行为须规范》，载《国际商报》，2007年3月20日。

② 黄华：《互利合作体现了中非共同发展的愿望》，载陆苗耕、黄舍骄、林怡主编：《同心若金——中非友好关系的辉煌历程》，世界知识出版社2006年版，第289页。

到对方或者那个国家的文化，按照那个国家的文化，可以生产出符合它的需求的产品，然后销售过去。我可以举个例子，埃及等伊斯兰国家会过一个月'斋月'，很多小孩子喜欢一种小灯箱，这些灯箱在埃及很流行，都是中国制造的，灯箱里面有很多埃及的音乐，这些都是中国制造的，所以你们可以了解到中国的商人已经了解埃及市场的需求，然后按照这个要求生产这种灯箱。当然，这么多的中国产品在埃及销售，很多的中国商人去埃及，埃及人已经习惯了在埃及的中国人，他们已经存在于埃及人的生活中了，不算是奇怪的。而且在那边，小规模的中国销售商，他们可以上门，或者在农村可以把中国的产品卖给埃及人。他们也非常理解当地的社会条件，不会犯任何错误。他们很关心和尊重埃及社会的习惯。加上中国的产品价钱比较合理，比较便宜，所以很多人已经在这些产品里找到了满足自己需求的东西，可以通过中国的产品满足自己的需求。另外一方面，在埃及，这么多的中国产品同时给埃及商人带来了一种挑战，埃及商人应该提高自己的产品质量，另外要达到平衡，有高质量，同时还有合理的价钱，这个很困难。在埃及，中国产品特别多，有一些埃及人开玩笑说，如果把自己的面包放在烤箱里面，出炉以后上面就有标志，显示是中国制造的。可以想象，中国的产品在埃及市场也给了政府一个挑战，这些挑战都是很健康的，它可以鼓励埃及的商人改善和提高自己产品的质量，和中国的产品一样好。"①

从阿拉姆大使这段话中可以看出中国商品在埃及深受欢迎的三个原因：一是中国商品从设计生产时就考虑到了阿拉伯国家的文化传统和宗教信仰，这样的商品才能为埃及和阿拉伯人民所接受；二是中国商人的销售方式仍是灵活多样，服务到位，他们和早期的华商一样，不畏辛劳，

①《埃及人看中国制造：尊重风俗 价钱合理 适应需求》，2007年11月15日，http://www.china.com.cn/news/2007-11/15/content_9235846.htm。

深入偏远地区上门推销，方便顾客；三是物美价廉，中国商品不仅是比欧美同类产品价格要便宜得多，就是与当地生产的商品相比，价格也是占有优势。

中国商品价格低廉是中国商品在非洲热销的主要原因。塞内加尔消费者协会的恩达奥就对美国之音记者说，如果当地商人的定价不是特别高，中国商人也许不会占上风。恩达奥说："一件大约2美元的商品，塞内加尔人却标价差不多10美元。中国人到这里来开店，他们的价格非常便宜。"恩达奥还说："那些廉价商品让许多穷人的日子好过多了。而在几年前，像喝水用的玻璃杯这样简单的商品都被看做是奢侈品。"恩达奥说，现在连穷人衣橱里的衣服也开始多起来了。"①可以说，中国商品的大量进口非洲从实质上是改善了普通非洲人的生活质量，他们开始能够随意享用最基本的生活必需品，从而能够更体面地生活。用喀麦隆总统保罗·比亚的话说："物美价廉的中国商品为抑制喀麦隆的通货膨胀和改善老百姓的生活做出了贡献。"②

而且，中国商品还给一些当地人带来生机。美国之音记者在采访时就发现，由于就业机会稀缺，达喀尔许多青年男女都从中国人开的店里低价买一些商品，然后再到其他地方转卖，以图赚点零花钱。记者还采访了姆巴耶，对她来说，转售12双来自中国的拖鞋赚的钱远远超过零花钱的意义。姆巴耶说，她是一位未婚母亲，因此，好多人甚至不愿意看她一眼。许多跟她处境一样的人不得不靠乞讨为生。不过，姆巴耶说，多亏桑特奈尔大街上有了销售便宜货的中国店，她才得以保住一样无法以价格衡量的东西，那就是她的尊严。③

①《美媒评中国人在非洲开店：廉价货乐坏当地人》，载《环球时报》2006年11月14日，http://www.cnr.cn/2004news/international/200611/t20061114_504326594.html。

②《非洲不相信"中国威胁论"》，2006年10月13日，http://news.enorth.com.cn/system/2006/10/13/001432969.shtml。

③《美媒评中国人在非洲开店：廉价货乐坏当地人》，载《环球时报》2006年11月14日。

五

然而，近年来随着中国商品大量涌入非洲市场，一些非洲民众也表示，中国商品虽然价格便宜，而质量却并不尽如人意，而且盗用名牌的现象也比较严重。埃及商会会员阿卜杜拉·哈桑指出，中国有很多好的商品，具有价格上的竞争力。但是，现在在埃及市场上所销售的中国商品部分质量比较差，这会影响到中国在非洲市场的开拓。而如果这种情况长期存在而不去纠正的话，中国的形象可能会受到影响。

在喀麦隆经济中心杜阿拉当律师的迪迪尔·巴托基尼就对采访他的中国记者提出这样的问题："你们中国很多产品的质量都很好，为什么不用自己的品牌而是要仿冒那些国际名牌呢？"毗邻几内亚湾的杜阿拉是喀麦隆最大的港口，因此成为向喀麦隆内陆和加蓬、中非、尼日利亚等周边国家输送货物的枢纽，这里也成为在喀麦隆中国人最集中的地方。据不完全统计，2007年时有大约2000名中国商人在杜阿拉从事鞋帽箱包、服装等批发和零售业务。在杜阿拉市中心阿瓜区的阿玛卡伊久大街长不足200米的两侧，"中国商城"、"龙城"、"唐城"等五六家规模不等的商铺依次排开。喀麦隆人酷爱足球，足球衫和球鞋消费量很大。在品种繁多的商品中，不乏仿冒品。一位在"中国商城"开店的老板直言不讳："作为商人，我最关心的就是什么货物受欢迎，怎么能尽快把它们卖出去。一双名牌鞋，在当地商店要卖6万中非法郎（约合115美元），而我这里只卖6000中非法郎，质量差不多，普通人当然愿意来我这里。"这位老板还透露，喀麦隆当局偶尔也来查抄假冒名牌，但风声一过，生意照常。但是巴托基尼却不这么看。他说："如果一双中国品牌的鞋的价格是名牌鞋的十分之一，而质量又差不多，我一定买中国品牌。"他的同事克里斯蒂娜·派·伊福特也认为，目前中国商品和商人在喀麦隆民众中很受欢迎，但最突出的问题就是卖假冒名牌。"你们中国人带来了各种商品，让喀麦隆老百姓不管贫富都能穿上新衣服，我们很欢迎，不过我希望你们能创出自己的品牌，据法国媒体报道说，中国品牌的汽车正准备进入法国市场，价格比日本、法国和德国汽车便宜很多，质量也有保障。这说明中国有能力创造自己的品牌。”

中国商人销售假冒名牌产品的情况在南非、肯尼亚等其他非洲国家也都不同程度地存在，引起了这些国家政府部门的警惕。目前在布隆迪做生意的温州人石先生几年前在肯尼亚时，因为经销冒牌家电而遭到当局的查抄，被迫中止了在肯尼亚的业务。时过境迁，现在他对当时的做法有了不同的想法。他说：“卖假名牌在短期内能让个人受益，不过从长远来讲，对中国产品的整体形象的确没有好处。”“每次我到（阿联酋）迪拜去考察市场，见到那里世界各国的名牌产品琳琅满目，很少见到我们自己的品牌，我心里也不是滋味。”[①]

可喜的是，这种局面正在改变。2006年在非洲出现了“中国汽车热”。中国生产的奇瑞、哈飞、吉利、华晨等汽车大举进入埃及市场。奇瑞与大宇埃及公司于2006年8月1日联合宣布，大宇埃及公司将利用其生产线组装奇瑞汽车，投放埃及市场。大宇埃及公司相关人士说，奇瑞汽车以其出色的性价比很快获得埃及消费者的认可，目前产品供不应求。如今在开罗街头可经常看见中国品牌的汽车如奇瑞QQ、奇瑞A516、奇瑞新东方之子，以及吉利、哈飞等厂家生产的汽车穿梭在车流中。在埃及主要的汽车报纸杂志上，也随时可以看见大版面的中国汽车广告，有的甚至是封面广告。[②]现在在喀麦隆城市的路上经常可以看到路边树有“享受力帆（摩托）、享受生活”、“南方摩托”的英文广告牌。南非市场的“吉利”和“长安”汽车随处可风，肯尼亚首都内罗毕的超市里成排的“海尔”广告，在开罗市中心地带有栋大厦，上面用红色英文字母写了个单词，这个单词全中国人民都认识“Haier”，估计以后世界人民都得认识。那栋楼整个一楼一层

① 《非洲人眼中的中国人和中国商品》，2007年4月2日，http://www.tr8.cn/quyumaoyi/2007-04-27/22642.html。

② 《中国热席卷埃及》，2006年10月16日，新华网 http://news.shangdu.com/category/10002/2006/10/16/2006-10-16_440705_10002.shtml。

都是买海尔电器。这些都预示着，在非洲的中国商品迟早要进入一个全新的“品牌时代”，而非洲人民将会看到崭新的中国商品形象。

中非经贸关系的强化活跃了非洲国家的商品市场，推动了非洲大陆的经济发展，有力改善了非洲国家在国际体系中日益边缘化的处境。据商务部测算，目前中非经贸往来对于非洲经济增长的贡献率达20%左右。[①]国际货币基金组织2007公布的《非洲经济展望报告》指出，2006年非洲经济增长5.8%，达到过去30年来的最高水平；2007年非洲经济增长预期为5.9%。经合组织发展中心主任洛卡·卡采里说，近两年非洲经济的发展，与中国经济增长有很大关系。

可以毫不夸张地说，“中国因素”成为推动非洲经济增长的重要动力。2007年5月12日，在2007年非洲开发银行集团理事会年会注册处，科特迪瓦规划发展部部长保尔·安多瓦尔掏出了自己使用的一只“华为”手机，来解释中国对于非洲经济增长的重要性。“这只手机的售价比同样性能的欧美手机便宜很多，在科特迪瓦销售得很好。中国的产品价廉物美，不仅满足了非洲消费者的商品需求，还大大降低了非洲经济发展的成本。”安多瓦尔说，“对于科特迪瓦和其他非洲国家而言，中国已经成为举足轻重的经贸伙伴。”[②]

① 参见《非行上海年会，发掘互利双赢》，http: //www. mofcom. gov. cn/aarticle/i/jyjl/k/200705 / 20070504702076. html。

②《金融成中非经济合作新热点，我将采取4措施促合作》，2007年5月5日，来源：新华社http://www.gov.cn/jrzg/2007-05/15/content_615610.htm。

第三节
“他们不会让我们失望”

一

在非洲投资，兴办合资和独资企业，是1982年后中国对非洲经济交往中出现的又一种新形式。当时，根据非洲国家的需要，由中国一些大型企业出资，或同非洲国家的政府与个人联合出资建设的项目。其中合资企业由双方共同管理，共同分担经营风险，共同分享企业利润。截至2000年6月，中国已在非洲47个国家投资设立了近480家企业，双方协议投资总额8.2亿美元，其中中方协议投资额5.3亿美元，占中国对外协议投资总额的7.4%。①中方投资项目分布在49个非洲国家，涉及贸易、生产加工、资源开发等多个领域。由过去以贸易类企业为主转变为以生产加工和资源开发为主的布局。为了更好地贯彻市场多元化，为开拓非洲市场提供各类相关的信息服务，从1995年起，中国相继在非洲成立了11个“中国投资开发贸易促进中心”，为推动中非企业在非洲和中国的投资提供了方便。②

中国投资到非洲带去了适合非洲国家的技术，大大提高了非洲国家自主建设的能力，生产本国需要的产品，减少进口，并且变农、矿原料出口为制成品出口，增加外汇收入，同时也能提供更多的就业机会，培养本国技术人员和管理人员，促进民族经济的发展。因此，它日益受到非洲国家的欢迎，扩大了中国在非洲的影响力。

进入21世纪，除了索马里和苏丹的部分地区还处于军阀混战的动乱

---

① 外经贸部西亚非洲司：《中非经贸合作成效显著》，载《人民日报》，2000年10月8日。

② 中华人民共和国对外贸易经济合作部《中国对外经济贸易白皮书》编委会编写:《中国对外经济贸易白皮书·2000》，中国社会科学出版社2001年版，第207页。

状况外，非洲大陆正逐步从冲突及内战中摆脱出来，正逐步脱离大范围饥荒和疾病困扰，已开始进入稳定发展的时期。但非洲整体形势虽然趋于稳定，一些非洲国家却由于种种复杂的国内外原因在经济上“起色”不大，有的甚至陷入了困境。技术的缺乏、制造业的落后和资金的短缺使非洲长期以来无法开发非洲大陆丰富的矿藏、森林和渔业资源。为加快经济发展，提高产品的经济效益，非洲需要大量引进资金和掌握各种生产和管理技术。而自上世纪90年代以来，全球制造业或劳动密集型产业由发达国家向发展中国家转移的速度明显加快，全球资本流动也进一步加快。非洲所具有的生产成本低和资源禀赋好的优势，在吸引国际产业转移方面引起了全球范围内投资者的关注。

与西方国家相比，中国具有投资非洲的极大优势。中国和非洲在资金、技术、人才和管理等方面具有高度互补性，非洲国家希望通过与中国的合作，找到一种有别于同西方国家关系的、更有利于非洲发展的合作模式。中国与非洲在农业、轻工、纺织、机械、食品加工等方面的合作虽然层次不高，但却符合非洲国家发展的实际情况，有利于非洲民族资本的积累和经济的可持续发展。而西方的一些技术，非洲国家普遍消化不良，严重的甚至造成非洲经济的“两元性”，使多数非洲国家现代经济与传统经济严重脱节。由西方公司控制的现代经济不仅难以惠及大众，而且使非洲国家越来越依赖西方，非洲大多数人仍不得不在传统经济条件下生活。而中国利用设备和技术普遍适应非洲经济结构和技术水平的特点，加强与非洲在原材料和半成品加工、电子、轻工、纺织、机械、食品加工等领域的合作。双方经济的高度互补性，使双方能够建立起长期互利共赢的伙伴关系。当然，必须提及的是非洲人选择中国人来非洲进行投资合作，更取决于中国完全不同于西方在非洲长期进行资源掠夺的做法，在一系列合作开发项目上，中国同非洲国家友好磋商，寻找双方利益交汇点，实现互利双赢。中国在非洲有良好的经济形象，非洲人乐于与中国打交道做生意。

对中国来说，进入新世纪与非洲合作具有极其重要的现实意义。30年来中国的发展已经积累了足够的资金和技术，中国的外汇储备达到了上万亿美元的高度，中国的很多产品在国际市场上有和美国等发达国家一样的竞争力。但同时中国国内的制造加工业出现了产品的剩余积压，中国的资源储备远不能满足未来的经济增长。中国已成为美国以外第二大石油进口国，世界能源消耗大国。而非洲在能源和市场上恰恰具备这种优势。非洲地区现已探明的石油储量为233.8亿吨。目前非洲大陆原油日产量达800多万桶，约占世界原油日产量11%，到2010年，非洲石油产量在世界石油总产量中的比例有望上升到20%。非洲石油质量多较上乘，含硫量低，易于提炼加工，很适合生产汽车燃油。[①]而且非洲石油开发还相当无序，由于内乱、种族冲突、灾荒等各种因素，欧美老牌公司已从一些非洲产油国撤出，这就为中国石油公司"走进非洲"提供了良好机遇。随着中国社会经济的进一步发展，对非洲石油等资源的需求还会继续上升。非洲丰富的自然资源已成为21世纪中国经济发展所需资源的重要补充和来源。

正因如此，中非投资合作取得积极进展，外经贸部业务统计，2000年，中国在非设立了57家投资企业，双方协议投资金额2.51亿美元，其中中方投资2.16亿美元。[②] 2001年我国在非洲新设投资企业50家，双方协议投资总额达7079.8万美元，其中中方协议投资5435万美元。[③] 2002年，中国在非洲新增企业36家，协议总投资7283万美元，中非投资6275.5万美元。[④] 2003年，中国在非洲新增企业53家，双方投资总额1.4亿美元，其中中方投资额约1.1亿美元。[⑤] 2004年，经商务部批准的中国在非投资企业已达674家，双方投资额约11.3亿美元。[⑥]至2006年底，中国累计

---

① 张最南：《中非能源矿产合作前景》，载《国土资源》2006年第11期，第51页。

② 中华人民共和国对外贸易经济合作部《中国对外经济贸易白皮书》编委会编写：《中国对外经济贸易白皮书·2000》，中国社会科学出版社2001年版，第206—207页。

③ 中国对外经济贸易年鉴编辑委员会：《中国对外经济贸易年鉴·2001》，中国对外经济贸易出版社2002年版，第340页。

④ 中华人民共和国对外贸易经济合作部《中国对外经济贸易白皮书》编委会编写：《中国对外经济贸易白皮书·2002》，中国社会科学出版社2003年版，第290页。

⑤ 中华人民共和国对外贸易经济合作部《中国对外经济贸易白皮书》编委会编:《中国对外经济贸易白皮书·2003》，中国社会科学出版社2004年版，第204页。

⑥ 商务部：《中国在非投资企业调研数据》，非洲商务网，2005年7月29日。http://www.africa.gov.cn/ArticleView/2005-7-29/Article_View_679.htm。

对非投资已逾66亿美元。中国对非投资项目分布在49个非洲国家，涉及资源开发、交通运输、生产加工、农业生产及农产品开发等多个领域。[①] 2006年的中非合作论坛北京峰会，国家主席胡锦涛在开幕式发言中表示，为推动中非新型战略伙伴关系的发展，促进中非在更大范围、更广领域、更高层次上的合作，中国政府将采取8个方面的政策措施，其中包括为鼓励和支持中国企业到非洲投资，将设立中非发展基金，基金总额逐步达到50亿美元；今后3年内在非洲国家建立3—5个境外经济贸易合作区。[②] 这将为我国今后对非投资提供政策、资金以及服务的更多便利条件，必将大大推动今后中非投资合作的发展。

二

更为重要的是，和20世纪相比，在非投资的方式发生了根本变化。中国对非洲的投资正在由政府主导走向企业主导。企业成为对非投资的主体，通过互惠合作实现双赢。由于非洲相对贫穷，新中国成立后大部分时间里，中国长期给予巨额援助，中国投资非洲重在发展友好关系，不过，近年中国大陆民营企业迅速冒起，中国企业走进非洲的时机和条件已经完全成熟。中国政府也鼓励民企到非洲投资，不但可以减少政府的对非援助行为，而且也为中国民企寻找更大的发展空间。

而且，非洲现在已经是一个大市场。它不是想象中的到处是贫穷、落后的"二流国家"，非洲有20多个国家超过了发展中国家的人均收入水平，当然还有20多个国家仍属于极不发达国家。非洲民间人士的购买力同样惊人，至少有750万富人，有近7000亿美金的私人资产，这是一个非常巨大的消费市场。乌干达总统在2003年第二次中非论坛上说，"如果我们

① 《中非贸易额达555亿美元》，载《人民日报》，2007年1月30日，第2版。
② 赛宗师：《胡锦涛：中国将采取八项政策措施促进中非合作》，新华社，2006年11月4日电。

只有购买的欲望，而没有足够的收入，也没有这样一个市场。”“具备了这样的市场，而没有制造业来满足支撑，那么我们最终还会错过这样一个市场”。①中国制造要实现在非洲本地化，现在正逢良机。只有帮助非洲一些国家建立起制造产业，非洲才会产生更大的消费市场。届时，非洲的商铺内就不再是单纯大量从中国进口的商品，还有中国当地制造业的产品。

正是在这种大背景下，全国工商联副主席胡德平挑起了组织协调民企“走进非洲”的重任。在联合国开发计划署（UNDP）的支持下，2005年8月“中非民间商会”在北京成立，揭开中国民企有步骤的“非洲投资之旅”序幕。从统战部退下后出任全国工商联副主席的胡德平，长年与民企打交道。他认为中国民企的成功模式，“完全可以在非洲复制”。也正因为此，他热心地与联合国开发署合作，明确中非商会在非洲的工作重点。许多非洲国家得知中国成立了中非商会，纷纷要求中国把自己的国家列为商会的合作重点。中非商会首轮的重点合作国家包括坦桑尼亚、喀麦隆、加纳、尼日利亚、肯尼亚和莫桑比克六国。这一由联合国决定非洲国家重点的策略，既令中非商会可以得到更多国际组织的支持，也让非洲国家信服中国对它一视同仁，充分体现了胡德平圆融的外交手腕。尽管中国产品还大多在日用品等层次，但中国商人在非洲做生意却取得了相对的政治优势。联合国前秘书长安南，对中非民间商会的成立给予了高度赞赏。胡德平以全心全意为民企服务而得到许多商界人士的支持。胡德平说，民企发展到今天，“不能只在国内拼市场，更应走出国外去，走进国际市场及国际资本市场”。②

可见，在中国“投资非洲”已不再是政府倡导的一句口号，“投资非洲”已成为众多在全球寻找商机的中国企业家们的自发选择，其目的则是为了实现互利双赢。数据显示，到2006年末中国累计对非各类投资达117

① 《金融成中非经济合作新热点，我将采取4措施促合作》，2007年05月15日，http://www.gov.cn/jrzg/2007-05/15/content_615610.htm。

② 《胡耀邦之子，营企业家协会主席胡德平猛夺非洲》，2007年4月27日，http://www.xici.net/b762908/d51749031.htm。

亿美元，成为对非投资规模最大的发展中国家。其中来自于企业、特别是民营企业的投资额近年来呈现快速增长态势。根据中国进出口银行的统计，当今在非洲投资的800多家中国企业中，只有100多家是国有大中型企业，剩下的大部分是民营企业。①

中国最大的民营电讯网络技术商、华为技术有限公司成为中国科技企业投资非洲的“样板”。2006年，华为在非洲的销售收入达20.8亿美元，产品和服务进入了40个非洲国家，用户数达5000万。这家企业在非洲“本土化”方面也走在了前列。华为在非洲的2500多名员工中，60%为本地雇员，同时还在尼日利亚、肯尼亚、埃及和突尼斯建立了本土培训中心。

更多规模稍小、但同样对非洲充满兴趣的中国中小企业则选择“组团出海”的形式寻找商机，降低投资风险。仅2005年，中国国内民营经济最为发达的浙江省在非洲投资额就达到5570万美元，位居国内各省之首；另一沿海省份江苏省连续7年在尼日利亚举办经贸洽谈会，并借鉴苏州工业园的模式在当地建设经贸合作区。

随着企业逐渐成为投资非洲的主体，中国对非投资也日趋多元化。除传统的能源、基础设施、农业等领域投资外，通讯、汽车、机电设备、服装鞋帽、日用品、旅游业等也成为新兴投资领域，2006年底山东省甚至设立专项资金，鼓励纺织企业到非洲投资建厂。以北非的埃及为例，目前在埃及的中国合资和独资企业超过230家，投资合作的公司包括中国石化集团、华为电讯、中兴电讯、中纺机等；中国本土的汽车厂商如奇瑞、华晨、吉利、江南汽车公司等，都开始寻找在埃及的合作商机。中国人民银行行长周小川预测，随着中国国内资本积累和外汇储备增加，中国企业以民间形式投资非洲将继续升温。的确如此，2006年国家开发银行原计划在非洲设立4个国别组（非洲地区项目开发工作组），但因业务扩展太快，当年就设立了8个。根据计划，2007年国家开发银行又把非洲地区的国别组增加到18个。

---

①《金融成中非经济合作新热点 我将采取4措施促合作》，2007年5月15日，新华社上海5月15日电，http://www.gov.cn/jrzg/2007-05/15/content_615610.htm。

三

中国企业到非洲投资兴业，使非洲极大获益。

例如南非是近几年中国开展境外加工贸易较多的国家，江苏、浙江、上海等地的国有纺织企业、电视机、冰箱、洗衣机等家电生产企业和相当一部分民营企业均在南非各地设立了各种类型的加工企业，有力地增加了当地的就业，促进了当地产业升级和向第三国出口。统计显示，2006年前四个月，中国和南非贸易额比去年同期增长22.7%，达到26.1亿美元，预计全年将达80亿美元。截至2005年底，在南非的中国企业达100多家，总投资额约2.5亿美元，投资项目涉及贸易、农业、纺织服装、电子家电、机械、食品、建材、矿产开发以及金融、运输、信息通讯等多个领域。①中方投资在提高了非洲国家的生产能力的同时，还增加了投资所在国的就业和税收。

由中色建设非洲矿业公司经营的赞比亚谦比西铜矿也是个典型案例。谦比西铜矿是中国在非洲最大的有色金属开发项目，可产出数百万吨铜和数十万吨钴，迄今总投资超过1.8亿美元，雇佣当地员工达2000人，投产刚一年，就已向当地政府上缴税款近400万美元，促进了当地就业与经济繁荣。原来失业的机械师姆瓦克依虽然才三十出头，却已是五个孩子的父亲，家庭负担重。他挥舞着中国国旗告诉中国记者："我非常幸运能在复矿后的谦比西找到工作，我非常珍惜，一定要好好干，为赞中友谊做出贡献。"据了解，中国有色矿业集团有限公司对赞比亚矿业的总投资将达4亿美元，可为当地提供3500个就业机会。②

改革开放以来，中国对世界经济增长的贡献率达到年均14%。随着中

① 《中国与南非贸易额今年将大幅增至140亿美元》，2007年11月26日，新华网，http://news.xinhuanet.com/newscenter/2007-11/26/content_7146791.htm。

② 黄华：《互利合作体现了中非共同发展的愿望》，载陆苗耕、黄舍骄、林怡主编：《同心若金——中非友好关系的辉煌历程》，世界知识出版社2006年版，第290页。

国与非洲国家经贸合作快速发展，越来越多的非洲国家分享到中国经济增长的成果。世界银行非洲地区经济顾问布罗德曼2007年5月发表的一份名为“非洲的丝绸之路：中国和印度的经济新疆界”的研究报告认为，中国市场是非洲大陆经济的“新曙光”。这位经济学家认为，中国对非洲贸易和对非直接投资的大幅增长，能更好地促进非洲经济与世界经济的融合。因此，“中国在非洲的经济活动将使非洲大陆摆脱多年沉沦的境地”。英国国际发展署也不得不承认，中国与非洲国家在基础设施、贸易、投资、农业等方面的合作对非洲国家的发展是极其必要的，这些合作刺激、鼓励并维持了非洲的发展。①

对于中国在非洲取得的成功和非洲从中获得的巨大收益，2006年9月美国《圣何塞信使报》刊登了一篇题为“非洲人怕中国人离开“的文章，作者感叹十年来中非合作的快速发展给一些非洲国家带来的经济繁荣，指出中国在非洲做到的是非洲国家无能为力去做的，也是西方国家自己放弃不做的，正是中国的投资使非洲获益，巩固了中非友谊，提升了中国在非洲的影响力，而且，现在非洲人竟然害怕中国人离去。文章这样写道：

> 苏丹最大的炼油厂今夏完成了一项造价3.41亿美元的扩建工程，其炼油能力提高了一倍，增加了这个国家的石油出口和国内汽油供应。在距离该炼油厂几十英里的一处河岸，那里曾是一个垃圾场，开发商们正紧锣密鼓地筹划建造一个投资40亿美元的商业区，他们希望将喀土穆打造成东非的商业中心。
>
> 这两项工程成了苏丹的展示专案，该国正经历前所未有的经济繁荣。如果没有中国，这一切就是不可能的。这折射出整个非洲的一股趋势，中国公司正向从炼油厂、水坝到公路、商场等几乎所有大大小小的建筑项目，注入数以亿计的美元。
>
> 在过去10年，中国日益转向非洲，以满足其对自然资源的渴求。中国成了非洲大陆的第三大贸易伙伴。但是，这种每年400亿

① [英] 肯尼斯·金：《中国与非洲的伙伴关系》，载《国际政治研究》，2006年第4期，第10—20页。

美元并且在不断增长的贸易关系已不再仅仅围绕着石油和矿物。

在美国和其他欧洲国家因非洲长期动荡而认定那里无利可图，并于几十年前就几乎放弃在那里的大型基础设施和工业的投资之际，中国公司进来了。

凭藉低廉的劳动力成本，中国企业从事着缺乏资金的非洲国家有必要去做但自身又无力去做的工作。中国公司业已在多个非洲国家开展或同意开展不同的项目，如安哥拉的医院和铁路线、苏丹和肯雅的公路和桥梁、埃塞俄比亚和利比里亚的水坝、加纳和辛巴威的电信网路，以及其他许多专案。

上周，刚刚结束两周非洲之行的民主党参议员巴拉克·奥巴马与国会议员连线时说："走访非洲时的一个惊人事实是，美国在非洲的缺席与中国在非洲的存在同等醒目。"

分析人士表示，中国人是否在从中获取巨大好处目前尚不清楚。不过，通过从事美国和其他国家没有做的工作，中国巩固了与非洲领导人的关系，并确保他们对自己的议程的支持，尤其是在阻止台湾与非洲国家发展"外交"关系上。

分析人士说，中国的首要目标还是能源，它经常利用基础设施建设为石油和矿产协议开道。不过，中国也同那些没有石油储藏的非洲国家做生意。一家中国公司正在干旱的埃塞俄比亚兴建一座造价3.5亿美元的大坝。该水坝建成后可望用于灌溉和发电。

据世界银行统计，2004年，中国在非洲共有450个投资专案，其中大部分在制造业和服务业领域。但中国带来的影响也许更深远。来自中国的投资正在改变非洲大陆这块博弈场，西方国家曾长期控制对那里的发展援助以及政治议程。

非洲国家从中国的投资中得到了好处。非洲大陆的经济增长率去年达到5.3%，预计今年会更好。这在很大程度上是因为中国的投资及其对非洲原材料的需求。不过，一些非洲人担心，如果中国人不对当地人进行培训，他们离开后，目前进行的投资将可能付诸东流。

中国表示，它有意在非洲长期待下去。北京宣布2006年为“非洲年”，并发布了一份政策档，承诺对非洲进行长期投资以及对非洲工人提供培训。在中国领导人越来越频繁的非洲之行中，他们经常讲到发展中国家帮助发展中国家。专家们说，中国不把世界上最贫穷的非洲大陆看作有待解决的问题，而是视为一个投资机遇。

南非一家研究机构的分析家史蒂文·弗里德曼说：“我不认为中国在目前这个阶段的首要目标在政治影响力上，他们更关注经济领域。”

也许，再没有其他地方比在灰尘遍布的喀土穆，更能感受到中国的影响力了。在那里，由中国公司建造的高楼大厦鳞次栉比。在修整一新的街道上面，穿着光鲜的石油商在中国人开的加油站给他们的高级轿车加油。

驻喀土穆的一名美国高级外交官说，苏丹经济的迅速增长令一些美国官员大吃一惊。“我有时甚至自问，‘我们是不是错失了这里的良机’？”这名外交官说对苏丹的制裁是合理的，但他淡化了有关中国在苏丹投资威胁美国利益的说法。他说：“他们在跟我们作对吗？美中在苏丹有着越来越大的合作空间，我们的政策目标不必是对抗。”

战略和国际研究中心非洲项目主任J·斯蒂芬·莫里森表示，中国可能正将自己在经济崛起中学到的经验用于非洲。他说：“过去20年里，中国已使数亿国民摆脱贫困……对非洲，中国人比我们有信心。”①

① 《美国官员大吃一惊:非洲人怕中国人离开》，2006年9月19日，《环球时报》转译 http://free.21cn.com/forum/bbsMessageList.act?bbsThreadId=1455794。

中国在非洲的投资合作给非洲各国带来了实际的利益。2006年11月中非合作论坛召开之际，非洲各国报纸纷纷发表文章盛赞中非合作。乌干达《新景报》的评论说，中国经济的快速发展必然能够带动非洲的发展，形成互补优势，达到双赢效果；如与中国结成战略合作伙伴关系，乌干达必将获益匪浅；乌干达也应考虑如何为中国投资者提供更好的投资机会。乌干达《东非商业周刊》以“真诚的友谊拥抱中国”为题报道说，今日非洲所需要的不仅仅是外国资本的输入，更重要的是非洲要通过合作形成有自己特色的解决方法。中国正是采取了这种方法，“因此，这也是我们在与中国的合作中获益最多之处”。《尼日利亚论坛报》报道说，非洲只有恢复对自身资源的控制才能取得真正的发展。而美国等传统霸权主义国家却对此一再阻挠，五角大楼甚至花上百万美元在西非海岸设立新的军事基地。在这种非常困难的情况下，非洲国家的政府乐观地表示，他们已经找到了一个良好的经济合作伙伴，这个伙伴从来不压迫非洲人民，从来不盗取非洲人民的宝贵资源，这个伙伴就是中国。莫桑比克通讯社报道说，莫桑比克已视中国为非洲以外最重要的伙伴之一。津巴布韦总统穆巴拉克说，中国一直是我们信赖的朋友，“他们不会让我们失望”。“对津巴布韦人来说，去北京就是去我们的第二个家。”南非《商务日报》一篇文章认为，中国公司对非洲国家基础设施建设的投资将使中国和非洲得到双赢，非洲国家将会因为获得比传统的投资者（西方国家）更优质的服务和更多的技术转移而获益匪浅，而中国企业也将会在非洲实现其国际化的抱负。①

2007年9月埃及人民议会议长苏鲁尔在谈到中非合作时说：“我们希望中国在非洲的投资有助于战胜贫穷，使非洲人充分了解这些在非洲的项目是为了促进非洲的发展。”他指出，非洲必须为了其人民而实现发展，必须与整个世界进行合作。中国在非洲的存在对非洲的独立、发展以及中非合作都是非常重要的。②

① 《中国模式吸引非洲》，载《环球时报》2006年11月6日第2版。

② 《埃及和中国的关系非常好》，2007年9月11日，http://www.pladaily.com.cn/site1/xwpdxw/2007-09/11/content_946597.htm。

四

中国在非洲广泛投资促进发展广交朋友的努力虽然取得了令非洲感到振奋的积极影响，但是也并非完全一帆风顺。

随着中非经贸关系日益紧密，国内企业和个人越来越热衷于“走进非洲”，寻找商机的触角遍及非洲大陆的乡村城镇，中国企业和商人在非洲的形象越发惹人注目。来自北京的企业家张小亮董事长，在内罗毕大街上被肯尼亚两位业主看出来是中国人，问他是否会中国功夫，是否愿意来肯尼亚办一所武术学校，或者干点别的投资。张小亮不禁感叹：现在这里人怎么一见中国人，就认为是前来投资的？难道他们也知道中国现在有“走出去”战略？①按理说凭中国半个世纪在非洲已塑造出的良好形象和目前非洲的“中国热”，中国人在与当地人增进相互了解的方面是可以发挥领头作用的，但事实往往并非总是如此。随着中国投资者的大量涌入，人员素质良莠不齐，个别企业急功近利，不择手段，在当地造成了不好的影响。塞内加尔人阿芒·塞努先生表示：“过去在非洲工作的中国人很优秀，但现在在非洲经商的某些中国人比较自私，且不太注重国家的声誉。”一些非洲民众把少数中国人的表现看作是整个中国人的表现，以偏概全。南非一中国文化交流公司总裁说，据他所知，南非民众对中国人的一大印象就是“非法移民多，社区内犯罪分子也不少”②。

中非合作中较为突出的问题，一是部分中国在非洲的项目在设计、实施和管理等各个环节未能重视环保问题。部分中方资源开发企业以为非洲落后、不重视环保、法律法规有漏洞可钻等，未能很好地协调资源开发与当地经济发展和环境保护问题，导致了部分当地人的怨恨，尼日利亚南部

① 《胡德平非洲畅谈走出去》，载《中华工商时报》2006年8月22日，http://finance.sina.com.cn/20060822/15222845018.shtml。

② 《中国在非洲形象调查》，载《国际先驱导报》2006年11月6日，http://news.xinhuanet.com/herald/2006-11/06/content_5294430.html。

地区民众大多生活极端贫困，常常抱怨他们未能从本地的石油开发中受益，“中国只是来掠夺我们的资源，而给我们留下很多问题”。当地不法分子多通过绑架外方石油工人以达到勒索钱财和向政府施压的双重目的，中方企业人员是其重要袭击目标。近年来，中国在非洲的资源开发企业频频遇袭，仅2007年的头4个月，肯尼亚、尼日利亚和埃塞俄比亚等国相继发生5起袭击中方企业人员的案件，其中2007年4月24日，中国在埃塞俄比亚的一座油田设施遭当地200名叛军袭击，9名中国工人死亡，7人被绑架，油井设施被摧毁。这是中国海外企业及其工人近年来频遭攻击的事例中伤亡和损失最为惨重的一次。①

实际上，非洲国家很看重环保，国际社会对非洲的环保问题也给予高度关注。中国在非洲的经济活动缺乏环保意识，造成西方国家借机大肆制造“中国不在乎对环境的影响”之类不利于中国的舆论，有损中国在非洲的形象。随着中非关系的不断深入，中国在非洲的建设项目会越来越多，环保势必成为一个无法回避的问题。环保问题如果得不到妥善解决，那么，非洲对中国人而言，再也不会是过去那个安全和友善的大陆。

二是部分中国投资企业主要从国内雇佣工人，而没有充分为本来就存在严重就业压力的非洲国家创造就业机会，这为国外人士攻击中国提供了口实。例如在安哥拉的中方石油企业多习惯使用中方技术工人，外国媒体称目前在安哥拉工作的中国员工已超过2500人，而很少雇佣当地劳务人员。②美国—安哥拉商会执行干事长、前美国驻赞比亚大使保尔·黑尔就已注意到中国人在安哥拉的“下降趋势”，安哥拉目前是中国原油的主要进口国。黑尔说：“有人声称，对中国人的厌恶情绪正在安哥拉人民当中增长，因为他们从安哥拉人手中抢走了就业和合同机会。一些安哥拉人还说这是中国人的入侵。我认为，这里针对中国人的排外情绪有所加剧。”③

① 杜平:《非洲，非传统安全》，中国新闻网，2007年4月24日。

② Denis M. Tull “China's Engagement in Africa: Scope, Significance and Consequences,” *The Journal of Modern African Studies,* September 2006, pp. 459—479.

③ 何宗安：《美国专家关注中国与非洲密切关系》，voa，Nov 7，2006。

三是进入新世纪以来中非经贸关系的快速发展，特别是能源方面的合作也引来不少西方媒体的“特别关注”。它们不断鼓噪有关中国“攫取”非洲石油资源、在非洲搞所谓“经济新殖民主义”的论调。如《华盛顿邮报》、英国《卫报》、法国《费加罗报》发表许多评论文章，将中国发展与非洲的关系诋毁为“新殖民主义”，称中国是在“剥削非洲”。英国外交大臣斯特劳2006年在访问尼日利亚时说中国现在在非洲所做的事情，“多数是150年前我们在非洲时已经做过的”。[①]甚至每逢中国国家领导人出访非洲，不管这些非洲出访对象国有无资源，这些西方媒体往往一律把这些旨在加强中非友好互利合作的出访贴上“能源之旅”或“石油之旅”的标签。

五

作为一个人口众多和资源相对贫乏的发展中大国，中国确实需要进口石油来满足经济快速发展的需要，中国对此也从未加以遮掩回避。自1993年中国成为纯石油进口国以来，中国加快了能源来源多元化的步伐，和包括非洲国家在内的世界许多国家和地区建立了互利共赢的能源合作关系。非洲对于我们来说是一个大的战略的储备库，因为2020年以后我们的资源就不能完全满足国内的基本需求。从现实来说，中非能源合作近来发展势头确实较快，但是相对于西方老牌资本主义国家，中非能源合作尚处于起步阶段，中国目前在非洲开采石油的规模和力度还非常小。埃里卡·唐斯指出，中国公司在非洲的石油资产远比不上欧美公司。2006年，中国公司在非洲的石油总产量平均每天为26.7万桶，只有非洲最大的外国石油公司埃克森美孚的1/3。中国在非洲的项目都是欧美不感兴趣的，许多是国际石油公司放弃的项目。[②]从统计角度来看，2006年非洲全部出口的石油

① 余国庆：《新殖民主义的帽子扣不到中国头上》，载《时事报告》2006年第9期，第58页。

② Erica S. Downs, “The Fact and Fiction of Sino-African Energy Relations”, *China Security,* Vo.l 3, No. 3, 2007, pp. 43—47.

中，欧洲占36%，美国占33%，中国只占了8.7%。如果这8.7%的石油都有掠夺之嫌，那33%和36%应该怎么来看呢？①

中国投资非洲和早年西方殖民者依靠刀与火的血腥野蛮掠夺来攫取非洲资源的做法更是根本不同，新时期的中非能源合作不针对任何第三方，完全是建立在中非相互需要、合作共赢的基础之上的。毋庸置疑，中国在非洲最大的投资就是石油项目，但对于非洲国家来说，这也是一个好事。如在苏丹，中国公司自上世纪90年代中期参与苏丹的能源开发。截至2003年底，中国石油公司在苏丹共投入27亿美元，修建了1506公里的输油管道，建成了一家250万吨/年原油加工厂和若干个加油站，不仅使苏丹从一个石油进口国变成了石油出口国，而且拥有了一个集勘探、生产、炼制、运输、销售于一体的完整的石油工业体系。这就解决了当地使用能源的问题，也帮助当地人致富。中国还投资了两千多万美元帮助苏丹建设学校、医院等生活配套设施。这一点西方国家企业不会做，是中国给非洲朋友做的一个很大的贡献。反观非洲石油大国尼日利亚，壳牌公司在尼已搞了50多年的石油开采，可尼日利亚至今还是出口原油，进口汽油，没有自己的石油生产和加工体系，实际上至今仍然是个初级资源输出国。

2006年4月胡锦涛主席出访尼日利亚期间与尼达成的石油开采协议，尼方向中石油集团提供的4个区块的油田开采许可证，两处位于富产石油的尼日尔河三角洲，另两处则位于自然条件相对恶劣、尚未开发的乍得湖区域。在这些区块开采石油，不仅对欧美石油跨国公司在尼的石油利益不构成任何威胁，而且能通过资金和技术的输入，帮助尼日利亚勘探和开采未知的石油处女地，实现投资来源的多样化。不仅如此，中国还承诺投资40亿美元用于尼日利亚的相关基础设施建设，提供500万美元用于购买抗疟疾药物、帮助培训尼日利亚人控制疟疾和禽流感并在技术上进行合作。尼国际事务研究所高级研究员西里尔奥毕在胡锦涛主席访尼前夕接受记者专访时曾说，西方国家除了在有战略意义的石油领域投资外，对尼日利亚的制造业没有兴趣。

---

① 陈妍：《非洲能源领域吸引全球投资者目光》，载《国际商报》2007年3月15日。

一些西方国家新抛出的所谓中国在非洲搞“新殖民主义”、“掠夺能源”的说法，也并没有获得非洲民众的认同。毫无疑问，中国是不是在非洲搞所谓的“新殖民主义”，是不是在“掠夺能源”，这只有当事者双方——中国与非洲自己心里最明白。不论中国对非洲的援助、投资，还是开展合作项目，都是主权国家之间的正常经贸活动，是平等互利的商贸往来，有利于促进各自的发展，特别是有利于非洲减少和消除贫困。非洲国家领导人也多次反驳了这种“新殖民主义”的观点。针对有些媒体对中国帮助赞比亚开发资源是掠夺行为和“第二次殖民主义”的报道，赞比亚总统姆瓦纳瓦萨严正指出：开发资源并不是掠夺，更不是“殖民主义”。他强调：“有的国家只是拿走了原料和自然资源，这是一种‘殖民主义’。但中国为赞比亚提供贷款，而且把自然资源的附加值留在赞比亚。竟然有人把这种行为称为‘殖民主义’，这很难让人理解。”①科特迪瓦经济基础设施部部长帕特里克·阿西说：“如果说一个国家到另外一个国家的土地上投资建厂，就是一种殖民倾向的话，那么每个国家都可以称得上是殖民者了。世界是在竞争的过程中得以更迭的。所以我从来都不赞成中国对非投资是‘新殖民主义’的论调。”②坦桑尼亚《自由报》社长乔西亚·穆芬国先生说：“那只是西方国家的炒作，散布这种观点的人有着自己的企图。”埃及外交部亚洲司官员穆罕默德·拉提夫说：“阿拉伯世界不认为中国的崛起是对世界的威胁，反而把中国的崛起看成是实现世界和平与稳定，实现国际力量平衡的一支重要力量。”③

大多数非洲人更不相信西方国家不顾事实蓄意捏造出来的“中国威胁论”。喀麦隆传媒理事会会长皮埃尔·伊萨玛·伊松巴指出，所谓中国在非洲搞“新殖民主义”和所谓“中国威胁论”是“一小部分西方媒体的偏见”。伊松巴列举了中国在喀麦隆援建的会议大厦、学校和医院等标志性

① 康逸：《赞比亚总统：中非合作不是“新殖民主义”》，新浪网，2006年11月7日，http://news.sina.com.cn/c/2006-11-07/220411451040.shtml。

②《科经济部长：“中国投资商尽可放心来投资”》，新华网，2006年9月30日，http://news.xinhuanet.com/world/2006-09/30/content_5158984.htm。

③《中国在非洲形象调查》，2006年11月6日，http://news.xinhuanet.com/herald/2006-11/06/content_5294430.htm。

建筑以及在坦桑尼亚和毛里塔尼亚建设的铁路和沙漠公路等项目。他说:“中国对非洲的援助与西方殖民主义者对喀麦隆乃至其他非洲国家的殖民统治有着本质区别。西方殖民主义者在喀麦隆什么也没有留下，而中国带来的是真真切切的实惠。”

中国在非洲的投资给当地带来了看得见的实惠。在经历了27年内战的安哥拉，中国商品和中资企业的到来正在帮助这个国家战后重建，而西方社会早在2003年就提出举办国际捐献者大会帮助安哥拉重建，但是直到今天，这场会议也没有召开。家住安哥拉首都罗安达的爱德生·里贝罗说，“我家所在的高尔夫区过去一到晚上就漆黑一片。直到中国机械对外经济技术合作总公司在这里修建了变电站，很多居民才用上了电。”

纳米比亚建筑行业原先基本被当地少数企业垄断，这些企业漫天要价，利润率高得离谱，部分项目甚至高达60%。中资建筑企业的到来使得建筑行业利润率迅速降为10%，纳米比亚政府因此经常称赞中资企业为国家建设节约了大笔资金。纳米比亚《新时代》报负责人拉贾·姆纳玛瓦说:“中国给原先一直受种族隔离政策压迫的黑人提供了负担得起的日用品，所以我们喜欢中国。但是，原先经济上曾占据垄断地位的部分人不喜欢，因为中国人的到来使得他们无法再牟取暴利。”①

事实胜于雄辩。中非互利双赢的能源合作不仅能使非洲国家获得能源开发急需的资金和技术，更重要的是，它使非洲国家能够真正成为自己资源的主人，在开发自有资源的过程中有了更多自主选择的权利。温家宝总理说得好，“新殖民主义的帽子绝扣不到中国头上。中国在自己困难的时候，帮助非洲人民修建了像坦赞铁路那样的工程，今天中国的经济发展了，更不会忘记老朋友。中国有句古话，路遥知马力，日久见人心，让历史去证明吧。”②

---

①《非洲不相信“中国威胁论”》，2006年10月13日，http://news.enorth.com.cn/system/2006/10/13/001432969.shtml。

②《温家宝就能源等问题答问中国不搞“新殖民主义”》，中国网，2006年6月19日，http://www.china.com.cn/chinese/news/1246598.htm。

第四节
"中国模式"与"中国奇迹"

一

在今天的世界，真正的大国"必有某种独特的经验和力量持久地影响着时代，也就是说它必须提供一种可供遵循的发展模式，这种模式包括物质生产和精神制度两个方面"。[①]改革开放以来，中国展现出政治稳定、思想解放、经济发展、文化繁荣、民族团结、社会和谐、生态良好的发展进程，这样的进程无疑堪称独特的"中国模式"，为世人瞩目。2006年《国际先驱导报》在非洲采访时问及非洲民众是如何看待"中国总体形象"时，很多人将中国的经济发展模式视为样板。一些人还认为本国应从中国的经济腾飞中吸取经验，以供本国所用。大部分非洲人高度赞赏中国经济发展模式，认为这一模式克服了本国人口众多，资源紧缺的弱点，对广大的非洲国家及发展中国家有着积极的借鉴意义。尼日利亚的一受访者说："中国经济现状对像尼日利亚这种高密度人口的国家来说是一个开阔视野的好机会。"[②]

那么非洲民众又是如何看待中国的政治制度的呢？调查显示，少数非洲人认为中国是民主国家，且中国的政治制度符合中国国情，同时，中国领导人日益开放、自信的形象，也为中国在非洲的政治形象加分不少。有人表示，中国政治的优越性在于它能促进中国经济的飞速发展。一名乌干达人士认为，完善的政治制度使中国能集中精力进行经济建设，这就是中

① 刘靖华：《霸权的兴衰》，中国经济出版社1997年版，第2页。
② 《中国在非洲形象调查》，2006年11月6日，http://news.xinhuanet.com/herald/2006-11/06/content_5294430.htm。

国为何能在世界上以经济新生力示人的原因。对照中国现在的发展道路，他坚信中国的政治制度是优越的。[①]目前非洲国家对“中国经验”感兴趣的主要还是在经济发展领域，但对于长期陷于动荡和冲突的非洲国家，怎样在政治、社会和文化领域等各个方面取得和谐发展，中国这种循序渐进地推进政治体制改革，即在保持政局和社会稳定的前提下实现经济发展的大思路，为广大发展中国家地区的发展提供了新的可予借鉴的模式。

大多数非洲人对中国形象的这种认识是基于本国发展的经验教训。20世纪60年代许多非洲争取独立的国家和刚获得独立的国家追随苏联模式，但并未给本国带来社会政治经济的稳定。从上世纪70年代末和80年代初，获得独立的许多非洲国家采取了国际货币基金组织和世界银行开出的调整药方，遵照所谓“华盛顿共识”即以私有化、自由化和宏观经济稳定化（主要是价格稳定）为主要内容的战略，以及基于自由市场信念并且旨在削弱政府的角色、甚至使政府最小化的一系列政策。[②]结果却使得非洲国家经历“失去的80年代”，特别是冷战结束的90年代初期，由于“多党民主制”的冲击，非洲多数国家陷入政治危机，经济萎靡不振，直到1994年后才渐渐摆脱政治经济危机。所以后来甚至连开药方的人都承认，这些措施并未对非洲发展经济产生多大效果。

冷战后十多年的发展历程表明：在非洲国家的工业化进程中，西方式的改革不能带来非洲人所预期的繁荣和稳定，相反在不少非洲国家和地区出现了工业基础的崩溃、社会族群的对立、甚至国家的分裂与战争；无论是在地区冲突的处理，还是在全球秩序的构建方面，美国式的或者西方式的“国际机制”的推广给非洲带来的也并不是和平，而是远甚于冷战时期的冲突和战争，有些非洲国家和地区甚至直接倒退回了“原始丛林状态”

① 《中国在非洲形象调查》，2006年11月6日，http://news.xinhuanet.com/herald/2006-11/06/content_5294430.htm。

② 田春生：《“华盛顿共识”与“北京共识”比较初探》，载《经济社会体制比较》2005年第2期，第77页。

或“炮舰政策”时代；至于对人类生活以及道德、精神领域的“奉献”，美国式的或者西方式的“解决方案”就更加乏善可陈，以致布热津斯基直言不讳地指责西方社会是“一个道德准则的中心地位日益下降而相应地追求物欲上自我满足之风益发炽烈的社会”，坦陈“人们更加怀疑美国还能不能向当代世界提供更深刻的启示”，敏锐地提出这样的政治危险：“正当世界其他大部分地区仍为生存的需要苦苦挣扎时，西方却过着以追求自我满足为目的的生活。当这两个世界不再被时间和距离隔开之际，指出有多少西方消费品实际上是人类较贫困的大多数人所得不到的，那是件令人不安的事。假如出现某些奇迹使这批大多数的人能拥有汽车、冰箱、空调、微波炉和标志着富有国家人民福利的大量其他小玩意儿，那么，全世界的经济及其生态环境都无法承受。”他的结论是：“很可能的前景是引起人们更强烈的妒忌，而不是促使人们进行成功的模仿。”①对此，非洲深有体会。非洲与西方已经打了多年的交道，也按照西方开出的经济改革药方抓了很多药，但并没有奏效，尼日利亚学者费米·阿科莫莱非在英国的《新非洲人》杂志上发表文章总结了非洲的教训：“非洲遭受了双重打击。首先，IMF和世界银行开出的药方全面地破坏了非洲的经济；其次，非洲人因为经济上的无所作为而备受指责。当那些在非洲捞得盆满钵满的西方顾问心满意足地去银行提钱时，非洲人却不得不收拾残局：基础设施崩溃、教育和医疗保健体系体无完肤、人民忍饥挨饿。更令人悲哀的是，西方媒体继续对非洲冷嘲热讽，就好像西方‘专家’与他们在这块大陆上造成的局面毫无关联似的。”②

这样，在以苏联为代表的、被西方称作“共产党的乌托邦主义”的发展模式“信誉扫地”后，将无条件地鼓吹自由市场机制作为“几乎是从共产主义留下的破烂摊子中拯救人们的必然的救星”的发展模式在非洲也越

① [美] 布热津斯基著，隋丽君等译，《大失控与大混乱》，中国社会科学出版社1995年版，第75、82页。

② 《中国在非洲形象调查》，载《国际先驱导报》2006年11月6日，http://news.xinhuanet.com/herald/2006-11/06/content_5294430.html。

来越失去吸引力。而与此相反，中国作为一个以自己独特的方式迅速实现了工业化和现代化的国家，一个成功地实现了从传统计划经济体系向现代市场经济体系平稳过渡的国家，一个在确保经济高速增长、同时谋求实现人与人之间以及人与自然之间和谐发展的国家，其示范效应正日益显现。

中国的发展截然不同。中国没有采取任何西方提供的药方，自20世纪70年代末80年代初起，在中国立足本国国情，逐步深入推进改革，扩大开放，在维护国家稳定的前提下，取得了经济的迅速发展。实践证明，中国30年来的改革开放取得了巨大成就。

从实行改革开放以来，中国经济已保持了30年的高速增长，经济总量已跃居世界第四，社会生产力和综合国力实现了历史性跨跃，3亿多农村人口摆脱了贫困，人民生活总体上达到了小康水平。对于中国在短短20多年里所产生的翻天覆地的变化及取得的经济、社会和政治发展成就，近些年来西方经济学者把中国这种发展模式总结为“中国模式”、“北京共识”。这其中最著名要属乔舒亚·库珀·雷默教授于2004年5月11日发表在英国外交政策研究中心《北京共识》的研究报告，在雷默的文章中，“北京共识”的核心是指一个国家按照自身的特点进行发展。他总结中国如何组织这样一个庞大的发展中国家，有三个定理：艰苦努力、主动创新和大胆试验；坚决捍卫国家主权和利益；循序渐进、积聚能量。其主要目标是：在坚持独立的同时寻求增长。“北京共识”也并非仅限于经济领域，还涉及政治、全球力量平衡等问题。比如雷默认为，中国一向采取睦邻友好政策，主张通过广泛接触创造稳定的发展环境。《北京共识》一文指出中国的经济发展模式不仅适合中国，也适合追求经济增长和改善人民生活的广大发展中国家。雷默认为，“北京共识”之所以是“共识”，是因为一个深深融入国际秩序的中国，“已经成为许多国家的生计和希望的重要一部分”。许多国家的许多人对这样一个“中国典范”感兴趣。他说，“中国模式产生的力量十分巨大。从某种意义上讲，对于亚洲其他地区来说这是一种文化力量，对世界其他地区发展中国家来说，中国是一个典范。”①

二

对饱受磨难的非洲国家而言，中国经济的快速发展和政治的持续稳定极具吸引力，中国发展的成功模式不仅预示着财富，而且带来了希望。正如中国社会科学院西亚非洲研究所非洲室主任贺文萍所说：“这一正一反两方面的情形，让非洲国家对中国产生了强烈的吸引力，他们很想知道，中国是怎么做到这一点的。”②因此非洲各国非常希望尝试与中国合作，近年来非洲出现了“向东看”、“向中国看”趋向，普遍希望通过加强同中国的合作关系，学习中国的发展经验，以搭乘中国经济发展的快车，通过与中国的合作，解决本国的温饱问题，并进而发展繁荣非洲经济。③尼日利亚学者费米·阿科莫莱非就从中国的发展路径上看到了曙光：“非洲可以从中国这个新经济巨头身上学到很多经验，首先并且最重要的是，相信万事皆有可能！无论从哪个方面来说，中国的经济表现都是一个奇迹，它展示出一个拥有自信、决心和远见的民族可以取得什么样的成就。”④而南非国际事务研究所贸易分析员彼得·德雷珀则是另一种表述方式，他说在整个非洲都可以感受到来自中国的影响力，“从长远来看，如果同中国接触，他们成为我们合作伙伴的可能性就会增大。如果与其对抗，我们则很可能被击败。”⑤

① [美] 乔舒亚·库珀·雷默：《北京共识》，载 [美] 乔舒亚·库珀·雷默等著，沈晓雷等译：《中国形象：外国学者眼里的中国》，社会科学文献出版社 2008 年版，第 45—49 页。

② 转引自刘波：《非洲展望东方:从“华盛顿共识”到“北京共识”》，载《21 世纪经济报道》，2006 年 11 月 7 日。

③ Bates Gill & Yan Zhong Hua, “Sources and Limits of Chinese Soft Power,” *Survival,* Vol 48, No. 2, Summer 2006, pp. 17—36.

④《中国在非洲形象调查》，载《国际先驱导报》2006 年 11 月 6 日，http://news.xinhuanet.com/herald/2006-11/06/content_5294430.html。

⑤《中国非洲战略：软实力推动外交攻势》，2006 年 11 月 6 日，http://www.rztong.com.cn/newshtml/2006116/ns7528.shtml。

与此同时，许多非洲国家迫切希望摆脱经济结构单一的状态，实现全面健康发展。几内亚外交和国际合作国务部长马马迪·孔戴表示，中国的经济发展模式有可供非洲国家借鉴之处。①一些非洲政治家表示，中国经济的腾飞同时给予非洲国家信心，示范了一条贫穷国家如何走上富裕之路的道路。尼日尼亚总统奥巴桑乔多次表示："中国今天，就是尼日利亚的明天。"尼媒体也提出尼日利亚要"做非洲的中国"。②2006年6月，在南非开普敦举行的世界经济论坛非洲峰会上，"向东看"也成为与会代表热议的话题。③埃及《消息报》2006年11月5日称，在中非论坛北京峰会上，与会的非洲国家都视中国的发展为他们效仿的楷模，其实非洲大陆早就对中国充满了敬佩，中国经济长期能够保持平均9%的增长速度，这一速度令人咋舌。④

这是非洲国家共同的感受。

为了便于非洲国家学习中国的发展经验，加强双方在人力资源开发领域的合作，帮助非洲国家探寻适合自身的发展之路，从1996年起中国每年举办一期非洲中、高级外交官培训班；自1998年起中国举办了多期培训非洲国家管理或技术人员的研讨班或培训班，这些项目一般由商务部、教育部、卫生部等相关职能部门负责具体实施。如1998年8月3日至9月28日，中国在北京举办了首期"中国—非洲经济管理官员研修班"，来自22个非洲国家的经济管理官员参加了此次研修。⑤中国承诺在2004—2006年的三年间为非洲培训1万名各类人才。中非合作论坛会议早在2000年就设立了"非洲人力资源开发基金"，中国在此框架下已为非洲国家培养专业技术和管理人才2万余名，培训内容涉及行政管理、经济管理、医

① 顾列铭：《北京峰会——非洲国家希望收获什么?》，载《市场报》2006年10月30日。
② 贺文萍：《构建中非历史进程的新平台——胡锦涛主席访问非洲的战略意义》，载《中国报道》2006年第6期，第19页。
③《新闻分析：更加积极进取的非洲外交》，2006年12月25日，http://news.163.com/06/1225/17/337525RL000120GU.html。
④《中国模式吸引非洲》，载《环球时报》2006年11月6日第2版，http://www.huanghua.gov.cn/html/200611/08/084834854.htm 。
⑤《深厚的友谊丰硕的成果》，载《人民日报》，2006年11月3日第7版。

疗卫生、网络通信、农业技术、领事保护、环境保护等多个领域。中国政府还积极倡议召开了多次国际研讨会，以推动中非在经济发展特别是减贫方面的经验交流。2004年9月，中国政府承办了“支持非洲发展，分享减贫经验”国际研讨会，非洲多位驻华使节和外交官与会。为使非洲官员能够较全面地了解中国、增加对当前中国发展的深切感受，这些研讨班还组织代表实地考察了中国的部分经济开发区或具体的减贫项目。仅在2007年上半年，中国政府就邀请了非洲国家参加了93个培训班，为49个非洲国家培训了2241人，全年将培训5000人，2007至2009年三年共计培训1.5万人。非洲国家对此深表欢迎，借鉴中国成功经验使他们在发展的道路上少走了许多弯路。肯尼亚外交部大使穆罕默德.A · 阿佛莱耶在参加培训时说：“我会把这些经验带回非洲，让更多的人民受益。通过这次学习，我更加全面地了解了中国。中国独特的发展经验，很值得非洲国家学习。”①

三

中国的成就、中国的开放、中国对非洲真诚的帮助使更多的非洲人走进中国亲身感受中国改革开放带来的巨大变化，学习中国的经验探寻本国发展道路。中国改革开放以来经济发展、政治稳定、民族团结、社会进步，尽管非洲国家不可能照搬中国改革开放的模式，但中国与非洲国家同属发展中国家，中国的成功经验仍对非洲国家有一定的吸引力。非洲对中国的发展给予高度评价，2006年6月埃及中东通讯社社长阿卜杜拉 · 哈桑撰写的文章《中国人来了》，在高度评价中国国务院总理温家宝对埃及访问的同时，以自己两次访华的亲身经历，对中国在过去二十多年来所取得的巨大成就和变化表达了由衷赞叹。哈桑说，中国人民有权为自己取得的成绩感到骄傲，他们正在从各个方面追赶世界发展

①《焦点访谈：中非共赢之路》，2007年8月20日，http://news.cctv.com/world/20070820/115321.shtml。

的潮流。[1]

2006年11月15日《喀麦隆论坛报》刊登了理查德·克旺·考迈塔写的一篇题为《中国的新面孔》的文章，叙述了一个非洲人对中国的观感：

影响深远的发展变化在今天的中国是显而易见的。

即使只是匆匆地看一眼中国的政治中心——首都北京，也没有一位观察家敢漠视中国正在发生的深刻变化。由于毛泽东领导的革命，中国在现代历史中以拥护共产主义立场而著称。现在，中国已超越了马克思主义哲学，为自己确立了令人羡慕的地位。刚刚作为东道主款待过非洲48个国家高级领导人的中国在坚持传统价值观的同时也在快速地拥抱现代化。

光北京所展示的东西就超过了人们对现代中国可能是什么样子的预测。北京除了有迅速激增的摩天大楼和壮丽的立交桥外，还有最好的麦当劳餐厅，这会让参观者想起在纽约、伦敦、巴黎等城市的生活。

同样，中国的大众媒体也几乎不需要羡慕全球的其他媒体。今天的中国拥有很多的媒体。为了迎接全球挑战，英语和汉语是行之有效的交流工具。尽管中国大部分媒体使用汉语，但是也存在着使用英语的平面媒体、广播和电视媒体。在北京市中心的任何一个地方，中国想把影响力扩展到世界其他地方的决心非常明显，因为几乎所有的路标都有汉语和英语指示。

这些现象的确表明中国告别了过去的形象：一个与世隔绝的和处于发展中的共产主义国家。或许中国今天展现给外界的生活只是那些表现这个有13亿人口的国家继续发展和前进的诸多方面的一部分。

通过现代的交流渠道向外部世界进行开放后，令人不可思议

---

① 黄华：《互利合作体现了中非共同发展的愿望》，载陆苗耕、黄舍骄、林怡主编：《同心若金——中非友好关系的辉煌历程》，世界知识出版社2006年版，第292页。

的是，中国及其人民仍适度但坚决地坚守着他们的价值观。尽管向世界开放，但是中国所取得的进步仍归功于普通中国人的高度纪律性。尽管并不是每一个中国人都信任执政当局，但是他们看起来还是相信无论政府做出什么样的决定都是为了他们好，为了他们的福利。这样的公民教育使得中国的领导人很容易地就能掌舵国家前进和发展的进程，否则的话，管理一个拥有13亿人口的国家就显得非常困难了。这或许也可以解释为什么像艾滋病这样的流行病在中国的发病率只有可以忽略不计的0.01%，中国的犯罪率比任何一个非洲国家都低。

更重要的是中国的法律具有很强的劝诫性。例如，中国少年犯罪受到惩罚时，孩子父母也要接受惩罚，方式就是要保证交纳罚金。中国的法律保留死刑，用于惩罚那些犯有杀人、强奸、抢劫、爆炸以及其他严重危害公共安全的罪行的人。

所有这些都暗示着中国的新面孔是其丰富的历史、文化和政治背景所孕育的结果，这有助于中国人民形成他们的世界观。毫无疑问，在今天的北京，毛主席纪念堂仍是备受人们尊敬的去处。①

中国的变化令这位非洲来客感到震撼，中国的崭新形象让这位喀麦隆人印象深刻，当然，他的其中一些观感并不见得符合中国真实情况。确实，中国近些年来在经济上取得的巨大进步令世界眼花缭乱。到中国去的外国人都惊叹于该国的活力和巨变，难以想象一个国家居然能跨越100年，从一个第三世界经济体摇身一变成为超级大国，每每以“中国奇迹”称呼这种经济和社会的繁荣景象。但是，更切近地观察中国的巨变可以发现一个事实，即“中国奇迹”决不是从天而降或自然而然发生的，而是实施良好政策的结果，并且受到了渴望改变自身命运的中国人的勤劳和爱国精神的推动。2007年1月胡锦涛主席访问非洲之际，1月31日《喀麦隆论坛报》

---

①《非洲国家看中国：没人敢漠视中国的变化》，2006年11月19日，摘自理查德·克旺·考迈塔：《中国的新面孔》，载《喀麦隆论坛报》2006年11月15日，http://news.sohu.com/20061119/n246475553.shtml。

发表了一篇题为“勤劳铸就的‘中国奇迹’”的文章，文章提到：

许多喀麦隆人认为，中国国家主席胡锦涛此次来访，将使我们的国家踏上与世界人口第一大国相同的繁荣之路。远非如此！不过，只要喀麦隆人敢于学习，这次访问就能激发我们行动起来，最终造就像中国在过去几十年所取得的那种进步。那么，喀麦隆人可从“中国奇迹”当中学到什么呢？

首先，政府必须扮演先导的角色。政府有必要确定优先发展领域以及对道路等公共和经济基础设施进行投资。喀麦隆人应该像中国向西方开放时所做的那样，营造一个有益于外国投资的环境。政府应该制订计划和引导民众做出有利可图的投资选择。喀麦隆已经在沿着这个方向努力了，但还做得不够。据说在中国某地，政府下达指示要求麦农改种苹果。为了不使这些农民无粮可吃，国家向他们供应3年的小麦，使他们能安心种植苹果摆脱贫困。

其次，所有的喀麦隆人应该从小就被灌输勤劳的观念。如今，我们国家大多数工人都不劳而获。中国人的聪明才智和勤劳苦干从他们在雅温得的沼泽地上成功建起大型多功能体育馆一事就可见一斑。中国人的辛勤劳动不仅美化了我们的城市，也解决了我们国家在体育基础设施上的问题。

中国人务实、谦虚，对所从事的工作兢兢业业。中国人做事效率极高。中国的工人学得快、守纪律，缺勤者寥寥无几。在他们眼里，工作没有贵贱之分。例如，一些中国人在马路边烤煎饼，许多喀麦隆人看见“白人”如此降尊纡贵都觉得好笑。但是，正是这种务实精神推动了中国从一个消费社会发展成为使用外国技术进行生产的制造大国。

中国人善于从实践中学习，这使他们从外资那里获得技术和专业技能。如今在喀麦隆销售的大多数产品都产自中国，足见中国的制造业实力。此外，良好的教育不可或缺。中国的快速增长也要归功于几乎用之不竭的高素质的廉价劳动力，尤其是在科技领域。

最重要的是，爱国精神在中国的发展中起着关键作用。有多少喀麦隆人愿意为国家的发展牺牲自己呢？在中国，许多优秀的人才出国留学，学成后回国为祖国的发展贡献力量，而我们国家的杰出人才几乎都呆在了国外。问题是：如果一个主权国家的人民不热爱自己的祖国，这个国家拿什么与其他国家竞争呢？

多年来，一些不同行业的喀麦隆人曾受中国政府之邀到访中国，亲眼目睹了中国人创造的"奇迹"。我们的国家至今仍受益于这些人在中国的所见、所闻以及所经历的一切。胡锦涛主席此次来访再次为我们提供了一个做中国人的好学生的机会。

学习别人的长处不是什么可耻之事。凭借着勤劳苦干、良好的教育和爱国精神，中国人摆脱了贫困，行将赶上世界上最发达的国家。我们也能改天换地。现在正是行动的时候！①

正如全球最大的国际公共卫生机构美国家庭健康国际艾滋病研究所主任彼得·兰普提所感受到的，中国在非洲的开发和经营已经使北京在绝大多数非洲国家站稳了脚跟，成为足以跟美国和欧洲相抗衡的力量。他指出，2006年11月召开的史无前例的中非论坛首脑会议就是"中国魅力"的一次检验。"非洲为自身的发展正在寻求新的选择。西方的模式非洲人已经领教，并且证明不是非常有效，需要改进。现在中国模式的出现使非洲人感到振奋。中国模式以下列特点为特征：重视国民利益、渐进方式、愿意适合本地国情等等，并且通常没有西方国家那种居高临下的姿态。"②

四

"中国模式"已对西方传统的发展模式提出了挑战。对"中国模式"，

① 《勤劳铸就的"中国奇迹"》，载《环球时报》2007年3月4日第6版。

② 许波：《中国在非洲的经济扩张》（4），voa，Dec 16, 2006。

美国等西方传统大国表现出十分复杂的心理。中国的发展与成功已经不是简单的利益问题了，它已经上升到了意识形态的层面。迄今为止的传统大国，其成功基本上都可归类为自由市场经济。但是，中国奇迹般的崛起已经向世界展示了一个与众不同的发展模式。如果中国真正成功了，那将意味着为世界上绝大多数后发地区的国家和人民提供了一种与西方模式截然不同的选择。美国等西方传统大国当然会担心而且事实上已经在猜测中国“是否会向别的国家输出发展模式”，“是否会本着自己的意愿重新塑造国际体系”，以及如果中国真的采行这样的政策取向，那将对世界意味着什么。于是，西方主流媒体不断抛出“中国威胁论”、“新殖民主义”，诬蔑诋毁中国向非洲国家推销中国经济发展模式。①

这些指责是站不住脚的。中国发展模式的出现在更大的程度上意味着一个更加丰富多样的世界的出现，而不是意味着以中国式的单一化取代美国式或别的什么“式”的单一化。各种不同的发展模式共存发展、取长补短、竞争合作，共同造就一个“和谐的世界”，因而也是一个更加多样、繁荣和美好的世界。中国不输出发展模式。一位英国记者在赴塞拉利昂采访后就写得很客观：这个已经长时间被西方投资者遗忘的地方，西方人看到的是障碍，中国人看到的却是机会，而非洲看中国，看到的是成功。中国正是以平等姿态走近非洲的。

与西方国家甚嚣尘上的“中国威胁论”截然相反的是，虽然非洲民众中也有超过一多半的人表示中国已经是一个强国或者正在逐渐成为一个强大的国家，但他们对中国的强大与崛起普遍持欢迎态度。喀麦隆有三位受访者指出，西方国家的媒体长期以来一直对中国进行长篇、大量的负面报道，并未在非洲国家引起太多的共鸣。很多非洲国家表示，中国的崛起给非洲带来希望，非洲乐见中国强大，希望与中国建立非中新型战略伙伴关系，并坚信这种伙伴关系必然带来共赢的结果。埃及外长阿布·盖特认为，中国在提升贸易和出口方面为非洲各国树立了榜样，中国的宝贵经验将为

① 贺文萍：《中非关系发展触动了谁的神经?》，载《世界知识》2006年第19期，第30页。

非洲国家提供巨大的支持。①

有些非洲人主张中国应该对这些西方国家媒体的宣传给予正面回击。科特迪瓦总统府新闻顾问西维尔·内布说："这些论调具有很强的煽动性，给中国国家形象造成很大的负面影响，中国应该加强对这方面言论的驳斥。"②

塞内加尔总统阿卜杜拉耶·瓦德就在媒体上撰文指出，与西方以恩人自居的方式相比，中国应对非洲需求的方式更为适宜；中国的发展模式对非洲颇具借鉴意义。2008年1月24日英国《金融时报》刊登了瓦德的这篇文章，题为《现在该是西方照自己所宣扬的那样去做的时候了》。文章说：

> 当谈到中国和非洲时，欧盟和美国希望获得并享用它们的那份蛋糕。与欧洲投资者、捐助国组织和非政府组织在后殖民时代的那种行动迟缓的方式相比，中国应对非洲需求的方式更为适宜。
>
> 通过直接投资、贷款和各种公道合理的合同，中国已帮助非洲国家建立了许多基础设施项目。在包括塞内加尔在内的许多非洲国家，基础设施的改良对刺激经济发展发挥了十分重要的作用。
>
> 上述这些进步得以在非洲持续，并提高了数百万非洲民众——而非少数精英分子——的生活水平。在塞内加尔，中国公司只有与当地人经营的公司合作方能获得一项与基础设施有关的合同。实际上，中国公司不仅在塞内加尔进行投资，他们同时还在塞内加尔实施培训并转让技术和生产经验。
>
> 中国多家银行与非洲各国所达成的贸易协议使得上述重大进步得以实现。而西方一些捐助国组织却对这些贸易协议嗤之以鼻——好像非洲国家会幼稚得为获得再建一座体育场或州议会大厦的承诺而廉价出售珍贵的自然资源。这明显地暴露出西方在后

① 《非洲不相信"中国威胁论"》，2006年10月13日，http://news.enorth.com.cn/system/2006/10/13/001432969.shtml。

② 《中国在非洲形象调查》，http://news.xinhuanet.com/herald/2006-11/06/content_5294430.htm。

殖民时代的思维模式。

我发现，与世界银行商讨、谈判并签署一份合同需要5年，而与中国政府只要3个月。我是善治和法治的忠实信徒。

但如果官僚作风和繁文缛节阻碍我们的行动能力，如果贫穷状况毫无改观而国际官员裹足不前，那么非洲领导人就有义务选择更快的解决办法。在前不久海利根达姆举行的八国集团会议期间，我与中国领导人进行了一个小时的会晤，会晤的成果比我在八国集团峰会精心安排的整场世界各国领导人对话会议中取得的收获还要大。非洲领导人在会议上仅仅被告知，八国集团成员国将遵守现有的承诺。

在中国保持快捷反应的同时，亚洲商品的价格和质量令非洲国家政府除了购买中国、印度和马来西亚产品之外别无选择。买一辆欧洲汽车的钱足够塞内加尔人买两辆中国汽车。达喀尔的总统府停车场就可以证明这一点。低价位的中国“吉利”和“长城”汽车使塞内加尔中产阶级和工人阶级得以拥有自己的新车，而新车是日益崛起的消费阶层的标志。在一项实验性计划中，我们甚至利用这些让人买得起的中国汽车，帮助失业妇女重回劳动力大军，组建了一支名为“姐妹的士”的出租车队。一旦产品让人买得起，革新计划就会变成现实。

中国进行过自己的现代化斗争，对于非洲的发展，它特有的紧迫感要比许多西方国家强得多。去年，中国进出口银行允诺在未来3年内对非洲基础设施和贸易金融投资200亿美元，这笔资金超过了所有西方捐助国承诺的投资总和。有关中国进出口银行投资承诺的消息令欧洲一些地区感到不安。但西方对中国的抱怨并不能掩盖一个事实，那就是中国要比批评它的人更有竞争力，官僚作风更少，更擅长与非洲打交道。

现在，我发现自己陷入了中国与欧盟之间经济斗争的中心。欧洲8年前在科托努协议中承诺了150亿美元的投资，但如果它不想为非洲的基础设施提供资金，中国人随时准备接手这项任务，而且速度更快，成本更低。不光是非洲，就连西方自己也有很多需要向中国学习的地方。现在该是西方照自己所宣扬的那样去做的时候了。①

① 《塞内加尔总统：在非洲西方现在抵不过中国》，http://china.huanqiu.com/eyes_on_china/2008-02/59078.html 英国《金融时报》2008年1月24日文章，原题：《现在该是西方照自己所宣扬的那样去做的时候了》。

第六章

当代中国形象之四：和谐友善、包容开放的文化形象

“我很佩服中国文化的是，尽管有时候有矛盾，这很正常，但是中国文化不怕矛盾，会把矛盾化成和谐。那种和谐可以互补对方的文化，就造成一个完美的世界。我们可以看出来，和谐的概念是真的可以反映人和自己的关系，人与人的关系，人与社会的关系。所以尽管中国政府有构建和谐世界的口号，但和谐世界对中国人来讲不是新的表达，它存在于中国人的文化当中。中国很多地方可以体现所谓的和谐和互补，无论在建筑方面，在花园的改造，还是在音乐里面都可以

体现我说的那种和谐。”①

这是2007年11月15日晚埃及驻华大使马哈茂德·阿拉姆做客“中国访谈”节目时对中国文化做出的评价。从他的这一番话中可以看出阿拉姆大使熟谙中国文化，“和谐”可谓道出了中国文化形象的精髓。

国家的文化形象是国家文化传统、文化创造、文化实力的集中体现，是一个国家国民素质和精神风貌的显著表征，也是一个国家国际影响力的重要尺度。良好的文化形象，是一个国家宝贵的无形资产，是加强国际交流与对话、提升国家形象的重要载体。

一个有实力的国家同时应该是一个具有鲜明民族文化特征的国家。文化特征最重要的内涵之一就是体现民族性，展示民族的精神风貌和价值观念。文化是民族精神外化的表现，文化作为民族国家的精神体现，直接向世界展示自身形象和释放影响力。一个国家如有强大的文化吸引力，则能大大有助于该国在世界舞台上纵横驰骋。当今世界，一个国家的文化竞争力是衡量该国整体实力尤其软实力的重要指标。所以，世界各国无不试图通过展示文化来塑造自身形象与释放影响力。提升本国文化竞争力，大力开展文化外交，配合和推动其政治外交、经济外交和国际形象塑造。

中国传统文化承载着中华民族的基本价值追求，有着独特的民族特质。中国传统文化基于“天人合一”的哲学思想，追求人与自然、人与人的整体和谐，强调和平、统一、防御。相较于宗教色彩更为浓厚的伊斯兰文明、地域性和封闭特点更为明显的印度文明等其他非西方文明来说，中华文明是更为世界性的、现代性的、开放性的，在国际主流社会中也具有更强的接纳性甚或亲近性，易与现代西方文明平等对话、交流融合，也更为非洲人民所接受。中国文化这种得天独厚的优势对中国和平共处等一系列外交政策的制定产生了深远的历史影响。近年来中国提出建设“和谐世界”的理念，不仅标志着中华和谐文化经过现代化的提升，更加自觉地引领当代中国的外交政策

①《埃及驻华大使：中国人最特别的地方在于她的和谐》，2006年11月15日，http://www.china.com.cn/news/2007-11/15/content_9235962.htm。

以积极影响国际关系的互动，还向各国宣示了中国对世界的总体看法及在国际社会中自我定位的变化。中国提出促进和谐世界的外交政策，不仅旨在争取有利于经济建设的和平环境，还致力于扩大对外友好合作关系并塑造良好的国家形象。

第一节
因文化更美丽

一

文化是沟通心灵的通途。中国和非洲，虽然远隔万水千山，但自郑和下西洋开始的中非文化交流，迄今数百年间一直保持着良性互动。中非间的文化交往与一些西方发达国家自殖民时代对非洲的政治、军事、经济、文化入侵，形成鲜明对比。对非洲许多民族独立国家来说，有着五千年灿烂文明的中国文化，源远流长、博大精深，从未与非洲文明有过直接冲突，中华文明始终尊重非洲文明，欣赏古老非洲的丰富文化遗产和文化传统，喜爱非洲人民千百年来创造出的神奇瑰丽的文化艺术，中非文化交流与合作是平等、友好、互利的，彼此的心灵是相通的。

中非文化交流与合作始于上个世纪50年代中期。万隆会议后，中国政府认为要改变当时国际社会对中国外交政策的认识并塑造美誉的国家形象，就需要考虑如何在传播全球化的流程中表达中华民族的历史，增信释疑。20世纪50年代中非双边外交关系开启之初，中国与非洲国家就展开了深入的文化交流。1955年5月，埃及宗教事务部长艾哈迈德·巴库里率团访华，与中国文化部代部长钱俊瑞签订了中埃政府《中华人民共和国政府和阿拉伯埃及共和国政府文化合作会谈纪要》，这是新中国与非洲国家之间签署的第一个文化协定。1956年4月，在中国埃及建交前夕，中国文化艺术团一行76人在中国人民政治协商会议副主席、中国伊斯兰教协会主任鲍尔汉的率领下，应邀前往埃及、苏丹、埃塞俄比亚进行访问演出。这是中国历史上第一个访问非洲的大型文艺团体，受到三国政府和人民的热烈欢迎。这次访问将20世纪50年代中非间的文化交往推向一个高潮。

在埃及访问演出时，埃及总统纳赛尔接见了中国文化艺术代表团成员，并于1956年3月12日观看了在开罗的最后一次公演。他告诉鲍尔汉："我非常钦佩你们的艺术保持着自己的民族风格和丰富的东方色彩。""访问会有助于中埃两国人民的相互了解和进一步促进两国人民之间的友谊。"埃及《共和国报》写道："人民中国向埃及表演了它的古代生活及新生活的片断。……动人的艺术获得了埃及人民的完全的钦佩和赞扬。我们感谢中国文化艺术使团的到来。"中国文化艺术代表团在埃及期间，鲍尔汉还代表中国政府同埃及教育部长侯赛尼于4月15日签订了《中埃文化合作协定》。这是新中国与非洲国家签订的第一个文化合作协定，共12条，内容几乎包括了国家文化建设和人民文化生活的各个方面，其中第11条还规定："双方相互指定一个文化联络官，负责两国文化合作的一切联系。"①

结束对埃及的访问后，代表团又应邀去了苏丹和埃塞俄比亚，公演了中国的古典舞、民间舞以及当地歌曲等节目。他们的精彩表演打动了观众的心，有些人甚至从五六百英里以外赶来观看演出。演出结束后许多人跑到后台向中国艺术家们表示敬意并且要求他们签名。两国的一些主要报刊都对中国文化艺术代表团的活动作了专门报道，如苏丹的《舆论报》在4月20日发表了题为"从中国文化艺术代表团的演出看改造艺术"的文章，赞扬毛泽东提倡的"百花齐放，推陈出新"的文艺方针。虽然当时苏丹和埃塞俄比亚尚未同中国建交，但在访问演出期间，两国元首和政府其他主要官员都接见了代表团成员，并观看了演出。他们希望通过这次访问和演出，进一步扩大同中国的交往。代表团访问埃塞俄比亚期间，在亚的斯亚

---

① 艾周昌、沐涛：《中非关系史》，华东师范大学出版社1996年版，第223—224页。

贝巴演出10场，每场都爆满。埃塞俄比亚皇帝海尔·塞拉西一世观看了首场演出，还邀请全团参加皇宫香槟酒会。在接见代表团成员时，他对中国人民对近代埃塞俄比亚反帝反殖斗争的同情和支持，表示由衷的感谢，并认为中国代表团的来访是现代中埃友好关系的开端。演出门票收入全部捐献给埃塞政府，作为文化教育经费。

到50年代末，中国与北非各国几乎都有了文化交流关系，举办电影节、艺术展览会，参加体育比赛，赠送图书等。这种文化交流关系还扩大到了黑非洲地区。

1959年10月7日，中国对外文化联络委员会主任张奚若同几内亚教育部长巴里·迪亚万杜在北京签订了《中几两国政府文化合作协定》，这是中国政府同撒哈拉以南非洲国家签订的第一个文化合作协定。双方决定互派留学生，互相邀请学者和学生代表团进行访问、考察，鼓励双方表演艺术家和团体互访演出，交换文学、艺术等方面的出版物，并举办各种艺术展览。协定对新闻广播、医药卫生和体育方面的合作也做了具体规定。此后，中几之间的文化交流合作得到了迅速发展。仅在1960年，中国先后向几内亚派出了中国青年代表团、中国乒乓球队、中国杂技艺术团、穆斯林朝觐团等，还派电影摄影师去几内亚拍摄彩色纪录片，真实、生动地介绍几内亚独立后的新貌。同年，几内亚也派了一个法律工作者代表团来华访问。

20世纪60年代初，中国与黑非洲另一个新独立的国家——加纳，建立了文化交流关系。1961年8月，中加两国在北京签订了文化合作协定。随后，中国派了乒乓球队访加，在加纳首都阿克拉先后举办了中国艺术展览会，中国国画展览等。加纳也派了青年代表团来华访问。

中非政府间的部长级互访和民间人士的友好交往日趋频繁，文化形象的传播有力地增进了中国与非洲各国人民的相互了解和友好合作，有力地推动了双方在经济和文化等领域的合作，发挥了外交“先行官”作用。1956年4月中国商品展览会在开罗开幕，当时任埃及革命指导委员会委员兼国务部长的萨达特在参观后写道：“埃及人民将永远热爱他们的兄弟——中国人民，两国人民为世界的福利与和平而合作。”[1]

20世纪六七十年代，非洲大陆人民相继挣脱了殖民者的统治，获得独立。随着众多非洲国家与中国建立外交关系，中非文化交流进入了新的历史时期。20世纪60年代周恩来总理的三次非洲之行也直接促进了中国与非洲各独立国家之间的经贸和文化往来。自1964年至1976年的13年间，中国与非洲互派的经贸、科技和文化代表团共计107个，其中非洲各国的访华团为76个，[2]中国平均每年接待近6个非洲经贸或文化代表团。代表团的相互访问，进一步加深了双方的了解，增强了友谊。互访期间签订了许多协议、协定，中非之间的经贸、文化开始了全面合作。

半个世纪，中国政府先后派遣50多个政府文化代表团访问非洲国家，同时邀请和接待160多个非洲国家政府文化代表团访华，许多非洲国家的文化部长和文化界名人都访问过中国。仅在1997年至2000年8月间，中国就先后接待非洲部级文化代表团28个，同时派出政府文化代表团7个，出访17个非洲国家，对推动以政府间交流为主渠道的中非文化关系发展起到了关键性作用。2000年4月，江泽民主席访问南非，文化部长孙家正同南非艺术、文化和科技部长恩古贝尼分别代表本国政府签署了《中华人民共和国政府和南非共和国政府文化艺术合作协定》。至此，中国同所有的非洲建交国家都签署了双边政府文化合作协定和年度执行计划。据不完全统计，截至2005年底，中国与非洲各国（包括马拉维、斯威士兰之外的所有与中国建交或曾建交的国家）共签订65个文化协定，执行了151个文化交流计划。[3]

① 艾周昌、沐涛：《中非关系史》，华东师范大学出版社1996年版，第227页。
② 艾周昌、沐涛：《中非关系史》，华东师范大学出版社1996年版，第227页。
③《文化交流促进中非友好》，《人民日报》，2006年8月8日，第7版。

二

自2000年底中非合作论坛机制启动以来，中非文化交流也跨上了一个新台阶。中国非常重视扶持传统文化和开展文化外交，认识到中国传统文化的独特魅力也是中国“软实力”重要来源。中国走和平发展道路，必然追求和谐文化对其他民族的吸引力与感召力，塑造亲和友善的国家形象，以减少偏见，消除隔阂和消弭误解。要使中国文化对其他国家的受众能发挥作用，首先必须进入其主流文化市场。中国在非洲的和谐文化传播所塑造的国家形象能否得到非洲社会的广泛认同和支持，将会对中国促进和谐世界外交政策的实施以及国家行为能力的提升产生巨大的影响。非洲现在既是中国经济发展的潜在市场，重要战略资源的来源地，也是中国全面走向世界的重要舞台。因此，中国政府采取了一系列行动在非洲塑造健全、丰满的以和谐文化为底蕴的“中国形象”，充分体现雍容大度的大国风范，展示中华文化的独特魅力，最大限度地增加他们对中国社会和中国文化的认同感。提高中国文化的影响力，从而增强中国在非洲大陆的政治影响。

在非洲一些国家建立中国文化中心就是其中一个重要举措，目的是给中非文化交流创造一个机制性的平台，以长期开展丰富多彩的传播中国文化的活动。1988年7月和9月，根据毛里求斯和贝宁政府的要求，中国首先在两国首都路易港和科托努设立了中国文化中心。中心开展汉语教学、武术、舞蹈等文化活动和信息服务等一系列多姿多彩的文化交流活动，引起当地民众对中国文化的浓厚兴趣，也培养了一大批中国文化的爱好者。2002年10月29日，埃及开罗中国文化中心正式挂牌开放。这样，目前中国在海外建立的6个文化中心中，非洲就占了一半。中国还于2005年在肯尼亚内罗毕大学设立了汉语教学机构“孔子学院”，截至2007年底又相继在非洲设立了十所孔子学院。通过开办汉语教学、舞蹈、武术培训班，放映中国电影，举办展览、中国文化和知识讲座等文化交流活动，方便了非洲朋友学习汉语、武术、书法和绘画等中国传统文化的精华。通过中国文化中心在非洲开展的活动，中国向非洲人民显示了中国互信、互利、平等和协作的形象，传达了中国人民崇尚“和为贵”，讲求“礼尚往来”、“乐善好施”，奉行“己所不欲，勿施于人”的文化传统和处事原则，以及反“霸道”、行“王道”，“己所不欲，勿施于人”，“言必信，行必果”等思想理念，加深了非洲民众对中国文化的印象。可以说文化形象反映的也是外交形象。

2006年1月，中国国际广播电台在肯尼亚建成我国在海外的首家调频台，每天用英语、汉语和斯瓦西里语播出共19个小时的调频节目。在公共传媒上突出中国当前发生的社会变迁和现代化进程所取得的辉煌成就，宣传国家的创新、不断涌现的新思想以及应对诸多问题的新举措，通过正面报道中国的发展变化及其国际政策，增进非洲人民对中国的深入了解。

上述平台作为推进中非文化交流的又一重要渠道，不仅把蕴涵在中国对非政策中的和谐文化在与非洲的友好合作中体现出来，而且重视在对非的政策解读中突出中国以和谐文化为底蕴的“和平发展”的特征，对于帮助非洲人民了解当今中国的政治经济发展和社会变迁，以及中国人民了解当今非洲的发展和进步，美誉中国国家形象都发挥了重要的“窗口、桥梁和阵地”的作用。

三

表演艺术交流是中非人民喜闻乐见的交流形式。据不完全统计，在过去的50多年间，中国派出170多个表演艺术团组赴非洲国家演出，邀请接待100多个非洲艺术团组来华演出，人员达上千人次，艺术表演和展览交流项目数百起、万余人次，互办各类文化日、文化周、文化月、电影周和图书博览会等文化活动上百次。如中国的中央芭蕾舞团、东方歌舞团、中国杂技团、武汉杂技团、大连艺术团和新疆歌舞团等都先后赴非洲国家访问演出，非洲的刚果（布）国家舞蹈团、埃及国家民间艺术团、马里国家艺术团、纳米比亚坎布杜艺术团和南非合唱团等也相继来华访问演出。2003年12月文化部派遣杂技、歌舞和民乐小组到非洲东部地区巡回演出，受到埃塞俄比亚、肯尼亚、津巴布韦、赞比亚、坦桑尼亚等国民众热烈欢迎。特别是当温家宝总理出席在埃塞俄比亚首都亚的斯亚贝巴举行的中非合作论坛第二届部长级会议之际，中国艺术团体在当地的访问演出，为进一步加强中非政治关系和促进经贸合作增添了友好气氛。2007年已有8个中国艺术团赴非演出，2个非洲国家艺术团访华，多个非洲国家新闻记者团访华。2008年上半年，文化部已资助5个省市艺术演、展团组赴非洲访演；2008年下半年文化部还将资助3个省市的艺术演、展团组赴7个国家进行演出、展览活动。这些不同文化瑰宝之间的奇妙交流，无疑是世界文明史上的奇观，更增进了中非人民间的相互了解，提升各自在对方心目中的形象。中国艺术团通过表演向非洲人民传达了中国传统文化中的“和合”思想，即以爱国主义为核心的团结统一、爱好和平、勤劳勇敢、自强不息的民族精神，是中国传统文化的精神内核，表演也向非洲展示一个伟大民族在新世纪焕发新生机的精神风貌。

同时，中非互办绘画、雕塑等各种类型的艺术展览的规模不断扩大，内容丰富多彩。近年来，中国同非洲国家互办各种类型和规模的艺术展览达百余次。如中国在埃及举办了《中国绘画与雕塑展》，在津巴布韦和突尼斯举办了《中国水彩画展》、在贝宁举办了《中国工艺美术展》和在南非举办了《中国当代油画展》等，2004年在非洲举办的“中国乐器”上，来自东方国度的古今乐器，可谓件件精华，个个神秘。不仅有距今约9000—7800年的舞阳骨笛，周代发明的“八音分类法”，也有2400多年前的气势恢宏的曾侯乙编钟，以及源自3000年前、现已被列入世界“人类口头和非物质遗产代表作”的古琴等。它们向非洲人民无言地叙述着中华文化的源远流长。非洲国家在华举办的展览有《摩洛哥书画展》、《毛里求斯绘画展》、《彩色的佛得角绘画展》和《非洲艺术大展》等。“非洲艺术大展”，展出来自11个非洲国家的300余件艺术品，其涉及的国家之多、内容之丰富、艺术水准之高，在中非文化交流史上前所未有。①这些展览使双方人民彼此更深体会到中国和非洲大陆同样有丰富的文化遗产和深厚的文化传统。中国和非洲千百年来创造了神奇瑰丽的文化艺术，埃及金字塔与万里长城、津巴布韦石头城与北京皇家建筑群、非洲铜雕与中国石刻……这一切深深打动着每一个领略过其文化风采的人，也使彼此对对方的形象有了进一步认识。

作为有着五千年文明史的东方大国，中国独具特色的传统文化，向为非洲人民所心仪和钟爱。中国在非洲举办的一系列艺术展览通过向非洲人民展示具体、鲜活的实例，使非洲朋友认识到中国文化是一种有深刻历史感和人类文明互动的历史文化，是具有书画、琴韵、茶艺等艺术性很强的精神文化，一种怀有“天下”观念和博大精深的博爱文化。这些展览还表现出一种中国传统道德和思想的力量和风范，这种力量和风范的特征就是表现一个亚洲大国对非洲发展的关切和责任感，展示一个与外界和平相处、互惠互利、共谋发展的大国形象。

四

2006年中国外交部邀请非洲23个国家的41名资深记者和新闻官员来中国参加外交部主办的第三期非洲记者研修班，使这些记者亲身感受到了中国，对中国有了更好的形象认识。非洲人受西方媒体影响较深。在西方媒体的宣传中，中国往往被描绘成一个不合潮流的国家、一个违反世贸组织规则的国家、一个不尊重法律的国家。但是，非洲记者们在中国所看到的是，中国正在尽一切努力推动发展。对许多国家来说，发展意味着高楼大厦，但对中国来说，发展意味着减少贫困和建立良好的社会福利体系。

---

①《文化部：中非文化交流与合作全面稳步向前发展》，2008年7月29日，http://gxnews.com.cn/staticpages/20080729/newgx488e63cc-1587711.shtml。

从抵达中国第一天起，坦桑尼亚广播公司助理制片人哈利玛·姆秋卡就坚持写日记，每天一篇。她说："我将在一家报纸的旅游栏目向大家介绍中国，并把中国见闻做成节目在电台播出。"姆秋卡对中国的农村建设印象深刻："我去了安徽的一个村庄，在那里住了一晚，见识了那里普通村民的生活。对我来说，那是一种更好的生活。这种美好生活不仅得益于政府，也是当地人努力的结果，他们非常勤劳。""回国后，我将告诉我的读者，中国是一个进步的、良好的国家，是一个值得学习的样本。"肯尼亚《星期天民族报》的执行副主编约翰·卡库杜·阿干达也深有同感。他说，当中国发生洪灾之类的灾难并有人死亡时，西方媒体就大加渲染。今年初肯尼亚就有报道说中国成千上万人坐不上火车，让人觉得中国是一个极不发达、没有现代化的国家，"只有亲身到了这里，才发现完全不一样。"①

非洲记者研修班是中国在文化领域为非洲国家培训人才的其中一个部分。在文化领域为非洲国家培训人才是中国开展中非文化交流与合作并借以扩大中国国际形象的有效渠道之一。如中国曾在20世纪七八十年代为加纳、肯尼亚、苏丹和坦桑尼亚等非洲国家培训过杂技演员，还派教师赴非洲国家任教或派人去学习非洲国家的文化艺术等。多年来，中国应非洲国家要求不断派出各类文化艺术专家赴非洲国家讲学或举办专业培训班，内容涵盖美术、舞蹈、杂技、文博、图书、档案、体操和武术等多方面。近年来中国加大了对非洲国家文化援助的力度，增加了对非洲艺术人才培训费用，一批政府间文化交流项目得以实施。与中国对其他地区文化援助相比较，中国对非洲地区经常性定期政府间文化援助比例最高。在"十五"期间，除在华举办的非洲杂技学员培训班外，中国还先后派遣了10批图书、档案、文物、生物标本、舞蹈、杂技、团体操等方面的专家赴非洲国家开办了14个培训班，培训各类人员数百名。为进一步加强中非人力资源开发合作，2002年以来，文化部以吴桥杂技艺术学校等杂技学校、团

---

①《非洲记者：精彩中国令人兴奋》，2006年4月10日，http://www.cabc.org.cn/news/2006-4-10/2006410163852.html。

体为基地，为非洲国家培训杂技演员，迄今已培训非洲5国杂技演员及教练50余人。经过培训的非洲杂技学员在中非合作论坛第二届部长级会议、中非青年联欢节等中非外交及交流活动场合的精彩表演，充分展示了培训取得的优异成绩，赢得了中非领导人和各界人士的一致赞扬和广泛赞誉，也从一个侧面展示出中非人力资源开发与合作所取得的积极成果。

五

近些年，中非间主题文化活动接连不断。根据政府文化交流协定执行计划，双方文化日（周、月）、电影周、图书博览会等，以多种形式将本民族的文化精髓介绍给对方人民，为中非人民打开了彼此了解、心灵沟通的窗口。“摩洛哥文化周”、“阿尔及利亚电影周”、“突尼斯文化展”等给中国观众留下深刻印象，同样，“中国电影周”、“中国文化月”、“中国图书展”等也为非洲人民打开了认识中国的窗口，对加深人民之间的沟通与了解起到了良好的促进作用。2002年在埃及举办了“中国文化周”活动。2004年，在中非合作论坛框架下，双方举办了“中非文化主题年”活动。中国举办了“相约北京——非洲主宾洲”活动，非洲9个国家的艺术团和8个政府文化代表团应邀来华参加活动。活动期间，中方除安排非洲艺术团在北京的公园、学校和人民大会堂举行专场演出外，还在京举办了3个非洲艺术展，在湖南举办了覆盖8个主要城市的非洲艺术节。与此相呼应，2003年11月—2004年8月，中国派遣了4个艺术团、3个艺术展赴非洲国家巡演、巡展，举办“中华文化非洲行”和“中华文化北非行”活动。这两起大型文化活动共覆盖非洲27个国家和地区，吸引了数十万观众，规模空前，影响广泛，被誉为“中非文化交流史上的创举”，“落实中非合作论坛会议精神的开拓性举措”。温家宝总理等党和国家领导人出席了有关活动，显示出中国政府对非洲和发展中非文化关系的重视。这些活动充分展示了中国民族和谐、人民安康和蓬勃发展的良好形象，大大提高了中国文化对非洲的吸引力。非洲朋友们对这些活动给予了高度评价，称“相约北京——非洲主宾洲”活动“充分体现了中国政府与非洲国家的特殊关系”，认为“中国虽然国力日强，但没有忘记老朋友、穷朋友，中国与西方国家有着本质区别。在世界形势多变的情况下，中国依然是非洲国家可信赖的朋友”。

六

持续10个月的“中华文化非洲行”，是新中国成立以来中国政府举办的规模最大、样式最多、历时最长的对非文化交流项目，在撒哈拉以南的非洲22个国家和地区刮起了猛烈的“东方旋风”。中国政府派出歌舞、杂技、武术三个演出团和“中国乐器”、“锦绣中华”、“中国刺绣”三个展览团，分赴11国巡演巡展，并在南非、喀麦隆和加纳三国举办“中国艺术节”。其中云南杂技团在刚果（布）的演出盛况到了“吓人”的地步。在刚果（布）每场演出前，当地观众看到演员练习，他们都会跟着练。演出后，当地孩子都竖着大拇指跟着中国杂技团的车追出一里地，十分可爱。一次在布拉柴维尔的一个露天广场演出，原定下午3点演出，由于音响没到，推后到6点才能开演，8千多名观众就一直不肯离去，等到开演，观众越来越多，从当地官员的座位上已经看不见台上演出，连音响台都被挤得直摇晃，警察不得不朝天鸣枪，以维持秩序。而山东武术团带给非洲观众的是中国闻名于世的高强武功，气势恢宏、扣人心弦的武术节目和令人叹为观止的杂技绝活，让观众喝彩不断。在赞比亚利文斯顿市印度教礼堂的演出，因座位有限，约有600多名观众都是站着观看的，不少观众在演出结束后久久不愿离去，想见一见这些身怀绝技的演员，希望与他们合影，向他们索要签名。长期做文化外交工作的文化部外联局副局长、“中华文化非洲行”中国政府文化代表团团长李新感慨道：“这就是文化交流的力量”。①

文化的交流让中非人民彼此的心灵更加接近。中华文化在非洲的一路行走，到处感受着浓浓的亲情，那是来自于中国艺术家与非洲观众、非洲艺术家的交流互动，互相学习，互相欣赏，互相感动。在“中国艺术节”最后一站加纳，这种情形从加纳文化委员会主席罗杰·黑根博士接受记者采访时说的那番话得到印证：“中国总理周恩来40年前对加纳的访问已经成为加纳人民世代美好的回忆，这充分表明两国人民之间的友谊十分深厚。加纳人民永远也不会忘记中国对加纳不附带任何政治条件的援助，雄伟、美丽的加纳国家剧院就是中国人民赠送给加纳人民的珍贵礼物。此次中国政府在加纳举办中国艺术节就是最有力的说明。你们会看到加纳观众将以怎样的热情来迎接中国的文化使者的。”果不其然，在加纳首都阿克拉的国家剧院，湖南歌舞团上午的第一场排练就在这座由中国援建的阿克拉市标志性建筑里，由于有一个节目是两国艺术家共同演出，需要加纳国家舞蹈公司的演员参与。排练很快就结束了，但加纳艺术家们看到中国舞蹈太美了，从中获得了灵感，艺术的冲动使他们顾不得礼貌，拉住中国舞蹈演员不让走，坚持要求教他们几段舞蹈动作，没想到，这一教竟教到了下午两点，加纳艺术家们认真学习的劲头让中国演员深受感动。临别时，两国的舞蹈家们就像亲兄弟亲姐妹一样难以分别。

“中华文化非洲行”10个月的展览和演出，深化了中非友好关系，显示出中华文化对于遥远非洲的魅力，也使中国的良好形象在当地人心目中具体化、形象化。有非洲朋友说：“中华文化非洲行”活动是“非洲大陆了解中华文化的金钥匙”。

文化交流的确是“非洲大陆了解中华文化的金钥匙”。文化是一个民族智慧和创造力的结晶，也是一个国家实力的象征。在中非文化交流过程中，中国艺术代表团通过“和谐文化”的民族性来阐释“中国形象”，不

① 沈卫星：《来自非洲的喝彩——“中国文化非洲行”纪胜》，载《光明日报》2004年8月27日。http://www.gmw.cn/01gmrb/2004-08/27/content_88098.htm。

仅宣传了中国的巨大发展成就，也缩短了中国与非洲各国的心理距离。从非洲国家和公众对中国文化艺术的解读、认知和评价来看，文化交流提升了中国在非洲国家整体形象，在非洲人民心中塑造出了中国的新形象。而且这些文化交流活动凝聚了当地华人的文化认同。中国在非洲举办的大型文化活动都受到当地华侨的热烈追捧。在这些展演中，他们不仅看到了自己民族令人自豪的文化，也看到了祖国前进的时代脚步。

文化交流是心灵的对话、感情的沟通和友谊的纽带，国家与国家之间开展文化交流无疑有助于增进相互了解和促进互利合作。半个多世纪来，中国和非洲从没有间断的文化交流，在一代代人身上留下了深刻的烙印，更使得中国和非洲的艺术家、普通百姓在文化碰撞出的火花中产生了心灵的完美交会。这些文化交流，对促进中非文化事业发展、增进中非人民相互了解、巩固发展中非传统友谊，都起着不可替代的作用。而文化的潜在影响力是无穷的，基于文化交流过程中的相互尊重、相互了解和相互欣赏，很容易转化为超越文化领域的互信与合作。从近年来中非政治、经贸关系的迅速发展，我们不难看到这种令人振奋的文化和谐的溢出效应。

第二节 “中国就是我的第二故乡”

一

1956年中国与埃及建立外交关系，新中国与非洲各国友好合作从此开始谱写新篇章。也是在这一年，中国接受了来自埃及、肯尼亚和喀麦隆等国的十几名留学生，这是第一批来华的非洲留学生，他们的到来，标志着中非教育交流的正式开启。20世纪50年代中期，非洲民族独立运动风起云涌，新独立的非洲国家在与中国建交后，都要求向中国派遣留学生。作为一个社会主义国家，新中国旗帜鲜明地支持从殖民统治下解放出来的新兴民族独立国家，积极准备为它们培养建设人才。20世纪50年代，新中国共接受了非洲国家的24名留学生和进修人员。

从最初的中非交往开始，中国国家领导人就高度重视中国和非洲各国人民的友谊，为搭建中非友谊桥梁、培养中非友好交流使者殚精竭虑。20世纪60年代，随着大多数非洲国家获得独立，以毛泽东主席为核心的第一代中央领导集体高度重视对非洲国家来华留学生的教育工作。周恩来总理做出关于“非洲地区要求派遣留学生来我国学习，我们应该接受安排，并应专设机构”的批示。1960年9月首先在北京外国语学院设立“非洲留学生办公室”。1962年设立“外国留学生高等预备学校”。1965年1月9日周恩来总理再一次批示，将“外国留学生高等预备学校”更名为“北京语言学院”(即“北京语言大学”前身)。从此中国有了一所专门从事来华留学生汉语教学任务的大学。这对加强和改善留学生的管理工作，推进中国语言文化教育的科学化和专业化发挥了重要作用。

中非教育合作与交流在20世纪60年代有了较大进展。应非洲国家的要求，中国不但向已取得民族独立的非洲国家提供奖学金，而且还向一些尚未建立独立国家的地区的党派和群众团体提供来华留学奖学金。从1960年9月开始，经中国亚非团结委员会、中非友协、全国总工会等单位联系，喀麦隆人民联盟、桑给巴尔民族主义党、索马里民族联盟、加纳工会等组织均向中国成批派遣留学生。如1960年，中国人民对外友好协会等群众团体，向索马里民族联盟提供了100名来华留学生奖学金名额。由于新生的民族国家不断增加，非洲国家来华留学生的国别和人数也随之逐年增加。截至1966年底，共有14个非洲国家的164名留学生来中国学习。但客观而言，早期非洲留学生在中国的经历并不理想。良好的初衷并未带来预期的效果。由于受“文革”冲击，中国高校基本停课，非洲留学生教育难以进行。中国在1967—1972年间一度暂停接受外国留学生。1971年中国恢复了在联合国的合法席位，中国国际地位迅速提高，开始恢复并加大对非洲教育援助的力度。至1978年底，中国共接受了25个非洲国家的648名留学生。

改革开放之前，中国社会处于封闭状态，这些来华的非洲留学生基本被限制在学校一隅，无法与中国社会接触，实际上，与校内学生的来往也受到限制。非洲留学生多感到孤独苦闷，对中国的形象认识并不好。

1978年中国实行改革开放政策，在第二代中央领导集体的核心邓小平的“教育要面向现代化、面向世界、面向未来”教育发展战略方针指导下，中非之间的教育交流与合作迅猛发展。至上个世纪80年代末，向中国派遣留学生的非洲国家已达43个，留学生总数达2271人；同时，中国也向非洲国家派出留学人员和任课教师250余名。这一时期中国虽然并不富裕，但中国人勤奋刻苦拼搏向上建设国家的热情给非洲留学生留下了深刻的印象。

20世纪90年代，中国与非洲国家的教育合作交流获得了深入而广泛的发展，中国第三代中央领导集体非常重视与非洲国家的传统友谊与合作。1996年江泽民主席访问非洲时提出了构筑面向21世纪长期稳定、全面合作的中非关系的五点建议，为进一步适应非洲国家发展的实际需要，中国及时调整了接受非洲来华留学生的政策，采取了“高层次、短学制、高效益”的做法，增加了博士和硕士研究生的人数。为改善非洲留学生在华学习和生活条件，中国教育部多次提高政府奖学金的生活费标准。中国也大批向非洲各国派遣交换奖学金的留学生。90年代共有50余个国家向中国派遣留学生，10年间非洲来华留学生总数达到5569人次。进入21世纪，非洲来华留学生的数量稳步上升，据教育部统计，截至2007年9月底，中国共接收非洲50个国家中国政府奖学金来华留学生约2.1万人次，共接收非洲自费来华留学生约8000人次。[①]2007—2008年度向非洲国家提供政府奖学金名额近2700个，比上年增加近700个。[②]目前我国已经成

①《非洲留学生爱上了中国》，载《人民日报》海外版2008年1月3日，http://news.sohu.com/20080103/n254427593.shtml。

②《中非友谊历久弥坚——专访外交部部长助理翟隽》2007年12月25日，新华社http://news.163.com/07/1225/17/40IVST6O000120GU.html。

为非洲学生留学主要目的国之一，也是亚洲接收非洲留学生最多的国家。其中，近5年我国非洲来华留学生增长比较迅速，年平均增长约20%。

二

几个因素共同促成了非洲来华留学生增长迅速：

第一，我国政治和社会稳定，经济持续快速发展，综合国力大幅提升，国际地位不断提高，与非洲国家关系稳定发展。随着中非合作论坛的建立，中非文化教育领域的合作不断深化，中非之间签署的教育交流与合作协议都在落实之中，非洲在华留学生也正在逐年增加。就读于北京化工大学医药硕士专业的留学生莫里斯来自坦桑尼亚，他就是中非教育合作的受益者之一，他说："中国和坦桑尼亚的文化教育领域的合作让我得到了来中国学习的机会。中国是一个很好的留学地点，这里经济发展得很快。"北京化工大学的另一位留学生托马斯来自肯尼亚，目前他正在攻读环境博士学位，他同样也是中非教育合作下的交换留学生之一，他对中国的学习环境很满意，他说，"我也是作为交换留学生来到中国学习的，每年大约有10名肯尼亚学生来中国学习。我学习很努力，所以得到了来到中国留学的机会。中国发展很快，中国许多大学对外国学生开放，所以现在很多非洲留学生自费来中国学习。许多肯尼亚学生到印度、俄罗斯留学，他们忘了在中国也能学到很好的课程，而且在中国留学的费用很低。"[①]

第二，我国的高等教育质量不断提高，受到了国际社会的广泛认可。从2002年开始，我国与外国在学历学位互认工作领域取得了一系列突破性进展。目前，我国已与德国、英国、法国等32个国家和地区签署了学历学位证书互认的协议。中国大多数学校每年的学费是3000到4000美元，对肯尼亚学生来说，这个费用略高于肯尼亚名牌大学不拿奖学金的

① 《非洲留学生的中国情》，2006年10月31日，http://gb.cri.cn/8606/2006/10/31/2225@1280635.htm。

学生应缴的学费，然而，肯尼亚国内名牌大学招生人数很少，而且最好的学校也经费不足，基础设施破旧，到中国留学对肯尼亚学生来说确实是个不错的选择。肯尼亚的卡尼亚希望来华学习新兴市场经济学，他说："就创新和质量而言，美国显然排在首位。但是现在中国为教育和工业带来新概念。"①

20世纪80年代以来，为了更好地做好为非洲国家培养人才的工作，根据非洲学生的实际情况及中国高等教育的特点，中国与非洲国家逐步调整了非洲来华留学生的学历层次和培养方式。一方面，增加了研究生（硕士研究生和博士研究生）的招生比例。2005年在华非洲留学生总计为2757人，其中本科生823人，研究生1101人（其中硕士生为679人，博士研究生为314人），专科生23人，其他学生（短期生）463人；另一方面，有条件的中国高等学校开始用英语或法语为外国留学生授课，以增强人才培养方式的灵活性。这些变化不仅有利于对非洲留学生的教学、服务、管理工作，而且也适合非洲国家经济社会发展的需要，有利于为非洲国家培养高层次的管理和科技人才。②

第三，我国提供的奖学金名额和种类越来越多。从2000年到2005年，中国共接受非洲留学生11296人次，其中政府奖学金生7562人次；2005年，享受中国政府奖学金的非洲留学生总计1367人，占全部中国对外提供政府奖学金名额（7218人）的18.9%；目前，中国每年向非洲国家提供近2000人次的奖学金名额。2006年，在中国学习的16.2万名外国留学生中，非洲学生占2.3%。中国政府已经把1/5国际奖学金分配给非洲学生，打算把给非洲的奖学金名额到2009年翻一番，达到4000人次，这是在2006年第三届中非合作论坛北京峰会上由国家主席胡锦涛亲自宣布的。中国还承诺在未来3年内为非洲国家培养15000名各类人才。同时，北京、上海、

---

①《麦克拉奇报：中国拉拢非洲学生以改善其形象》，2007年11月6日，http://www.china.com.cn/international/txt/2007-11/06/content_9191705.htm。

② 刘宝利：《中非教育合作与交流卓有成效》，载陆苗耕、黄舍骄、林怡主编：《同心若金：中非友好关系的辉煌历程》，世界知识出版社2006年版，第320页。

重庆等地先后设立地方政府奖学金，各有关高校也设立了校内奖学金，部分企业也设立了来华留学生企业奖学金。2007年，22名肯尼亚学生获得中国奖学金，大多数学生学习工程、信息技术或医学。中国驻内罗毕大使馆有关人员说："还可以多招一些学生。中国政府承诺从各方面帮助非洲学生。"①

第四，来华留学环境不断优化。近年来，我国进一步完善了来华留学生管理制度，留学生管理日趋规范化、制度化和科学化。中国的物价消费水平整体比较低，在中国学习和生活费用远远低于在西方国家留学的费用。肯尼亚教育部长助理凯尔米·穆维里亚就表示，中国使肯尼亚"能接受价廉质高的教育"。他要求肯尼亚学生们学习汉语并把经验带回来。穆维里亚说："未来在中国，要学习他们的文化。不要害怕跟中国人民打成一片。如果发现有人想跟你结婚，尽管结你的婚。"②除了政府提供奖学金外，中国还为非洲国家培养了一定数量的自费留学生和非洲国家政府自己资助的学生。中国有一批教学和科研实力雄厚、在国际上享有较高知名度的高等学校，加之中国的学习、生活费相对比西方发达国家低廉，在培养非洲自费留学生方面有独特的优势。从1989年首次接收非洲国家的2名自费留学生开始，非洲国家来华自费留学生迅速增加。仅在2000—2005年6年间，中国就接收了来自非洲48个国家的3734名自费或非洲国家政府自己资助的留学生。2005年，在华学习的此类非洲留学生总数为1390人。③

第五，中国历史悠久、文化辉煌，又充满现代活力，具有极强的吸引力。尤其是2008年北京承办第29届奥运会、2010年上海承办第41届世博会等国际重大活动，吸引着更多的目光聚焦中国。如来自毛里塔尼亚的亚黑亚就是一例。亚黑亚是农家子弟，家庭条件艰辛，父母一直希望他能去英美留学，以后可以找份好工作。但他自幼就知道中国援建毛里塔尼亚

---

①《非洲留学生的中国情》，2006年10月31日，http://gb.cri.cn/8606/2006/10/31/2225@1280635.htm。

②《非洲留学生的中国情》，2006年10月31日，http://gb.cri.cn/8606/2006/10/31/2225@1280635.htm。

③ 刘宝利：《中非教育合作与交流卓有成效》，载陆苗耕、黄舍骄、林怡主编：《同心若金：中非友好关系的辉煌历程》，世界知识出版社2006年版，第320页。

的事迹，从那时起就酷爱中国文化，对博大精深的中国文化充满了兴趣，孜孜不倦学了4年汉语，后以优异成绩获得中国政府提供的奖学金，到上海复旦大学读了研究生。

三

在过去几十年中，中国为非洲国家培养了一大批专业人才，为非洲国家的政治经济和文化的发展起到了积极的推动作用，一些从中国学成回国的留学生，在本国担任了重要的领导职务。其中，作为中国唯一一所以对来华留学生进行汉语和中华文化教育为主要任务的国际型大学——北京语言大学，因非洲来华留学生增加而茁壮成长，因中非友好交流不断加强而快速发展。建校40多年来，学校为非洲40多个国家和地区培养了4000多名来华留学生，他们大部分人回国后已成为非洲各国政府和人民的栋梁之材，在政治、外交、经贸、文化、卫生、教育等领域成为中非友好交流的使者。①

中国政府奖学金的效益和影响正日益显现。据不完全统计，近些年从中国学成回国的留学生中，有8人在本国担任了部长以上的领导职务，8人先后担任过驻华大使或参赞，6人担任总统或总理秘书，3人担任促进本国与中国友好的协会秘书长；非洲国家驻华使馆的中、青年外交官大部分在华学习过。埃塞俄比亚前任联邦院议长穆拉图·特肖梅（Mulatu Teshome）博士曾3次来华留学，在北京大学取得哲学专业学士学位、国际政治学专业硕士学位及博士学位；赤道几内亚民主党总部国际部主任毛里西奥-毛罗·埃考·奥巴马（Mauricio-Mauro Eku Obama）曾于1994—1999年在中国复旦大学攻读国际关系专业硕士学位。许多从中国学成回

① 崔希亮：《众多非洲留学生的心声：中国是我的第二故乡》，载《人民日报》2006年10月7日第3版。

国的非洲留学生积极活跃在经济、科技、教育、文化、卫生等领域，不少人已成为专业骨干；还有相当一部分人从事与中国经济、贸易、教育、文化合作与交流，成为沟通中国与非洲的桥梁。

对于非洲留学生来说，在中国学习首先要克服语言关，因为他们要用中文和中国学生们一起学习一样的课程。不过，语言问题并没有难倒这些之前从未接触过中文的非洲留学生。几年前，来自马里的郗索恪和来自赞比亚的辛尤尼刚到中国时，几乎一句汉语都不会说。通过近一年的汉语培训，两人基本掌握了汉语听说读写能力，现在分别在北京师范大学教育学原理和教育管理学专业攻读硕士学位。就读于北京大学医学专业的坦桑尼亚留学生阿尔弗雷德说，“我先学了一年中文。一年后中文常用语用起来就比较熟练了。因为我们都是用中文学习的，刚来医学院的时候，还没有学过医学术语，所以最初学习起来比较困难，但是第二年就没问题了。”① 非洲学生到中国学习，基本上在过了语言关后，根据需要和爱好在中国高校中继续攻读其他专业的学位，目前，我国高校所有专业几乎都有非洲留学生。

四

“中国就是我的第二故乡”，这早已成为众多非洲留学生的共同心声。来自喀麦隆的数学博士杰盖，不仅被博大精深的汉语所吸引，而且更加痴迷于中国传统艺术。他在北京语言大学学习期间，积极参加中外学生艺术团活动，经过刻苦学习，他不仅能够字正腔圆地演唱中国传统京剧曲目，还能说一口流利的中国相声，甚至掌握了一手中国川剧“变脸”的绝活。目前他已经在中国安家，成为活跃在中国影视媒体上的外籍演员。他说，“如果没有北京语言大学，就没有我的今天。”非洲留学生都希望成为中非

① 《非洲留学生的中国情》，2006年10月31日，http://gb.cri.cn/8606/2006/10/31/2225@1280635.htm。

友好交流使者，来自贝宁的多罗泰因为喜欢张艺谋，而选择到中国学习电影。在北京电影学院硕士毕业后，他又在北京师范大学攻读电影专业博士学位。他准备以后回国做导演。班布来华前在加蓬外交部工作，现在自费在北京语言大学学习汉语。来华前，班布对中国的了解仅限于书本。来华后，他越来越了解中国的文化、历史和现状。他认为两国交流互相理解最重要，并希望回国以后能成为中加友好交流使者。来自喀麦隆的百留毕是班布的好朋友，因为想当汉语翻译，而选择到中国留学。来华前，他对中国的了解仅仅是李小龙的电影，觉得中国经济很落后。来到中国后让他对中国的各方面发展和进步有了更为直观的体会。①

通过耳闻目睹，非洲学生们对中国的方方面面都印象深刻。坦桑尼亚留学生莫里斯认为，西方媒体对中国的报道不真实。他说，“西方媒体有关中国的报道是不正确的。中国在迅速地发展，GDP增长在10%左右，中国的经济发展得很好，现在许多产品都是中国生产的，在欧洲，美国都能买到中国生产的商品。西方媒体所报道的并不是中国真正的现状。中国现在做得很好。在技术上，坦桑人民可以从中国这里学到技术，但是在欧洲国家是不行的。中国人对非洲人民是敞开的，他们乐于帮助非洲人民。”

托马斯也对中国的发展发出由衷的赞叹，并赞赏中国人民对非洲朋友的友好之情，他说，“中国有许多吸引我的地方，首先中国人非常尊重外国人。其次中国人热爱工作，他们一开始工作，就非常努力直到完成工作，而且做得很快。中国人还很有远见。我是2003年来到中国的，现在的北京和那时相比已经发生了很大变化，中国人的努力工作给我留下了很深的印象。”

在中国生活了五年的阿尔弗雷德对中国各地的风光很感兴趣。他特别提到了中国海南的美丽风光，他说，“海南的风光很美，在沿海城市，风景非常漂亮，那里的风光和我的家乡达累斯萨拉姆的风光非常非常的相似，我在中国生活了五年，因此在那里我就非常地想家。”

① 《非洲留学生的中国情》，2006年10月31日，http://gb.cri.cn/8606/2006/10/31/2225@1280635.htm。

这些非洲留学生们都很满意在中国的生活。他们都有许多中国朋友，中国朋友们在生活和学习中给了他们很大的帮助。中国良好的学习环境让非洲留学生们充满信心，他们纷纷表示，将来他们将用在中国学到的知识为非洲的发展作贡献。莫里斯说，"我毕业以后将回到坦桑尼亚工作，参与国家建设。我现在学习医药工程，回国后会为祖国的经济和发展做贡献。"托马斯在来中国学习之前是肯尼亚莫伊大学的教师，他也表达了同样的想法，"等我完成这里的学业以后我将回到莫伊大学继续执教。我学习的是环境专业，回国以后我将为改善肯尼亚的环境事业做贡献。"①

五

中国拥有五千年的光辉灿烂的文明，汉语是传承中国文化的载体。汉语亦是联合国的六种官方语言之一，是世界上最古老、最悠久、使用人数最多的语言，被全世界超过1/5的人口广泛使用。促进非洲发展汉语教学与研究，是弘扬中国文化的重要方式，是发展中国与非洲其他国家和民族友好合作关系的重要途径之一，更是在非洲提升中国形象非常重要的工作。

自20世纪50年代以来，中国共计向20个非洲国家派遣了210人次汉语教师，其中在非洲11个国家有20个国家公派汉语教师岗位点，尤其在2000年中非合作论坛机制建立以来，派往非洲的汉语教师人数大幅增长。非洲国家的汉语教学与研究从无到有，至今已发展到一定的规模。截至2005年7月1日，非洲国家已有60多所学校开设了汉语课程；学习汉语的各类学生人数达到6500人，汉语教师近200名。其中，埃及、突尼斯、阿尔及利亚、刚果、毛里塔尼亚、贝宁、毛里求斯、喀麦隆、马达加斯加、南非等国的汉语教学已具备良好的基础。如成立于1950年的埃及艾因·夏

---

①《非洲留学生的中国情》，2006年10月31日，http://gb.cri.cn/8606/2006/10/31/2225@1280635.htm。

姆斯大学于1956年就开设中文班，1958年正式设立中文专业，1977年正式成立中文系。从1977年到2000年，中文系共计培养了271名本科生、40名硕士生和30名博士生。近年来，随着中国国际地位的提高和中埃关系的进一步发展，艾大中文系的学生数量和师资力量也得到了迅速发展。目前，中文系年均招生百余名，现有学生近600名，其中博士生超过30名。[①]该系为埃及和非洲国家培养了大批精通汉语、了解中国文化的专业人才。在1999年，中国"1999国际大专辩论赛"上，艾大代表队不负众望，以熟练的汉语表达能力和高超的演讲技巧一举夺得非汉语国家级的冠军，队员娜佳研究生获得最佳辩手称号。不仅为艾大争得了荣誉，同时也展现了中文系斐然的教学成果。中文系的不少师生还多次为到访的中国贸易团组、公司提供翻译服务，受到普遍好评。从1988年开始，中文系每年举行一届"中国文化周"活动。全体师生踊跃参加，不仅表演相声、小品、舞蹈等文艺节目，举行作文书法和朗诵比赛，而且还组织召开大型的学术交流和研究会。

近年来，中非友好合作关系深入发展，随着"中国热"的日益升温，"汉语热"不可避免地"席卷"非洲。非洲国家日益认识到汉语的重要性，许多非洲国家高等院校迫切希望开展汉语教学与研究，培养掌握汉语和了解中国文化的专门人才。如突尼斯政府对汉语教学十分重视，突尼斯的汉语教学于1998年在伽太基大学突尼斯高等语言学院起步，3年后即提升为本科4年的中文专业。突尼斯教育部2003年决定从高二起设汉语公共选修课，2005年又要求所有报考大学中文专业的学生必须在高中学过汉语。突尼斯正着力培养本土汉语教师。近年新增了汉语教师考试，教育部下设了一个资格认证机构，2006年已有14位汉语教师获得证书后进入中学教汉语。[②]非洲国家汉语教学与研究的发展，有利于中国和非洲国家相互学

① 刘宝利：《中非教育合作与交流卓有成效》，载陆苗耕、黄舍骄、林怡主编：《同心若金：中非友好关系的辉煌历程》，世界知识出版社2006年版，第326—328页。

②《非洲孔子学院数量已达6所 "汉语热"蔓延非洲大陆》，2006年11月7日，http://www.chinanews.com.cn/hr/news/2006/11-07/816510.shtml 。

习对方的优秀文化，增进中非人民的了解和友谊，进一步扩大中国与非洲国家在政治、经济、教育、文化等领域的合作与交流。

对非洲国家的汉语教学与研究，中国教育部予以积极支持与帮助，不仅向非洲国家派遣大批教师，而且还根据非洲国家的实际需要，先后向喀麦隆、埃及、毛里求斯、突尼斯、毛里塔尼亚等国援建了学习汉语的语言实验室，以及援赠中文书籍与图书资料，协助非洲国家发展汉语教学与研究。

截至2005年底，非洲国家学习汉语的人数达到8000多人，已有16个国家的近120所学校开设了汉语课程。[①]中国也有计划地在肯尼亚、埃及、南非等国启动建设了10所孔子学院，以满足非洲人民学习汉语和了解中国文化的需求。

内罗毕大学孔子学院是非洲第一家孔子学院，孔子学院的教室位于内罗毕大学人文社科学院大楼三楼。走进教室，可以看到黑板的一侧悬挂着孔子画像，橱窗里摆满了汉语学习书籍，墙上贴着有关长城、天坛、京剧等的招贴画，到处装饰着中国结。2005年12月21日孔子学院正式开课，首届有25名正式学生。前来听课的学生都对中国文化非常感兴趣。首届学生班长卢卡卡·雅格布·尼尤盖萨是位成熟稳重的肯尼亚小伙子，主修专业是通信，辅修的专业是社会学，刚进孔子学院时他就表示："等我学好汉语，我还要去中国留学"，"中国经济发展很快，又有着丰富的传统文化，在国际社会发挥了很重要的作用。我对中国非常感兴趣，这是我到孔子学院学习中文的原因。"通过形式多样的学习，孔子学院的学生了解了许多中国古代的文化知识，甚至服饰、建筑式样等等。他们知道了中国人非常爱国，同时又非常团结，重视统一。[②]内罗毕大学孔子学院非常成功，吸引了校内外的学生，2007年时，内罗毕大学孔子学院接受汉语培训的学生达到了120人。[③]内罗毕大学正计划把孔子学院的汉语教育纳入其主

①《非洲兴起汉语热》，载《人民日报》，2006年11月7日第7版。

②《非洲第一家孔子学院在肯尼亚开课》，2005年12月21日，http://news.xinhuanet.com/school/2005-12/21/content_3950343.htm。

③《孔子学院非洲再添十丁》，2007年11月27日，http://www.usqiaobao.com:81/qiaobao/html/2007-11/27/content_43618.htm。

要学科体系。此外，内罗毕大学孔子学院还不断举办公共讲座、中国电影展等介绍中国文化和国情的活动。孔子学院的影响已经突破了内罗毕大学的围墙。2007年肯尼亚教育机构正在考虑把中文教学纳入国民教育体系，这意味着不仅大学提供汉语教学，中小学生也将有机会学习汉语。随着中肯互为旅游目的地国以及两国经贸交往的增加，越来越多肯尼亚人觉得学汉语有前途。学习汉语的既有本科生和研究生，也有大学教职员，这两年更有不少外交官也加入学汉语的队伍。在首都雅塔机场，以往只能听到英语和斯瓦希里语，3年前中文也成了服务用语。语言永远只是载体，把中华文化推向世界是汉语教学的目的。非洲第一家孔子学院在汉语教学和传播文化方面的影响力正不断壮大，逐渐成为在肯尼亚传播中华文化的新平台。2006年4月，胡锦涛主席在访问肯尼亚期间专门参观了肯尼亚孔子学院，会见了孔子学院的学生并发表了热情洋溢的讲话。

南非是非洲经济、文化最发达的国家之一。刚进入新世纪时，南非还几乎没有人对汉语感兴趣，但现在情况完全变了。南非已有5所孔子学院。另外，南非还有近30所高校和50所高中提供汉语教学。在南非很多公共场所，中国人随时可以听到南非人用中文发出的问候。在约翰内斯堡市中心的集市上，在该市皇宫饭店门前广场，在比勒陀利亚总统府门前，迎面走来的商贩、保安看到中国人时几乎都能发出"你好！"的问候。

"汉语热"推动了非洲国家对中国文化的研究，扩大了中国在非洲的深层影响，进一步在非洲塑造出良好的中国形象。美国的非洲问题专家科兰滋克说："首先中国非常注重在非洲国家推广中国文化和中文教育，这跟中国在其他发展中国家所作的一致。中国还提供资金帮助非洲国家建立小学校，或设立孔子学院，这是中国在肯尼亚、南非和莫桑比克等许多非洲国家的大学建立的中文教学项目。"[①]无可否认，中国新一届领导人多次访问非洲，关注汉语教学与中非文化交流，其目的有借助语言的沟通桥

①《中国的非洲战略》，2006年12月25日，http://hi.baidu.com/xlooco/blog/item/cfe2464307e7cf119313c695.html。

梁，为培养更多的中非友好交流使者创造条件。但“汉语热”兴起于非洲人而言更主要是因为学习汉语用处大，前来非洲的的中国游客越来越多，非洲的中资公司越来越多，他们都需要聘用懂汉语的当地人。学习汉语前景光明。

语言是人与人互相沟通的桥梁。近年来，许多非洲国家决心更广泛地推广汉语教学，也因此越来越钟情孔子学院这个以中国思想家孔子命名的汉语教学机构。尽管孔子学院在非洲建立时间不长，但已产生较大影响。非洲人把孔子学院看作是加强非中了解的桥梁，希望建立更多的孔子学院促进非洲年轻人。深入学习中国文化和语言，促进非中文化的交流互鉴。

第三节 当下非洲的中国形象：忧喜参半

一

国家的本源性是国家形象产生的基础。一个国家在国际社会中表现出来的国家形象必然是以这个国家的客观基础和基本内涵为前提的。也就是说，无论一个国家在国际社会中的形象如何，也无论这个国家希望国际社会看到一个什么样的国家形象，都必须以这个国家本身的发展速度、生活质量、社会结构为基础的。国际社会的报道与评论虽然有自己的立场和特定的目的，但它们必须是对一国内部事务的一种反映。当然，国际社会可能对某一事实有不同的解释，但事实本身是不容改变的。

上世纪五六十年代周恩来总理等老一辈革命家、外交家在特定的历史环境下同非洲兄弟建立起了血肉情谊。当时，中国人民坚定支持非洲各国和人民争取民族独立和解放的运动，给予了非洲人民无私的援助，非洲国家在台湾等问题上对中国普遍支持，非洲人民对于中国和中国人民的感情是革命的、持久的和精神上的，而非物质的、虚无的。尽管当时中非人民之间往来并不频繁，但非洲人民对中国和中国人的形象有着很好的认识，非洲国家亲切地将中国称为“老大哥”。

20世纪80年代以后，在经济全球化的大背景下，双方的政治、经济关系发生了变化。随着中国经济的发展，国力的强盛，中非关系被赋予了新的时代内涵。互利合作构成了中国对非政策调整的核心内容，互利合作也成为中非关系发展的趋向，具体表现在双方合作领域更加广泛，内容更加丰富，方式更加灵活，合作主体更趋多元化。进入21世纪，中非领导人频繁出访，从政治层面映衬出中非之间的密切联系，中非关系全方位进入飞速发展时期。非洲大陆充满各种各样的发展机会，逐渐成为中国企业和商人争相投资创业的理想地。近些年来，中国民营企业在非洲的影子随处可见，亦不乏大量的商人怀着来非洲大陆“淘金”的热情独自闯荡。如今，中国人的足迹几乎遍及非洲的每一个角落，包括与我国没有邦交的非洲国家。与此同时，在非洲中国人的身份日益多元化。他们中既有外交官、记者、学生、维和官兵、志愿者，又有企业家、农场主、商人、个体摊贩，还有技术专家、建筑工人和石油工人。他们的活动，几乎涉及所在国的每一个领域，包括政治、经济、文化、教育、科技等等。据不完全统计，进入21世纪后最初5年，就有大约75万中国人到非洲安家立业。目前，这一数字仍在上升。而且，非洲现在已是中国公民观光旅游的热门线路，埃塞俄比亚、肯尼亚、津巴布韦等26个非洲国家成为中国公民自费出境旅游目的地。仅2005年，中国赴非洲观光旅游人数就达到11万人次，在2004年的基础上翻了一番。[①]在非洲的中国人越来越多。

与此同时，也有越来越多的非洲人来华工作、经商、求学、旅游，更有一些非洲人在中国定居了下来。这说明，随着现代交通、通信技术的发

① Joshua Eisenman & Joshua Kurlantzick, "China's Africa Strategy," *Current History,* May 2006, pp. 219—224.

展和经济的进步，中非各国早已告别了“民至老死，不相往来”的时代。今天，中非民众相互间的交往日益频繁。与此相应，并不必都是什么“特殊人士”，而是每一个普通的个人，都在不经意之间传达或感受着他国的信息，个人对国家形象建构起着越来越大的作用。无论是官方组织的活动，还是民间开展的交流，甚或是个人的直接交往，都是一国民众了解他国，并进而接纳他国塑造的国家形象的直接途径。

这种飞速发展的中非关系对非洲普通人意味着什么呢？非洲民众对中国问题的关注点集中在哪些方面？那么，今天的非洲人和非洲媒体是如何看待中国的呢？在他们心目中，当今的中国是一个怎样的形象呢？

二

2006年《国际先驱导报》驻非洲16个分社联手新华社世界问题研究中心，从2006年5月中旬开始，历时5个月，针对非洲16个国家[①] 32家主流媒体进行调查，同时对非洲一些国家有代表性的121名人士进行问卷调查，并对一些在非洲的华人华侨、中国驻非洲人士及国内非洲问题专家进行访谈，较为全面地揭示了中国在非洲国家形象的现状、问题及原因。

调查中非洲人对中国形象的正面认识主要集中在四个方面：1.非洲人普遍认为中国的政治制度符合国情，受访者表示中国政治的优越性在于它能促进中国经济的飞速发展；2.超过半数的受访者并不认同西方国家抛出的所谓“中国威胁论”、中国在非洲搞“新殖民主义”的说法，他们明确表示中国与“威胁”无关，而且非洲人民对中国的强大和崛起普遍持欢迎态度；3.在非洲民众描述“中国的总体形象”时，高达62%的人高度赞赏中国经济发展形式，认为这一模式克服了中国人口众多，资源紧缺的弱

① 此次调查涉及的16个国家为：肯尼亚、南非、尼日利亚、赞比亚、乌干达、坦桑尼亚、埃塞尔比亚、刚果（金）、塞内加尔、喀麦隆、加蓬、科特迪瓦、安哥拉、埃及、苏丹、阿尔及利亚。

点，对广大的非洲国家及发展中国家有着积极的借鉴意义；4.更有75%的非洲受访者认为中国在国际上为非洲国家主持正义，同样比例的受访者认为中国对非洲国家非常友好。①

进入21世纪，中国越来越成为世界关注的焦点，中国的国际形象也引起了世界各大主流媒体的关注。随着中国在非洲影响的扩大，中非关系近年来成了一些西方政治学学者的研究热点。2007年3月26日，美国《时代》周刊公布的全球最新民意调查表明，中国已经成为全球最受敬重的前5个国家之一。在往年对中国负面评价相对集中的欧美地区，2006年英国率先甩掉了对华负面印象，以49%的正面评价率刷新了欧美对华民意格局。对中国评价最高的国家，仍主要分布在非洲国家和部分中东国家。肯尼亚人对中国的正面评价率达到70%。②

总部设在美国首都华盛顿的民意调查中心皮尤研究中心（Pew Research Center）在2007年4月初到5月末对全球公众进行了调查，调查共搜集了47个国家和地区的45,239份样本，调查报告发表于2007年6月27日，报告标题为《全球对主要大国感到不安，47国调查显示对环境的关注日益上升》。在调查的47国中，27国对于中国以正面评价为主。在非洲，所有受访国家对中国的正面评价比例都是负面评价比例的两倍或者更多，只有南非除外，其对中国的评价是分化的。在马里和科特迪瓦都有九成多（92%）受访者对中国持正面评价。在塞内加尔和肯尼亚，81%的受访者对中国持正面评价。四分之三的加纳受访者、尼日利亚受访者及三分之二的埃塞俄比亚受访者对中国持正面评价。

在乌干达，即使三分之一的受访者由于对中国了解不够而无法表明意见，对中国持正面评价的受访者（45%）也比持负面评价的受访者（23%）高一倍。

---

①《中国在非洲形象调查》，载《国际先驱导报》2006年11月6日，http://news.xinhuanet.com/herald/2006-11/06/content_5294430.html。

②《时代周刊民调：中国国家形象全球排名第五》，2007年3月27日，http://glfwh.woku.com/article/1256202.html。

调查还反映了尼日利亚的一种趋势——对中国的正面评价猛增，从2006年的59%增加到2007年的75%，增加了16个百分点。

在这一调查中明显地可以感受到中国在非洲投资的影响。在科特迪瓦，96%的受访者认为中国的经济增长对本国有利，93%的马里受访者和91%的肯尼亚受访者也持同样态度。只有一个非洲国家——南非对中国经济影响的评价好坏参半，但即使在这里，52%的受访者仍然认为中国的经济发展对南非是好事，而只有32%的受访者认为是坏事。

随着中国在世界舞台上越来越多地崭露头角，在非洲，中国的影响力已经同美国的影响力一样引人注目，而且扩大的速度比美国更加明显。非洲国家的大部分人认为中国对其有相当大的影响力。此外，几乎在所有被访国家里，更多人认为中国的影响力比美国更为有利。①

时隔一年，英国广播公司（BBC）国际部与马里兰州立大学国际政策态度计划（PIPA）联手，从2007年11月至2008年1月底共调查了34个国家逾1.7万民众，调查方式包括电话访问或上门调查。在众多国家的被调查人群中，认为中国有正面影响力的民众，从2007年的44%攀升至2008年的47%，排在被调查的14个国家中的第7位，高于印度、俄罗斯和美国等国家。调查报告说，根据这几年的调查数据来看，世界上对中国的影响力持正面态度的人越来越多，中国形象有大幅度的改善。其中非洲的埃及民众对中国持正面印象者达82%，肯尼亚和尼日利亚分别为74%和56%。②有专家分析指出，中国正面形象的树立源于这些年来中国在国际上做出的一系列积极的贡献和在一些问题上表现出的负责任的态度。中国多年来对许多国家和地区，特别是非洲地区提供了很多无私的经济援助，惠及大批人民，也使这些地区和国家对中国普遍持良好印象。

① 中国外文局对外传播研究中心：《2007年皮尤全球公众调查涉华评价分析》，载周伟明主编：《国家形象传播研究论丛》，外文出版社2008年版，第502—515页。

② 《正面评价攀升 中国形象胜美俄》，2008年4月3日，http://fzwb.ynet.com/article.jsp?oid=32320072&pageno=1。

三

总体而言，各种调查说明非洲人不仅高度赞许中国改革开放以来在政治、经济、外交、文化等领域的巨大成就，也乐见一个发达、繁荣的中国。

调查也显示出非洲人对中国形象的认识逐渐清晰客观。前些年，非洲人对于中国的看法还停留在历史和聚焦于少数知名人物上，比如知道中国是世界上最大的社会主义国家；知道毛泽东主席、周恩来总理是时代的巨人；知道中国功夫享誉世界……近些年来，越来越多的非洲人民开始了解中国，"看到中国人很亲切"，这是现在很多非洲人的真实感受。"中国发展太快，让人不得不注意它。"一位尼日利亚官员说："有时候这种速度有点让人接受不了，甚至连西方国家都不适应。"据一些在非洲工作多年的朋友介绍，"中国"和"中国人"这样的字眼已经不再陌生，就连"你好"也已经成为普及率最高的当地外国语。一些新闻工作者、商界名流整天关注中国的发展进程和各种信息。他们常说："中国和非洲虽然远隔万里，但过去是一穷二白的难兄难弟，如今中国重新站起来了，中国的今天就是非洲的明天。"《环球时报》一位记者曾记录了在非洲的真实经历，在2005年10月12日晚的一次聚会上，一位当地朋友突然走到记者面前又握手又拥抱，当时记者非常惊讶。这位非洲人自豪地说："你们的载人航天飞船成功发射了，祝贺你！"记者这才恍然大悟，慨叹祖国的强盛使这些在遥远的非洲大陆生活的中国人感到无限光荣。①

不过，由于非洲地域辽阔，历史上与中国发展友好关系的时间前后不一，不同国家和地区的人民对中国形象也有着不同的认识。

北非国家的民众对中国十分友好，埃及是个典型代表。埃及和中国有着传统的友谊，2000多年前中国汉代的丝绸之路已通向埃及，两国友谊可谓源远流长。1956年5月，埃及与中国建交，成为第一个承认新中国的

① 《非洲人看中国不再陌生》，载《环球时报》2006年10月29日第7版。

阿拉伯、非洲国家。建交以来，中埃两国友好合作关系不断发展。1999年，两国建立面前21世纪的战略合作关系，双边关系的发展进入了一个新阶段。近年来，两国领导人互访频繁，双方在政治、经济、科技和文化等领域的合作日益密切。2005年，中埃两国的贸易额超过21.45亿美元，同比增长36.1%。[①] 2006年11月21日，在中非合作论坛北京峰会胜利召开和穆巴拉克总统成功访华之际，为进一步加深了解，巩固和深化中埃战略合作关系，中国驻埃及使馆举办“埃及人眼中的中国”主题研讨会。埃外交事务委员会主席拉迪、《消息报》主编巴拉凯特、开罗大学亚洲研究中心主任胡达、SIGMA公司副总裁等来自埃外交、新闻、学术和商界的近20位埃各界知名人士应邀出席。与会人员就埃及人如何看待中国、埃及对中国的期望以及埃及的“中国热”现象等主题进行热烈讨论。大家普遍认为，中国是一个政治、经济实力不断提升的大国，中国的“软实力”正发挥着越来越重要的作用，成为中国国力上升、经济发展的重要因素。中国外交深入民心，受到包括埃及在内的世界各国人民的广泛认同。中国人身上越来越体现出大国风范，他们勤劳谦逊，热情好客，平等待人。[②] 2008年1月24日，《埃及新闻报》公布了埃及内阁信息和决策支持中心的一项调查，调查表明，接受调查的埃及人中85%选择中国是他们最喜欢的非阿拉伯国家，之后是日本、法国和印度尼西亚。[③]

在对华关系上，南非与埃及形成了鲜明对比。南非和中国直到1998年才建交。由于地理位置上相距遥远，历史上又没有比较直接的经贸交流和文化交往，大多数南非人对中国的认知都是从当地华人那里获得的。近5年来，到南非发展的中国人，尤其是大陆地区的华商越来越多，最新统计已超过了20万人，这些华人愿意在南非扎根，其中一个原因是南非的

---

①《背景资料：世界文明古国——埃及》，2006年6月17日，http://politics.people.com.cn/GB/8198/66009/66014/4496040.html。

②《我驻埃及使馆举办“埃及人眼中的中国”主题研讨会》，2006年11月22日，http://www.gov.cn/gzdt/2006-11/22/content_450438.htm。

③《调查表明：中国为最受埃及人欢迎的非阿拉伯国家》，2008年1月24日，http://www.zjol.com.cn/05world/system/2008/01/24/009174081.shtml。

气候和生活环境好，另外一个原因是南非人尊重中国人并需要中国产品，使得这里的华人有了事业拓展的空间。在南非的华人多以开店为生。有实力的从中国直接进口商品，并在约翰内斯堡、德班、开普敦等大城市开批发店；经济基础一般的则选择到那些人口聚集的城镇里开零售店。据不完全统计，目前南非各地大大小小的中国商店有近万家，几乎可以说有人的地方就有中国商店。中国商店里的货物琳琅满目、物美价廉，深受当地人的喜爱。因此，不少南非人认为中国是一个物产丰富、经济发达的国家。中国人是勤劳和智慧的。曾有黑人向中国人提出这样的问题："你们中国人是不是世界上最有钱的人？"他说因为他所认识的中国人都开着好车，住在高级别墅里。这种想法代表了很大一部分南非底层黑人尊敬成功者的观点。正是有了这份尊敬，他们看到了中国人勤劳聪慧的一面，开始接近中国人，并向中国人学习。①

中国的郑和船队早在600年前就抵达过非洲东部海岸，但中国人并没有以其武力开启殖民历史，也没有掠夺非洲的物质财富，这是中国追求和平与友谊的最好体现。非洲东海岸国家的民众对中国人也是十分友好，这与古代就与中国有商贸往来，二战后中非50年的传统友谊是分不开的。特别是上个世纪60年代，中国在极其困难的情况下无私地帮助非洲兄弟，这让许多非洲国家的人们至今仍念念不忘。每当见到中国人，他们会非常热情地主动打招呼，许多老人甚至会用汉语说"中国"、"北京"、"毛主席"。过去几十年，苏丹人见到中国人，一向是"拉非克"（阿文"同事"）不离口。近些年苏丹人都亲切地叫中国人"哈比比"（"亲爱的"）。这些细微的变化，说明非洲人看中国人的视角在变，对中国人的认识也在加深。非洲人对中国人的友好有时还超过了一般的友谊。《环球时报》记者有一次到坦桑尼亚的桑给巴尔岛出差，由于辨不清方向，记者向一位迎面走来的老婆婆问路，原本匆匆赶路的她掉转方向非要把中国记者送到目的地。因不忍让她在非洲的炎炎烈日下陪走那么远的路，中国记者一再说明只要指明

① 《非洲人看中国不再陌生》，载《环球时报》2006年10月29日第7版。

方向就可以了，但她却说，她喜欢中国，一看到中国人就像见到了亲人。中国为坦桑尼亚提供了许多帮助，她为能帮我们做些事情而感到高兴。①

肯尼亚首都内罗毕是一个相当西化的城市，那里有不少国际组织的分支机构，但肯尼亚人看待中国人，却迥然有别于看待西方人。肯尼亚人麦克在接受《环球时报》记者采访时说："西方人看多了，已经司空见惯，而看到中国人，亲切感一下子就升了起来。"②有20多年从业经验的记者阿干达喜欢拿肯尼亚与中国做比较：中国的政府部门有远见，愿意兴建一些大工程，比如修路，肯尼亚虽然也有五年计划，但没有高速路，缺乏饮用水设施。"西方总是告诉我们，政府应该撤出一切，让私人企业来做，而我们从中国学到的是，有些事情如果让私人企业来做，是无法做到最好的，还是应该由政府来做。"③一位在安哥拉工作的中国人说："这里的日子一天天好起来，像国内刚刚改革开放的那会儿，一天一个样儿。而且中国人给当地做了好事，当地黑哥们对我们的态度总是特别热情。我也真正体会了一把当'老外'的优越感。"④

而在西非尼日利亚人眼里，直到上世纪90年代初，中国一直都被认为是贫穷落后的大国，属于艰苦地区。官员只要前往中国任职就可以得到大笔补贴和许多优惠。现在，情况完全不同了。在尼日利亚，每到周二、周四上午中国使馆办理签证的时候，使馆门口都会聚集许多尼日利亚人。每年春秋两季的广交会前夕，更会掀起申请签证的高潮，他们不再把中国看作穷国，而是将其视为充满商机的发达国家。如今，在尼日利亚的中资公司的数量逐年增加，华侨华人已达数万人，中国商品在尼日利亚随处可见。在集市上，无论是摊位货架上陈列的，还是小贩推着小车叫卖的，小

①《传统友谊老一代念念不忘，非洲人看中国不再陌生》2006年11月8日，http://www.ce.cn/xwzx/gjss/gdxw/200611/08/t20061108_9323962.shtml。

②《中国人为何爱去非洲？时时感受友谊处处都有机会》，2006年10月29日，http://news.sina.com.cn/c/2006-10-29/000210349644s.shtml。

③《非洲记者：精彩中国令人兴奋》，2006年4月10日，http://www.cabc.org.cn/news/2006-4-10/2006410163852.html。

④《中国人为何爱去非洲？时时感受友谊处处都有机会》，2006年10月29日，http://news.sina.com.cn/c/2006-10-29/000210349644s.shtml。

到指甲刀、电池、鞋刷，大到板材、瓷砖等建材商品和防盗门，几乎都是中国产品。在超市里，货架上整齐地码放着许多中国的调味品、饼干、降糖茶、减肥茶等，还有名目繁多的滋补品。大街上穿梭往来的摩托车几乎清一色都是中国制造。现在，中餐正在变得家喻户晓。国家电视台首都频道的“烹饪”栏目不时介绍中国菜肴，如青椒肉片、粟米羹等等。当地影视片中也出现以中餐馆、吃中餐为背景的画面。此外，尼日利亚年轻人为中国武术所倾倒。一说到武术，人们就会提到成龙、李小龙。他们非常爱看中国的功夫片，喜欢模仿武术动作。他们也喜爱中国的杂技，对演员的钻桶、叠罗汉等高难度的表演惊叹不已。

纳米比亚1990年才获得独立，但中国与纳米比亚的友好关系很早就开始了，“在我们掀起民族解放运动时，中国就是我们的朋友，这种关系一直持续到现在。”纳米比亚《南部时报》副主编麦克思·哈马塔如是说。2006年3月哈马塔受中国外交部的邀请来中国参加外交部主办的第三期非洲记者研修班。作为记者，哈马塔去过世界上很多地方，也曾在英国和德国学习，但这次接触到的普通中国人，给他留下的印象最深刻：中国人特别热情友好，很有理性，对他们来说，物质条件不是最重要的。而且，他还感到中国人非常人性化，在参观安徽外经集团建设的金孔雀度假基地时，主人特别安排集团的非洲员工为记者们跳非洲草秆舞，节奏欢快的舞蹈让客人倍感亲切，仿佛在中国找到了“非洲感觉”。①

四

可以肯定的是，随着中国经济的飞速发展和国际地位的不断提高，越来越多的非洲人开始关注中国。无论是肯尼亚政府的“向东看”政策，还

①《非洲记者：精彩中国令人兴奋》2006年4月10日，http://www.cabc.org.cn/news/2006-4-10/2006410163852.html。

是普通民众对中国文化的推崇，都有力地说明了这一点。当然，由于各种原因，非洲对中国的了解也不可避免地存在着偏差。2006年《国际先驱导报》的调查采访中就发现中国在非洲的预期形象和实际形象之间既有相互重合的地方，也有相异甚至大相径庭之处，存在着三大落差：一是非洲民众对目前中国对非洲的关注认识上存在分歧，在“中国近20多年对非洲国家关注程度是上升还是下降”的问题上，非洲民众和在非洲中国人的观点产生了很大的分歧。在针对中国人的调查访问中，52位受访者中有15%的人认为改革开放以来中国政府对非洲事务的关注度下降了，71%的人认为关注度上升，14%的人认为没有太大变化。但同样的问题，非洲民众却给予截然相反的回答。68名受访者中，认为中国近20多年对非洲国家更加重视的占7%，不如过去重视非洲的达到76%，剩下17%的人表示说不清。也就是说，多数非洲人认为中国在改革开放以来，对非洲事务的关注度比起上个世纪五六十年代是下降而不是上升了。南非一受访者说，中国改革开放以来，经济高速增长，在这一过程中，中国更多的是同美国、欧洲等经济发达国家加强联系，同非洲等发展中国家的联系有所减弱，导致非洲人民形成了中国不如过去重视非洲的印象。二是很多非洲民众对中非经济合作缺乏正确认识，长期以来，中国对非洲提供了大量援助，这主要以贷款和基础建设的形式进行。这样做给非洲民众留下了很好的“老大哥”印象，尽管中国与非洲的合作模式一直不断创新，且走向多元化，由单一经济援助向提供技术援助转变，但非洲很多民众对中国的认识尚停留在改革开放前中国无私援助的认识上。关于中非合作模式的问题，60名受访者中有28人（44%）认为中国应该发展与非洲的技术交流，以帮助非洲国家的自主发展。加蓬邦戈大学的一位大学生表示：“中国应该考虑制定一项面向未来的政策。要教会非洲‘钓鱼’，而不只是供养它。”埃及人阿卜杜拉·哈桑认为，中国不仅要向非洲输出商品，还要重视技术转让和对当地技术工人的培训。鼓励与非洲国家的技术交流。三是非洲国家错误地高估或低估了中国实力，普通非洲民众对中国其实不甚了解。在非洲民众普遍赞许中国经济现状的同时，也出现了一些令人不安的倾向：不少非洲民众对中国经济发展估计过高，期望过高。60人中的26人（43%）表示中国飞速发展的经济，已对传统的经济强国，如美国、欧盟国家形成了一定程度的挑战，已成为世界经济强国或发达国家。非洲媒体和有些受访者在提及中国经济与美国、欧盟等经济实体的关系时，多次用到了“挑战”、“威胁”等字眼。然而，低估中国实力的现象也同时存在。中国驻塞内加尔使馆办公室主任王步之表示，由于中塞断交多年，大部分民众对中国不甚了解，少部分人认为中国还停留在改革开放前的水平，只有一些官员认识到中国是正在崛起的新兴力量。①

一些非洲人仍以老眼光看中国。在坦桑尼亚的桑给巴尔岛有一支中国医疗队，他们住的是当地卫生部门提供的一座老旧的三层楼，由于年久失修，门窗变形、墙皮剥落、管线破损，医疗队曾多次要求当地卫生部门进行维修，但他们就是置之不理。他们觉得，与当地老百姓的铁皮房和茅草屋相比，医疗队的房子已经很好了，就算是在中国这个条件也算是好的，中国医生怎么还提要求？后来中方邀请他们到中国参观，他们才知道现在的中国与上世纪60年代相比已不可同日而语，中国医生是放弃了国内非常好的生活和工作条件到非洲来帮助他们的。由于被中国医生的奉献精神所感动，他们很快答应为医疗队改善居住环境。如果说政府官员对中国的了解还存在着这样的误区的话，那当地老百姓问中国游客：“你们现在能吃饱吗？”也就可以理解了。非洲民众认识中国的另一种极端观点是认为中国现在已经是与欧美一样的发达国家了。这主要集中在一些近年到过中国的非洲人中。由于他们在不长的中国之行中主要是到北京、上海这样的大城市，看到的都是不亚于欧美国家的高楼大厦，而对中国没有一个全面而深入的了解，他们往往会有上述想法。尽管这两种看法都很片面，但在非洲民众中还是很有代表性的，究其原因，还是因为相互间的接触、了解不够。

① 《中国在非洲形象调查》，载《国际先驱导报》2006年11月6日，http://news.xinhuanet.com/herald/2006-11/06/content_5294430.html。

五

另外，非洲对中国形象的认识也绝非都是正面，其中不乏误解和负面认识，在许多非洲人的眼里，中国人似乎个个是身怀绝技、能飞檐走壁的武林高手。2007年2月《国际先驱导报》的记者对非洲几个国家进行采访。当中国记者采访途径南非小镇克拉伦斯时，曾受邀参观镇公立学校。令记者惊讶的是，当他走进一间有20多人的教室时，学生们争着向他提问："你会karate（空手道）吗？""你见过Jackie Chan（成龙）吗？"加纳采访时，记者的车被堵在一个农贸集市上，几个孩子看见后异常兴奋，一边"China、China"地喊，一边"哼哼哈嘿"地比划起来；在约翰内斯堡街头，一个素不相识的小伙子冲记者叫"李先生"，搞得中国记者十分诧异，过半晌才明白过来，原来这个非洲小伙子以为全体中国人都跟着Bruce Lee（李小龙）或Jet Li（李连杰）姓李呢。[①]功夫高手，这是非洲民众对中国的一个"美丽的"误解。莱索托一名读社会学的大学生曾向中国人询问："你们中国人每天要向毛塑像鞠躬吗？"还有人问："中国人现在能吃饱饭吗？"如果这样的询问发生在40年前是能够理解的，但在今天就有些不可思议了。还有非洲人会问中国人，"在中国生第二个孩子就要坐牢吗？"然而，非洲人对中国人的误解和不解远不止于此。

非洲普通民众对被我们引以为荣了几千年的中华民族吃苦耐劳的精神表示难以理解，在莱索托司法部工作的查尔斯·曼佐就向中国记者询问道："你们中国人为什么要活得那么辛苦呢？一年365天我就没见他们休息过。"曼佐说的是那些在莱索托各地开商店做生意的中国人。莱索托全国人口不足200万，在这里做生意的中国人就有5000人左右，是当地最大的外国人群体。他们当中很多人都在莱索托各地经营百货店，给当地居

①《非洲人眼中的中国人和中国商品》，2007年4月27日，http://www.tr8.cn/quyumaoyi/2007-04-27/22642.html。

民的生活带来便利，却也招致一些本地生意人的不满。中国人起早贪黑为的是多赚钱，没想到，有时甚至引来麻烦。在这里常听说一些中国人星期日工作不休息，也不让当地雇员休息，结果被人家状告违反劳工法。

近些年，国内企业和个人越来越热衷于“走进非洲”，寻找商机的触角遍及非洲大陆的乡村城镇，按理说他们在与当地人增进相互了解的方面是可以发挥领头作用的，但往往并非如此。随着一批又一批中国人的到来，非洲出现了一个又一个的中国商城，涌现出一个又一个华人社区。一些非洲民众表示，虽然中国人勤劳且善于经营，但由于语言、习俗等原因，一些中国民众却孤立地存在于非洲内部的“中国区域”里，难以或不愿主动融入当地社会，不愿意与当地民众进行交往，显得有些封闭。当然语言不通是个极大的障碍。安哥拉通讯社国际部记者兼编辑金克拉·阿利塞指出：“现在在安哥拉的中国人很多，很勤劳，但是很少中国人讲葡萄牙语，他们不愿意同当地人接触，主动融入当地社会。”在约翰内斯堡一家华人公司工作的吴小姐2000年从福建老家来到南非，最开始就是在“外围”（南非华人对城市附近一些小镇的称呼）开店。她说：“那时我除了和警察打打交道，希望他们能提供一些安全保障外，和当地人几乎没有太多交往，买卖就用计算器交流。”在克拉伦斯镇也有一对中国夫妻开的店，有当地人表示，“我很想跟他们聊天，但他们一句英语都不会说，我不知道他们在想些什么。”①

此外，还有很多非洲人认为中国经济发展过热、中国产品质量不尽如人意、部分中国公司素质不高、一些中国人对非洲人有歧视现象等等。这些形象虽不是中国在非洲形象的主流，但存在的这些负面形象造成的负面影响也是不可忽视的。

①《非洲人眼中的中国人和中国商品》，2007年4月27日，http://www.tr8.cn/quyumaoyi/2007-04-27/22642.html。

六

虽然中非人民之间的交往越来越多，彼此了解也在不断加深，但无可否认非洲民众能够亲身来中国体验的人实在太少了。在信息时代，主流媒体的报道是非洲人了解中国的另一个主要渠道，然而像北非埃及、突尼斯等与中国长期友好国家的民众对中国的感性认识都主要来自西方媒体。这样一来，当地人就难免受到西方对华立场的影响。有文化的非洲人对中国的了解主要来自BBC等西方媒体，他们从当地报纸上总是看到"中国是非洲的新殖民主义者"、"中国为获得资源而来到非洲"、"廉价的中国货正在挤垮非洲民族工业"之类的报道。2006年，《金字塔报》评论版上刊登了一篇关于中国的文章，文章在肯定中国成绩的同时，指出了中国在"民主"、"人权"、"发展模式"等领域的"种种问题"。虽然从字里行间，看不出作者对中国的偏见，但它确实暴露出非洲人对中国认识和了解上的不足。

近年来南非当地媒体对中国的一些报道也不客观，它使不少南非人对中国的形象产生了一定的误解。如2005年8月，南非发生了震惊全国的查封中国批发商城——香港城的事件。南非政府的解释是，为了帮助在南非经商的华人了解南非税法并培养其依法纳税的意识。当地媒体却在报道中大肆宣传香港城是一个华人黑帮及国际贩毒和洗钱分子聚集的黑窝，这一度重创了华人在当地社会的形象，也影响了中国的形象。对此，一位当地华人指出，中国人应该认识到，要解除这些偏见和误解，还应加大双边交流的空间和机会。而中非合作论坛提供了这样的机会，类似活动将引导非洲媒体全面、客观地报道中国。[①]尼日利亚当地报纸经常登载有关中国的消息和报道，其正面报道的篇幅在逐渐增加，但是负面报道也不少。如在尼的某些中国商品质次价高，在民众中造成了一定的负面影响。

---

①《传统友谊老一代念念不忘，非洲人看中国不再陌生》，载《环球时报》2006年11月8日，http://www.ce.cn/xwzx/gjss/gdxw/200611/08/t20061108_9323962.shtml。

应该说，中国与非洲国家的友谊是经历过战火洗礼和历史考验的。但由于历史联系和地理空间的相对疏远，中国和非洲的人员往来与文化交流尚不够密切，当前多数非洲民众对西方文明和伊斯兰文明的了解和认同远远超过了中国文明，特别是部分非洲人士受欧美强势文化和舆论的影响，对处于快速发展和变革中的中国缺乏正确认识，这种状况对中非关系的持续发展极为不利。而要消除目前存在的这些误解，中非之间应该多交流、多接触、多沟通，赋予传统的中非友谊以新的内涵。

第四节 优化中国形象：困难与挑战

一

50多年来，中国已经在非洲树立了良好的国家形象，良好中国形象的形成既有老一代领袖的思维，也有新一代领导人的贡献，更有普通中国人的行动。但这一初显的国家形象要得以完善健全，仍面对众多挑战。

文化隔阂是对我国在非洲的形象和影响力造成负面影响的一个主要障碍。

尽管中非之间经济关系迅速发展，双方人员往来也越来越频繁，但却存在着难以消除的文化上的隔阂。从世界文明的体系结构看，中国文明与非洲文明的差异是具有某种根本性意义的。这不仅是因为两者在空间位置上相距遥远，天各一方，更重要的是，这两大文明的整体形态与精神气质，早在其生成和演化的早期阶段，便有了重大的分野。相对而言，有两千多年历史的中华儒家文化，本是一种建立于精耕细作的农业经济、诗书礼仪之道德教化、中央集权之统一王权基础上的东方文明，而地处遥远热带大陆的非洲文化，特别是撒哈拉以南的黑人文化，却是一种植根于自然生命之激情于活力，一种始终保留着浓厚而神奇的村社传统与部落精神的热带大陆文明。非洲文化具有传统文化多样性的基本特征，几乎每个部落或部族都有自己的宗教、语言和风俗习惯。

因此，不仅普通中国民众要真正理解或体会非洲文化的基本精神与个性特征实非易事，而且非洲黑人民众对于中国儒家文化及其诸般悠远深奥的礼仪教化，也难解其中趣味。同时还必须承认，中华文化相对于西方（主要是美、英、法）文化在非洲大陆处于弱势。非洲自近代沦为西方的殖民地以来，始终以“非洲与欧洲”、“非洲文化与西方文化”的二元认知结构与关系维度来理解自身、理解世界、理解自身与外部世界的关系，西方文化成为非洲无可选择的选择。尽管这种文化接触是在非洲处于完全被动的情况下进行的，但它对非洲社会的影响仍是广泛而持久的。

因此，较之于对中华和谐文化的理解与接受，非洲民众对于伊斯兰文化和西方文化则要深入得多。特别是很长一段时间，中非之间的交流更多地发生在经济领域，而在教育、文化、社会、政治、体育等方面的交流相对不足，导致了信息的不对称性和了解的片面性。从目前情况来看，中国无论是在电影、音乐、快餐、软件领域，还是在价值观、意识形态、社会制度上，被非洲接受的程度和拥有的影响力都远不如西方国家。欧洲及其他发达国家在肯尼亚建了不少文化中心和学校，而中国在这方面却做得不够，尤其是汉语目前在非洲也不很行得通。而这种状况在今后相当长的一个时期内很难有根本性的改变。这也是导致中国在非洲形象出现落差的重要原因之一。

虽然中国文化与非洲文化存在着很大的差异，但两个古老文明之间也有许多接近之处，如注重集体主义、强调个人服从集体等等，这些相近之处有利于两个文化进行交流和互鉴，从而有利于两国人民加深了解，对彼此的形象有更公正客观的认识。

但消除文化隔阂并不那么容易。如果挖掘根源，不可否认中国人对非洲的认识上存在着很多误区，甚至还存在着一定程度的种族歧视，对非洲人有根深蒂固的成见。其负面影响无疑又造成或加剧了非洲民众对中国形象的负面认识。

二

近些年，中非在民主、人权、主权等政治文化的分歧日渐明显。一个国家政治文化较为系统和理性的表述是“政治思想”和“政治意识形态”。20世纪90年代以来，多数非洲国家推行了民主化改革，政治经济制度发生了很大变化，民主、人权、自由、良治等价值观念开始成为非洲舆论的主流观念。非洲国家对“国际干预”、“主权至上”和“不干涉内政”等原则逐步有了新的理解。如为加强相互间的治理监督，它们创设了“非洲互查机制”，要求加入国必须公开其政府管理、经济政策以及人权等方面的情况，接受其他成员国按照既定标准进行检查和评估。截至2006年底，已有26个非洲国家加入这一机制。《非盟宪章》中虽然保留了不干涉成员国内政的原则，但同时又确立了“非漠视原则”，即非盟有权在成员国国内出现战争罪、种族罪、反人道罪行时，以及在出现不符合宪法的政府更迭时采取强制措施，以恢复正常的国家秩序和政府治理。非盟还于2004年3月设立了作为非盟立法和监督机构的泛非议会，其宗旨在于动员非洲各国民众广泛参与非盟的各项议程，充分调动和发挥非洲大陆公民社会的权力，扩大非洲一体化的舆论和民众基础，通过“民权”监督和制约政府的“主权”行动以确保非洲一体化的顺利进行。

另外，新一代非洲领导人大多接受的是西方教育，对西方的政治文化有相当程度的认同感，在政治主张和个人情感上易受西方主流媒体的影响。随着中国国家利益和经济利益在非洲的扩大，中国对非洲的外交政策面临着进行切实调整的压力，这些调整将背离“不附加政治条件的援助”和“主权至上”等中国曾经坚定执行的对非政策。在对安哥拉、津巴布韦和埃塞俄比亚等国的援助及其透明性和在这些国家开展经贸合作方面，中国也面临着由于政治文化差异而引发的非洲国家以及西方批评的压力。

客观而言，中国所选择的社会制度和意识形态与西方国家截然不同，中国的社会主义制度从未为西方所接受和认同，一直以来中国的社会体制是西方国家诋毁、攻击中国的一个主要话题。西方强势的话语权也使这种对中国社会的攻击在非洲有一定的影响。对此，中国应重视开展与非洲国家在民主与人权等政治领域的对话和协商，向非洲阐明中国致力于追求政治民主和社会进步的事实。中非在价值观念上存在的差异，只有通过多层面的沟通与对话才能达成互相理解，从而使其不对双方的总体关系造成负面影响。

从长远看，中国应加大国内政治改革的步伐，增强自身在"民主"、"公正"、"平等"、"正义"的价值取向上的普世性，以此获得非洲各个层次民众的认同和赞赏，并获得世界的认同。这涉及到如何在坚持个性特质的同时认同和践行共同价值观的问题，这也是中国优化国家形象的关键问题之一。只有尽可能协调"个性"与"共性"的关系，才可能建立起为绝大多数国家所接受的国家形象，已是不容忽视或否认的客观现实。

三

全球化将中国与非洲更紧密地联系在一起，中国非洲形象日益成熟并引人注目。部分西方人士从本国利益出发，并不希望中非关系持续深化，也不乐见中国在非洲影响力的持续增强。不断扩展的中非关系屡遭西方国家及媒体的误解、曲解及歪曲，中国的国家形象因此受到损害。

近年来，中国与非洲最为热络的还是经贸关系。10年间翻了10倍，到2005年已接近400亿美元。中国式的经济发展模式受到非洲国家欢迎并成为效仿的对象，西方国家的民主与人权观念受到挑战。前殖民宗主国对中非关系的发展非常敏感，担心西方国家会丧失对非洲能源和市场的绝对控制，一些非洲人和非政府组织也对中国在非洲的发展产生疑惑。他们把更多的目光放在政治领域、意识形态领域。这种非正常关注衍生出不少耸人听闻的版本。如前面已经提到过的“新殖民主义论”、“掠夺能源论”肆意夸大甚至恶意炒作中非间的经贸摩擦或价值观念分歧，以干扰中非友好合作，离间中非友好关系，妖魔化中国对非外交，他们宣称：中国关注非洲是为了获取其国内经济发展所需的战略资源（如苏丹、安哥拉和尼日利亚的石油），中国对非洲资源开发是“新殖民主义”式的掠夺；中国对非贸易行为是典型的“新重商主义”，中国商品在非洲的畅销削弱了非洲国家实现经济结构调整和产业升级的能力；中非经贸结构是一种不平等的“南北经济关系”模式，即中国主要对非洲出口机电、轻工和纺织等制成品，从非洲进口石油、木材、矿产品等原料；中国在扩大对非洲经贸关系时只注重经济利益，忽视非洲国家的民主和人权状况，中国不附带任何条件的经济援助客观上支持了非洲的所谓“失败国家”，破坏了非洲国家致力于民主改革和追求良治的努力。①除此之外，“漠视人权论”、“援助方式危害论”、“破坏环境论”等在一段时期也是甚嚣尘上，其实质乃是“中国威胁论”在非洲的翻版，且在非洲有一定市场。

对中国的攻击之一是“中国忽视人权”，英国皇家非洲学会会长理查

① Denis M. Tull, “China's Engagement in Africa: Scope, Significance and Consequences,” *The Journal of Modern African Studies,* September 2006, pp. 459—479; Joshua Eisenman & Joshua Kurlantzick, “China's Africa Strategy,” *Current History,* May 2006, pp. 219—224; Michael Klare & Daniel Volman, “America, China & the Scramble for Africa's Oil”, *Review of African Political Economy,* No. 108, 2006, pp. 297—309; “Africa-China: For Better or for Worse,” *Africa Research Bulletin,* June 2006; Dianna Games, “Chinese the New Economic Imperialists in Africa,” *Business Day,* February 2005; Lindsey Hilsum, “China's Offer to Africa: Pure Capitalism,” *New Statesman,* July 3, 2006; Ian Taylor, “China's Oil Diplomacy in Africa,” *International Affairs,* Vol. 82, No. 5, 2006, pp. 937—959; Joshua Eisenman, “Zimbabwe: China's African Ally,” *China Brief,* Vol.5, No.15, 2005, pp. 9—11; Yitzhak Shichor, “Sudan: China's Outpost in Africa,” *China Brief,* Vol.5, No.21, 2005, pp. 9—11. “Africa's Economy: A Glimmer of Light at Last,” *The Economist,* June 24, 2006.转引自：转引自：李安山：《为中国正名：中国的非洲战略与国家形象》，载《世界经济与政治》2008年第4期，第6—15页；罗建波：《中国对非洲外交视野中的国家形象塑造》，载《现代国际关系》2007年第7期，第48—54页。

德·道登甚至认为“中国人喜欢和不民主的政府打交道”。[①]在“漠视人权”或“支持独裁政权”的指责声中，中国奉行独立自主的外交政策与苏丹、津巴布韦等国发展友好关系都成为“罪状”。

“援助方式危害论”对中国的指责主要是：中国的援助使一些非洲国家肆无忌惮地行使专制权力；中国的贷款将“使非洲背上新债务”。指责中国对非洲国家的经贸和援助政策抱持“不干预内政”的原则，会助长一些非洲的“邪恶政权”或“失败国家”，使西方推动民主的政策难以为继。其实，西方国家长期对非洲奉行的经济援助和政治条件捆绑的政策早已步履维艰，不仅没有给非洲带来繁荣和稳定，反使许多非洲国家长期陷入战乱和民族仇杀。事实早已证明是行不通的了。西方人对非洲既不愿意授人以鱼，也不愿意授人以渔，他们关注的只是自身的经济利益和政治模式，却对中国切实帮助非洲国家发展经济的行为横加指责。

“破坏环境论”批评集中在两个方面：资源开采和修建大坝。非洲政府对中国公司的行为并无异议，往往是非洲学者和非政府组织对石油开采和修建大坝提出批评。他们认为中国石油公司征用土地破坏了当地传统生计，使上尼罗河北部的居民流离失所，对南方居民也缺乏尊重；还批评中国参与修建的麦洛维大坝迫使当地居民迁移，影响到民众的生活。一些非洲学者对中国在莫桑比克进行的木材开采和姆潘达-恩库瓦大坝的建设不满，认为这是“中国漠视人权以及对其所资助项目的环境影响不重视的极好例证”。[②]

---

① Alan Beattie, “Loans that could Cost Africa Dear,” *Financial Times,* April 23, 2007; Joshua Eisenman, “Zimbabwe: China's African Ally,” pp. 9—11; Yitzhak Shichor, “Sudan: China's Outpost in Africa,” pp. 9—11; Joshua Eisenman and Joshua Kurlantzick, “China's Africa Strategy,” *Current History,* Vol.105, Issue 691, 2006, p. 223; Ali Askouri, “China's Investment in Sudan: Displacing Villages and Destroying Communities,” in Firoze Manji and Stephen Marks,eds ., *African Perspectives on China in Africa,* Cape Town, Nairobi and Oxford: Fahamu-Pambazuka, 2007, pp. 77—86; Anabela Lemos and Daniel Ribeiro, “Taking Ownership or just Changing Owners?” in Firoze Manji and Stephen Marks, eds., *African Perspectives on China in Africa,* pp. 63—70.转引自：李安山：《为中国正名:中国的非洲战略与国家形象》，载《世界经济与政治》2008年第4期，第6—15页。

② Daniel Deng, “A Statement of the Current Situation in Northern Upper Nile”; Peter Adwok Nyaba, “An Appraisal of Contemporary Chi-na-Sudan Relations and its Future Trajectory in the Context of Afro-Chinese Relation,” Papers Presented at the International Conference, “Afro-Chinese Relations: Past, Present and Future,” November 23—25, 2005.

除此之外，西方媒体对中国发展与非洲关系还有很多渲染，包括中国对非洲有地缘政治野心等等。对于上述这些批评，绝不可掉以轻心，西方媒体在非洲的影响力绝不容低估。中国只有制定有效措施，将资源开发与可持续发展结合起来，切实考虑当地利益，才能树立一个负责任大国的形象。

四

由于在很大程度上一国的形象是外部他者对该国突出特征的话语言说和话语建构，是一个有关该国的文本。在国家形象的确立中，掌握话语的言说权和文本的书写权的强势一方能够按照自己的意愿将另一国塑造成它所希望的样子。已占据国际舆论制高点的一些西方媒体，对共产党领导的社会主义中国是极为偏见的。现代国际社会对中国和平发展一直持有怀疑态度，各种"中国威胁论"、"中国非人权"、"新殖民主义"甚嚣尘上，就是这种强势话语言说和文本书写的结果。这实际上是强势的西方对中国国家形象的负面评价，反映了国际社会对中国快速发展可能冲击世界，挑战现存秩序的各种疑虑。而部分非洲人士由于并不了解中国的对非政策，或者深受西方教育且与西方社会有着各种利益联系，因此也随之叫嚷"中国威胁论"，使中国在非洲的形象受到了影响。由于历史原因，西方媒体在非洲一直占据明显优势，大多数非洲媒体经费有限，没有常驻国外记者，对于非洲以外国家和地区的报道，几乎全部来自西方媒体，这自然影响到非洲媒体涉华报道的客观性。其中非洲当地一些英文媒体更是被西方国家操控，长期以来进行了很多损害中国形象的报道。这些歪曲性报道程度不同地影响非洲人对中国的印象，是造成中国在非洲预期形象和实际形象产生落差的原因之一。

无可否认，和西方国家相比，中国在世界上的声音还比较微弱。中国始终是国际舆论格外关注的对象，中国有什么"事"，往往会在国际上尤其是被西方媒体炒得火热。令人奇怪的是，在一波一波"热炒中国"的舆论中，国际社会却很少听到当事者自己的声音。不是中国有意要保持沉默，而是我们向世界发出声音的能力或者能在世界上叫响的能力，与西方相比确实有着较大差距，除了数量对比悬殊外，我们的媒体还存在着时效性、穿透性的落差。

针对西方和部分非洲媒体对中国形象的丑化、歪曲、有意识或无意识的误解，中国应重视对非政策的国际宣传。完善和优化国家形象离不开适时的形象战略和精致的国际宣传策略，所以中国必须重视在技术层面宣传自己的对非政策，加强与非洲各国的沟通，全面加强中国与非洲的交流、合作与互动，从政府到民间、从精英人物到一般社会公众、从政治经济军事到教育科技文化各领域，尽可能地增进中非间相互了解、拉近彼此感情。中国还应注意运用双重文本阅读战略，既批判性地吸收外部对中国形象言说中某些合理性、启示性的东西，积极改变自我，又要充分揭露这些歪曲、误读背后隐藏的历史偏见、文化差异和非理性的政治攻击，通过向非洲和国际社会提供多种文本含义来消解中国形象中的负面因素，构筑中国在非洲的良好形象。

国家形象作为软国力的重要组成部分，对于综合国力的提升发挥着越来越重要的作用。加强中国在非洲的国家形象建设近年来业已成为中国政府的一个重要议题，并已提升到中国对非政策的国家战略高度。2006年1月中国首次发表《对非洲政策文件》，阐明了中国对非洲的政策：真诚友好，平等相待；互利互惠，加强合作；相互支持，密切配合；相互学习，共谋发展。要达到这些目标，中国必须拥有清晰明确的国家形象战略，在非洲塑造亲和友善健全丰满的中国形象，以减少偏见，消除隔阂和消弭误解，提高中国文化的影响力，赢得非洲和国际社会的广泛尊重。

参考文献

1．中文文献

《史记》，中华书局2008年版。

《汉书》，中华书局2000年版。

《后汉书》，中华书局2000年版。

《新唐书》，中华书局2000年版。

《宋史》，中华书局2000年版。

《元史》，中华书局1976年版。

《明史》，上海古籍出版社2008年版。

《杜佑》，通典。中华书局1984年版。

《汪大渊》，岛夷志略校释。中华书局1981年版。

《费信》，星槎胜览校注。中华书局1954年版。

艾周昌：《非洲黑人文明》，中国社会科学出版社1999年版。

艾周昌、沐涛：《中非关系史》，华东师范大学出版社1996年版。

[摩洛哥]伊本·白图泰：《伊本·白图泰游记》，宁夏人民出版社1985年版。

[美]鲍大可：《周恩来在万隆》，中国社会科学出版社1985年版。

陈敦德：《周恩来飞往非洲》，解放军文艺出版社2007年版。

陈翰笙：《华工出国史料汇编》，中华书局1984年版。

[荷]戴闻达：《中国人对非洲的发现》，商务印书馆1983年版。

[美]德弗勒、丹尼斯：《大众传播通论》，华夏出版社1989年版。

邓小平：《邓小平文献》（第2卷），人民出版社1993年版。

方积根：《非洲华侨史资料选辑》，新华出版社1986年版。

[英] 赫德逊:《欧洲与中国》, 中华书局2004年版。

[古阿拉伯] 胡尔达兹比赫:《道里邦国志》, 中华书局2001年版。

[埃及] 贾拉勒:《埃及人眼中的中国》, 上海外语教育出版社2006年版。

金冲及:《周恩来传》(上册), 中央文献出版社1988年版。

[美] 雷默:《中国形象——外国学者眼里的中国北京》, 社会科学文献出版社2008年版。

李安山:《非洲华侨华人史》, 中国华侨出版社2000年版。

李原、陈大璋:《海外华人及其居住地概况》, 中国华侨出版社1991年版。

李慎之、张彦:《亚非会议日记》, 中国新闻出版社1986年版。

黎家松:《中华人民共和国外交大事记》(第2卷), 世界知识出版社2001年版。

刘继南:《国际传播与国家形象——国际关系的新视角》, 北京广播学院出版社2002年版。

罗建波:《非洲一体化与中非关系》, 社会科学文献出版社2006年版。

陆苗耕、黄舍骄、林怡:《同心若金——中非友好关系的辉煌历程》, 世界知识出版2006年版。

陆庭恩:《非洲问题论集》, 世界知识出版社2005年版。

[古代阿拉伯] 马苏迪:《黄金草原》, 青海人民出版社1998年版。

马文宽、孟凡人:《中国古瓷在非洲的发现》, 紫禁城出版社1987年版。

[美] 摩根索:《国家间的政治——寻求权力与和平的斗争》, 中国人民公安大学出版社1990年版。

裴坚章:《中华人民共和国外交史1949—1956》, 世界知识出版社1994年版。

裴默农:《周恩来与新中国外交》, 中共中央党校出版社2002年版。

[日] 三上次男:《陶瓷之路》, 文物出版社1984年版。

沈福伟：《中国与非洲——中非关系二千年》，中华书局1990年版。

宋恩繁、黎家松：《中华人民共和国外交大事记》（第1卷），世界知识出版社1997年版。

[古代阿拉伯] 苏莱曼：《中国印度见闻录》，中华书局1983年版。

张铁生：《中非交通史初探》，三联书店1953年版。

王运泽：《携手同行——中非人民友情写真》，世界知识出版社2006年版。

温宪：《闯荡南非》，当代世界出版社2002年版。

吴凤斌：《契约华工史》，江西人民出版社1988年版。

[美] 希提：《阿拉伯通史》，商务印书馆1979年版。

《中华人民共和国对外关系文件集》（第3集），世界知识出版社1958年版。

中华人民共和国外交部、中共中央文献研究室：《毛泽东外交文选》，中央文献出版社1994年版。

中华人民共和国外交部、中共中央文献研究室：《周恩来外交文选》，中央文献出版社1990年版。

周恩来：《周恩来选集》（上卷），人民出版1980年版。

周伟明：《国家形象传播研究论丛》，外文出版社2008年版。

2. 外文文献

Larry W.Bowman, Mauritius: *Democracy and Development in the Indian Ocean*, Boulder, Colo.: Westview Press, 1991.

Persia Crawford Campbell, *Chinese Coolie Emigration to Countries within the British Empire*, London: F. Cass, 1971.

Basil Davidson, *The African Past*, Boston: Little, Brown, 1964.

Richard Elphick & Hermann Giliomee, eds., *The Shaping of South*

African Society, 1652—1840, Middletown, Conn.: Wesleyan University Press, 1989.

Bruce D. Larkin, *China and Africa 1949—1970*, Berkeley: University of California Press, 1971.

Peter Richardson, *Chinese Mine Labour in the Transvaal*, London: Macmillan Press, 1982.

Leon M. S. Slawecki, *French Policy towards the Chinese in Madagascar*, Hamden, Conn.: Shoe String Press, 1971.

Philip Snow, *The Star Raft: China's Encounter with Africa*, New York: Weidenfeld & Nicolson, 1988.

M. Wilson & L. Thompson, *The Oxford History of South Africa*, Vol. 1, Oxford: Clarendon Press, 1969.

E. A. Walker, *A History of Southern Africa*, London: Longmans, 1964.

Melanie Yap & Dianne Leong Man, *Colour, Confusion and Concessions: The History of the Chinese in South Africa,* Hong Kong: Hong Kong University Press, 1996.

后 记

1923年，在结束第一次非洲之行后，杜波依斯写道："非洲的魔力深深迷住了我……这并不是一个国家，它是一个世界，一个其自己的也是适合其自身的世界（宇宙），一件不同的、威胁的、诱惑人的事情。它是一个伟大的黑人胸怀，精神渴望安息之所。一切一切都令人感动——黑色闪亮的身体、完美的身体、圆润、神秘、均衡与美丽的身体。"（Crisis, XXVII, 1923, pp. 273-4.）对于非洲的魔力我虽所知不多，但非常着迷。2007年春周宁教授邀请我撰写《非洲的中国形象》时，我正在写一篇关于杜波依斯的文章，并因其泛非主义而对非洲发生兴趣，这是我接受这项研究任务的基本背景。

长期以来我的研究方向是美国黑人史，研究非洲的中国形象，对我来说是个全新的课题，研究热情大于知识准备。我渴求更多地了解那个大陆上的古老的文明、近代以来血与火悲怆的历史和当代的变革与问题。同时我也希望能像杜波依斯一样尽可能地去探究非洲人民的精神世界，还有他们对有着源远流长友谊的中国的认识。我开始对相关知识进行恶补，从中那些使我受益匪浅的论著基本列在了"参考文献"里，在此感谢这些学者，正是他们的研究成果，使我能够在短时间内基本掌握了中非关系的发展脉络和非洲人民对中国的认识，促使我对一些值得探讨的问题进行反复思考，从而奠定了拙作的基础。快速发展的信息网络业也让我得益多多，使我能够足不出户收集到比较全面的资料，更可以得到一些权威官方网站上的信息与数据。

书稿即将付梓，心中虽是惴惴不安，但也有些许欣慰。在此感谢周宁教授给了我这样的机会，使我能够涉足这个富于挑战的论题。非洲的中国形象是我首次尝试的新领域，或许也是国内学术界首次尝试的新领域。拙作尽管对许多问题的研究仍很肤浅,而且篇章结构的安排也存在着不尽合理之处，但毕竟完成了这项研究，提出了主要问题，划定了大致领域，梳理了基本史料。日后该论题若有鸿篇巨制可待，这也算是个微薄的起点。为此我感到欣慰，也感谢读者的宽厚与理解。

责任编辑:林　敏
封面设计:闫志杰
版式设计:曹　春

图书在版编目(CIP)数据

非洲的中国形象/胡锦山 著. -北京:人民出版社,2010.6
(世界的中国形象/周宁 主编)
ISBN 978-7-01-008618-7

Ⅰ.①非…　Ⅱ.①胡…　Ⅲ.①中外关系-国际关系史-非洲　Ⅳ.D829.4

中国版本图书馆 CIP 数据核字(2010)第 002885 号

非洲的中国形象
FEIZHOU DE ZHONGGUO XINGXIANG

胡锦山 著　周宁 主编

人民出版社 出版发行
(100706　北京朝阳门内大街 166 号)

北京中科印刷有限公司印刷　新华书店经销

2010 年 6 月第 1 版　2010 年 6 月北京第 1 次印刷
开本:787 毫米×1092 毫米 1/16　印张:23.25
字数:310 千字

ISBN 978-7-01-008618-7　定价:48.00 元

邮购地址 100706　北京朝阳门内大街 166 号
人民东方图书销售中心　电话 (010)65250042　65289539